Supply Chain Management

供应链管理

王海军　杜丽敬◎编著

清华大学出版社
北京

内 容 简 介

本书系统地介绍了供应链管理的基本理论和方法。全书共 12 章，首先是供应链管理导论，接着介绍了供应链管理战略与运作机制，然后从采购、库存、物流、金融、伙伴关系、协调、供应链构建与网络规划、风险管理以及绩效评价 9 个模块介绍了供应链的运作管理，最后探讨了供应链管理的发展趋势。

本书提供了大量的供应链管理相关案例和形式多样的习题，以便读者理解和巩固所学知识。全书以国内典型案例引入，理论与模型相结合，具有一定的实用性与可操作性，能够帮助读者深入了解供应链管理的知识并学以致用。

本书可作为高等院校供应链管理、物流、工商管理、电子商务和管理科学与工程等专业本科生与研究生的教材和参考用书，亦可供相关领域的企业和政府决策管理人员参考。

本书封面贴有清华大学出版社防伪标签，无标签者不得销售。

版权所有，侵权必究。举报：010-62782989，beiqinquan@tup.tsinghua.edu.cn。

图书在版编目（CIP）数据

供应链管理 / 王海军，杜丽敬编著. —北京：清华大学出版社，2021.12（2025.1重印）
ISBN 978-7-302-59330-0

Ⅰ．①供… Ⅱ．①王… ②杜… Ⅲ．①供应链管理 Ⅳ．①F252

中国版本图书馆 CIP 数据核字（2021）第 208289 号

责任编辑：贺　岩
封面设计：李召霞
责任校对：宋玉莲
责任印制：曹婉颖

出版发行：清华大学出版社

网　　址：https://www.tup.com.cn, https://www.wqxuetang.com			
地　　址：北京清华大学学研大厦 A 座		邮　　编：100084	
社 总 机：010-83470000		邮　　购：010-62786544	
投稿与读者服务：010-62776969，c-service@tup.tsinghua.edu.cn			
质量反馈：010-62772015，zhiliang@tup.tsinghua.edu.cn			

印 装 者：三河市君旺印务有限公司
经　　销：全国新华书店
开　　本：185mm×260mm　　　印　张：18.75　　　字　数：429 千字
版　　次：2021 年 12 月第 1 版　　　　　　　印　次：2025 年 1 月第 3 次印刷
定　　价：52.00 元

产品编号：074975-01

前　言

美国学者彼得·德鲁克提出"经济链"之后,迈克尔·波特将其发展成为"价值链",最终演变为"供应链"。即围绕核心企业,通过对信息流、物流、资金流的控制,从采购原材料开始,制成中间产品以及最终产品,最后由销售网络把产品送到消费者手中,将供应商、制造商、分销商、零售商,直到最终用户连成一个整体的功能网链模式。从目前来看,供应链发展正从强调企业个体层面的流程优化,转向整个产业链条、价值链条上的协同进步。国内外的实践表明,创新发展供应链新理念、新技术、新模式,高效整合各类资源和要素,提高产业集成和协同水平,打造大数据支撑、网络化共享、智能化协作的智慧供应链体系,已然成为 21 世纪全球竞争的利器。

为打造我国供应链的战略价值,中共中央、国务院对我国供应链建设做出了相应部署。如,习近平总书记在党的十九大报告中提出要将"现代供应链"作为经济建设的新动能,国务院办公厅出台了《关于积极推进供应链创新与应用的指导意见》(2017 年 84 号文件)。新冠肺炎疫情下,我国完备的产业体系、强大的动员组织和产业转换能力,为疫情防控提供了重要物质保障。当前,在新冠肺炎疫情与中美贸易摩擦对产业链、供应链带来的冲击下,产业链、供应链安全风险不期而至,全球产业链、供应链重塑已经成为世界经济发展的明显趋势。2020 年 3 月,习近平总书记在《国家中长期经济社会发展战略若干重大问题》中指出,要优化和稳定产业链、供应链,并强调产业链、供应链在关键时刻不能掉链子,这是大国经济必须具备的重要特征。鉴于此,编写能够反映当前供应链变化新特点、新动态的教材尤显重要性和紧迫性。

与已有教材相比,本教材最大的特点是:在已有教材体系、内容、结构基础上,更新了供应链管理中的有关理论,并增加了相关实践,如供应链金融、供应链风险管理以及国内外时事案例等;内容设计上理论阐述与模型分析相结合,增强运用理论分析现实问题的能力;同时在每一章中增加了一些与主题相关的阅读材料;此外,为提升教与学的效果,本教材除了提供课后的思考题和阅读材料外,还以扫二维码的形式增加了课后即时练习题及其分析答案。

本教材由王海军教授负责编写框架、拟定提纲与最终定稿;各章节具体内容与全书统稿由王海军教授与杜丽敬博士共同完成。王婧、叶锡娟、孙嘉轩、李晓欢、李凌春子、肖菲、张豪、张瑞娜、胡晓飞、黄丹、黄婧、熊曦悦(按姓氏笔画排序)参与了资料搜集与整理。本教材在编写过程中参阅了大量国内外有关供应链管理的著作和文献资料,在此谨对这些值得尊敬的专家、学者和老师表示深深的感谢。作者已尽可能详细地在参考文献中指出相应资料的出处,也有可能存在因疏忽而遗漏之处。若有这类情况发生,再次表示万分的歉意。由于编者水平有限,且供应链管理发展日新月异,书中不妥之处在所难免,恳请同行专家、学者及读者批评指正。

作 者

2021 年 6 月 24 日

目 录

第1章 供应链管理导论 ……………………………………………… 1	
【本章学习目标】……………………………………………………… 1	
【导入案例】 新冠疫情下我国成功转产扩产医疗物资 ………………… 1	
1.1 供应链管理概述 …………………………………………………… 2	
1.1.1 供应链 …………………………………………………… 2	
1.1.2 供应链流程 ……………………………………………… 3	
1.1.3 供应链管理 ……………………………………………… 6	
1.2 供应链管理的产生 ………………………………………………… 8	
1.2.1 传统管理模式 …………………………………………… 8	
1.2.2 供应链管理模式 ………………………………………… 9	
1.2.3 供应链管理模式与传统管理模式的区别 ……………… 11	
1.3 供应链管理的目标与原则 ……………………………………… 12	
1.3.1 供应链管理的目标 …………………………………… 12	
1.3.2 供应链管理的原则 …………………………………… 13	
1.4 供应链管理的内容 ……………………………………………… 14	
1.4.1 供应链管理的范围 …………………………………… 14	
1.4.2 供应链管理的要素 …………………………………… 16	
本章小结 ………………………………………………………………… 19	
思考题 …………………………………………………………………… 20	
案例分析 ………………………………………………………………… 20	

第2章 供应链管理战略与运作机制 ………………………………… 21	
【本章学习目标】 …………………………………………………… 21	
【导入案例】 伊利股份的供应链管理战略 ………………………… 21	
2.1 供应链类型与供应链管理战略 ………………………………… 22	
2.1.1 供应链的类型 ………………………………………… 22	
2.1.2 供应链管理战略 ……………………………………… 24	
2.2 供应链管理战略匹配与范围 …………………………………… 28	
2.2.1 供应链管理战略匹配 ………………………………… 28	
2.2.2 供应链管理战略匹配应用范围……………………… 32	

2.3　供应链管理战略内容与战略匹配的挑战 ·················· 33

　　2.3.1　供应链管理战略的主要内容 ·················· 33

　　2.3.2　供应链管理战略匹配的挑战 ·················· 36

2.4　供应链管理运作机制与企业角色 ·················· 37

　　2.4.1　供应链管理中企业运作机制 ·················· 37

　　2.4.2　供应链管理中企业角色分类 ·················· 39

　　2.4.3　不同角色企业在供应链运作中的作用 ·················· 41

本章小结 ·················· 43

思考题 ·················· 43

案例分析 ·················· 44

第3章　供应链管理环境下的采购管理 ·················· 45

【本章学习目标】 ·················· 45

【导入案例】　海尔全球化采购策略 ·················· 45

3.1　传统采购模式和采购角色 ·················· 46

　　3.1.1　传统采购模式及存在的问题 ·················· 46

　　3.1.2　采购部门角色的改变 ·················· 47

3.2　供应链管理环境下的采购模式 ·················· 48

　　3.2.1　基于供应链的采购管理与传统采购管理的差异 ·················· 48

　　3.2.2　采购决策和流程 ·················· 52

3.3　战略采购成本管理 ·················· 55

　　3.3.1　最小采购总成本法 ·················· 55

　　3.3.2　成本分析方法 ·················· 56

　　3.3.3　供应商采购协同设计 ·················· 57

3.4　采购双赢关系与准时化采购 ·················· 58

　　3.4.1　建立采购双赢关系 ·················· 58

　　3.4.2　双赢关系的维护 ·················· 59

　　3.4.3　实现准时化采购 ·················· 59

3.5　全球化趋势下的采购管理 ·················· 62

　　3.5.1　全球采购发展的影响 ·················· 62

　　3.5.2　供应链管理重心转移 ·················· 63

　　3.5.3　全球采购战略选择影响因素 ·················· 64

本章小结 ·················· 65

思考题 ·················· 66

案例分析 ·················· 66

第4章　供应链管理环境下的库存管理 ·················· 67

【本章学习目标】 ·················· 67

【导入案例】 TW 北斗芯片公司需求预测与库存控制 ·············· 67

4.1 库存管理概述 ·· 68
4.1.1 库存概念与相关费用 ······························ 68
4.1.2 单周期库存模型 ·································· 69
4.1.3 多周期库存模型 ·································· 71

4.2 供应链库存管理概述 ·································· 76
4.2.1 供应链管理环境下的库存问题 ················ 76
4.2.2 供应链库存管理概念 ····························· 76
4.2.3 供应链库存管理作用 ····························· 77

4.3 供应商管理库存 ······································ 77
4.3.1 VMI 的基本思想 ·································· 78
4.3.2 VMI 的实施原则 ·································· 78
4.3.3 VMI 的实施步骤 ·································· 78
4.3.4 VMI 的运行模式 ·································· 79
4.3.5 VMI 的优点与局限性 ······························ 82

4.4 联合管理库存 ·· 83
4.4.1 JMI 的概念及基本思想 ······························ 83
4.4.2 JMI 的优点 ······································ 84
4.4.3 JMI 的实施步骤 ·································· 85
4.4.4 JMI 的实施策略 ·································· 85
4.4.5 JMI 的动态运作模式 ······························ 87

4.5 供应链协同式库存管理 ······························ 88
4.5.1 CPFR 的基本内容 ·································· 89
4.5.2 CPFR 的实施构架 ·································· 90
4.5.3 CPFR 的实施影响因素 ······························ 91
4.5.4 CPFR 的优势与局限性 ······························ 92

本章小结 ·· 92
思考题 ·· 92
案例分析 ·· 93

第 5 章 供应链管理环境下的物流管理 ·············· 94

【本章学习目标】 ·· 94
【导入案例】 苏宁物流开放战略 ························ 94
5.1 供应链管理环境下物流管理的概念及战略 ······ 95
5.1.1 供应链管理环境下物流管理的概念 ············ 95
5.1.2 供应链管理环境下的物流管理战略 ············ 96
5.2 物流配送管理 ·· 99
5.2.1 物流配送方式与要素 ····························· 99

5.2.2	配送成本的权衡与策略	102
5.2.3	配送网络设计	106
5.3	配送决策模型	109
5.3.1	配送中心选址问题模型	109
5.3.2	配送路线问题优化模型	110
5.4	第三方和第四方物流	114
5.4.1	第三方物流系统	115
5.4.2	第四方物流系统	117
5.5	逆向物流	119
5.5.1	逆向物流的产生及其概念	119
5.5.2	逆向物流的分类	120
5.5.3	逆向物流的重要性与特点	121
5.5.4	逆向物流管理的原则	123

本章小结 123

思考题 124

案例分析 124

第6章 供应链金融 125

【本章学习目标】 125

【导入案例】 菜鸟网络供应链金融 125

6.1	供应链金融概述	126
6.1.1	供应链金融概念	126
6.1.2	供应链金融参与主体	128
6.1.3	供应链金融发展阶段	128
6.2	供应链金融的运作模式	129
6.2.1	银行主导的供应链金融运作模式	129
6.2.2	物流企业主导的供应链金融运作模式	130
6.2.3	电子商务企业主导的供应链金融运作模式	131
6.2.4	核心企业主导的供应链金融运作模式	133
6.3	供应链金融主要融资模式	134
6.3.1	预付账款融资	134
6.3.2	动产质押融资	136
6.3.3	应收账款融资	140
6.3.4	三种基础融资模式的对比	141
6.4	供应链金融风险管控	142
6.4.1	供应链金融风险的影响因素	142
6.4.2	供应链金融风险的绩效维度	144
6.4.3	供应链金融风险管理	145

本章小结 ··· 147

思考题 ··· 147

案例分析 ··· 148

第7章 供应链合作伙伴关系 ································· 149

【本章学习目标】 ··· 149

【导入案例】 菜鸟与国际大牌商家达成战略合作协议 ········· 149

7.1 供应链合作伙伴关系概念 ····························· 150

    7.1.1 供应链合作伙伴关系定义 ····················· 150

    7.1.2 供应链合作伙伴关系的形成与发展 ············· 151

    7.1.3 供应链战略合作伙伴关系的价值 ··············· 151

7.2 供应链合作伙伴选择 ································· 153

    7.2.1 供应链合作伙伴选择遵循的原则 ··············· 153

    7.2.2 供应链合作伙伴选择影响因素 ················· 154

    7.2.3 供应链合作伙伴选择的评价步骤及方法 ········· 155

7.3 供应链合作伙伴关系管理 ····························· 159

    7.3.1 供应商关系管理 ····························· 159

    7.3.2 零售商—供应商伙伴关系管理 ················· 161

    7.3.3 分销商一体化 ······························· 163

7.4 客户关系管理 ······································· 164

    7.4.1 客户关系管理的定义和目的 ··················· 165

    7.4.2 客户关系管理战略规划 ······················· 165

    7.4.3 客户关系管理策略 ··························· 166

    7.4.4 客户关系管理系统 ··························· 170

本章小结 ··· 173

思考题 ··· 173

案例分析 ··· 173

第8章 供应链协调管理 ································· 174

【本章学习目标】 ··· 174

【导入案例】 宝钢股份在全程供应链协同中的探索与实践 ····· 174

8.1 供应链协调管理概述 ································· 175

    8.1.1 供应链协调的概念 ··························· 175

    8.1.2 供应链协调管理的意义 ······················· 176

    8.1.3 供应链协调管理的特点 ······················· 176

8.2 供应链中的不协调现象 ······························· 177

    8.2.1 牛鞭效应 ··································· 177

    8.2.2 曲棍球棒效应 ······························· 178

供应链管理

8.2.3 双重边际效应	179
8.2.4 供应链不协调对绩效的影响	180
8.3 供应链协调性提升方法	181
8.3.1 供应链协调机制的分类	181
8.3.2 实现协调管理的途径	182
8.3.3 供应链协调的实践	185
8.4 供应链激励问题与供应契约	186
8.4.1 供应链激励问题	187
8.4.2 常见的供应契约种类	188
8.4.3 供应契约的参数	190
8.4.4 供应契约的计算	193
8.4.5 供应契约的作用	195
本章小结	196
思考题	197
案例分析	197

第9章 供应链构建与网络规划 ············ 198

【本章学习目标】	198
【导入案例】 京东物流搭建全球智能供应链基础网络	198
9.1 供应链构建概述	199
9.1.1 供应链的构建原则	199
9.1.2 供应链构建的系统观	200
9.1.3 供应链的结构模型	201
9.2 供应链设计策略	204
9.2.1 基于产品的供应链设计	204
9.2.2 基于多代理的集成供应链设计	206
9.2.3 在产品开发的初期设计供应链	207
9.3 供应链网络规划	208
9.3.1 供应链网络规划概述	208
9.3.2 供应链网络规划主要解决的问题	209
9.3.3 供应链网络需求分析	210
9.4 供应链网络设计	211
9.4.1 供应链网络设计决策	211
9.4.2 供应链网络设计所需数据	212
9.4.3 供应链网络设计使用的技术	213
9.5 全球供应链网络	215
9.5.1 全球化驱动力	215
9.5.2 全球化供应链的特点	216

9.5.3　全球化供应链网络设计 ················· 218

本章小结 ···························· 219

思考题 ···························· 220

案例分析 ···························· 220

第10章　供应链风险管理 ···················· 221

【本章学习目标】 ···························· 221

【导入案例】 华为应对供应链危机的六大经验 ·············· 221

10.1　供应链风险管理的概念 ···················· 222

10.1.1　供应链风险定义 ···················· 222

10.1.2　影响供应链脆弱的因素 ·················· 223

10.1.3　供应链风险的类型 ···················· 224

10.1.4　供应链风险管理过程 ·················· 227

10.2　供应链风险识别 ························ 228

10.2.1　供应链风险识别定义 ·················· 229

10.2.2　供应链风险识别程序 ·················· 229

10.2.3　供应链风险识别应注意的问题 ·············· 229

10.2.4　供应链风险识别方法 ·················· 230

10.3　供应链风险评估 ························ 232

10.3.1　供应链风险评估类型 ·················· 232

10.3.2　供应链风险偏好 ···················· 232

10.3.3　供应链风险评估角度 ·················· 233

10.3.4　供应链风险评估方法 ·················· 234

10.4　供应链风险防范措施 ···················· 239

10.4.1　供应链风险防范策略 ·················· 239

10.4.2　供应链风险监视 ···················· 242

本章小结 ···························· 243

思考题 ···························· 243

案例分析 ···························· 243

第11章　供应链绩效评价 ···················· 244

【本章学习目标】 ···························· 244

【导入案例】 平衡中的难题:华润河南医药的供应链实践 ·········· 244

11.1　供应链绩效评价概述 ···················· 245

11.1.1　供应链绩效评价目的及特点 ··············· 245

11.1.2　供应链绩效评价内容 ·················· 246

11.1.3　供应链绩效影响因素 ·················· 247

11.1.4　供应链绩效评价原则 ·················· 249

| 11.2 | 供应链绩效评价体系 | 250 |

| 11.2.1 | 供应链绩效评价指标 | 250 |

| 11.2.2 | 供应链绩效评价体系构建方法 | 254 |

| 11.2.3 | 供应链绩效评价方法 | 254 |

11.2 供应链绩效评价体系 250
11.2.1 供应链绩效评价指标 250
11.2.2 供应链绩效评价体系构建方法 254
11.2.3 供应链绩效评价方法 254
11.3 供应链激励机制 257
11.3.1 供应链激励机制概述 258
11.3.2 供应链激励机制实施方法 259
本章小结 260
思考题 261
案例分析 261

第12章 供应链管理发展趋势 262

【本章学习目标】 262
【导入案例】思贝克:工业＋互联网＋金融的转型 262
12.1 绿色供应链 263
12.1.1 绿色供应链的定义 263
12.1.2 绿色供应链的特点 264
12.1.3 绿色供应链管理范围 265
12.2 大数据供应链 267
12.2.1 大数据概要 267
12.2.2 数据驱动的供应链 268
12.2.3 大数据供应链应用 268
12.3 智慧供应链 270
12.3.1 智慧供应链特点 270
12.3.2 智慧供应链技术 271
12.3.3 构建智慧供应链的途径 272
本章小结 273
思考题 273
案例分析 274

参考文献 275

第 1 章

供应链管理导论

【本章学习目标】

通过本章学习,学员应该能够:

1. 认识供应链和供应链管理的定义和内涵,理解供应链管理的特点、目标与原则。
2. 了解供应链管理的产生、发展历史和主要内容。
3. 掌握供应链管理与传统管理的区别和联系。
4. 了解企业中供应链的主要流程,掌握供应链的循环观点和推拉观点。

【导入案例】

新冠疫情下我国成功转产扩产医疗物资

疫情发生以来,国资委党委坚决贯彻落实习近平总书记重要指示批示精神和党中央、国务院决策部署,把疫情防控作为最重要的工作。随着新冠肺炎疫情在全球范围内的扩散蔓延,世界各国对口罩、防护服、呼吸机等医用物资的需求在快速增长。转扩产企业克服困难,竭尽所能,加快转产扩产、多产快产,以战时状态全力推进医疗物资生产。

具体措施如下:一是迅速安排部署有条件、有能力的中央企业转产扩产。国资委积极动员、了解中央企业生产防护服、生产口罩的条件;企业在得到生产防护服的指令以后,迅速转产,购置设备、培训员工,以战时状态投入到防护服的生产当中。二是积极利用中央企业产业链优势,与民营企业共商共建、共克时艰,共同推动产能提升。生产口罩和防护服的基本原料是中国石油、中国石化的聚丙烯产品。它们利用产业链上下游的关系寻找那些具有生产口罩能力的下游企业,合作筹建了 11 条医用口罩生产线。三是组织中央企业全力开展医疗物资海外采购,交由国家统一调配。四是全力推动口罩机和压条机等紧缺设备的研制生产。国资委从源头想办法,组织攻关生产口罩机,生产紧急情况下加工防护服所急需的压条机,增加产能、扩大产量。与此同时,国资委和相关涉药央企建立了一套工作协调机制,加快疫苗与药物的研发。

截至 2020 年 4 月 5 日,一次性医用防护服日产能达到 150 万件以上,医用 N95 口罩日产能超过 340 万只,医疗物资供应基本满足需求。在转扩产政策支持下,我国医疗物资转扩产为确保医疗物资供应起到了重要的作用。

资料来源:[1] 国资委.迅速安排部署医疗物资转产扩产全力推进药物疫苗科研攻关[J].市场观察,2020,(2):17-18.

[2] 杜丽敬,夏翔,等.重大突发公共卫生事件下的医疗物资供应问题及对策[J].中国科学基金,2020,34(6):688-698.

在此次疫情下,我国在医疗物资转扩产方面取得了巨大成功,是疫情下医疗物资供应链管理成功的典范。但也暴露出疫情初期原材料供应不足、人工短缺,关键零部件海外采购周期长等供应链安全问题。我们需要从供应链整体出发,采用科学的方式不断完善供应链管理。本章主要包括供应链管理概述、供应链管理的产生、供应链管理的目标与原则,以及供应链管理的内容。

1.1 供应链管理概述

随着世界经济进入全球化和信息化时代,消费也从大量消费进入了高质量、个性化消费时代。用户需求的多样性和不确定性增加,产品生命周期越来越短,订单的响应速度越来越快,产品和服务的要求越来越高。这些都对企业运营管理模式提出了新的要求,供应链管理的概念便应运而生。本节从供应链、供应链流程以及供应链管理的内涵出发详细介绍供应链管理的概念。

1.1.1 供应链

供应链客观存在于人类的生产活动与经济活动中。人类生产和生活的必需品,都经历了从最初的原材料生产、零部件加工、产品装配、分销、零售到最终消费者这一整体过程;近年来废弃物回收和退货(简称反向物流)也包含了进来。这里既有物质材料的生产和消费,也有非物质形态(如服务)产品的生产(提供服务)和消费(享受服务),生产、流通、交易、消费各个环节形成了一个完整的供应链系统。以一个客户走进家乐福商店购买清洁剂为例。供应链始于顾客对清洁剂的需求,顾客到家乐福零售店内购买的物品,由成品仓库或者分销商通过自营物流或第三方物流提供;制造商(如宝洁公司)从各种供应商处购进原材料,生产产成品,并给分销商供货;而这些供应商也会从其上游供应商处购进所需的原材料。这一供应流程如图 1-1 所示,图中的箭头反映了实体产品流动的方向。

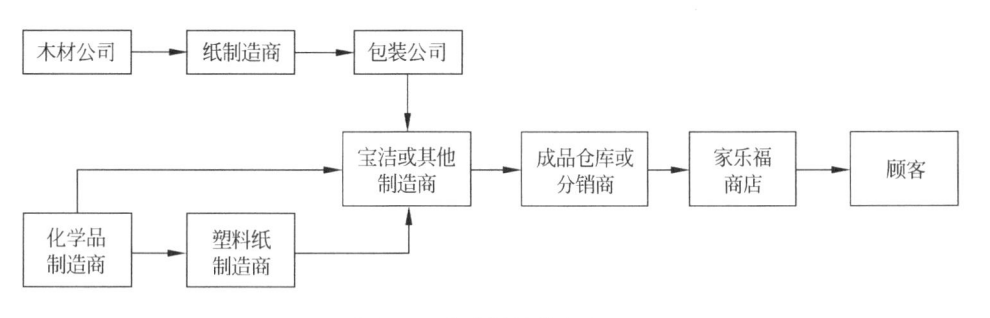

图 1-1 清洁剂的供应流程

供应链是动态的,不同环节间信息流、产品流、资金流持续流动。上述例子中,家乐福不仅提供产品,也为顾客提供价格和可采购量方面的信息。顾客付款给家乐福,家乐福订单信息传达给仓库或分销商,仓库或分销商用卡车把订单所需要的货品送回商店,补货后家乐福付款给分销商;分销商也为家乐福提供价格信息,递交发货日程计划;家乐福还可以回收包装物用于再循环。类似的信息流、物流和资金流发生在整个供应链之中。现在看另一个例子,顾客在在线商城上购买戴尔电脑,供应链涉及顾客、戴尔网站、戴尔装配商、戴尔的供应商等。网站为顾客提供价格、产品种类和现有数量等信息。顾客可以随时在网站上查询到订单状态。这个过程同样涉及了供应链不同环节信息流、物流和资金流的动态变化。

随着信息技术的发展和产业不确定性的增加,当前企业间关系呈现日益明显的网络化趋势。供应链演变为围绕核心企业的网链关系,即核心企业与供应商、供应商的供应商的一切向前关系,与用户、用户的用户的一切后向关系。不同于传统的销售链,供应链跨越了企业界线,从扩展企业的新思维出发,并从全局和整体的角度考虑产品经营的竞争力。这使供应链从一种运作工具上升为一种管理方法体系、一种运营管理思维和模式。在现实中,制造商可以从不同的供应商那里购买原材料,将生产的产品供应给不同的分销商。因此,大多数供应链事实上形成了网络结构。图 1-2 中的供应链网络结构图形象地描述了产品或原料从供应商到制造商、分销商,再到零售商直至顾客这一链条移动的过程。

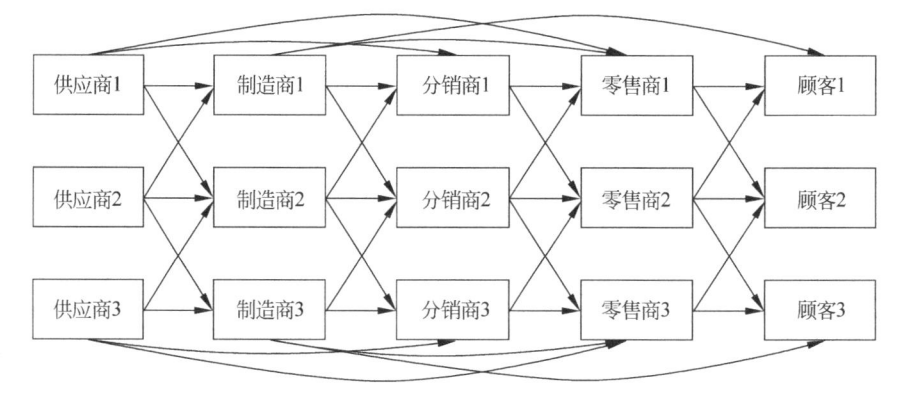

图 1-2　供应链网络结构

国务院办公厅发布的《关于积极推进供应链创新与应用的指导意见》(国办发〔2017〕84 号)中对供应链的定义是:供应链是以客户需求为导向,以提高质量和效率为目标,以整合资源为手段,实现产品设计、采购、生产、销售、服务等全过程高效协同的组织形态。该定义将供应链的形成看成一种自发的行为,即通过有组织的活动,把各类资源有效地整合在一起,通过相互之间的协同运作,实现最终目标。

综合以上分析我们给出一个供应链的定义:供应链是围绕核心企业,通过对信息流、物流、资金流的控制,从采购原材料开始,制成中间产品(零部件)以及最终产品,最后通过销售网络把产品送到消费者手中的将供应商、制造商、分销商、零售商直到最终用户连成一个整体的功能网链结构。

1.1.2　供应链流程

供应链是由一系列的流和流程组成的,它们发生在不同环节之内和不同环节之间。通过流和流程相结合以满足消费者对产品的需求。以下从循环观点、推拉观点与宏观流程三个不同的视角来观察供应链中的流程。

1. 循环观点(cycle view)

供应链运作流程可以分为一系列循环,每一个循环在供应链两个相邻的组织之间进行。图 1-3 为供应链运作流程图,图中给出了供应链运作流程中的 5 个组织:供应商、制造商、分销商、零售商、顾客,以及 5 个组织产生的 4 个循环。所有供应链运作流程都可以分解为:顾客订单周期循环、补货周期循环、制造周期循环、采购周期循环。每一个循环都发生于供应链上两个相邻组织之间。

每个循环由 6 个子流程构成(如图 1-4)。每个循环均始于供方向顾客推销产品。买方(buyer)发出订单,供方(supplier)收到订单,供方发货,买方收货,买方可能会退还部分商品或其他可再利用的原料给供方或第三方。循环活动到此会重新开始。

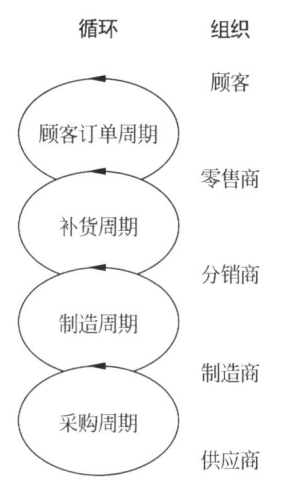

图 1-3 供应链运作流程

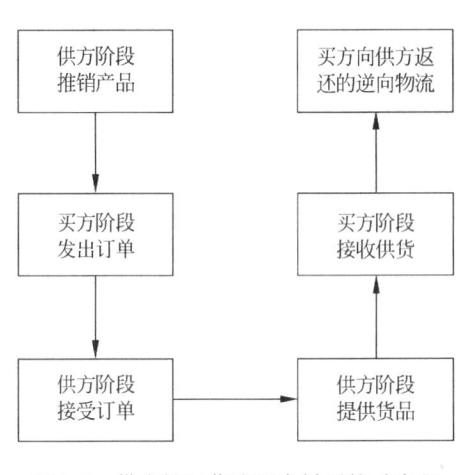

图 1-4 供应链运作流程中循环的子流程

根据交易过程的不同情况,图 1-4 所示的子流程可应用于不同的循环中。消费者通过亚马逊网站在线购物时,他们成为顾客订单循环的一部分——顾客作为买方,亚马逊作为卖方。相反,当亚马逊向一个分销商订书来补充其库存时,其成为补货循环的一部分——亚马逊作为买方,分销商作为卖方。在每个循环内部,买方的目的是确保可以得到产品并且通过批量购买减少成本。卖方试图预测消费者订货并且尽量减少履行订单的成本,所以卖方在承接订单时会准时完成并改善订单履行的效率和准确性。买方也会致力于降低收货过程的成本。通过对逆向物流的管理可以降低成本并满足环保目标的要求。

尽管每个循环都有基本相同的子流程,但每个循环之间还是存在几个重要的区别。在顾客订单循环中,需求发生在供应链外部,并且是不确定的。在其他所有循环中,订单发出也是不确定的,但是可以依据供应链各环节的策略反映出来。例如,在采购循环中一旦了解汽车制造商的生产日程,轮胎供应商便可以准确预测其轮胎的需求量。其次在于订单规模的不同。就一个消费者只购买一辆汽车而言,经销商会从制造商那一次性订购多辆汽车,制造商会从供应商那里订购大量轮胎。从消费者移动到供应商,个体订单的数量在减少,而每个订单的规模在增加。因此,当我们从最终消费者向供应链上游环节运动时,在供应链各环节共享信息和政策就变得越来越重要。

2. 推/拉观点(push/pull)

依据供应链对顾客需求的响应时间,供应链中所有流程可分两种类型:拉动流程(根据顾客的订单来组织产品生产或服务提供),推动流程(根据对顾客需求的预测来组织产品生产或服务提供)。因此,在拉动流程中,顾客的需求是确定的,需求是否满足受限于推动阶段中库存与生产能力大小;在推动流程中,下游的订货需求是未知的,需要对其进行预测。拉动流程因其是对顾客订单需求的反应,所以可以看成是一种反应流程。推动流程因其具有投机性(或预测性),而非基于实际发生的需求,则可以看成是一种投机流程。如图1-5为供应链的推/拉流程示意图,从图中看出供应链从推动流程向拉动流程的转变过程中,顾客订单到达时间为推动流程与拉动流程的界限。

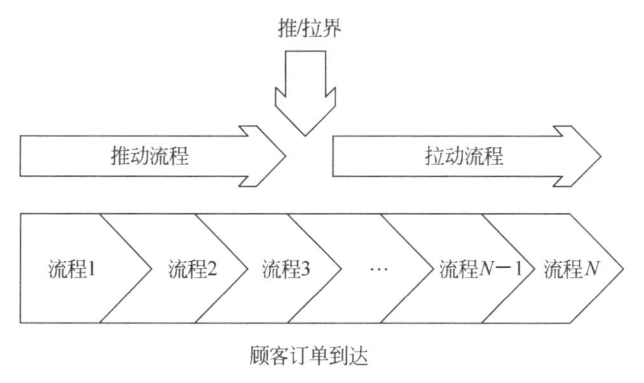

图 1-5 供应链的推/拉流程

通过比较备货型生产企业(如联想)与按订单生产的企业(如戴尔)的生产流程,结合循环观点,进一步分析产品生产中的拉动与推动流程。

(1)联想的推/拉式流程。如图1-6所示,联想公司是在顾客到达后再处理顾客订单循环的所有流程。所有在顾客订单循环中的流程都是拉动流程。订单的履行从库存产品开始,库存产品是根据对顾客的需求预测而提前生产出来的。补货循环的目的是确保顾客订单到达时产品是可以得到的。在补货循环中的全部流程都基于需求预测,因此是推动流程。采购循环也是如此。事实上,像纤维这种原材料经常是在顾客需求预测之前6~9个月就已经买了。销售活动开始3~6个月之前制造过程就已经开始了。因此,联想的供应链可以细分为拉动和推动流程。

(2)戴尔的推/拉式流程。戴尔公司为顾客生产定制电脑时,戴尔的供应链中有两个有效的循环:顾客订单和制造循环以及采购循环。如图1-7所示,戴尔公司的顾客订单和制造循环中的所有流程是在顾客(订单)到达后开始的,因此为拉动流程。但是戴尔的零部件订单并不是由顾客订货决定的,零部件的库存补货是基于消费者需求的预测。故戴尔公司的采购循环中的所有流程均属于推动流程。戴尔的供应链流程亦可细分成拉动流程和推动流程。

3. 供应链宏观流程

按照以上流程观点,供应链流程划分为以下三个宏观流程,上游供应、内部流转、下游

6 供应链管理

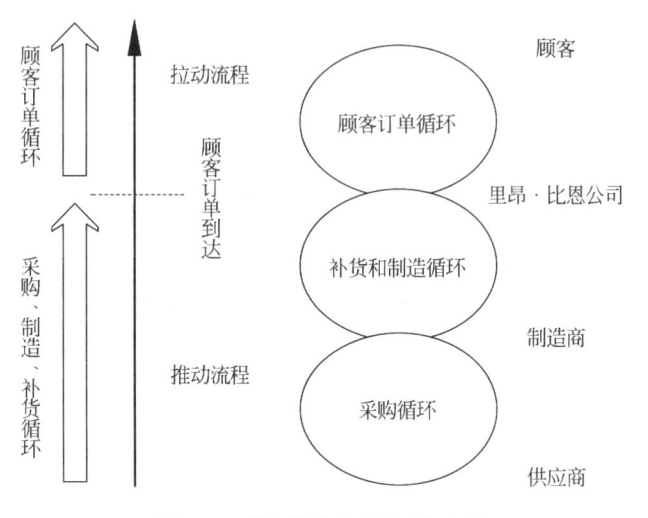

图 1-6　联想的供应链推/拉流程

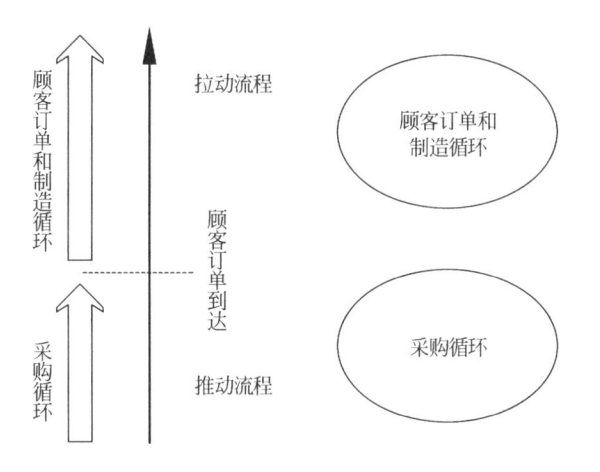

图 1-7　戴尔公司的供应链推/拉流程

分销,如图 1-8 所示。这三个宏观流程控制着信息流、物流、资金流,以产生、接收和履行顾客需求。下游分销是满足顾客需求的过程,包括市场营销、定价、销售、订单管理等流程;内部流转是生产过程,主要目的是以尽可能低的成本来有效地满足客户的需求,包括内部生产和库存能力计划、供给和需求计划准备,以及履行订单;上游供应流程是对货源的把握,主要目的是为产品生产和服务提供安排和管理供货资源,包括供应商的评价和选择,材料的议价与交付条款谈判,以及与供应商合作新产品的开发等。可以看出,这三个宏观流程的目的是为了满足顾客需求。以上三个宏观流程的有机整合对供应链成功与否至关重要。

1.1.3　供应链管理

计算机网络的发展进一步推动了制造业的全球化、网络化过程。虚拟制造、动态联盟等制造模式的出现,更加迫切需要新的管理模式与之相适应。传统企业组织中的采购(物

供应商	企业	顾客

上游供应	内部流转	下游分销
货源	战略计划	市场
谈判	需求计划	价格
购买	供应计划	销售
设计合作	履行	呼叫中心
供应合作	领域服务	订单管理

图 1-8　供应链宏观流程

资供应)、加工制造(生产)、销售等看似整体,但却缺乏系统性和综合性,已经无法适应新的制造模式发展的需要;而"大而全,小而全"的企业自我封闭的管理体制更无法适应网络化竞争的社会发展需要。"供应链"从建立合作制造或战略伙伴关系的新思维出发,从产品生命线的"源"头开始,到产品消费市场的"汇",从全局和整体的角度考虑产品与服务的竞争力,使供应链从一种运作性的竞争工具上升为一种管理性的方法体系。

对于供应链管理(supply chain management,SCM),国外有许多不同的称呼,如有效用户反应(efficient consumer response,ECR)、快速反应(quick response,QR)、虚拟物流(virtual logistics,VL)或连续补充(continuous replenishment,CR)等。这些称呼所考虑的层次、角度各不相同,但都是通过计划和控制实现企业内部和外部之间的合作,一定程度上都反映了对供应链各种活动进行人为干预和管理的特点,以有目的地为企业服务。

供应链管理是一种集成的管理思想和方法,执行从供应商到最终用户的物流的计划和控制等职能。最早人们把供应链管理的重点放在管理库存上,作为平衡有限的生产能力和适应用户需求变化的缓冲手段,通过各种协调手段,寻求把产品迅速、可靠地送到用户手中所需要的费用与生产、库存管理费用之间的平衡点,从而确定最佳的库存投资额。因此其主要的工作任务是管理库存和运输。现在的供应链管理则把供应链上的各个企业作为一个不可分割的整体,使供应链上各企业分担的采购、生产、分销和销售这些职能成为一个协调发展的有机体。

学者们对供应链管理给出了若干典型的描述。Stevens(1989)提出供应链管理的目标是使来自供应商的物流与客户需求协同运作,以协调高客户服务水平和低库存、低成本这些相互冲突的目标。Monczka 等(1998)指出供应链管理要求传统上分离的职能物料汇报给一个负责的经理人员来协调整个物流过程,并且还要求与横贯整个流程各个层次上的供应商形成伙伴关系,以实现对多个职能和多层供应商的整合以及对外购、业务流程与物料的管理和控制;Mentzer(2001)认为供应链管理是对传统的企业内各业务部门之间及企业之间的职能从整个供应链的角度进行系统的、战略性的协调,目的是提高供应链及每个企业的长期绩效。LingLi(2007)定义供应链管理为一组有效整合供应商、制造商、批发商、承运人、零售商和客户的协同决策及活动,以便将正确的产品或服务,以正确的数量,在正确的时间,送到正确的地方,以最低的系统总成本满足客户服务水平的要求。

综上所述,供应链管理是指为使以核心企业为中心的供应链运作达到最优化,令供应链从采购开始,到满足最终客户的所有过程,包括工作流(work flow)、实物流(physical flow)、资金流(funds flow)和信息流(information flow)等均高效率地运作,把合适的产品以合理的价格,及时准确地送到消费者手上。

1.2 供应链管理的产生

在全球市场的激烈竞争中,大多数企业面对的是一个变化迅速且无法预测的买方市场,而传统的生产与经营模式对市场剧变的响应越来越迟缓和被动。为了摆脱这种困境,企业采取了许多先进的制造技术和管理方法,如计算机辅助设计、柔性制造系统、准时制、制造资源计划(manufacturing resources planning,MRP Ⅱ)等。虽然这些方法取得了一定的实效,但在经营的灵活性、快速满足客户需求方面并没有实质性的改观。人们终于意识到问题并非在于具体的制造技术与管理方法本身,而是在于它们仍局限于传统生产与经营模式的条框之内,难以从根本上适应迅速变化的市场需求。由此,供应链管理应运而生。本部分首先介绍生产运作的传统管理模式,接着分析供应链管理的产生,之后对传统管理模型与供应链管理模型进行了对比。

扩展阅读 1.1
传统管理模式的弊端

1.2.1 传统管理模式

从管理模式上看,在 20 世纪 80 年代以前,企业出于对制造资源的占有要求和对生产过程直接控制的需要,传统上经常采用的策略是自身投资建厂,或参股到供应商企业。一个产品上所需要的各种零部件基本上都是在自己企业内由各个工厂加工出来的,直接控制着各个零部件的生产过程,这就是人们所说的传统管理模式,也称之为"纵向一体化"(vertical integration)。例如,许多制造商拥有从铸造、毛坯准备、零件加工、部件装配、总装、包装、运输等一整套设备设施及组织机构。但其构成比例却又是畸形的:受长期卖方市场决策背景的影响,其产品开发能力和市场营销能力都非常弱,但却拥有庞大的加工体系。在产品开发、加工、市场营销这三个基本环节呈现出中间大、两头小的"腰鼓型"。"腰鼓型"企业适合于计划经济体制,而在市场经济环境下无法快速响应客户的需求。从生产计划与控制机制上看,20 世纪 60 年代以前,比较盛行的方法是通过确定经济生产批量、安全库存、订货点来保证生产的稳定性,但由于没有注意独立需求和相关需求的差别,采用这些方法并未取得期望的成果。20 世纪 60 年代中期,出现了物料需求计划(material requirements planning,MRP),较好地解决了相关需求管理问题。此后,人们就一直探求更好的制造组织和管理模式,出现了诸如制造资源计划、准时制(just in time,JIT)及精益生产(Lean Production)等新的生产方式。这些新的生产方式对提高企业整体效益和在市场上的竞争力做出了不可低估的贡献。

进入 20 世纪 90 年代以来,消费者的需求特征发生了前所未有的变化,整个世界的经济活动也出现了以前未曾有过的全球经济一体化特征。这些变化对企业参与竞争的能力提出了更高的要求,传统的管理思想已不能完全满足新的竞争形势。"纵向一体化"管理模式则暴露出种种弊端,具体表现在以下几个方面。

(1) 增加企业投资负担。传统模式是重资产模式,需要大量的实物投资和渠道建设。不管是投资建新的工厂,还是用于其他公司的控股,都需要企业自己筹集必要的资金。

(2) 准备时间较长,灵活性较低。对某些新建项目来说,由于有一定的建设周期,往往出现"项目建成之日也就是项目下马之时"的现象。花在基本建设上的时间太长,等生产系统建成投产时,市场行情可能早已发生了变化,市场机会早已在项目建设的过程中失去。企业因错过了进入市场的最佳时机而遭受损失。

(3) 企业无法专注于优势业务。"纵向一体化"管理模式下企业实际上采用的是"大而全,小而全"的管理模式。这种企业把产品设计、计划、财务、会计、生产、人事、管理信息、设备维修等工作看成企业必不可少的业务工作,管理人员花费过多的时间、精力和资源去从事辅助性的管理工作,使其无法做好关键性业务活动的管理工作。最后,增加了企业的产品成本,甚至使企业失去了竞争优势。

(4) 竞争对手增加。企业采用"纵向一体化"管理模式的另一个问题是,它必须在不同业务领域与不同的竞争对手进行直接竞争。在企业资源、精力、经验都十分有限的情况下,四面出击的结果是可想而知的。因此,从 20 世纪 80 年代末开始,IBM 就不再进行纵向发展,而是与其他企业建立广泛的合作关系。例如,IBM 与苹果公司合作开发软件,协助 MCT 联营公司进行计算机基本技术研究工作,与西门子公司合作设计动态随机存储器,等等。

(5) 行业风险增大。如果整个行业不景气,采用"纵向一体化"管理模式的企业不仅会在最终用户市场上遭受损失,而且还会在各个纵向发展的市场上遭受损失。例如,某味精厂为了保证原材料供应,自己建了一个辅料厂。但后来味精市场饱和,该厂生产的味精大部分失去了销路。结果,不仅味精厂遭受损失,与之配套的辅料厂也举步维艰。

扩展阅读 1.2
企业的"横向一体化"
案例

1.2.2 供应链管理模式

鉴于"纵向一体化"管理模式的种种弊端,从 20 世纪 80 年代后期开始,很多发达国家的企业逐渐放弃"纵向一体化"管理模式,随之而来的是"横向一体化"(horizontal integration)思想的兴起,即利用企业外部资源快速响应市场需求,本企业只抓自己的核心业务,将企业的非核心业务从母体企业中剥离出去,委托或外包给合作伙伴企业。例如,福特汽车公司的汽车就是由美国人设计,在日本的马自达生产发动机,由韩国的制造厂生产其他零部件和装配,最后在美国市场上销售。制造商把零部件生产和整车装配都放在了企业外部,这样做的目的是利用其他企业的资源促使产品快速上马,避免自己投资带来基建周期过长等问题,赢得产品在低成本、高质量、早上市等方面的竞争优势。

根据"横向一体化"的思想,企业形成了一条从供应商到制造商再到分销商、零售商的贯穿所有企业的"链"。这条链上的节点企业必须达到同步、协调运行,才有可能使链上的所有企业都能受益,于是便产生了供应链管理这一新的经营与运作模式。美国的 A. T. Kearney 咨询公司的研究表明企业应该将供应职能提升到战略层次的高度,才有助于降低成本、提高投资回报。如企业和供应商伙伴可以建立一个产品开发小组,共同研究和确定哪些活动能给用户带来最大的价值,而不是像过去那样由一家企业设计和制造一个产品上的绝大多数零部件。比较研究发现,美国厂商普遍采用"纵向一体化"模式进行管理,而日本厂商更多地采用"横向一体化"。美国企业生产一辆汽车购价的 45% 由企业内部生产制造,55% 由外部企业生产制造。然而,日本厂商生产一辆汽车中,只有 25% 的购价由企业内部生产制造,外包的比例很大。这也许能在某种程度上说明美国汽车产业缺乏竞争力的原因。

由此可见,供应链管理的概念是把企业资源的范畴从过去单个企业扩大到整个社会,使企业之间为了共同的市场利益而结成战略联盟。因为这个联盟要"解决"的往往是具体顾客的个性化需求,因此供应商需要与顾客共同研究,甚至需要对原设计进行重新思考、重新设计,以满足顾客的需要。由此,供应商和顾客之间就建立了一种长期联系的依存关系。供应商以满足顾客需要、服务顾客为目标,顾客当然也愿意依靠这个供应商。这样,借助敏捷制造战略的实施,供应链管理也得到越来越多的人重视,成为当代国际上最有影响力的一种企业运作模式。这种生产管理模式的变化,如图 1-9 所示。

20世纪80年代	20世纪90年代	21世纪	
制造资源计划	准时制造生产	精准生产的精准供应	供应链
• 推动式系统 • 物料订货可分配需求为基础 • 消除安全库存和周转库存 • 依赖于相关订货计划和可靠的预测 • 通过变动对供应商需求实现柔性	• 拉动式系统 • 来自最终顾客的固定需求量 • 生产能力和需求匹配 • 固定的生产协作单位 • 柔性的制造系统 • 相似的产品范围很小 • 经济生产批量很小 • 供应商提前期很短	• 消除浪费 • 库存和在制品占用最小 • 成本在供应链上透明 • 多技能员工 • 减少工件排队 • 调整转换时间很短 • 多品种小批量生产 • 第一个阶段持续改进	• 快速反应 • 供应链具有柔性 • 顾客定制化生产 • 与最终需求同步生产 • 受控的供应链过程 • 合作伙伴间的能力是集成的 • 全面应用电子商务 • 并行的产品开发

图 1-9　生产管理模式的变化

供应链管理利用现代信息技术,通过改造和集成业务流程、与供应商以及顾客建立协同的业务伙伴联盟、实施电子商务,从而大大提高了企业的竞争力,使企业在复杂的市场环境中立于不败之地。根据有关资料统计,供应链管理的实施可以使企业总成本下降10%;供应链上的节点企业按时交货率提高 15% 以上;"订货—生产"的周期缩短 25%～35%;供应链上的节点企业生产率增值提高 10% 以上,等等。这些数据说明,供应链企业

第1章 供应链管理导论 11

在不同程度上都取得了发展,其中以"订货—生产"的周期缩短最为明显。能取得这样的成果,得益于供应链企业的相互合作、相互利用对方资源的经营策略。采用供应链管理模式,可以使企业在短时间内寻找到合适的合作伙伴,用低成本、快速度、高质量赢得市场,而且受益的不止一家企业,而是一个企业群体。因此,供应链管理模式吸引了越来越多的企业。

21世纪的竞争不是单个企业和企业之间的竞争,而是供应链与供应链之间的竞争。那些在零部件制造方面占有独特优势的中小型供应商企业,将成为大型的装配主导型企业追逐的对象。日本一名学者将其比喻为足球比赛中的中场争夺战,他认为谁能拥有这些具有独特优势的供应商,谁就能赢得竞争优势。显然,这种竞争优势不是哪一家企业所具有的,而是整个供应链的综合能力。

1.2.3 供应链管理模式与传统管理模式的区别

从供应链管理的内容可以看出,它与传统的企业内部物料管理和控制有着明显的区别,虽然对管理模式没有统一的定义,但是在表述管理模式时一般需阐明三个关键问题:管理对象是谁? 管理过程中要协调的关系是什么? 依靠什么力量达到管理目标? 表1-1从管理对象、协调关系和管理驱动力来源三个方面对供应链管理与传统管理模型进行了简单对比,可以看出供应链管理的理论基础及运作动力完全不同于传统企业生产与运营管理模式。

表1-1 供应链管理与传统管理模式的主要区别

比 较 项 目	传 统 管 理	供 应 链 管 理
管理对象	单一企业	围绕核心企业的企业群
协调关系	协调企业内部各部门之间的关系	协调企业与企业之间的关系
管理驱动力来源	依靠自上而下的行政权力	依靠利益共享的整合管理

相对于传统管理而言,供应链管理的特点主要体现在以下几个方面:

(1)供应链管理把供应链中所有节点企业看成一个整体,供应链管理涵盖整个链上从供应商到最终用户的采购、制造、分销、零售等职能领域过程,认为供应链是由若干相互依存的企业构成的组织形态。

(2)供应链管理强调和依赖战略管理。"供应"是整个供应链中节点企业之间事实上共享的一个概念(任两节点之间都是供应与需求关系),同时又是一个具有重要战略意义的概念,因为它影响或者决定了整个供应链的成本和市场占有份额。

(3)供应链管理的关键是对所有相关企业采用集成的管理思想和方法,而不仅仅是把各个节点企业的资源简单地连接起来,或者将业务外包出去。

(4)供应链管理强调在企业间建立合作伙伴关系,通过提高相互信任程度和合作关系水平来提高整个供应链对客户的服务水平,而不是把企业之间的业务往来仅仅看成是一次商业交易活动。

(5)建立供应链管理的协调与激励机制是最具挑战性的任务,如果没有供应链企业之间的协调运作,以上所提出的供应链管理目标都是很难实现的。这种协调运作必须靠激励机制保证,这是供应链运作管理面临的最具挑战性的问题。

1.3 供应链管理的目标与原则

要想成功实施供应链管理,使供应链管理真正成为竞争力的武器,需要明晰供应链管理的目标,坚持供应链管理的四大核心原则,把企业内部以及节点企业之间的各种业务看成一体化的整体流程。将企业内部的供应链与企业外部的供应链有机地集成起来进行管理,以适应新的环境下市场对各个企业生产和管理过程的要求,最终实现供应链全局动态最优的终极战略目标。

扩展阅读 1.3
通用和丰田供应链对比

1.3.1 供应链管理的目标

供应链管理的优势在于能够发挥各自企业的优势,通过合作共赢创造更大价值,所以供应链管理的目标不能局限于单个企业,而是以供应链总体盈利最大化为目标。供应链管理创造的价值应为最终产品对顾客的价值与供应链成本之间的差额(供应链盈利=产品对于顾客的价值-供应链成本)。例如,顾客花 100 元从京东上购买一个小米手环,这100 元代表供应链获得的收入。京东以及供应链的其他环节发生了诸如信息传递、生产零部件、组件、库存、运输、资金转移等成本。顾客支付 100 元与生产小米手环产生的成本之间的差额形成了供应链盈利。供应链盈利是供应链所有环节共享的总利润。供应链盈利越多,供应链就越成功。因此,供应链的成功应该是衡量供应链的总体盈利而不是单个环节的利润。

供应链管理是一个复杂的概念,涉及的环节众多,各环节的目标难以一致。本着供应链总体共赢原则,以提高竞争力、市场占有率、客户响应、客户满意度,降低各环节成本,整体供应链利润最大化等为目标,以协同商务、协同竞争为商业运作模式,通过运用现代供应链管理技术、信息技术和集成技术,达到对整个供应链上的信息流、物流、资金流、业务流和价值流的有效规划和控制,从而将客户、供应商、制造商、销售商、服务商等合作伙伴连成完整的网状结构,形成一个极具竞争力的供应链整体。

不同的供应链中的管理核心不同,因此要制定不同的供应链管理目标。供应链管理需要将客户所需的正确的产品(right product)在正确的时间(right time),按照正确的数量(right quantity)、正确的质量(right quality)和正确的状态(right status)送到正确的地点(right place)。常态商业环境下,供应链各环节总成本最优化是常见的供应链管理目标。为了管理供应链运行过程中产生的成本,要具体问题具体分析。例如,美国零售业大

第1章　供应链管理导论　　**13**

部分是联合采购,即零售业集中从制造商那里购买消费品。这种联合模式使零售商具备足够的采购规模。在这种情况下,分销商等中间环节的引入对降低成本所起的作用很小。相反,印度有数百万的零售店,印度零售店的小规模限制了它们所能承受的库存水平,因此需要经常补货。制造商保持低运输成本的唯一方法是采用整车承运的方式,将产品送达市场,然后用较小的车辆采用巡回送货的方式进行本地分销。中间环节接收整车承运的货物、拆零,然后以较小批量供给零售商。要想维持低运输成本,中间环节的存在起到了关键作用。大多数的印度分销商是一站式商店,储存不同制造商生产的各种商品,从烹饪用油到肥皂、清洁剂。一站式购物除了提供便利,印度分销商在交货时通过将不同制造商的产品集中对零售商配货,还可以降低运输成本。印度分销商也处理回收物品,因为分销商回收物品的成本比制造商各自从各个零售商回收物品的成本低很多。所以,在印度,分销商的存在有效降低了整体供应链成本,增加了供应链剩余。

1.3.2　供应链管理的原则

从供应链管理的目标可以看出,供应链管理的对象是一个以核心企业或品牌商为核心的企业群。核心企业通常也就是品牌商,要使其品牌产品具有强大的竞争力,该企业的供应链管理也就必须十分强大。为了能使供应链提高竞争力,减少供应链内部的消耗,在供应链管理中需要坚持四大核心原则。

1. 整合原则(integration)

供应链管理的概念从提出到现在已有30多年的历史。在供应链管理的多年实践中,已将供应链管理从一般性的管理方法提升为整合思维的理念。在这一思维范式里,强调从供应链整体最优的目标出发寻求最佳市场资源整合的模式。当一个企业面临着要拓展一项业务或开辟一个新的市场时,首先应该从企业外部寻找最佳资源,而不是万事亲力亲为。再强大的企业面对庞大的市场时,在资源和能力上也都是十分有限的,如果什么事都只想着企业自身来做,可能会丧失很多机会,甚至将企业带入深渊。因此,整合原则就成为供应链管理的重要原则之一。

2. 合作原则(cooperation)

供应链管理是由"横向一体化"发展而来的,因此在供应链管理的实践中非常强调合作伙伴之间的合作。只有实现了合作伙伴之间的真诚的、战略性的合作,才能共同实现供应链的整体利益最大化。供应链管理的对象是一个企业群,其中的每一个企业都有自己的核心业务和核心能力,如何才能将这些企业的能力整合在一起,形成真正的合力,是关系到供应链整体目标能否得以实现的关键。因此,供应链管理的核心企业(或主导企业)要与自己的合作方建立战略性的合作伙伴关系,必须能够兼顾合作伙伴的利益和诉求,这样才能调动合作伙伴的积极性。如果只是想着如何从别人身上赚取利益,而又将风险转嫁到其他企业身上,这样的供应链是不可能健康发展的。

3. 协调原则(coordination)

供应链管理涉及若干个企业在运营中的管理活动。为了实现供应链管理的目标,要求相关企业在运营活动中必须按照计划协调运作,不能各自为政。例如,供应商需要按照制造商的要求,将零部件按计划生产出来并准时配送到制造商的装配线,而且还要求不同零部件的供应商同步地将各自的零部件配送到位。任何一个供应商的延误,不仅它自己有损失,而且还会连累那些准时交货的供应商,当然更不用说对总装配延误的影响了。协调运作的另一个问题,就是打破传统上的企业各自为政的分散决策方式。通过设计协调契约,使合作双方都能够增加收益,同时达到供应链整体利益最大化的目标。

4. 分享原则(benefit-sharing)

通过供应链整合资源、建立合作伙伴关系,通过协调运作达到整体利益最大化,这些都还不是供应链管理的全部。事实上,能否达到上面说的这几点,还有一个重要影响因素:供应链的收益共享。合作企业之所以愿意在一个供应链体系内共创价值,是因为它们看到这个供应链能够创造更多的收益,但是这些收益必须实行共享,才有可能将供应链的资源整合起来。如果合作企业发现供应链的利益被某企业独占,则是不可能参与到供应链的管理系统中的,这就影响了供应链的未来长远发展。因此,供应链管理遵循的收益分享原则,是保证合作伙伴能真心实意地与核心企业站在一个阵营内的重要条件。

1.4 供应链管理的内容

随着对供应链管理思想认识的加深,人们开始从整个供应链的角度研究供应链管理的范围以及组成要素问题。

1.4.1 供应链管理的范围

不少研究者和实践家对供应链管理的范围给出了不同的学说。美国生产与库存控制学会(American Production and Inventory Control Society,APICS)支持开发的供应链管理运作参考模型(Supply Chain Operations Reference Model,SCOR)是目前影响较大的一种模式。SCOR 模型的第一层描述了六个基本流程——计划(planning)、采购(sourcing)、生产(producing)、交付(fulfillment)、退货(return)和使能(enable),定义了供应链运作参考模型的范围和内容。SCOR 模型是一个标准的供应链流程模型,已经比较广泛地应用于分析企业供应链运行的问题、制定管理流程改进措施等领域。SCOR 模型还被用于对某个行业同类企业的供应链运作绩效进行量化分析,找到本企业改善的标杆及最适宜的供应链管理方法。

美国俄亥俄州立大学兰伯特教授及其研究小组提出供应链管理的三个基本组成部分:供应链网络结构、供应链业务流程和供应链管理元素。

(1)供应链的网络结构主要包括:工厂选址与优化,物流中心选址与优化,供应链网络结构设计与优化;

(2)供应链的 8 个业务流程主要包括:客户关系管理(customer relation management,CRM),客户服务管理,需求管理,订单配送管理,制造流程管理,供应商关系管理(supplier relation management,SRM),产品开发与商业化,回收物流管理;

(3)供应链管理元素主要包括:运作的计划与控制,工作结构设计(指明企业如何完成工作任务),组织结构,产品流的形成结构(基于供应链的采购、制造、配送的整体流程结构),信息流及其平台结构,权力和领导结构,供应链的风险分担和利益共享,文化与态度。

基于以往研究和企业实践的结果,供应链管理的范围总结为8大领域(如图1-10):需求管理(demand management)、计划(planning)、采购供应(sourcing and supply)、生产(producing)、订单交付(fulfillment)、物流管理(logistics management)、逆向物流(reverse logistic)以及信息支持平台(information support platform)。由图1-10可见,供应链管理是以同步化、集成化生产计划为指导,以各种技术为支持,尤其以信息技术和网络技术为依托,围绕需求管理、采购供应、生产作业、物流支持、订单交付来实施的,其目标在于提高客户服务水平和降低总的交易成本,并且寻求这两个目标之间的平衡。

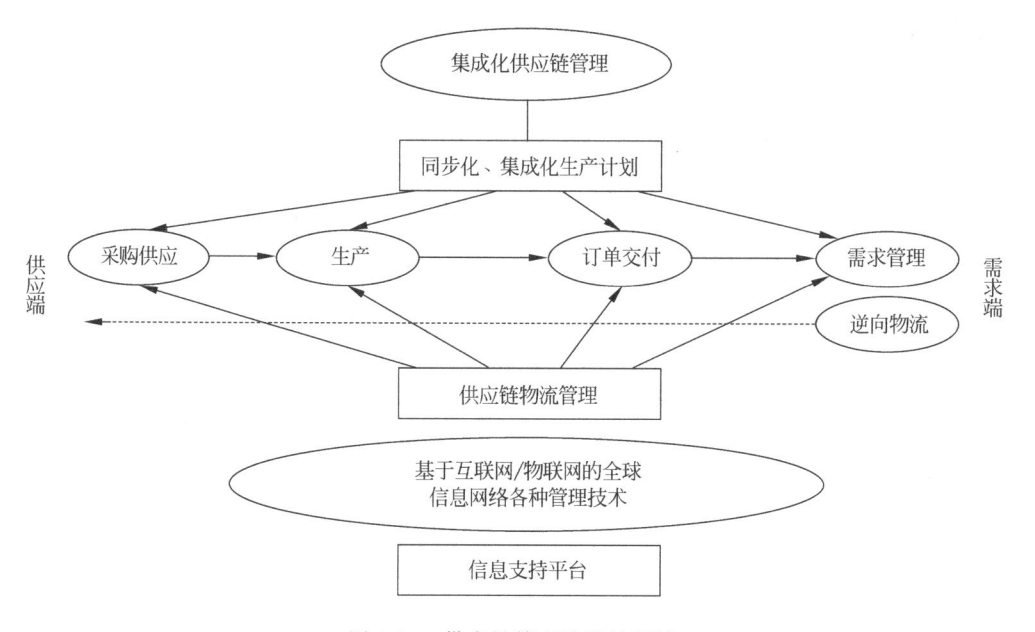

图1-10 供应链管理涉及的领域

以以上8大领域为基础,可将供应链管理细分为基本职能领域和辅助职能领域。基本职能领域主要包括产品开发、产品技术保证、采购、制造、生产控制、库存控制、仓储管理、分销管理、市场营销等,而辅助职能领域主要包括客户服务、设计工程、会计核算、人力资源等。

由此可见,供应链管理关心的并不仅仅是物料实体在供应链中的流动,除了企业内部与企业之间的运输、仓储和实物分销以外,供应链管理还包括以下主要内容:

(1)战略性供应商和客户合作伙伴关系管理。

(2)供应链产品需求预测和需求计划管理。

(3)供应链的设计(节点企业、资源、设备等的评价、选择和布局)与优化。

(4)企业内部各工序与企业之间物料供应和需求同步管理。

(5)基于供应链管理的产品设计与制造管理、生产集成化计划、跟踪和控制。

(6)基于供应链的客户服务和物流(运输、库存、包装等)管理。

(7)企业间资金流管理(融资、汇率、资金使用成本等问题)。

(8)供应链企业间的信息交互管理。

供应链管理注重总成本(从原材料到最终产成品的费用总和)与客户服务水平之间的

关系,为此要把供应链各项职能活动有机地结合在一起,从而最大限度地发挥出供应链整体的力量,达到供应链企业群体获益的目的。

1.4.2　供应链管理的要素

根据上面提出的供应链管理的范围,并归纳不同学者的理论研究与企业家的实践成果,将供应链管理的要素总结为十个关键要素,如图1-11所示。具体为:需求与生产计划管理、采购及库存管理、供应链网络设计、供应链合作伙伴关系管理、物流管理、供应链资金流管理、供应链信息流管理、供应链企业组织结构、供应链绩效评价与激励机制、供应链风险管理。具体阐述如下:

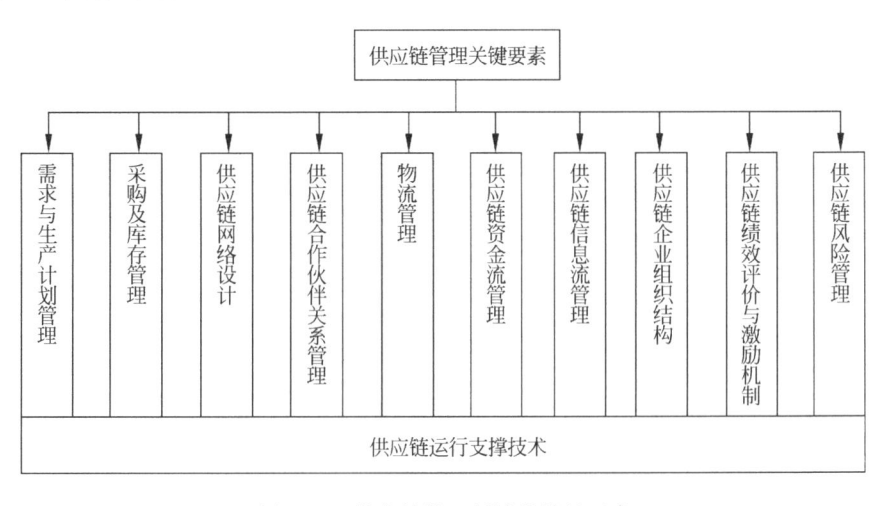

图1-11　供应链管理领域的关键要素

1. 需求与生产计划管理

供应链管理是以顾客需求为导向的,为了提高客户满意度,供应链企业必须同时做好线上和线下全渠道的客户需求管理工作,使供应链的运营能够快速响应客户的个性化需求。供应链生产计划管理在整个供应链系统中处于中心位置,是连接所有相关的供应链企业生产系统与市场的枢纽,是供应链管理中最重要的要素之一。供应链计划管理的主要功能如下:

(1)了解和掌握市场需求。采用先进的需求管理和预测技术,整合互联网时代的碎片化需求,准确地掌握客户的需求信息和客户动态。

(2)定义供应链活动范围。

(3)规划供应链企业的客户订单承诺能力、多供应商物料需求计划、分销需求计划、订单交付周期压缩计划等。

(4)制订主生产计划,包括需求预测和需求管理、主生产计划编制、制造支持、减少库存资金占用、供应链需求反查功能、物流资源匹配支持等。

供应链计划管理着眼于优化整个供应链,涉及从原材料供应、产品制造、订单交付、产品配送直到最终用户的全过程的计划管理。

2. 采购及库存管理

供应链管理中采购及库存管理是通过供应商寻源、物料采购并维持一定量的库存来保证供应链的生产与订单交付。维持一定量的库存可以克服由于市场随机需求产生的变化和供应的不确定性风险对供应链带来的不利影响。在企业的实际管理活动中,经常出现由于各种不确定性问题而导致的物料供应中断,如原材料延迟到达、机器故障、产品质量发生缺陷、客户订单突然取消等。为了提高客户订单的准时交付率,企业常常配置安全库存水平,维持足够的库存量(作为安全缓冲),以吸收和平衡随机波动因素带来的损失,这样,即使供应链上的企业出现了问题也不致过于影响整个供应链的服务水平。然而,增加库存水平必然导致库存持有成本上升,过高的库存水平对供应链效率与响应速度都有巨大影响,因此如何控制好供应链中的库存水平,是供应链管理的重要组成部分。

3. 供应链网络设计

供应链网络系统是产品生产和服务供给的物质基础,通常是指工厂、车间、设备、仓库、配送中心等物质实体构成的一个有机体系,是实现企业产品物流和配送活动的载体。供应链管理中的网络设计,是指如何运用科学的方法确定各种设备设施的数量、地理位置、规模,并分配各设施所服务的市场(服务对象)范围,使之与供应链的整体经营系统有机结合,以实现有效、经济的供应链运作。供应链网络选址对设施建成后的设施布置以及投产后的生产经营费用、产品和服务质量以及成本都有极大而长久的影响。供应链网络的功能也将根据不同的市场环境进行合理规划和设计,如响应型供应链、效率型供应链等。无论哪种功能类型的供应链网络,有关选址、产能及设施柔性的决策对供应链效率与响应速度都有很大的影响,保证供应链网络决策的合理性和正确性是供应链正常运行的前提。

4. 供应链合作伙伴关系管理

为了降低供应链上的库存水平、增强信息共享水平、改善相互之间的交流、保持战略伙伴之间业务流程运作的一贯性,进一步降低供应链总成本,必须管理好供应链企业间的战略合作伙伴关系。供应链上的每个节点企业实现财务状况、质量、产量、交货、客户满意度以及业绩的改善和提高,需要着眼于与其合作的企业建立起战略合作伙伴关系,而不能仅停留在一般的交易关系上,也不能仅从自身利益最大化出发,而应形成风险共担、收益共享的战略合作关系。只有供应链的整体竞争力提高了,每个企业才能从中获得成长。因此,供应链的绩效是以供应链成员企业相互间充分信任和相互合作为基础的,可以说,供应链管理就是合作伙伴关系管理。

5. 物流管理

在传统的企业管理体系中,物流仅仅被当成企业经营活动中的辅助内容,缺乏战略性的物流规划。有的企业缺乏整体竞争力的原因之一是物流体系不通畅导致产品配送受阻,影响产品的准时交付。传统的企业管理者只重视产品生产,而对保证生产正常进行的其他支持系统则重视不够。例如,没有建立有效的供应物流协同管理体系,导致外购材料或零部件缺件而延误产品的总装配活动,进而影响产品的按期交付。再如,没有建立敏捷的客户响应系统,产品不能及时、准确配送到客户手中,导致供应链物流系统的末端配送水平下降,进而影响客户的体验。从供应链管理的视角,要想使供应链物流系统具有竞争优势,就要使企业在成本、质量、时间、服务、灵活性上的竞争优势得以显著提高,这就需要将供应链物流系统从企业战略的高度去规划和管理,把供应链管理战略通过物流管理落到实处。因此,在供应链管理的研究与实践上,都将物流管理作为重要内容。

6. 供应链资金流管理

供应链管理不仅需要协调好合作企业之间的信息流和物流的运营,还要格外重视对供应链上的资金流进行优化和管理。供应链资金流管理包括三个主要内容:从订单到现金回收(order-to-cash)、从采购到付款(procure-to-pay),以及供应链金融(supply chain finance)。从订单到现金回收管理,是指保证企业在收到客户订单以后,立即制订生产计划并组织生产,按照订单要求将产品交付给客户后,直至收到客户付款的所有过程都有足够资金,以支撑日常运营活动。从采购到付款管理,是指保证向供应商下达采购订单、收到货物之后并向供应商付款的所有过程都严守付款协议,避免出现恶意压制供应商货款的现象。供应链金融整合了金融机构、核心企业和成员企业资源与需求的复杂活动,利用金融手段提高了资金的使用效率、解决了中小供应商(或分销商)的融资难题。进入 21 世纪后,供应链金融成为供应链资金流管理的一个重要领域,保证了资金的高效运行与供应链的稳健运行,为核心企业及其所主导的供应链带来新的价值增长点。

7. 供应链信息流管理

信息流是供应链上各种计划、订单、报表、库存状态、生产过程、交付过程等指令和其关键要素相互之间传递的数据流,包含了整个供应链中有关库存、运输、绩效评价与激励、风险防范、合作关系、设施与客户的信息和对信息的分析。由于信息流直接影响着物流、资金流、商流及其他关键要素的运行质量,因此是供应链性能改进中最重要的要素。有效的信息流管理为供应链企业对市场需求响应更快、资源运用效率更高提供了保证。信息技术的发展进一步增强了企业应用供应链管理的效果。企业信息技术的支持对整个供应链将产生如下影响:

(1)信息系统与大数据技术可以帮助企业与客户建立新型的伙伴关系,更好地了解客户和市场需求;

(2)有利于进一步拓宽和开发高效率的营销渠道;

(3)有助于改变供应链的构成,使得商流与物流达到统一;

(4)重新构筑企业或企业联盟之间的价值链。

8. 供应链企业组织结构

现代管理学认为,组织创新是企业的核心能力构成要素之一,是提高企业的组织效率、管理水平和竞争能力的有效措施。随着互联网及网络技术的出现,企业的供应链管理再次发生变化。目前,世界上不少企业为了提高供应链的效率与响应速度,对企业的供应链管理模式,特别是企业的组织结构形式进行了不断地研究、探索与实践。供应链组织创新是企业组织优化的重要组成部分,而且这种优化超越了企业的边界,连接起供应链的上、下游企业,致力于形成一种现代的、能够支持整个供应链管理的全新组织体系。这对提高供应链的竞争能力起着非常重要的作用。

9. 供应链绩效评价与激励机制

从系统分析角度来看,供应链绩效评价与激励是供应链管理中的一项综合性活动,涉及供应链各个方面的情况。供应链绩效评价的目的主要有两个:一是判断各方案是否达到了各项预定的性能指标,能否在满足各种内外约束条件下实现系统的预定目标;二是按照预定的评价指标体系评出参评方案的优劣,做好决策支持,帮助管理者进行最优决策、选择系统实施方案服务。供应链激励的目标主要是通过设置激励机制,协调合作双方的共同利益,消除由于信息不对称和败德行为带来的风险,消除双重边际效应,使供应链达到协调高效运作,实现供应链企业共赢。因此,保证供应链绩效评价与激励机制的合理性和一致性是供应链良好运行的关键。

10. 供应链风险管理

在供应链管理的实践中,存在着很多导致供应链运行中断或出现其他异常情况的风险。例如,2001年9月11日在美国发生的"9·11"恐怖事件,2011年的日本大海啸,2020年新冠肺炎(Covid-19)疫情给世界经济、经济全球化建立起来的全球供应链带来的深远影响等。这些事件的发生具有极大的不确定性和偶然性,是无法预知的。因此,供应链风险管理是企业管理者必须充分重视的内容。建立起供应链的风险防范机制和管理体系,能够快速地应对无法预测的风险的发生,以最低成本,最有效地保证供应链系统在受到内外部各种风险因素影响时仍然能够良好、稳健地运行。供应链的风险防范机制设置的合理性和灵活性是供应链正常运行的保证。与此相关的内容将在稍后章节中有更为详细的论述。

21世纪企业的成功与否关键在于供应链管理的成功与否,供应链管理的成功与否取决于人们对供应链管理系统的结构与思想的认识和把握。全面构建一个供应链管理系统的关键要素体系,是供应链有效运行的前提和保障。

本 章 小 结

本章从供应链管理的定义入手,解释了供应链的概念以及供应链流程,并引申到供应链管理,紧接着介绍了供应链管理的产生和发展,深入分析了传统管理模式在新的竞争环境下的不适应性,对传统管理模式的若干特点进行了较详细的比较分析。读者可以理解供应链管理产生和发展的必然性,供应链管理的目标和原则,帮助读者从供应链管理的角度出发,对供应链管理建立正确认识。在这一章中,还介绍了供应链管理的内容,包括供应链管理的范围和管理要素,并在最后将传统管理和供应链管理进行对比,本书已尽可能全面介绍供应链管理的研究进展,但时代在飞速发展,本书内容仅供读者参考。

即测即练　　扫码答题

思 考 题

1. 供应链管理的定义是什么?

2. 供应链管理要素有哪些?

3. 供应链管理包括哪些内容?

4. 供应链管理的目标和原则是什么?

5. "横向一体化"与"纵向一体化"管理模式的主要区别是什么?

6. 供应链管理的发展过程大致分为哪几个阶段?

7. 拉动流程与推动流程的主要区别? 戴尔公司的供应链上是否同时存在这两种流程? 若同时存在,则两种流程的边界在哪里?

8. 供应链管理与传统管理有哪些区别和联系?

案 例 分 析

沃尔玛:
供应链管理的成功经验

第 2 章

供应链管理战略与运作机制

【本章学习目标】

通过本章学习,学员应该能够:

1. 认识供应链管理战略匹配的重要性和战略范围与内容。

2. 了解供应链管理运作机制,认识不同企业角色在供应链运作中的影响。

3. 了解著名的供应链管理战略选择特点如快速反应战略、有效客户反应战略以及推/拉式和推—拉结合式战略等。

4. 熟悉供应链的类型划分,掌握效率型与响应型供应链特征以及与之匹配的产品特点。

【导入案例】

伊利股份的供应链管理战略

作为中国乳业领军企业,伊利通过多年摸索构建了可持续的供应链发展体系。2006年是伊利集团全面实施供应链战略的重要计时点。这一年,伊利集团开始在全国范围内实施一项计划——"织网",其实质就是实现生产制造以及市场销售的一体化运作,并对每个市场进行进一步的精耕细作,全面实施供应链战略。

在产业链上游,伊利对上游供应商进行技术帮扶,构建奶源互联网追溯体系,利用互联网对原奶的生产、储运过程进行实时远程监控,为原奶的质量安全可控提供保障。在产业链中游,伊利与国际权威机构合作构建全球质量管理体系,切实保证伊利食品质量安全。在产业链下游,伊利与沃尔玛、华润万家等零售商建立战略合作关系,利用合作伙伴提供的信息和大数据技术分析消费者的需求,实现产品信息化,实现对产业链下游的管控。此外,伊利还成立了"产业链金融中心",为产业链中小企业融资提供担保,解决供应商和经销商的融资难题。伊利股份的可持续全产业链发展模式,破解了供应商和经销商的融资难题,带动了供应商和经销商的发展,切实保证了公司的产品质量安全,提高了公司内部治理的水平,为公司成功实施 OPM(other people's money)供应链管理战略提供了保障,促进全产业链共赢。

OPM 供应链管理战略是指企业充分利用自身的竞争优势,占用供应商的资金并将资金成本转嫁给供应商的营运资本战略。OPM 供应链管理战略的财务特征体现在营运资本结构、净现金需求、现金周转期三个方面。OPM 供应链管理战略给伊利股份带来了强劲的盈利能力和充裕的现金流,降低了融资的成本。基于供应链视角的 OPM 战略的实施可以有效降低风险,实现全产业链共赢。

资料来源:兰素英,覃雪梅.伊利股份基于供应链管理视角的 OPM 战略探析[J].时代金融,2018(15):331-332.

伊利股份的可持续供应链管理体系构建对供应链管理战略的有效实施起到了至关重要的作用,体现了供应链管理战略与运作机制体系对企业适应时代新变化的重要性。在本章学习中,将介绍供应链的类型和常见的供应链管理战略,对供应链的战略匹配和战略范围做详细分析,解释为什么赢得战略匹配对公司的整体成功至关重要,并介绍供应链管理战略的内容和挑战,供应链管理的运作机制以及企业在这里面扮演的角色和作用。

2.1 供应链类型与供应链管理战略

供应链的构建需要针对不同产品特征选择不同类型的供应链体系与相应的供应链管理战略。本节从不同角度对供应链的类型进行了划分,并介绍了几个著名的供应链管理战略如快速反应战略(quick response,QR)、有效客户反应战略(effective customer response,ECR)以及推/拉式和推—拉结合式战略。通过了解供应链的不同类型,我们能够针对不同企业的产品和竞争特点选择最合适的供应链系统。

扩展阅读 2.1
海尔供应链由效率型向响应型转型

2.1.1 供应链的类型

本节从供应链满足客户需求的角度和从供应链供应与需求双重变化的角度,对供应链的类型进行了划分。

1. 从供应链满足客户需求的角度

为了确定供应链的类型,可以从企业满足客户需求的属性上分析供应链构成的类型及特点。供应链的类型及特点与它所支持的产品在市场上的表现特点有很大关系,根据产品在市场上的表现特点,美国哈佛大学 Fisher 教授将其分为功能性产品(functional products)和创新性产品(innovative products)。

供应链管理的成功实施经验表明,应该根据不同的产品特点,选择和设计不同类型的供应链系统。针对功能性产品和创新性产品的不同,根据供应链的运行特征和功能特征,提出了两种类型的供应链:效率型供应链(efficient supply chain)和响应型供应链(responsive supply chain)。效率型供应链主要体现供应链的物料转换功能,即以最低的成本将原材料转化成零部件、半成品、产品,以及实现在供应链中的运输等。响应型供应链主要体现供应链对市场需求的响应功能,即把产品分配到满足用户需求的市场,对未预知的需求做出快速反应等。

当知道产品和供应链的特性后,就可以设计出与产品需求一致的供应链。供应链设计与产品类型策略如图 2-1 所示。

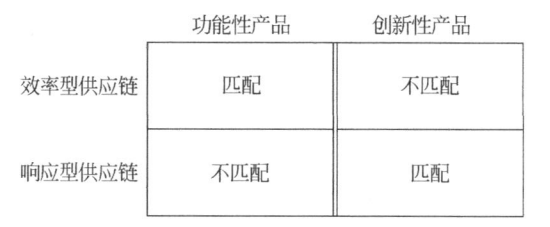

图 2-1　供应链设计与产品类型策略矩阵

策略矩阵的四个元素代表四种产品和供应链的可能组合,从中可以看出产品和供应链的特性。管理者可以根据它判断企业的供应链流程设计是否与产品类型一致:效率型供应链流程适用于功能性产品,响应型供应链流程适用于创新性产品。

2. 从供应链供应与需求双重变化的角度

效率型供应链和响应型供应链的划分主要是从市场需求变化的角度出发的,重点是供应链如何处理市场需求不确定的运作问题。在供应链管理实际过程中,不仅要处理来自需求端的不确定性问题,还要处理来自供应端的不确定性问题。在有些情况下,来自供应端的不确定性对整个供应链运作绩效的影响可能更大一些。例如,2004 年出现在国内原煤市场上的供应紧张现象,使以原煤为输入资源的企业都感到了前所未有的压力,那些具有较高应变能力的供应链能够及时调整策略渡过难关,而那些不具备应变能力的企业则面临被市场淘汰的局面。图 2-2 是需求不确定性和供应不确定性影响的某些典型行业示例图。

需求不确定性

		低(功能性产品)	高(创新性产品)
供应不确定性	低(稳定流程)	杂货,服装,食品,石油等	时装,家具,计算机等
	高(变化流程)	水力发电和某些食品加工等	电信,高端电脑

图 2-2　需求不确定性和供应不确定性影响的某些典型行业

从供应和需求这两个不确定性方向对供应链运作管理的影响出发,人们进一步细分了供应链的类型。图 2-3 为考虑需求不确定性与供应不确定性的供应链类型。其中敏捷供应链应该是一种综合能力最强的供应链系统,它能够对来自需求和供应的不确定性做出及时反应,使自己始终能够随着运行环境的变化而变化。

各种新兴技术,如物联网、大数据、区块链、3D 打印等,其快速发展对供应链敏捷性的提高具有重要的影响。尤其是伴随着互联网与其他现代通信技术的快速发展和普及应

		需求不确定性	
		低(功能性产品)	高(创新性产品)
供应不确定性	低(稳定流程)	效率型供应链	响应型供应链
	高(变化流程)	风险规避供应链	敏捷供应链

图 2-3　考虑需求不确定性和供应不确定性的供应链类型

用,供应链上的企业能更加互联地快速响应市场需求的变化。比如,智能制造就使得整个生产制造系统能依赖于大数据更高效地进行优化和控制,从而更有效地应对各种可能的不确定性。这进一步推动了整个供应链走向智能化,包括智能供应、智能分销、智能仓储、智能运输,乃至整个智能供应链的实现。因此,供应链体系构建需要将新兴技术的发展和应用考虑进来。

2.1.2　供应链管理战略

供应链的构建应持有战略性的观点,从战略的视角减少不确定性因素的影响。供应链的战略选择应体现供应链发展的长远规划和预见性。供应链管理战略的类型介绍如下。

1. 快速反应战略

快速反应(quick response,QR)这个概念最早是在美国的服装行业孕育的。20 世纪70 年代,美国的通货膨胀给制造业带来了价格上的巨大压力,为了缓解这种压力,制造商采取"提前购买"的方法转嫁价格压力。制造商的这种竞争战略把整个供应链分成三个部分:供应商与分销商、分销商与零售商、零售商与消费者,各个部分相互独立,业务流程相互分离,各个部分只关注与之相关的环节。这种模式使得供需双方在生产和销售上严重脱节。到 80 年代,随着社会经济的发展,人们的生活水平快速提高,个性化的消费倾向凸显出来,服装行业的表现尤为突出:客户需求复杂且变化频繁,市场竞争更加激烈,对客户需求的快速反应越来越成为服装企业获得市场份额的关键,在此背景下,快速反应理论应运而生。

美国纺织服装联合会对快速反应的定义为:制造企业为了在精确的数量、质量和时间的条件下为客户提供产品,将订货提前期、人力、材料和库存的花费降到最小;同时,为了满足竞争市场不断变化的要求而强调系统的柔性。我国《国家标准物流术语》中对快速反应的定义为:物流企业面对多品种、小批量的买方市场,不是储备产品,而是准备了各种要素,在客户提出要求时,能以最快的速度抽取要素,及时"组装",提供所需服务或产品。

我们可以这样理解快速反应:就是零售商、制造商和供应商之间相互配合,以最快的方式、在适当的时间与地点为消费者提供适当的产品和服务,即以最快的、最好的服务满足消费者需要。

作为一种供应链的战略和运作方式。其目的在于减少产品在整个供应链上完成业务流程的时间,尽可能减少库存,最大限度地提高供应链管理的运作效率,在适当的时间和地点及时地给客户提供适当的产品。它是一种客户拉动、以市场为中心的策略,旨在从客户和需求出发,协调从计划到生产、销售的整个过程,实现多品种、小批量的快速生产和销售。

2. 有效客户反应战略

有效客户反应(efficient customer response,ECR)最早是从美国食品业发展而来的一种有效链管理策略。到 20 世纪 80 年代,随着消费者需求的个性化和多元化发展,以及现代信息技术的发展,市场日益复杂,市场竞争的重心转向流通领域,生产商越来越依赖于零售商。为了保证在销售额不断增加的前提下最大限度地减少缺货损失,生产商不断增加产品生产品种,扩大产品线,这又加剧了企业间的无差异竞争状况。产品的多样化也增加了零售商的进货成本和管理成本。因此,生产商和零售商紧密合作,联合确定产品生产和销售,从更多环节大幅度减低成本。有效的客户反应正是由零售商、批发商与生产商等组成的供应链节点企业相互协调合作,为客户提供更多价值的一种供应链管理方法,它可以有效地消除系统中不必要的成本和费用,并给客户带来更大的效益。

有效客户反应是以满足客户要求和最大限度降低物流过程费用为目标,通过生产商、批发商和零售商之间的相互合作与协调,对市场需求及时做出准确反应,为消费者更好、更快并以更低的成本提供满意商品,从而达到商品供应和服务流程最佳。

ECR 以信任和合作为基础,以创造消费者价值为理念,将零售业的精细化管理和供应链整体协调性管理结合,力求达到满足消费者需求和优化供应链的双重效果。这个过程分为四个贯穿整个供应链的核心过程,它们是:有效新产品投入(efficient new product introductions)、有效商店管理(efficient store assortment)、有效促销(efficient promotions)和有效商品补充(efficient replenishment),也被称为 ECR 的四大要素。

3. 推/拉式和推—拉结合式战略

从供应链的流程我们可以看到,传统的供应链网络常被划分为推动式和拉动式两种。推动式供应链是以生产企业为中心,即产品的供需是由生产企业的生产能力决定的,这样的供应链在发展初期适应了以制造业为主的市场经济的发展,而随着市场需求多样化的到来,推动式的供应链就不再适应市场经济的发展,随之产生了拉动式的供应链。拉动式的供应链是以市场需求为动力,是为适应顾客需求个性化发展而产生的。但是,拉动式的供应链并不能兼有推动式供应链的优点,所以在最近的几年里,相当一部分公司开始实行这两种形式的混合型:推—拉式的供应链战略。本节在分析推拉两种供应链优缺点的基础上提出了推拉的结合形式——推—拉式供应链。

(1)推动式供应链。推动式供应链(push supply chain)的运作是以产品为中心,以生产制造商为驱动原点,战略决策都是根据长期预测的结果做出的,如图 2-4 所示。通常,生产企业根据自己的 MRP II/ERP 计划来安排从供应商处购买原材料,生产出产品,并将产品经过各种渠道,如分销商、零售商一直推至客户端。传统的供应链管理几乎都属于推动式的供应链。

在推动式供应链中,生产商对整个供应链起主导作用,是供应链的核心或关键成员,而其他环节如流通领域的企业则处于被动地位。然而,由于生产商在供应链上远离客户,它对客户的需求远不如流通领域的零售商和分销商了解得清楚,这种供应链中企业之间

制造商推动的供应链：集成度低、需求变化大、缓冲库存量高

图 2-4　推动式供应链

的集成度较低,反应速度慢。在缺乏对客户需求了解的情况下,生产出的产品和驱动供应链运作的方向往往是无法匹配和满足客户需求的。

此外,由于生产商无法掌握供应链下游,特别是最末端的客户需求,一旦下游有微小的需求变化,反映到上游时这种变化将被逐级放大,这种效应称为牛鞭效应。为了对付这种牛鞭效应,响应下游特别是最终端客户的变化,供应链的每个节点都必须采取提高安全库存量的办法来应付需求变动,从而使整个供应链上的库存量增加,最终导致响应客户需求变化的速度较慢。

在推动式供应链下,制造商不清楚应当如何确定它的生产能力,如果根据最大需求确定,就意味着大多数时间里制造商必须承担高昂的资源闲置成本;如果根据平均需求确定生产能力,就需要在需求高峰时期寻找昂贵的补充资源。同样,对运输能力的确定也面临着这样的问题:以最高需求还是平均需求为准。这样,在一个推动式供应链中,常常会出现由于紧急的生产转换引起的运输成本增加、库存水平变高和生产成本升高等问题。

(2)拉动式供应链。20 世纪 90 年代初,工业化的普及使生产率和产品质量不再成为生产企业的绝对竞争优势,为了更好地取得竞争优势,企业开始把满足客户的需求作为经营的核心。因此,供应链的运营规则也从推式运作转变为以客户需求为原动力的拉式运作。如图 2-5 所示,拉式供应链(pull supply chain)管理的理念是以用户为中心,根据市场和用户的实际需求来拉动产品的生产和服务。

用户拉动的供应链：集成度高、数据交互迅速、缓冲库存量低、快速反应

图 2-5　拉动式供应链

在一个真正的拉动式供应链中企业不需要持有太多库存,只要对订单做出反应就可以了。为此,供应链必须要有快速的信息传递机制,可以将顾客的需求信息(如销售点数据 POS)及时传递给不同的供应链参与企业。这种运作和管理需要整个供应链能够更快地跟踪甚至是超前于客户和市场的需求,来提高整个供应链上的产品和资金流通的效率,减少流通过程中不必要的浪费,降低成本,提高市场的适应力。这样,在一个拉动型的供应链中,我们常常发现系统的库存水平有了很大的下降,从而提高了资源利用率,并且对客户需求的变化的反应性提高,管理能力也随之加强了。

但是,拉动式供应链的要求较高,要求供应链上的成员间,特别是下游的流通和零售行业有更强的信息共享、协同、响应和适应能力。而且,在拉动式系统中,也比较难以利用生产和运输的规模优势,因为系统不可能提前较长一段时间作计划。

这些推动式和拉动式供应链的优缺点,促使企业寻找一种新的供应链战略,以便能同时兼具两者的优点。

(3)推—拉结合式供应链。在供应链构成的类型中,一般很难见到单纯的拉动型供应链或者单纯的推动型供应链,现实中的供应链结构类型更多的是"推动—拉动"组合形式。供应链面向市场一端主要以客户需求为驱动力,主张快速响应客户的需求,因此是拉动式的。而供应链上游供应商一端更多的是以预测驱动生产和供应,因此是推动式的。推动式与拉动式的临界处被称为"推—拉"结合的分界点。

在推—拉式战略中,供应链的某些层次,如最初几个层次以推动的形式经营,同时其余的层次采用拉动战略。推动层与拉动层的接口处被称为推—拉边界,如图 2-6 所示。为了更好地理解这一战略,让我们看一下供应链时间线,也就是从采购原材料开始到将商品送至顾客手中的一段时间。推—拉边界必定在这条时间线的某个地方,在这个点上,企业就应当从最初使用的一种战略如推动战略转换为另一种战略,一般是拉动战略。

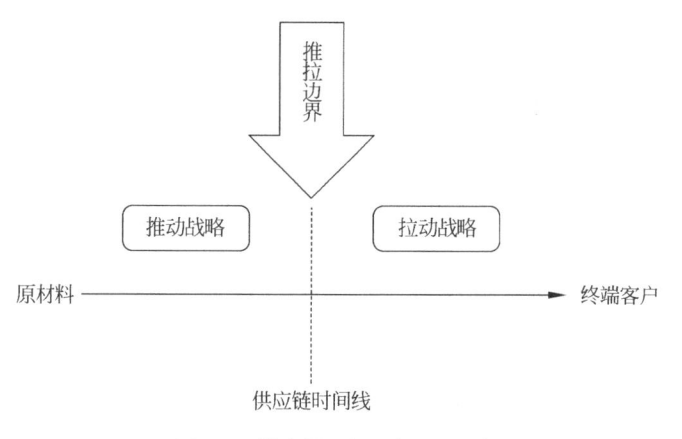

图 2-6 供应链"推—拉"分界线

以戴尔计算机为例,虽然其需求具有较高的不确定性,规模效益也不十分突出,理论上应当采取拉动战略,但实际上戴尔计算机并没有完全采取拉动战略,否则,它的成本会非常高。戴尔计算机的组装完全是根据最终顾客的订单进行的,此时它的运作是典型的拉动战略。但戴尔计算机的零部件供应商是按中长期预测进行生产并制定供应决策的,此时它执行的却是推动战略。也就是说,供应链的推动部分是在装配之前,而供应链的拉动部分则从装配之后开始,并按实际的顾客需求进行,是一种上游企业(如供应商)采用推动模式,下游企业采用拉动模式的混合供应链战略。

"推—拉"式战略的另一种形式是上游企业采用拉动模式,下游企业采用推动模式的供应链组合战略。常见于那些需求不确定性高,但生产和运输过程中规模效益十分明显的产品和行业,家具行业是这种情况最典型的例子。事实上,一般家具生产商提供的产品在材料上差不多,但在家具外形、颜色、构造等方面的差异却很大,因此它的需求不确定性相当高。同时,由于家具产品的体积大,因此运输成本也非常高。此时就有必要对生产、分销策略进行区分。从生产角度看,由于需求不确定性高,企业不可能根据长期的需求预测制订生产计划,因此生产要采用拉动式战略。而这类产品体积大,运输成本高,所以,分销策略又必须充分考虑规模经济的特性,通过大规模运输来降低运输成本。事实上,许多家具厂商正是采取这种战略。也就是说,家具制造商是在接到顾客订单后才开始生产,当产品生产完成后,将此类产品与其他所有需要运输到本地区的产品一起送到零售商的商店里,进而送到顾客手中。因此,家具厂商采用拉动式战略按照实际需求进行生产,采用推动式战略根据固定的时间表进行运输,是一种前拉后推的组合式供应链战略。

2.2 供应链管理战略匹配与范围

供应链管理体系的构建包括供应链管理战略的匹配、运营管理流程的设计与优化、物流网络的建立、合作伙伴的选择、信息支持体系的选择等诸多内容。其中,最重要的一环是企业的供应链管理战略与产品的类型匹配。为此,需要根据企业产品类型,明确产品的竞争战略,制定与之相匹配的供应链管理战略,并确定供应链管理战略的具体范围。

扩展阅读 2.2
Zara 公司极速供应链运作模式

2.2.1 供应链管理战略匹配

供应链战略的构建必须符合产品的竞争战略,否则将出现因供应链系统与产品竞争战略不匹配,进而导致效率低下。本部分主要介绍产品竞争战略、与之适应的供应链管理战略、供应链管理战略与产品竞争战略的匹配内容与匹配方法。

1. 产品竞争战略

产品竞争战略界定了相对其竞争对手而言,该公司在产品和服务上所具有的竞争优势。不同类型的产品具有不同的产品竞争优势,因此有必要先了解当前产品的特征是什么。分析产品特征的过程要向卖主、用户和竞争者进行调查,提出诸如"用户想要什么""他们在市场中的份额有多大"之类的问题,以确认用户的需求和竞争压力。产品生命周期、需求预测、产品多样性、提前期和服务的市场标准等是产品竞争战略的主要因素。

沃尔玛的竞争战略是以较高的便利性、可获得性与响应性,为顾客提供低价格与高质量产品。而苹果公司销售的电子产品并不靠低价来竞争。显而易见,沃尔玛与苹果公司的产品竞争战略是不同的。通过对比采用网上零售珠宝模式的 Blue Nile 公司和通过专营店模式来销售珠宝钻石的周大福公司,结果发现,Blue Nile 公司的客户在网上采购,更强调产品的多样性和低成本;而在零售店购买珠宝的顾客更关心的则是快速的响应以及在选购时获得的服务。这样,各公司的产品竞争战略都基于客户偏好需求,目的在于提供能够满足客户需求的产品和服务。

通常情况下,人们将产品分为边际利润低、需求稳定的功能型产品,和边际利润高、需求不稳定的创新型产品。功能型产品一般用于满足用户的基本需求,变化很少,具有稳定的、可预测的需求和较长的生命周期,但它们的边际利润较低。为了获得比较高的边际利润,许多企业在产品式样或技术上革新以刺激消费者购买,从而使产品成为创新型的,这种创新型产品的需求一般不可预测,生命周期也较短。正因为这两种产品竞争战略的不同,才需要有不同类型的供应链战略去满足不同的管理需要。

2. 产品竞争战略与供应链管理战略的关系

产品竞争战略决定了供应链的特性,所以供应链管理战略一定要匹配公司的产品竞争战略。理解产品竞争战略与供应链管理战略的关系,要从理解公司的价值链开始,如图2-7所示。价值链始于新产品开发,这一阶段生成产品的说明书;市场营销通过宣传产品及服务能够满足客户的偏好来产生需求,同时将客户的需求反馈到新产品开发中;生产运作阶段利用新产品的规格说明书,将输入的需求转化为销售的产品;分销阶段是把产品提供给顾客,或等待顾客来选购产品;服务是处理客户在售中或售后所提出的要求。以上都是增值活动的核心流程。财务、会计、信息技术和人力资源等支持性活动辅助并促进价值链的运行。

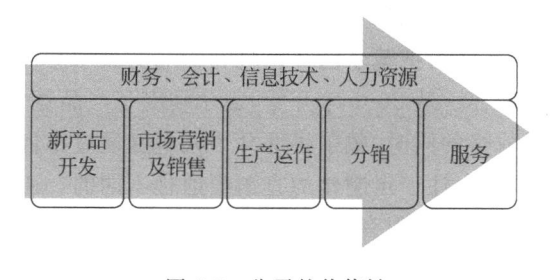

图 2-7 公司的价值链

执行公司的产品竞争战略,需要所有职能部门都发挥作用,且每个职能部门都要规划出本部门的战略。产品开发战略拟定了公司将要开发的新产品组合,同时还要确定开发工作是通过公司内部进行还是外包出去。市场营销战略强调如何进行市场细分,产品如何定位、定价和促销。供应链管理战略则包括材料的获取、物料的进出、产品制造或提供服务的运作,如产品的分销、后续的服务以及这些流程是由公司自行解决还是外包。

供应链管理战略包括了对供应链主要结构的说明,决定原材料的采购方式、物流的运进运出、产品如何制造或者服务如何提供、产品如何配送、涉及哪些后续服务以及上述流程是由企业自行负责还是外包出去。比如,戴尔最初的决策是直销,2007年的决策是通过零售商销售个人电脑。思科公司(Cisco)的决策是使用合同制造商,这些决策界定了其供应链的主要结构,也是其供应链管理战略的组成部分。供应链管理战略还包括关于库存、运输、运作设施和信息流的供应链设计决策。例如,亚马逊所作的这样一个决策——修建仓库来储存某些产品,同时又继续雇用分销商来进行另一些产品的供应,这也是其供应链管理战略的内容。类似的还有丰田公司在每个主要市场区域内都建立生产厂等决策。

3. 供应链管理战略匹配内容

战略匹配意味着产品竞争战略和供应链战略有共同目标。共同目标是指产品竞争战略所满足的顾客需求与基于供应链能力的供应链管理战略之间的一致性。对于一个公司而言，要想赢得战略匹配，必须实现以下三点内容：

（1）产品竞争战略要和所有的职能战略相互匹配以形成协调统一的总体战略；

（2）公司不同职能部门必须合理地配置本部门的流程及资源，成功执行这些战略；

（3）整体供应链战略的设计和各环节的作用必须协调一致，以支持供应链战略。

通过以上内容看出，供应链战略匹配不仅要实现供应链管理战略与产品特征相匹配，还需要使整体供应链的设计、流程和资源能力与其指定的战略相匹配。比如，戴尔供应链管理的变革过程就进一步阐述了战略匹配的具体内容。在1993—2006年期间，戴尔的竞争战略是以合理的价格提供种类丰富的定制化产品。由于注重产品定制服务，戴尔的供应链设计特点是具有高度的响应能力。戴尔旗下的装配厂具有高度的柔性，可以很容易地根据广大顾客的各种配置要求进行组装。而那些通过大批量生产具有相同配置的产品以便控制成本和提高效率的装配厂就无法满足这种需求。这种战略匹配的观念同样也可以延伸到戴尔的其他职能战略。戴尔的产品使用通用的零部件，使其能够快速组装，这一特性使戴尔可以针对客户订单快速组装出个性化产品。如果戴尔提供程度很高的个性化配置而同时要保持低库存运作，戴尔实行的战略与供应商和承运商响应性的匹配程度就至关重要。比如，承运商有能力把戴尔的计算机和索尼的显示器快速组合在一起，戴尔就不用持有索尼显示器的库存。从2007年开始，戴尔转变了产品竞争战略和供应链管理战略。在继续实行定制化战略的同时，戴尔将部分个人电脑通过零售商如沃尔玛进行销售。然而，零售商那里的分类与专注于定制化的直销渠道是不同的。通过沃尔玛，戴尔提供的台式电脑和笔记本电脑的种类是很有限的。由于在沃尔玛购买电脑的顾客不愿意等待，公司必须及时得到显示器和其他外部设备的供应。显然，具有满足定制化所需要的柔性和响应性的供应链，并不一定适用于这类不追求定制化而关注低价位的顾客。在竞争战略变化的情况下，戴尔将改变不同的职能战略，以维持战略匹配。

4. 产品竞争战略和供应链管理战略匹配的步骤

实现产品竞争战略与供应链管理战略的匹配，需要执行如下三个基本步骤：

第一步：理解顾客的需求。 理解每个目标顾客群的需求可以帮助公司明确满足需求的成本和服务要求。不同顾客群的需求差异体现在需求数量与类型、价格、顾客可以接受的响应时间、服务水平，以及产品或服务的更新速度等。我们对日本7-11便利店和山姆会员店（沃尔玛的一部分）进行比较分析。顾客走进7-11买洗涤用品追求的是购买便利，但并不要求找最低价的产品。相反，价格低廉对山姆会员店的顾客十分重要。即使顾客在这两个地方买的都是洗涤用品，其需求在特定的属性上也会不同。在7-11的例子中，顾客需要的是便利；在山姆会员店的例子中，他们需要的是低价格，并且愿意花费时间以获得低价格。

第二步：分析供应链的能力。 理解顾客需求后，公司需要了解供应链的能力是什么，如何来满足顾客需求。明确供应链的能力，首先要分析供应链的特征，然后根据这些特征将供应链的能力进行分类。比如供应链响应性包括供应链完成以下各项任务的能力：对大幅变动的需求量的响应，满足短期交货，经营品种繁多的产品，生产具有高度创新性的产品，满足高服务水平，以及处理供给不确定性等。供应链这些能力越强，其响应性越强。

然而,响应性的获得是要付出成本的。比如,要想对大幅变动的需求量做出响应,必须提高生产能力,这将增加成本。图 2-8 是成本—响应性效率边界曲线,即在给定特定响应性时,所对应的最低可能成本。最低成本的界定是以现有技术为基础的,并不是所有公司都能在效率边界上经营。效率边界代表的是最理想的供应链的成本—响应性的运行。不在效率边界上的公司可以向效率边界移动,提高其响应性和降低运营成本。相反,在效率边界上的公司只能通过增加成本或降低效率来提高响应性。此时,企业必须在效率与响应能力之间进行权衡。当然,位于效率边界上的企业也在不断改善工艺、改进技术,从而使效率边界发生移动。成本与响应能力之间的权衡已经既定的情况下,确定供应链的响应能力是供应链的关键性战略选择。

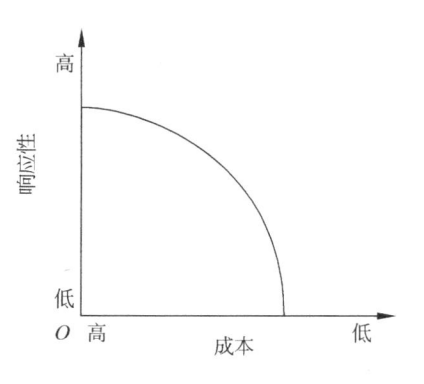

图 2-8   成本—响应性效率边际曲线

第三步:建立战略匹配。第三步也是最后一个步骤,就是要确保供应链的能力与产品竞争战略保持一致。如果供应链的能力与顾客的期望需求仍然存在不匹配的地方,公司则需要重新配置供应链以支持竞争战略,或调整竞争战略。目标是给面临着高不确定性的供应链设定高响应性,而给低不确定性的供应链设定高效率。效率性供应链与响应性供应链的比较见表 2-1。重要的是要通过给供应链各个环节分配不同的响应性和效率水平,从而获得整条供应链所需要的期望响应性水平与效率,下面以案例进行说明。

表 2-1   效率性供应链与响应性供应链的比较

战 略 内 容	效率性供应链	响应性供应链
主要目标	以最低成本供应需求	对需求做出快速响应
产品设计战略	以最低成本产生最大绩效	利用模块化方法,通过延迟实现产品差异化
定价战略	因为价格是最主要的客户驱动力,所以边际收益较低	因为价格不是主要的客户驱动力,所以边际收益较高
制造战略	通过利用率降低成本	维持生产能力的柔性来缓冲需求/供给的不确定性
库存战略	最小化库存以降低成本	维持缓冲库存来应对需求/供给的不确定性
提前期战略	缩短,但是不能以增加成本为代价	大幅度缩短,哪怕是付出巨大成本
供应商战略	根据成本和质量选择	根据速度、柔性、可靠性和质量选择

宜家(IKEA)是一家瑞典的家具零售企业。该公司通过模块设计对家具款式和数量加以限制。每个商场的规模很大,但家具品种(通过模块化设计)有限,从而降低了供应链面临的需求种类的不确定性。宜家持有所有款式的库存来服务顾客,以此吸收供应链所面临的需求数量的不确定性。由于宜家各大商场库存的存在,向制造商发出的补货订单就更加稳定且可预测。这样宜家向其制造商传递的不确定性微乎其微,而这些制造商通常位于低成本国家,更专注于提高效率。宜家在供应链里提供了响应性,商店吸收了大部分的不确定性并且响应迅速,而供应商吸收了很少的不确定性并提高了效率。

2.2.2 供应链管理战略匹配应用范围

供应链管理战略匹配应用范围是指企业内部及供应链各环节上的职能,它们组成了实现共同目标的整合战略。一种极端情况是,每个职能部门的每项业务都独立设计自己的战略,其目标是使自己的绩效最优化。在这种情况下,战略匹配被限制在该供应链某一环节职能部门的业务范围内。另一个相反的极端情况是,供应链所有环节的所有职能部门联合构筑战略,共同目标是最大化供应链剩余。在这种情况下,战略匹配范围拓展到整个供应链。

本部分介绍四种类型的供应链管理匹配应用范围,具体如下:

1. 公司职能内范围:职能成本最小化

近年来,供应链管理人员逐渐意识到了战略匹配仅限定在公司业务内存在的弱点,试图将一个职能部门内的各项业务协调起来。例如,只有当库存节省、响应性的提高带来的收益大于运输成本的增加时,采用空运才是合理的。按照职能内成本最小化的原则,公司试图在一个职能部门内整合所有的业务,包括供应、制造、仓储及运输在内的所有供应链职能,联合制定它们的战略以使总职能成本最小化。因此,有可能从成本较高的当地供应商那里进货,因为由此降低的库存和运输成本足以弥补产品单位成本的增加。

2. 公司职能间范围:公司利润最大化

职能内战略匹配的主要缺陷是不同职能部门可能会有相互矛盾的目标。随着时间的推移,各公司开始意识到这个缺点,比如,它们看到市场营销部门专注于增加营业收入,而生产和分销部门专注于降低成本。这两个部门采取的行动通常相互冲突,损害了公司的整体业绩。各公司意识到了将战略匹配范围拓展到覆盖公司所有职能部门的重要性。在公司职能间,目标是使公司利润最大化。要达成这个目标,所有部门制定的战略都要相互支撑,并且支持产品竞争战略。

3. 公司间范围:供应链剩余最大化

仅仅使公司利润最大化的目标有时会导致供应链各个环节之间的冲突。例如,在某个供应链上,供应商和制造商或许都希望对方多一些库存以提高自身的利润。如果这两方都只重视自身的利润,强势的一方会不顾谁持有库存才最合理,而迫使另一方持有库存。结果会导致供应链剩余减少,使双方分享的整个"蛋糕"变小。公司间范围的协调选择了不同的途径:不是将库存推向弱势的一方,而是双方通过商讨合作来降低所需要的库存量。通过努力合作和信息共享,可以减少库存和总成本,因此增加了供应链剩余。供应链剩余越多,供应链就越具有竞争力。比如沃尔玛和宝洁两家公司组建了一个由双方员

第 2 章 供应链管理战略与运作机制

工组成的团队进行联合促销,确保促销活动是同步的且双方都能获益。

4. 敏捷公司间范围:动态环境下战略匹配能力最大化

到目前为止,我们讨论的都是静态环境下的战略匹配。也就是说,供应链的参与者与客户需求不会随时间而变化,而现实情况则是动态的。产品生命周期越来越短,公司必须满足每个客户不断变化的需求。各公司的战略和运作必须足够敏捷,以便在不断变化的环境中维持战略匹配。敏捷公司间战略匹配能力指的是公司在与不断发生变化的供应链各个环节合作时获得战略匹配的能力。公司需要考虑有关的各个供应链,每个供应链的每个环节都存在许多不断变化的参与者。比如,一家制造商可能根据所生产的产品和服务的客户,与一组不同的供应商和分销商打交道。另外,随着客户需求不断发生变化,公司必须有能力成为新的供应链的一部分,同时要保证战略匹配。当竞争环境更具动态时,这种敏捷水平更加重要。

2.3 供应链管理战略内容与战略匹配的挑战

供应链是一个动态的系统,不仅顾客需求和供应商能力会随时间而变化,而且供应链成员之间的关系也会随时间而变化。因此,需要从全局的角度对供应链管理进行规划和战略性思考,才能有效应对供应链管理所面临的挑战。

2.3.1 供应链管理战略的主要内容

供应链管理战略是从企业发展战略的高度考虑供应链管理中事关全局的核心问题。主要内容包括制定供应链管理实施战略,选择供应链管理运作方式,确定供应链管理信息技术战略,建立有效的绩效测量与评价体系,以及把供应链管理看成企业间资源集成的桥梁等。下面进行简要的讨论。

1. 制定供应链管理实施战略

供应链管理的实施战略,就是要解决一个企业在具体实施供应链管理方式时所依据的方法论和策略,避免走弯路或出现决策失误等问题。制定供应链管理实施战略的内容如下:

(1) 在企业内外同时采取有力措施。从企业内部来看,主要是发扬团队的合作精神。要鼓励员工协同工作解决问题,他们应把合作视为一种义务,而不是互相推诿责任。这样,企业就会以一种类似于医院急救室的工作方式进行运转,去完成新的订单带来的任务,攫取新的市场机遇。在管理上,强调权力分散,让中基层管理人员在保证企业总任务的前提下,有更多的自治权。用鼓励和信任代替传统的上司对下属的命令和控制,使整个企业从员工个人到组织机构,都能最有效地适应市场的变化,对市场需求做出"敏捷"的响应。从企业外部来看,合作概念的发展已拓展到了与竞争对手之间的合作。日立与 IBM 在计算机主机市场上一直是两大竞争对手,但现在成了合作伙伴。日立买进 IBM 的主机 CMOS 处理机芯片,并制造 IBM 结构的主机(IBM 给予许可证),打上日立牌子销售。当然也要解决利益分配的问题,使供应商、合作伙伴以及顾客都能共享信息,互相受益。

(2) 充分发挥信息的作用。因为市场的急剧变化,故而需要掌握用户需求的变化和在竞争中知己知彼。如果对本企业内部的信息不能透彻了解,那么如何能要求员工从全局出发做到集成呢? 如果竞争对手采取了一些新的措施,采用了一些新技术,而本企业却迟迟不了解,又如何能及时采取改进竞争手段的对策呢? "敏捷"的基本思想是既快捷又灵活,所以一定要把信息的价值提到足够的高度来看待。

(3) 供应链企业的组成和运行。从竞争走向合作,从互相保密走向信息共享,实际上会给企业带来更大的利益。如果市场上出现一个新的机遇,比如看准了半年后推出某种新型计算机必能畅销,于是几家本来是竞争对手的计算机公司,可能立即组成一种合作关系。A 公司开发的主机性能好,B 公司的软件开发能力强,C 公司的外围设备有特色和很好的声誉,各家都发挥自己的优势共同开发,就能迅速占领市场。完成这次合作以后,各家还是各自独立的公司。这种方式就是"敏捷制造"。实施敏捷制造的基础是全国乃至全球的通信网络,在网上了解到有专长的合作伙伴,在网络通信中确定合作关系,再通过网络用并行工程的做法实现了快速和高质量的新产品开发。

(4) 计算机、网络技术及大数据技术的广泛应用。未来制造业中强调人的作用,但也丝毫没有贬低技术所起的作用。计算机辅助设计、计算机辅助制造、计算机仿真与建模分析技术,都应在敏捷企业中加以运用。除此之外,在当今社会还应该用好大数据技术,通过大数据技术的应用更好地了解客户的爱好和行为。通过大数据的分析,企业可以得到有价值的信息,精准地预测到客户在什么时候想要什么产品。此外,大数据技术的应用还能实现供应链以及配送路线的优化。

(5) 方法论的指导。所谓"方法论",就是在实现某一目标,完成某一项大工程时所需要使用的一整套方法的集合。我们强调要实现全企业的整体集成,这是一项十分复杂的任务。对每一时期每一项具体任务,都应该有明确的规定和指导方法,这些方法的集合就叫"集成方法论"。这样的方法论能帮助人们少走弯路,避免损失。这种效益,比一台新设备、一套新软件所能产生的有形的经济效益,要大得多,重要得多。

(6) 标准和法规的作用。目前,产品和生产过程的各种标准还不统一,而未来制造业的产品变异又非常突出,如果没有标准,不论是对国家、企业以及企业间的合作还是对用户来说都非常不利。因此必须要强化标准化组织,使其工作能不断跟上环境和市场的变化,各种标准能及时演进。现行法规也应该随着国际市场和竞争环境的变化而演进,其中包括政府贷款政策、技术政策、反垄断法规、税法、税率、进出口法、国际贸易协定等。

2. 选择供应链管理的运作方式

供应链管理战略内容之一是从推动式与拉动式运作方式中选择适合自己实际情况的运作方式。推动式供应链相对比较容易实施,但是要求能够把握好终端的需求特征,否则容易导致大量的库存。拉动式供应链虽然整体绩效表现出色,但对供应链上企业的要求较高,对供应链运作的技术基础要求也较高。企业采取什么样的供应链运作方式,与企业系统的基础管理水平有很大关系,切不可盲目模仿其他企业的成功做法。因为不同企业有不同的管理文化,盲目跟从反而会得不偿失。

3. 确定供应链管理信息技术战略

根据一项研究报告披露的信息,有 80% 的接受调查的管理人员反映说,信息技术的应用是推进供应链系统中信息共享的关键;在希望减少与销售有关的间接费用的企业中,

87％的企业计划增加它们当前在信息技术上的投资。调查还了解到,改进整个供应链的信息精度、及时性和流动速度,被认为是提高供应链绩效的必要措施。没有全面集成信息的能力,缺乏实用性,是现有供应链取得实效的主要障碍。该调查还发现,不到33％的企业有计划对其供应链流程方面的信息系统进行投资,以支持供应链系统和技术。那些采用了供应链优化系统的企业,如先进计划系统(advanced planning system)取得了较大成功,而采用传统企业资源计划(enterprise resource planning,ERP)用于供应链管理的企业则感到不满。

4. 建立有效的绩效测量与评价体系

传统的企业评价总是着眼于可计量的经济效益,这种方法基本上侧重于短期行为和操作层的运作。对于供应链管理、系统集成所提出的战略考虑,诸如缩短提前期对竞争能力有多少好处? 如何度量企业柔性? 企业对产品变异的适应能力会导致怎样的经济效益? 如何检测员工和工作小组的技能? 技能标准对企业柔性又会有哪些影响……这些是在新形势、新环境下需要解决的问题。又如会计核算方法,传统的会计核算主要适用于静态产品和大批量生产过程,用核算结果来控制成本,是一种消极防御式的核算方法,已不能适应供应链企业的需要。合作伙伴资格预评是另一种评价问题,因为供应链企业的成功需要合作伙伴确有所长,而且应有很好的合作信誉。由此可见,供应链管理环境下的绩效测量与评价是一个关系到企业全局的大问题,应该从战略的高度去制定相关的绩效测量与评价指标,找出绩效测量与评价的程序和方法。

扩展阅读 2.3
联想 ERP 项目实施案例

5. 把供应链管理看成企业间资源集成的桥梁

供应链管理的出现促进了企业资源计划(ERP)的发展,ERP 是在 MRP Ⅱ 的基础上发展而来的。MRP Ⅱ 主要考虑的是一个企业的制造资源,是一个资源协调系统。但是,MRP Ⅱ 不能适应 Internet 环境,更不能满足供应链管理的要求。20 世纪 90 年代初,美国 Gartner 咨询公司在总结 MRP Ⅱ 软件发展趋势时,提出了 ERP 的概念。从此,制造业的管理信息系统进入了 ERP 时代。ERP 着眼于供应链管理,在 MRP Ⅱ 基础上,增加了运输管理、项目管理、市场信息分析、电子商务、电子数据交换等功能。ERP 强调对供应链的整体管理,将供应商、制造商、协作厂厂家、用户甚至竞争对手都纳入管理的资源之中,使业务流程更加紧密地集成在一起,进而提高对用户的响应速度。

更进一步地,供应链管理和 ERP 的发展,使企业间的信息和资源集成成为可能,使得 CIMS 的概念和含义也发生了变化。早期的 CIMS 是指计算机集成制造系统(computer integrated manufacturing system),一般是企业内部各部门、各功能、各种信息的集成。而最新的 CIMS 是指现代集成制造系统(contemporary integrated manufacturing system),它把资源的概念从单个企业扩展到供应链中的企业群体。因此,供应链管理不仅是解决企业常规模式下存在的各种问题的有效途径,也是实现敏捷制造和虚拟企业的有效途径。

2.3.2 供应链管理战略匹配的挑战

赢得战略匹配的关键是在响应性和效率之间找到平衡点,在决定平衡应该定位在响应性连续带上的哪个位置时,公司面临着很多挑战。一方面,这些挑战使公司在寻求理想平衡时会面临更大的困难。另一方面,这些挑战又可以为企业提供更多的机会来改进供应链管理。管理者需要深刻地理解这些挑战带来的影响,因为对于一家公司来说增加供应链剩余的能力是至关重要的。

1. 增加的产品品种与缩短的生命周期

保持战略协调性的最大挑战之一是产品多样性的增加和许多产品生命周期的缩短。更多的产品种类和更短的生命周期提高了不确定性,同时减少了供应链能够实现协调性的机会窗口。当企业继续增加新产品而不削减旧产品时,挑战就会被放大。苹果公司在限制其产品多样性的同时不断推出新产品的做法取得了巨大的成功。这可以让苹果公司只交易需求很高的产品,从而更容易设计一种协作型供应链。不过,一般而言,企业必须设计具有通用零部件的产品平台,并保有量身定做的供应链,其中包括处理新产品和其他量少产品的高响应能力解决方案,以及处理成功的量大产品的低成本解决方案。同时,多样性必须仅限于真正能够为顾客增加价值的产品。这通常需要持续消除略显陈旧的产品。

2. 全球化导致不确定性持续增大

全球化既给供应链带来了机会,也带来了风险。进入 21 世纪,出现了汇率、全球需求和原油价格等重大波动,所有这些因素都会影响供应链绩效。仅在 2008 年一年,欧元对美元汇率即曾达到最高点,大约是 1∶1.59 美元,也曾降低至 1∶1.25 美元。而在 2001年,这一汇率仅为 1∶0.85 美元。在美国,2007 年 11 月至 2008 年 10 月期间,汽车需求一度达到超过 1 700 万辆的峰值,之后迅速下降。2008 年 7 月,原油价格上涨至每桶 145美元,而在 2008 年 11 月,原油价格却降低至每桶 50 美元。供应链管理战略的设计需要考虑这些不确定性的影响。例如,本田公司建立了柔性工厂,2008 年,当顾客对越野车的需求下降而对小汽车的需求增加时,在同一条生产线上既生产越野车又生产小汽车的本田公司柔性工厂仍能持续健康地运行。显然,如果公司要维持战略匹配,就必须考虑全球性风险和不确定性因素。

3. 供应链所有权的分散

在过去的几十年里,大多数企业都没有大规模的垂直整合。这种分散的所有权结构也使得供应链的协调和管理变得更加困难。由于供应链归多个所有者拥有,每一个所有者都有自己的政策和利益,因此很难协调。这个问题很可能会导致供应链的每个环节都只朝着自己的目标努力,而不是整个供应链的目标,进而导致整个供应链的盈利能力下降。因此,供应链所有成员的协同对赢得供应链战略匹配至关重要。

4. 不断变化的技术和商业环境

随着客户需求和技术的变化,公司被迫不断地重新思考它们的供应链战略。在某种环境中非常成功的供应链在另一个变化了的环境中反而可能会成为弱点。戴尔是这种困境中的一个最好案例。十多年以来,基于对顾客直销定制化的 PC 机供应链战略,戴尔取得了巨大的成功。这些计算机通过柔性设施按订单生产。大约到了 2005 年,市场将目光转向了笔记本电脑,顾客开始不看重定制化。结果,戴尔被迫重新思考它的供应链战略,并开始通过零售点进行销售。同时,戴尔开始增加自己的组装量,之前组装工作都是外包给低成本的合同制造商的。随着环境的变化,公司必须不断地评估它们的供应链战略以维持战略匹配。

5. 环境和可持续发展

与环境和可持续发展相关的问题越来越多,例如,欧盟的报废电子电气设备和有害物质限制措施驱使移动电话制造商重新思考其产品设计与供应链战略。为了保证供应链每个环节所生产的咖啡满足环境和社会绩效标准,星巴克公司开发了供应源指南。环境问题给公司提供了增加产品价值、降低公司成本(例如更合适的包装)机会。但需要设计一个保证整条供应链发现和抓住可持续发展机会的战略,这对供应链管理战略匹配带来了较大的挑战。

综上可以看出,供应链管理战略面临很多的挑战。为了克服这些困难,我们需要的不是一种方法、一种策略,而是多种方法策略的组合,为公司量身制定供应链管理战略。许多公司要获得战略匹配需要通过多种渠道提供多种产品,并服务很多顾客群。在这种情形下,单一策略的供应链,或者是一成不变的供应链都不能实现战略匹配。因此,需要有一个量身定制的供应链战略。量身定制式供应链需要部分定制化产品共享供应链上的一些通用环节。共享这些环节的目的是要在赢得最大效率的同时,也为每个客户群提供适当水平的响应性。比如,固安捷公司把销售得比较快的商品分散存储于离客户近的各个地点,而把隐含需求不确定性较高、周转比较慢的商品集中存储在远离客户的地点。响应性要针对每种产品、渠道和每个客户群来量身定制。量身定制的供应链使公司在赢得不同响应性水平的同时,降低总成本。

2.4 供应链管理运作机制与企业角色

供应链是一个协调统一的有机整体,在这个有机整体中,每一个企业都有着新的角色,它们不再单纯作为一个孤立的企业在市场中运作,而是同时又作为供应链的一个组成部分,有了另一种角色定位。供应链管理的运作需要遵循一定的运作机制,由内向外、由表及里,由企业内部的协调分工到企业间的协作,提升整体供应链的竞争力。了解供应链管理的运作机制以及企业在其中的角色定位,对供应链管理的构建与设计有着十分重要的意义。

2.4.1 供应链管理中企业运作机制

企业在市场竞争中的成熟与发展,通过供应链管理的合作机制(cooperation mechanism)、决策机制(decision mechanism)、激励机制(encourage mechanism)和自律机制(bench mechanism)、风险防范机制(risk prevention mechanism)来实现满足顾客需求、使顾客满意以及留住顾客等功能目标,从而实现供应链管理的最终目标:社会目标(满足社会就业需求)、经济目标(创造最大利益)和环境目标(保持生态与环境平衡)的合一,这可以说是对供应链管理思想的哲学概括。详细机制内容如下。

1. 合作机制

供应链合作机制体现了战略伙伴关系和企业内外资源的集成与优化利用。基于这种企业环境的产品制造过程,从产品的研究开发到投放市场,周期大大缩短。而且定制化程度更高,模块化、简单化产品,标准化组件,使企业在多变的市场中柔性和敏捷性显著增强,虚拟制造与动态联盟提高了业务外包策略的利用程度。企业集成的范围扩展了,从原来的中低层次的内部业务流程重构上升到企业间的协作,这是一种更高级别的企业集成模式。在这种企业关系中,市场竞争策略最明显的变化就是基于时间和价值链的竞争,以及价值让渡系统管理或基于价值的供应链管理。

2. 决策机制

供应链中的企业在经营过程中时时刻刻面临着不同的决策,在供应链管理环境下,企业决策时需要考虑的条件和信息不再仅限于一个企业内部,而要充分考虑整个供应链上下游企业的影响才能做出最后决策,这对信息的传递和真实性提出了更高的要求,因此需要不断进行信息的交换和共享,达到供应链企业同步化、集成化计划与控制的目的。随着互联网发展成为新的企业决策支持的信息平台,供应链企业间可以很方便地实现决策信息共享,哪怕是很小的企业也不会因缺少信息系统支持而无法共享信息。因此,企业的决策模式将会产生很大的变化,供应链企业的决策模式都应该是基于互联网的开放性信息环境下的群体决策。

3. 激励机制

供应链管理和传统管理一样是要使企业在"TQCSF"(time,quality,cost,service,flexibility)方面有上佳表现(其中,T 为时间,指反应快;Q 指质量,指产品质量高;C 为成本,企业要以更少的成本获取更大的收益;S 为服务,企业要不断提高顾客服务水平、提高顾客满意度;F 为柔性,企业要有较好的应变能力)。在供应链管理环境下,良好的合作和信息共享需要一定的战略合作协议,更重要的是要有良好的激励机制,鼓励企业进行战略层面的合作,能够将信息共享、集体决策、合作共赢当作自己的目标,良好的激励机制能够让单个供应链企业以供应链的利益最大化为目标进行相应的决策和执行。可以推动企业管理工作不断完善和提高,也使得供应链管理能够朝着正确的方向发展,真正成为企业管理者乐于接受和实践的新型管理模式。

4. 自律机制

自律机制要求供应链企业向行业的领头企业或最具竞争力的竞争对手看齐,不断对产品、服务和供应链绩效进行评价,并不断地改进,以使企业能保持自己的竞争力和持续发展。自律机制主要包括企业内部的自律、对比竞争对手的自律、对比同行企业的自律和比较领头企业的自律。企业通过推行自律机制,可以降低成本,增加利润和销售量,更好地了解竞争对手,减少顾客的抱怨,提高顾客满意度,增加信誉,企业内部部门之间的业绩差距也可以得到缩小,提高企业的整体竞争力。

5. 风险防范机制

供应链企业之间的合作会因信息不对称、信息扭曲、市场不确定性、政治、经济、法律等因素的变化而导致各种风险的存在。为了使供应链上的企业都能从合作中获得满意结果,必须采取一定的措施来规避供应链运行中的风险,如提高信息透明度和共享性、优化合作模式、建立监督控制机制等,尤其是必须在企业合作的各个阶段通过激励机制,采用各种激励手段,以使供应链企业之间的合作更加有效。国内外供应链管理的实践证明,能否加强对供应链运行中风险的认识和防范,是关系到供应链能否取得预期效果的大问题。

2.4.2 供应链管理中企业角色分类

通常,人们将供应链中的成员企业按其主要业务分为供应商、制造商、分销商、零售商等。这样的分类虽然简单直观,但在供应链管理中却不宜辨别主次,节点企业在供应链上的重要性也不明确,于是就有了据企业在供应链管理中的重要程度进行分类的方式。

1. 主体企业与客体企业

根据节点企业在供应链中的地位、重要程度,可将企业分为供应链管理的主体企业和客体企业。主体企业(又称核心企业)是指在供应链管理中占主动地位,对供应链的业务起主导作用,参与或退出都会使供应链产生明显改变,在本行业中也具有较强实力和行业地位,或者是拥有决定性资源的企业。而客体企业(又称节点企业)是指在供应链中起协作者的作用,处于被动响应角色的企业。

(1)主体企业。在供应链中,主体企业可以是一个,也可以有几个,形成主体企业群。当只有一个主体企业时,供应链的表现形式是以主体企业(核心企业)为中心的卫星式企业群体,如图 2-9 所示。而当供应链中有不止一个主体企业时,供应链的表现形式就是以主体企业为主线,以其他客体企业为旁支的团队式合作群体,如图 2-10 所示。

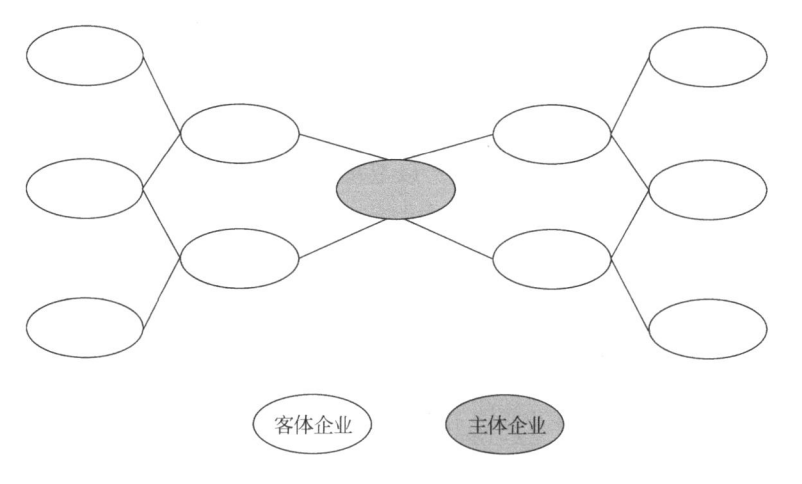

图 2-9 卫星式企业群体

① 卫星式供应链,即卫星式企业群体组成的供应链。因为各节点企业的合作意愿都很强烈,因此该供应链形式比较稳定。主体企业不仅对供应链在最终产品市场上竞争力的提高起到关键作用,还能够帮助客体企业参与到新的市场中去。因此,与相对强势的主体企业合作,对客体企业来说吸引力是非常大的。正因为客体企业的合作意愿十分诚恳,所以在权力、利益的分配上,通常都会向主体企业偏重,这就进一步激发了主体企业的合

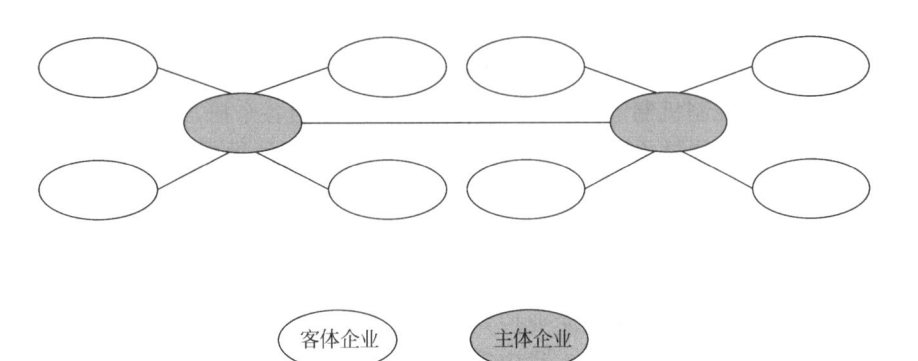

图 2-10　团队式合作群体

作意愿。而且,唯一的主体企业具有明显的决定权优势,在供应链决策中产生严重分歧的可能性较小,这也更利于供应链的管理。但在供应链可持续性发展方面,通常只有具有市场前瞻性的主体企业才会在供应链的技术改造、流程重组、结构调整等方面投入大量精力,同时也会兼顾客体企业的利益。而客体企业对供应链改进的意愿并不强烈,还需要主体企业推动才能同步。

②　团队式供应链,即团队式企业群体组成的供应链。该形式的供应链"强—强"联合的同时也会兼顾供应链整体优势加强,双赢带来的巨大收益使得主体企业的合作意愿都很强烈。但由于主体企业势均力敌,合作时难免有碰撞、摩擦,合作难度较大。在决策方面,由于每个主体企业的影响都不可忽视,在决策时的分歧也相对较难解决。由于合作难度大,加上矛盾调和的困难,使得整个供应链的稳定性不强,供应链上任何两个主体企业的合作破裂都会影响到整个企业群体的稳定,甚至导致整个供应链合作的失败。不过,在推动供应链持续发展方面,作为主干的主体企业的前瞻性意识都比较强烈,可以群策群力,对供应链整体的带动性也更强。

卫星式供应链与团队式供应链比较。以卫星式企业群体为基础的供应链和以团队式企业群体组成的供应链之比较如表 2-2 所示。

表 2-2　卫星式供应链和团队式供应链的比较

比 较 指 标	卫星式供应链	团队式供应链
合作意愿	主客体的合作意愿都很强烈,客体为其	主客体的合作意愿都很强烈,主体为其
合作难度	唯一的主体占主导地位,合作相对容易	各主体势均力敌,难以形成绝对的主导,合作困难
决策分歧的解决	主体有明显的决定权优势,分歧较易解决	各主体意见难以统一,分歧难解决
稳定性	相对较稳定	不太稳定
可持续性	客体的前瞻性较弱,整体供应链的可持续发展较差	以主体企业为主导的供应链可持续发展的推动力较强

（2）客体企业。通常,客体企业又可分为两种:内围企业与外围企业。内围企业是指主体企业虽无法完全控制,但可以对其施加直接或间接影响的企业,这主要指的是与主体

企业直接打交道的企业。这些企业通常是主体企业的上下游节点,它们拥有独立的法人地位,与主体企业没有任何隶属关系,一般是以各种契约形式与主体企业深度关联。内围企业相对较稳定,主体企业对它们的选择十分严格,一旦确定合作关系也不轻易解除。这类企业对供应链虽不起主导作用,但其影响也是不可忽视的,它们的业务进展情况直接影响到主体企业的业务状况,对供应链整体效率的影响不可小觑。外围企业则是指主体企业无法控制且对其影响力较小的企业。主体企业虽然是整个供应链的主导者,但对它们的运作并不能完全掌控,只能间接影响它们。这类企业对供应链的影响也非常重要,它们的参与和退出有时会明显影响到供应链的整体运营效果,所以,对这类合作伙伴也不能轻视。

2. 核心企业与非核心企业

在主体企业中,对整个供应链的业务运作起关键主导作用,既能为客户提供最大化的附加值,又能帮助链上其他合作企业参与到新市场中的主体企业就是供应链的核心企业,也被称为供应链的领袖企业,其他处于次要地位的企业被称为供应链管理的非核心企业。

在卫星式供应链中,唯一的主体企业就是供应链的核心企业。在团队式供应链中,核心企业也是唯一的,但却不是固定的。核心企业会随着供应链主要业务的变化、稀缺资源的转移、市场环境的演变等而变化,是动态的。根据核心企业在供应链中所处的位置和所起的作用,可将核心企业分为:作为制造商的核心企业、作为分销商的核心企业、作为供应商的核心企业。

3. 潜在企业

在供应链管理的环境下,还有一类企业,它们虽不是供应链体系内的节点企业,却具备供应链所要求的各种条件,自身也有参与供应链合作的意愿。一旦有机会,就会成为供应链上的新成员,或是替代供应链上其他节点企业,特别是替代没有特殊性的外围企业,这类企业就是供应链的潜在企业。从宏观角度讲,潜在企业是供应链的后备力量;从微观角度讲,潜在企业也是供应链节点企业的竞争对手。

2.4.3 不同角色企业在供应链运作中的作用

在供应链上,不同角色的节点企业具有不同的特征,起到不同的作用,对整个供应链的运作也有程度不同的影响。

1. 主体企业对供应链运作的作用

主体企业,或者说是核心企业,在供应链中担任协调主体的角色,也扮演了"中心"的角色。它对整个供应链的运作起着推动性的作用,在促进节点企业提升实力、保持良好商业信誉、加强知识积累等方面都有重要的影响,同时还担负着系统构建、客体企业选择等责任。

(1)组织结构调整中心。主体企业对供应链运作的一个重要的影响就是进行组织结构调整。供应链的可持续发展,仅依靠长期合同建立的合作关系是不够的,还要把供应链成员纳入统一的管理体系中,根据环境的变化和自身发展的要求,对整个供应链的组织结构进行实时的调整。这就要求主体企业在其他节点企业的协助下,对整个供应链的业务流程和组织结构进行优化、调整,使得供应链的构建更趋合理化。

（2）信息交换中心。一体化的、协调的供应链具有高度的反应能力，能迅速响应市场要求。这是因为所有供应链伙伴能够分享业务计划、预测信息、库存信息、进货情况以及有关协调物流的信息，整个供应链通过各种信息相连接，并以此信息协调所有供应链伙伴的活动。信息化是现代供应链的必由之路。要提供最佳的服务，实现以最低的成本保证供应链流畅、高效地运行，供应链体系必须要有良好的信息处理和传输系统。可是在实际运作中，却存在很大程度上的"信息屏蔽"——出于各种考虑，供应链上的各节点企业很难做到开诚布公地共享信息。在这种情况下，作为供应链信息中心的主体企业需要推动供应链上信息的处理和传输系统的构建，建立信任机制，营造诚信氛围。

（3）物流集散的"调度中心"。在供应链上，主体企业扮演了对物流集散、配送进行"调度"的角色。向相关节点企业适时发出物料需求指令或供货指令，以保证各个节点都能在正确的时间得到正确品种、正确数量的产品，既不引起缺货，又不造成库存积压，把对供应链总成本的影响减至最低限度。因此，供应链上的产品能否增值，与核心企业对物流的"调度"水平有很大关系。如果供应链上的主体企业不能在这些方面发挥主导作用，受影响的不仅是该企业，而是整个供应链。因此，主体企业是供应链物流运作的关键，它对供应链的正常运作有重要影响。

（4）响应周期的控制中心。随着顾客需求多样性与市场竞争不确定性的日益加剧，企业面临越来越大的生存压力。生产率、产品质量、生产成本已不再是竞争的绝对优势，供应链管理开始越来越多地关注时间因素，即如何快速、有效地响应市场的需求。供应链管理环境下的多阶响应周期是在不同生产、物流、分销阶段的不同企业上形成的，但并不是各阶响应周期的简单叠加。由于企业之间的合作存在一定的缝隙，使得各阶段响应周期之间的衔接出现很大的浪费空间。因此，需要作为多阶响应周期控制中心的主体企业对整个供应链的运作节奏、运作进度进行调整和监督，并帮助客体企业进行相应改进，使供应链上的节点企业都能在同一节奏下运行，从本质上缩短多阶响应周期，以提高响应市场的质量。

（5）供应链管理的文化中心。共同文化的凝聚力在供应链运作中起着举足轻重的作用。在供应链上，主体企业常常将企业文化作为连接节点企业的纽带进行倡导并推而广之。一个具有优秀企业文化的主体企业，可以通过自己的影响力，把企业的价值观辐射到其他企业中，形成供应链节点企业共同的价值观念。在此基础上，把企业的价值观念与供应链本身的特点相结合而形成整个供应链的文化。供应链文化一旦形成，就使企业文化具有了更广的辐射力和影响力，成为节点企业之间的黏合剂，使得供应链的向心力和凝聚力进一步加强。

扩展阅读 2.4
主体企业构建供应链的过程

2. 客体企业对供应链运作的作用

供应链中的客体企业通常都处于协作者的地位，它们在供应链上一般是不具有主导性的。尽管如此，由于供应链是一个整体，一个节点出问题就会影响到其他节点的运作，进而影响到整个供应链的运行质量，因此，不能忽视客体企业对供应链运作的影响。

（1）优势的补充。供应链上的主体企业虽然具有相对优势，但毕竟不可能在任何方面都处于领先地位，而客体企业则在主体企业优势不足的地方对其进行补充，主体企业只需在最擅长的领域从事业务，而次要的或是不擅长的业务就由客体企业完成，这样供应链整体优势就得以完善，竞争力将进一步增强。

（2）人才互动。由于供应链节点企业业务的侧重点不同，人才的知识结构也有所不同。如果能够整合这些人力资源，就可以提高企业的创新能力。从不同领域集中到一起的客体企业为供应链"人才库"提供了各类人才，弥补了主体企业人力资源单一的不足，从而形成合理知识结构。

（3）技术创新的协助。在技术创新过程中，存在许多重要程度不同的技术环节。企业可以将核心技术之外的相关技术，分配给供应链客体企业来承担，这不仅有利于加快技术创新的速度，而且有利于综合各方面的技术优势，带来更具竞争力的创新成果。

供应链这个有机整体中，节点企业作为供应链的一部分，有着特殊的角色定位，而供应链上不同角色企业对供应链运作的影响又是不同的。因此，在实际的供应链管理运作中，只有企业的角色有了正确的定位，对不同角色企业有了清晰的认识，才能依据不同角色的影响对供应链的运作进行调整和优化。

本 章 小 结

本章着重介绍了与供应链管理有关的几个基本问题。首先分析了供应链管理战略，解释了为什么赢得战略匹配对公司的整体成功至关重要，描述了公司如何赢得供应链战略匹配，以及制定供应链管理战略所面临的挑战。紧接着介绍了供应链管理运作机制，并对供应链中的企业角色进行分析，得出不同角色的企业对供应链管理运作的影响。最后对供应链的类型进行了分析，为了凝练不同供应链的共性，本书采用了类型分析，通过了解供应链的不同类型，我们能够针对不同企业的产品和竞争特点选择最合适的供应链系统，随后介绍了几个著名的供应链管理战略，如快速反应战略（quick response，QR）、有效客户反应战略（effective customer response，ECR）以及推/拉式和推—拉结合式战略等。

思 考 题

1. 快速反应（QR）的概念是什么？
2. 有效客户反应（ECR）战略的主要内容与特点是什么？

3. 针对功能性产品和创新性产品的不同,提出了两种类型的供应链:效率型供应链(efficient supply chain)和响应型供应链(responsive supply chain)。如何理解响应型供应链和效率型供应链之间的区别,请结合具体行业说明哪种供应链更匹配?

4. 供应链战略匹配的步骤? 供应链战略范围有哪几个层次?

5. 简要说明有哪些供应链运作机制?

6. 分析 QR 与 ECR 有哪些异同点?

7. 如何走出供应链类型矩阵上半角误区?

案 例 分 析

格兰仕公司的供应链战略匹配

第 3 章

供应链管理环境下的采购管理

【本章学习目标】

通过本章学习,学员应该能够:

1. 理解供应链管理环境下的采购与传统采购之间的不同,了解采购决策与流程。
2. 熟悉和掌握准时采购的基本概念、特点、基本原则和方法。
3. 掌握供应商管理中的双赢关系管理的概念及方法。
4. 理解全球化趋势下全球采购的发展对我国企业的影响。

【导入案例】

海尔全球化采购策略

不同的发展战略推动了海尔集团采购组织的变革。海尔重组之初管理比较混乱,为解决这个问题,海尔实施了名牌战略(1984—1991 年),加强了金字塔式的组织结构;后来,海尔通过兼并进入多元化发展战略阶段(1991—1998 年)并实施分散采购;在中国的短缺经济结束后,海尔实施国际化战略(1998—2005 年),同时推行集中采购,以提高运营效率,应对国际上的竞争压力;为了开发更加符合当地消费者需求的产品,海尔实施了"全球化品牌战略"(2005—2012 年),于 2007 年成立集中采购组织 GO,同时提出引导供应商参与新产品开发。

海尔采取的采购策略是利用全球化网络,集中购买。以规模优势降低采购成本,同时精简供应商队伍。集中采购提高了海尔采购的效率,但是这种采购和供应模式仍然是根据工厂的安排和设计,搜寻合格供应商以采购所需零部件。互联网时代加快了信息传播的速度,线性的供应模式无法满足用户多样化的需求和体验。

为了应对互联网时代的挑战,2010 年海尔推广模块化采购,引导供应商与用户合作开发新产品。2012 年海尔推进"网络化战略"。2015 年 3 月,海达源模块商资源平台正式成立,采购组织实现了平台化转型,由零件采购模式转型成为模块商参与设计、与用户零距离、共创共享的资源生态圈模式。平台化转型以来,成效显著,截至 2019 年,已汇聚了全球 3 万多家模块商,在线发布 3.5 万个用户需求,交互 10 万个模块化方案,正式发布供应商模块质量国家标准,成功设立行业引领金魔方奖,设立 5 年总计颁发 254 个金魔方奖。

资料来源:周英,等.引导供应商早期参与新产品开发的平台型采购组织——基于海尔采购组织的单案例研究[J].管理学报,2019,16(9):1290—1300.

海尔案例表明全球化采购策略对企业的竞争优势具有很大的影响。采购过程能否把供应链各成员连接起来,采购管理做得好与不好,直接关系到供应链的整体绩效。本章首先介绍传统采购模式,供应链管理环境下采购模式与传统采购模式的区别,接着介绍战略采购成本管理、采购双赢关系与准时化采购,以及全球化趋势下的采购管理。

3.1 传统采购模式和采购角色

传统采购的模式主要是"交易性采购",随着供应链管理理念的发展以及市场竞争的加剧,传统的采购思维模式越来越不适应时代的发展,采购管理开始向供应链采购模式发展。为准确理解供应链管理环境下的采购模式的特点,首先了解一下传统采购模式存在的主要问题。

扩展阅读 3.1
石油公司传统采购模式
存在的问题及应对措施

3.1.1 传统采购模式及存在的问题

传统的采购活动和基于供应链管理环境的采购模式存在很大差别。传统采购具有局限性,采购的重点放在如何与供应商进行商业交易,特点是比较重视交易过程中供应商的价格比较,通过供应商的多头竞争,从中选择价格最低的作为供应方。虽然质量、交货期也是采购过程中的重要考虑因素,但在传统的采购方式下,质量、交货期等都是通过事后把关的办法进行控制,如到货验收等,而采购过程的重点,尤其是确定供应商的时候,是放在价格的谈判上。因此在供应商与采购部门之间经常要进行报价、询价、还价等来回的谈判,并且多头进行,最后从多个供应商中选择一个价格最低的供应商签订合同,订单才决定下来,相比之下传统的采购模式存在着很多问题,主要表现在如下几个方面:

1. 传统采购过程是非信息对称博弈过程

在传统的采购活动中选择供应商是首要的任务。在采购过程中,采购一方为了能够从多个竞争性的供应商中选择一个最佳的供应商,往往会保留私有信息。因为如果给供应商提供的信息越多,供应商的竞争筹码就越大,这样对采购一方不利,所以采购一方尽量保留私有信息,而供应商也会在和其他供应商竞争中隐瞒自己的信息。这样,采购、供应双方都没有进行有效的信息沟通,这就是信息不对称的博弈过程。

2. 质量控制难度大

质量与交货期是采购一方要考虑的两个重要因素,但在传统的采购模式下,要有效控制质量和交货期只能通过事后把关的办法。因为采购一方很难参与供应商的生产组织过程和有关质量控制活动,相互的工作是不透明的。在质量控制上,主要依靠对到货的检查验收,即所谓事后把关。这种缺乏合作的质量控制导致了采购部门对采购物品质量控制的难度增加。一旦出现不合格产品,即使能够检验出来,也可能会影响整个后续工作流程。

3. 竞争多于合作

在传统的采购模式中,企业通常将供应商看成竞争对手,是一种"零和竞争"模式。因此,供应与需求之间的关系是临时性的,或者短时期的合作,而且竞争多于合作。由于缺乏合作与协调,采购过程中各种抱怨和推诿的事情比较多,很多时间消耗在解决日常问题上,没有更多的时间用来做长期性的计划工作。供需之间缺乏合作加剧了运作中的不确定性。

4. 响应用户需求能力弱

由于供应与采购双方在信息的沟通方面缺乏及时的信息反馈,在市场需求发生变化的情况下,采购一方也不能改变供应一方已有的订货合同,因此采购一方在需求减少时库存增加,需求增加时供不应求。重新订货需要增加谈判过程,因此供需之间对用户需求的响应没有同步进行,缺乏应对需求变化的能力。

3.1.2 采购部门角色的改变

在过去的 30 年中,采购部门已经由从事文书活动的部门转变为发挥战略性作用的部门。20 世纪 80 年代,人们曾强烈呼吁把传统的交易性采购转变为供应管理,因为企业对内部要求和供应市场有着全面了解,有能力确立自身对不同种类的供应品的战略定位。20 世纪 90 年代,随着外包业务和全球性采购趋势日益兴起,采购作为企业中更具突出地位的战略性部门的呼声越来越高。到了 21 世纪,另一个重要的趋势是可持续性和企业社会责任的出现。温室气体排放、废料、污染、自然资源匮乏、工人权利无法保障和童工等众多与可持续性相关的问题都能对采购产生影响。供应链的风险逐渐增加,可持续性越发重要,这都要求采购专员改变角色,全面提升新技能。因此,随着社会的发展,采购部门的角色也随着时间的变化而变化,并已基本成为更具战略性的部门。如下展示了采购部门发展的四种关键阶段类型:

1. 交易型采购

本阶段中,采购部门很少或没有战略性参与,对企业没有战略方面的重要贡献,采购部门对企业效益的潜在贡献也十分有限。该部门被分散化,其特点是专注为企业对材料或服务的基本需求服务。压力主要来自如何降低采购价格。其主要活动包括处理订单、追踪供应商,而采购决策的影响也是短期的。要想进入下一个发展阶段,企业内需要建立更为集中的部门,利用采购开支,更多地节省资金。一个更广泛的总成本观念不仅关注采购价格,还能带来更大的成果,在企业内产生更大的影响。

2. 成本驱动型采购

在本阶段,采购部门带有战略目标,但这一目标不一定与企业的目标保持一致。对本阶段的企业来说,采购部门拥有科学的分析方法,聚焦的是成本最小化。这其中包括从供应商处赢取更优采购交易并精简商业程序。其中较先进的企业会采用更全面的成本观念,使用一些工具,如支出分析和所有权总成本。采购对业绩的贡献主要体现在节省资金上。该阶段采购专员有出色的分析技能,可以用不同的方式来分析开支,评估不同的方案投资产生的回报。此外,他们还具有良好的谈判和签约技能,从而能与供应商达成更优交易。如果企业想要转换到下一个成熟型阶段,就需要改变思维方式,把成本观念转变为包括风险、价值、创新和发展在内的更广的金融和非金融方式。这又会把采购的影响从降低成本转变为创造价值。

3. 综合型采购

该阶段采购部门有清晰的战略,且与企业的战略一致。本阶段企业采购部门主要与供应链上的利益相关者,包括内外部消费者和供应商,一起整合调整采购策略与过程。这需要企业与不同的股东建立并维系良好关系。采购的主要贡献在于为消费者创造价值,为企业创造额外收入。在本阶段,企业中的采购专员需要掌握管理的复杂性,不仅要有分析和谈判技能,更要有情感维系和关系维持技能,以此来影响企业内外部的其他人。采购领导力的转变包括采购在企业中角色的重大改变,甚至包括更为重大的相对于供应商角色的转变。

4. 领导型采购

本阶段中,采购部门积极参与到战略制定、企业转型和领导供应基地中,以寻找可持续的竞争优势。采购领导者不仅要与企业的其他部门协商来调整采购战略,还要创造有利于企业和整个供应链获得成功的环境,并以此制定战略。本阶段的采购专员,尤其是顶尖采购专员,需要有极为丰富的转型、远景规划和产生影响的技能。他们应有能力说服内部有采购权力的同事,与供应商一起,创造更为强大的供应链。

上述四个阶段代表了采购部门转变为更高效益和效率部门的进程,这样的采购部门能为企业带来竞争优势。但是还有不少环境因素,如行业成熟度、企业规模、与消费者和供应商的动力平衡、整体经济情况等都有可能影响采购的地位,从而对企业产生一定的影响。

3.2 供应链管理环境下的采购模式

在供应链管理理念的指导下,采购活动的组织与管理更多地从整个供应链最优的目标出发,对待公司的态度也转变为合作伙伴,供应链管理下的采购管理与传统的采购管理存在很大的差异。

3.2.1 基于供应链的采购管理与传统采购管理的差异

在供应链管理的环境下,企业的采购方式和传统的采购方式有所不同,这些差异主要体现在如下几个方面。

1. 从为库存而采购到为订单而采购的转变

在传统的采购模式中,采购的目的很简单,就是为了补充库存,即为库存而采购。采购部门并不关心企业的生产过程,不了解生产的进度和产品需求的变化,因此采购过程缺乏主动性,采购部门制订的采购计划很难适应制造需求的变化。在供应链管理模式下,采用的是订单驱动的采购模型,如图3-1所示。采购活动是以订单驱动方式进行的,制造订单是在用户需求订单的驱动下产生的。然后,制造订单驱动采购订单,采购订单再驱动供应商。这种准时化的订单驱动模式,使供应链系统得以准时响应用户需求,从而降低了库存成本,提高了物流的速度和库存周转率。

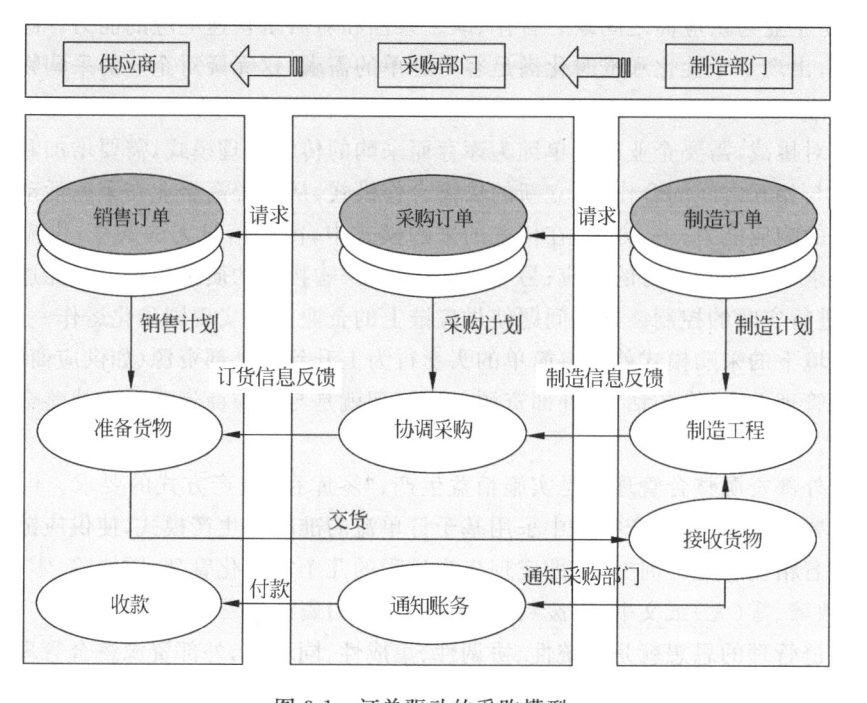

图 3-1 订单驱动的采购模型

订单驱动的采购方式有如下特点。

（1）由于供应商与制造商建立了战略合作伙伴关系,办理供应合同的手续大大简化,不再需要双方的询问和报盘的反复协商,交易成本也因此大为降低。

（2）在供应链计划的协调下,制造计划、采购计划、供应计划能够并行进行,缩短了用户响应时间,实现了供应链的同步化运作。采购与供应的重点在于协调各种计划的执行,使制造计划、采购计划、销售计划保持同步。

（3）采购物资直接进入制造部门,减少了采购部门的工作压力和非增值的活动过程,实现供应链精益化运作。

（4）信息传递方式发生了变化。在传统采购方式中,供应商对制造过程的信息不了解,也无须关心制造商的生产活动。但供应链管理环境下,供应商能共享制造部门的信息,提高了供应商的应变能力,减少了信息失真。同时在订货过程中不断进行信息反馈,修正订货计划,使订货与需求保持同步。

（5）实现了面向过程的作业管理模式的转变。订单驱动的采购方式简化了采购工作流程,采购部门的作用主要是沟通供应与制造部门之间的联系,协调供应与制造的关系,为实现精益采购提供基础保障。

2. 从一般的交易管理向外部资源整合管理转变

传统的采购管理可以简单地认为就是买卖管理,这是一种交易式的活动,双方都缺乏一种战略性合作的意识。供应链管理视角下的采购就不仅仅是买卖活动了,对企业来说,是一种外部资源整合（sourcing integration）管理。那么，为什么要进行外部资源整合管理，以及如何进行有效的外部资源整合管理呢？正如前面所指出的，传统采购管理的不足之处，就是企业与供应商之间缺乏合作、缺乏柔性和对需求快速响应的能力。随着市场竞争的加剧，出现了个性化和准时化满足客户订单的需求，这无疑对企业的采购物流提出了严峻的挑战。

为应对挑战，需要企业改变单纯为库存而采购的传统管理模式，需要增加和供应商的信息联系与相互之间的合作，建立新的供需合作模式，从而提高企业在采购活动上的柔性和对市场的响应能力。一方面，在传统的采购模式中，由于信息无法共享，供应商对采购部门的要求不能得到实时的响应；另一方面，对所采购物料的质量控制也只能进行事后把关，不能进行实时的控制。这些问题使供应链上的企业无法实现同步化运作。为此，供应链管理环境下的采购模式就是将简单的买卖行为上升到对外部资源（如供应商资源）整合的战略性管理上来，换句话说，外部资源整合管理就是与供应商资源建立战略合作伙伴关系的管理。

实施外部资源整合管理也是实施精益生产、"零库存"生产方式的要求。供应链管理中一个重要思想，是在生产控制中采用基于订单流的准时制生产模式，使供应链企业的业务流程朝着精益管理方向努力，即实现生产过程的几个"零"化管理：零缺陷、零库存、零交货期、零故障、零（无）纸文书、零废料、零事故、零人力资源浪费。

供应链管理的思想就是系统性、协调性、集成性、同步性，外部资源整合管理是实现供应链管理上述思想的一个重要步骤——企业集成。从供应链企业集成的过程来看，它是供应链企业从内部集成走向外部集成的重要一步。

要实现有效的外部资源整合管理，制造商的采购活动应从以下几个方面着手进行改进。

（1）与供应商建立一种长期的、互惠互利的战略合作伙伴关系。这种合作伙伴关系保证了供需双方能够有合作的诚意，以及参与双方共同解决问题的积极性。

（2）通过提供信息反馈和教育培训支持在供应商之间促进质量改善和质量保证。传统采购管理的不足在于没有给予供应商在有关产品质量保证方面的技术支持和信息反馈。在定制化需求越来越强的今天，产品的质量是由顾客的要求决定的，而不是简单地通过事后的把关所能解决的。因此，在这样的情况下，质量管理的工作需要下游企业在提供相关质量要求的同时，及时把产品质量问题反馈给供应商，以便及时改进。对个性化产品的质量要提供有关技术培训工作，使供应商能够根据要求来提供合格的产品和服务。

（3）供应商参与产品设计和产品质量控制过程。同步化运营是供应链管理的一个重要思想。通过同步化的供应链计划使供应链各企业在响应需求方面取得一致性的行动，增加供应链的敏捷性。实现同步化运营的措施是并行工程。制造商应该积极组织供应商参与到产品设计和质量控制过程中来，共同设计产品、共同制定有关产品质量标准等，使最终客户的需求信息能在产品开发和生产组织的早期就能让供应商及时了解。

（4）协调供应商的计划。一个供应商有可能同时参与多条供应链的业务活动，在资源有限的情况下必然会造成多方需求争夺供应商资源的局面。在这种情况下，下游企业的采购部门应主动参与供应商的计划协调。在资源可能出现冲突的情况下，保证供应商不至于因为资源紧张而对本企业产生影响,保证供应链能够正常运行,维护企业的利益。

(5) 建立一种新的不同层次的供应商网络,并通过逐步减少供应商的数量,致力于与供应商建立合作伙伴关系。在供应商的数量方面,一般而言,供应商越少越有利于双方的合作。但是,企业的产品对零部件或原材料的需求是多样的,因此不同企业的供应商的数目不同,企业应该根据自己的情况选择适当数量的供应商,建立供应商网络,并逐步减少供应商的数量,致力于和少数供应商建立战略伙伴关系。

外部资源整合管理并不是采购一方(下游企业)的单方面努力就能取得成效的,需要供应商的配合与支持,为此,供应商也应该从以下几个方面进行协作:

① 帮助拓展用户(下游企业)的多种战略;

② 保证高质量的售后服务;

③ 对下游企业的问题做出快速反应;

④ 及时报告可能影响用户服务的内部发现的问题;

⑤ 基于用户的需求,不断改进产品和服务质量;

⑥ 在满足自己能力需求的前提下提供一部分能力给下游企业。

3. 从一般买卖关系向战略合作伙伴关系转变

供应链管理模式下采购管理的第三个特点,是供应与需求的关系从简单的买卖关系向双方建立战略合作伙伴关系转变。在传统的采购模式中,供应商与需求企业之间是一种简单的买卖关系,因此无法解决一些涉及全局性、战略性的供应链问题,而基于战略伙伴关系的采购方式为解决这些问题创造了条件。这些问题是:

(1) 库存问题。在传统的采购模式下,供应链的各级企业都无法共享库存信息,因此,各级节点企业都独立地采用订货点技术进行库存决策,不可避免地产生需求信息的扭曲现象,因此供应链的整体效率得不到充分的提高。但在供应链管理模式下,通过双方的合作伙伴关系,供应与需求双方可以共享库存数据,因此采购的决策过程变得更透明,减少了需求信息的失真现象。

(2) 风险问题。供需双方通过战略性合作关系,可以降低由不可预测的需求变化带来的风险,比如运输过程的风险、信用的风险、产品质量的风险等。

(3) 合作问题。通过建立合作伙伴关系可以为双方共同解决问题提供便利的条件。合作双方可以为制订战略性的采购供应计划而共同协商,不必要为日常琐事消耗时间与精力。

(4) 采购成本问题。通过合作伙伴关系,供需双方都为降低交易成本而获得好处。信息共享避免了信息不对称决策可能造成的成本损失。

(5) 组织障碍。战略性的合作伙伴关系消除了供应过程的组织障碍,为实现准时化采购创造了条件。

4. 从交易买卖型采购向战略采购转变

传统的采购模式将战略采购和操作采购混合在一起,缺乏良好的监督机制(组织上的保障),管理资源得不到优化配置。采购部门认为将材料买回来就完成了任务,很少考虑生产环节与采购的联系,生产与采购的协调难度较大。此外,采购部门对待供应商的态度过于狭隘,将供应商看作盘剥的对象,供应商的优化工作更无从谈起,容易陷入日常的琐碎业务。采购活动与技术开发的协调也容易出现脱节,使得企业中的采购、生产、技术开发等方面存在着不少的问题。随着供应链管理的理念不断深化,采购活动的组织方式出现了从一般操作式的采购向战略采购发展的趋势。

采购作为供应链的开端环节,是企业产品增值过程的起点,在企业中有至关重要的作用,其在企业的地位已逐渐由管理职能演变为战略职能。应根据企业的总体战略和经营战略,制定企业的采购战略,使企业的采购管理更为深入和系统,以有效地支持企业的长期竞争。所谓战略采购,是指为使供应链稳健运营及提高自身的竞争力,通过与行业领先或对市场有重要影响力的供应商建立长期、稳定的合作伙伴关系,实现供需双方互惠共赢的一种新的采购业务模式。战略采购已成为全球领先企业降低成本和提升企业持续竞争优势的一个新兴而有效的工具。战略采购以降低采购的总拥有成本及提高供应链竞争力为目的,而不是片面追求最低采购价格。战略采购的关键是与供应商保持密切的合作伙伴关系,特别是重要的供应商、转换成本高的供应商。推进战略采购,建立双赢理念是战略采购中不可或缺的因素。战略采购不同于传统的对手间的价格谈判,而是强调在事实和信息共享的基础上进行协商,基于对市场的充分了解和企业自身的长远规划,与供应商在双赢理念指导下进行沟通。实施战略采购必须遵守四个原则:供应链总拥有成本最低、供应链双赢的战略合作伙伴关系、基于价值链的协作关系、持续性改进。

3.2.2 采购决策和流程

采购是一个复杂的过程,目前还很难对它进行统一的定义,根据不同的环境可以有不同的定义。采购的过程并不仅仅是各种活动的机械叠加,而是一系列跨越组织边界的活动的成功实施。因此,将采购定义为用户为取得与自身需求相吻合的货物和服务而必须进行的所有活动。本节将详细介绍采购决策和流程。

1. 采购决策

在供应商已经选好、合同到位、产品也设计好之后,购买者和供应商就可以进行采购交易。这种交易开始于购买者下订单,结束于购买者接收订货并付款。不同类型的物品采购决策不同。两种主要的物品分类方法及相关决策介绍如下:

(1)根据采购物品的用途可以分为直接材料和间接材料。直接材料是用来制造最终产品的零件。例如内存、硬盘和光盘驱动器都是计算机制造商的直接材料。间接材料是用来支持公司运作的物品。例如,计算机就是汽车制造商的间接材料。公司内的所有采购流程都与直接材料和间接材料有关。直接材料和间接材料的区别如表 3-1 所示。

表 3-1 直接材料和间接材料的区别

内　　容	直 接 材 料	间 接 材 料
用途	生产	维护修理和支持运作
会计	产品销售成本	销售费用
对生产的影响	任何延迟耽误生产	较少直接影响
处理成本	低	高
交易数量	低	高

由于与生产直接联系,直接材料采购流程设计应该保证在适当的地点、适当的时间提供适当数量的零件。直接材料采购流程的主要设计目标是协调整条供应链以及保证供给与需求的匹配。采购流程的设计应该让供应商看到制造商的生产计划和现有零件库存。这种可见性让供应商可以安排零件生产以满足制造商的需求。制造商应该可以看到各供应商的可用产能以将订单分配给适当的供应商来保证准时交货。采购流程应该包含报警功能,以警告购买者和供应商双方可能存在的供求不匹配。

由于专注于大量低价值交易,因此间接材料的采购流程应该专注于减少每次订货的交易成本。间接材料的交易成本很高是因为选择物品(很多过时的目录)、得到批准以及制作和发送采购订单的困难。网上采购流程有助于减少交易成本,采购订单的批准和传递自动化都可以起到降低成本的作用。网上采购流程也应该更新参与方的类似应付账款和应收账款的信息。只有当供应商完成网上目录及与购买者的自动交易时,网上采购流程才能实现。

对直接材料和间接材料的采购流程的要求是集中采购。对于直接材料,集中采购提高供应商和运输中的规模经济,并可让公司利用供应商可能提供的数量折扣;对于间接材料,将花费集中在一家供应商通常能让公司获得较好的采购折扣。

(2)除直接材料与间接材料之外,也可以基于采购产品的价值成本和重要程度进行分类,具体如图 3-2 所示。

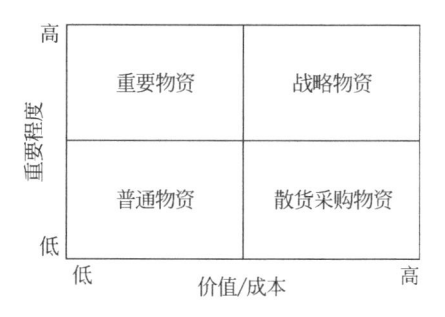

图 3-2　基于价值和重要程度的产品分类

大部分间接材料包括在普通物资中。普通物资的采购目标应该是降低获取成本或交易成本。直接材料进一步分为散货采购物资、重要物资和战略物资。对于大多数散货采购物资,例如包装材料和散装化学品,供应商通常制定相同的销售价格。设计得比较好的拍卖方式对于散货采购物资可能最有效。重要物资包括提前期较长的零件或专用化学品。重要物资的主要采购目标不是低价格,而是保证供应。在这种情况下,采购应该努力提高购买者和供应商的生产计划的协调性。对于重要物资,存在一个即使成本高但是响应性好的后备供应源也是有价值的。最后一类战略物资,包括汽车制造商的电子器件等。对于战略物资,购买者与供应商的关系是长期的。因此,采购部门应该基于关系的长期价值/成本对供应商进行评价,寻找能够进行设计协作的供应商并协调供应链中其他团体的设计和生产活动。

2. 采购流程

采购流程是指企业为了达成生产和销售计划,从适当的供应商那里,在确保适当品质的情况下,于适当的时间,以适当的价格,购入适当数量的物品和劳务的作业活动过程。采购流程会因采购的来源——国内采购、国际采购;采购方式——议价、比价、招标;以及采购的对象——物料、工程发包等,在作业上有若干差异,但基本的流程则大同小异。成功地实施这些活动,对买卖双方来说,都能取得尽量大的价值,有助于供应链的价值最大化。根据美国采购学者所主张的采购作业基本流程,我们可以将采购流程分为以下几个步骤:

(1) 确定或重新评估需求。即在采购前,应先确定买哪些物料,买多少,何时买,由谁决定。有时可能是重复常规采购,而有时则需要根据发生的变化重新对需求进行评估。采购活动是为了满足用户需求而进行的。用户的需求可以来源于订单,也可以来源于企业对市场需求的预测。在任何情况下,一旦需求被确认了,采购活动就开始了。

(2) 定义需求说明。一旦需求确定下来,必须以某种可以衡量的标准形式来代表。即在确认需求后,对需求的内容如品质、规格型号、需要日期、包装、售后服务、运输及检验方式等,均需加以说明,以确保供应商选择和价格谈判等作业能顺利进行。通过这些标准,采购专业人员可以把这些用户的需求告诉潜在的供应商。

(3) 自制与外购决策。在要求外部供应商提供产品之前,购买企业必须决定是自己制造还是购买产品或服务来满足用户需求。但是,有时即使有了决定,企业通常也需要向外部供应商购买某些规格的原材料。目前,这一步骤已变得越来越重要,因为越来越多的企业做出外包的决策,以便集中精力于自己的核心业务。

(4) 确定采购的类型。满足用户所必要的采购类型将决定采购过程所需要的时间以及该过程的复杂程度。从所需时间最少、过程最简单到所需时间最多、过程最复杂,有三种采购类型,分别是连续采购(straight rebuy)、调整采购(modified rebuy)和全新采购(new buy)。连续采购也称定期采购;调整采购要求改变现有的供应商或原材料;全新采购来自新的用户需求。在连续采购或调整采购中,下面的步骤是可以省略的,如没有必要识别所有可能的供应商等。

(5) 市场分析。供应商可以处于一个完全竞争市场的情况下(有许多供应商),或在一个寡头市场(有个别大的供应商),或处于垄断市场(一个供应商)的情况下。了解市场类型有助于采购专业人员决定市场供应商的数量,权力与依赖关系的平衡,哪种采购的方式最有效,如谈判、竞争投标等。有关市场类型的信息并不总是明显的,因此必须做一些研究,参阅有关图书资料、行业协会信息等。

(6) 选择供应商。即在对市场进行调查等前期工作的基础上,识别所有可能的供应商或从原有的供应商中选择业绩良好的厂商,通知其报价,或以登公告的方式公开征求报价。对其综合多种情况进行筛选、分析,选择出可以满足用户需求的有实力的、优秀的供应商。

(7) 采购执行与收货。收到运送的产品和服务,这个活动的发生是供应商试图满足用户需求的第一步。在这个活动完成的同时会产生下一步活动所需使用的绩效数据。

(8) 采购后的绩效评价。一旦服务已经提供或产品已经运送,就应该评价供应商绩效,从而确定供应商是否真正满足用户需求。这同时也是控制管理活动。如果供应商的工作没有满足用户的需求,就一定要找到原因并采取相应的纠正措施。

第 3 章　供应链管理环境下的采购管理　　55

以上这些活动在实施过程中都会受到采购专业人员控制范围以外因素的影响。这些影响可以决定每一个活动执行的效率,它包括企业之间、企业内部的因素及政府的影响等外部因素。比如,潜在供应商的财务问题会导致其他问题,并有可能推翻前面所做的工作,需要重新进行供应商的选择。

3.3　战略采购成本管理

战略采购成本是除采购成本之外考虑到原材料或零部件在本企业产品的全部寿命周期过程中所发生的成本,包括采购在市场调研、自制或采购决策、产品预开发与开发中供应商的参与、供应商交货、库存、生产、出货测试、售后服务等整体供应链中各环节所产生的费用。概括起来,采购成本是指在本公司产品的市场研究、开发、生产与售后服务各阶段,因供应商的参与或提供的产品(或服务)所导致的成本,并包括供应商的参与或提供的产品(或服务)没有达到最高水平而造成的二次成本或损失。作为采购人员,其最终目的不仅是要以最低的成本及时采购到质量最好的原材料或零部件,而且在本公司产品的全部寿命周期过程中都要将最好的供应商最有效地利用起来,以降低整体采购成本。具体战略采购成本管理的方法介绍如下。

3.3.1　最小采购总成本法

在制定外包决策或比较供应商时,许多公司犯的基本错误是只考虑报价,而忽略许多其他会影响到与供应商合作的总成本的因素。例如,供应商有着不同的补货提前期。选择一家提前期较短但是价格更高的供应商值得吗? 或者考虑有着不同准时交付绩效的供应商,选择某家更可靠的供应商值得支付更高的价格吗? 供应商提出的价格只是许多影响供应链盈利因素中的一个。在对供应商进行评分和评估时,应该考虑影响采购总成本的所有因素。

采购总成本(total cost of acquisition,TOA)即向某供应商采购特定产品或服务时所有与供应链有关的成本。从广泛意义上来讲,总采购成本关注的是整体情况,考虑成本时不只是考虑到价格。在执行战略决策时,需要清楚有哪些成本因素,意愿支付多高的价格。在供应链管理环境下考虑采购,应从供应链整体的视角下考虑采购总成本。采购总成本包括基本投入成本、直接交易成本、供应商关系成本、运输成本、质量控制成本和运营或物流成本。

(1) 基本投入成本(价格)。是指企业支付的产品和物资的原始价格,是企业通过投标、协商或询价方式得到的传统价格。该价格很容易度量,而且长期以来一直是衡量采购绩效的指标。但是在供应链背景下,基本投入成本仅仅是企业考虑和评价采购过程的一个因素。

(2) 直接交易成本。即为采购商品而进行检验、需求传达以及物资流处理等活动所形成的成本。这些活动包括分析采购需求、发出订货请求、准备并向供应商传达订单、接收回执、处理货运单据和接收关于存货的信息等。直接交易成本经常是平常不易察觉的成本。

（3）供应商关系成本。这是用于建立和保持与供应商之间关系的成本。包括旅费、供应商培训等费用。

（4）运输成本。进货运输流包括两个关键成本元素：实际的运输成本与合同销售条款。在采购活动中有三种不同的运输方式：供应商选择并雇用承运商、卖方选择并雇用承运商、双方自有承运商。在采购过程中一定要考虑销售和运输条款，因为每一个条款的变化都会影响到最终的采购成本。

（5）质量控制成本。是指在产品生命周期中为预防不符合要求、为评价产品或服务是否符合要求，以及因未达到要求，而发生的所有成本。包括一致性成本和非一致性成本，一致性成本包括预防成本（如培训）和评估成本（如测试、检查），非一致性成本又称为失败成本，又分为内部失败成本（项目组主动发现问题并弥补发生的成本）和外部失败成本（已经给客户或社会造成的损失，如返工）。虽然极严格的产品质量规范会导致附加成本，但是却能得到更高质量的产品，从而又会降低总成本。

（6）运营或物流成本。这部分成本主要发生在货物到达后需要进行的仓储、物料搬运等物流活动中。主要指以下四个方面：接收货物、入库和检查等成本；直接影响空间要求、操作流程、单价等的批量成本；不同材料有不同的运营要求，从而产生不同的运营成本；采购货物的规格、质量、体积和形状会对运输、物流搬运、储存等物流活动有不同程度的影响，进而对物流成本产生影响。

在评价采购成本时，上述的几个成本因素都要考虑进去。否则得到的采购价格就不完全，并且会导致后期成本上涨。当产品沿着供应链移动的时候，供应链上所有企业都会增加产品的成本并可能增加产品的价值。企业通过降低总采购成本或增加产品的功能来增加产品的价值。供应链上的每个企业都会受益于这些因素或都会因这些因素而遭受损失。因此在采购时，需要从整个供应链的角度出发，关注采购总成本，而非单一考虑产品价格。

3.3.2　成本分析方法

成本分析是补充总采购成本分析的工具。成本分析是指对已购买的产品或服务，从劳动力、原材料和成分、设备成本、间接费用及合理利润率等方面进行估算。了解成本结构有利于公司明确其所支付的价格是否合理。另外，成本分析阐明了成本组成因素，并获得降低成本的可行途径，以及判断增加订购量是否规模经济。本部分将重点讲述成本分析的基本原则。

我们在进行成本分析时头脑中想着的总是客户，比如考虑客户想要什么，需要什么，他/她愿意为之花费多少费用？某特定的成本所带来的相应价值是什么？仅关注成本会违背战略成本管理的原则。成分分析方法分类如下。

1. 根据分析方式分类

成本分析有三种基本方法：圆桌会议法、比较法和细节分析法。在圆桌会议法中，专家们会聚在一起讨论成本预算，预算通常不包括明细图或材料清单，但是包括细节的一部分信息。比较法建立在确立同种或类似产品的历史成本的基础上，为以后的生产对历史成本的影响进行估计，并进一步调整和规划生产。这种对比通常比较的是成本元素或总

第3章 供应链管理环境下的采购管理 57

价格。细节分析法的特点是对所有零件、流程、装配组件进行全面的检查。圆桌会议法估算不精准,但速度快;比较法评估精准度中等,但慢一些;细化分析法是三种方法中最能精确地估算出直接生产成本的方法,但也是最耗时、最昂贵的方法。三种方法各有所长,可根据具体情况选择使用。

2. 根据分析对象分类

根据成本分析对象来分,成本分析方法包括:目标成本分析法、合理成本分析法及供应商成本信息披露法。

目标成本分析法适用于新产品或有重大变化的产品。使用这种方法时,公司通常会根据其对客户愿意支付价格的估算,减去必须利润率所得到的数字,再结合销售额或市场营销情况来决定其产品价格定位。

合理成本分析法中,合理成本分析是公司与供应商议价和完善采购计划的基础。上述成本分析的三种基本方法(圆桌会议法、比较法和细节分析法)实际上都是在根据产品制造流程要求估算一个产品的成本,都属于合理成本分析法。一项有前瞻性的合理成本分析可以被用作供应商为了识别低效率和寻求改进的现行方法。

供应商成本信息披露法中,要求供应商透露成本底价以便采购方更清晰了解成本。但是供应商担心采购员利用此办法讨价还价,压低利润,因此通常犹豫要不要透露底价。如果强求供应商透露消息,很有可能会破坏彼此的关系,或者得到假数据。当买方与供应商建立基于信任的长期合作关系时,供应商成本信息披露是效率最高的方法。此外,将供应商透露的成本信息与合理成本数据和目标成本数据进行比较可以检验对供应商的了解程度,进一步了解采购方的估算与供应商实际成本出入情况。

3.3.3 供应商采购协同设计

目前,制造商开销的 $50\%\sim70\%$ 都用于采购。通常认为采购成本的 80% 在产品设计阶段就固定了。因此,如果要保持产品的低成本,制造商必须与供应商在产品设计阶段开展合作。采购协同设计的作用如下:

(1)采购协同设计可以降低采购材料的成本,也可降低物流和制造成本。协同设计对于提供多样化和定制产品的公司尤其重要。

(2)与供应商合作会极大地缩短产品开发时间,进而缩短产品生命周期,获得先于竞争对手推出产品的巨大竞争优势。

(3)产品设计阶段与供应商合作可以让制造商集中精力于系统的整合优化,进一步降低产品生产成本,并提高质量。例如,汽车制造商越来越多地扮演系统集成商的角色,而不仅仅是设计零部件。这在高科技行业中应用更广泛。

当供应商更深入地参与产品设计时,制造商则应该成为供应链的设计协调者,比如向参与设计的所有公司或部门提供通用的零件说明书,一个公司或部门的设计变化应与所有相关的供应商交流。现有零件说明书和内容完善的数据库可以极大地节省产品生产的成本和时间。例如,Johnson Controls 公司从公司的数据库中发现了一个可以满足顾客所有要求的座椅框架,这为顾客节省了 2 000 万美元的设计、开发、加工和原型实验费用。

当供应商承担更多产品设计的责任时,供应商需要明确的是设计的重点在于减少物流成本与提高产品的可制造性。减少物流成本是指在设计阶段采取适当的措施来减少配送中的运输、装卸和库存成本。为了减少运输和装卸成本,制造商必须将零售商和最终顾客的预期订货批量传递给设计商,以方便设计包装,降低运输成本和减少装卸活动。为了减少运输成本,包装应尽可能紧凑,其设计应方便堆垛。为了减少装卸成本,所设计的包装尺寸应该在满足订单需求的前提下使包裹拆分的次数最小。

汽车工业是供应商参与设计的典型行业。例如,福特公司要求雷鸟(Thunder Bird)供应商不仅生产零件和子系统,还要负责设计。供应链的整合使得福特公司可以在项目批准后 36 个月内将新车型推向市场。为了确保有效的交流,福特公司要求所有供应商采用相同的设计软件平台。福特公司也向供应商公开所有内部数据,并将自己的办公室提供给许多供应商。福特公司的工程师经常与供应商交流,以实现协调设计,使采购总成本、时间和质量有了极大的提高和改进。

3.4　采购双赢关系与准时化采购

供应商关系管理是一种战略合作关系,提倡一种双赢机制,是供应链采购管理中一个很重要的问题,它在实现准时化采购中有极其重要的作用。

3.4.1　建立采购双赢关系

供应商与制造商之间存在两种典型的关系模式:竞争关系与合作性关系(或者双赢关系)。两种关系模式下的采购特征有所不同。竞争关系模式是价格驱动的。这种关系下的采购策略表现为:买方同时向若干供应商购货,通过供应商之间的竞争获得价格好处,同时也保证供应的连续性;买方通过在供应商之间分配采购数量对供应商加以控制;买方与供应商是一种短期合同关系。双赢关系模式是一种合作的关系,这种供需关系最先在日本企业中采用。它强调在合作的供应商和制造商之间共同分享信息,通过合作和协商协调相互的行为。

概括起来,双赢关系对于采购中供需双方的作用表现如下:

1. 供应商方面

(1) 增加对整个供应链业务活动的共同责任感和利益的分享。

(2) 增加对未来需求的可预见性和可控能力,长期的合同关系使供应计划更加稳定。

(3) 成功的客户有助于供应商的成功。

(4) 高质量的产品增强了供应商的竞争力。

2. 制造商方面

(1) 增加对采购业务的控制能力。

(2) 通过长期的、有信任保证的订货合同保证满足采购的要求。

(3) 减少和消除了不必要的进购产品的检查活动。

建立互惠互利的合同是巩固和发展供需合作关系的根本保证。互惠互利包括了双方的承诺、信任、持久性。信守诺言是商业活动成功的一个重要原则,缺乏信任的供应商,或缺乏信任的采购客户都不可能产生长期的合作关系。持久性是保持合作关系的保证,没有长期的合作,双方就没有诚意做出更多的改进和付出。机会主义和短期行为将对供需合作关系产生极大的破坏作用。

3.4.2 双赢关系的维护

双赢关系已经成为供应链企业之间合作的典范,因此,要在采购管理中体现供应链的思想,对供应商的管理就应集中在如何和供应商建立以及维护、保持双赢关系上。

1. 信息交流与共享机制

信息交流有助于减少投机行为,有助于促进重要生产信息的自由流动。为加强供应商与制造商之间的信息交流,可以从以下几个方面着手:一是在供应商与制造商之间经常进行有关最终市场需求、生产成本、作业计划、质量控制信息的交流与沟通,保持信息的一致性和准确性。二是实施并行工程。制造商在产品设计阶段让供应商参与进来,这样供应商可以在原材料和零部件的性能和功能要求上提供有关信息,为实施质量功能配置(QFD)的产品开发方法创造条件,把用户的价值需求及时转化为供应商的原材料和零部件的质量与功能要求。三是建立联合的任务小组,解决共同关心的问题。在供应商与制造商之间应建立一种基于团队的工作小组,由双方的有关人员共同组成,解决供应过程以及制造过程中遇到的各种问题。四是供应商和制造商之间互访。供应商与制造商采购部门应经常性地互访,及时发现和解决各自在合作活动过程中存在的困难和出现的问题,便于打造良好的合作气氛。五是使用电子数据交换(EDI)和互联网技术进行快速的数据传输。

2. 供应商的激励机制

要保持长期的双赢关系,对供应商的激励是非常重要的。没有有效的激励机制,就不可能维持良好的供应关系。在激励机制的设计上,要体现公平、一致的原则。给予供应商价格折扣和柔性合同,以及采用赠送股权等,使供应商和制造商能够分享成功,同时也使供应商从合作中体会到双赢机制的好处。

3. 合理的供应商评价方法和手段

要进行供应商的激励,就必须对供应商的业绩进行评价,使供应商不断改进。没有合理的评价方法,就不可能对供应商的合作效果进行评价,这将大大挫伤供应商的合作积极性,同时降低合作的稳定性。对供应商的评价要抓住主要指标或问题,比如交货质量是否改善、提前期是否缩短、交货的准时率是否提高等。通过评价,把结果反馈给供应商,和供应商一起共同探讨问题产生的根源,并采取相应的措施予以改进。

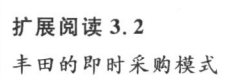

扩展阅读 3.2
丰田的即时采购模式

3.4.3 实现准时化采购

1. 准时化采购的基本思想

准时化采购也叫 JIT 采购法,是一种先进的采购模式,也是一种管理哲理。它的基本思想是：在恰当的时间、恰当的地点，以恰当的数量、恰当的质量提供恰当的物品。它是从准时制生产发展而来的，是为了消除库存和不必要的浪费而进行的持续性改进。要进行准时制生产必须有准时的供应，因此准时化采购是准时制生产管理模式的必然要求。它和传统的采购方法在质量控制、供需关系、供应商的数目、交货期的管理等方面有许多不同，其中供应商的选择（数量与关系）、质量控制是其核心内容。

准时化采购包括供应商的支持与合作以及制造过程、货物运输系统等一系列的内容。准时化采购不但可以减少库存，还可以加快库存周转、降低提前期、提高购物的质量、获得满意交货等效果。

2. 准时化采购对供应链管理的意义

准时化采购（JIT 采购）对于供应链管理思想的贯彻实施有重要的意义。从前一节的论述中可以看到，供应链管理环境下的采购模式和传统采购模式的不同之处在于前者采用订单驱动的方式。订单驱动使供应与需求双方都围绕订单运作，也就实现了准时化、同步化运作。要实现同步化运作，采购与供应活动就必须是并行的，当采购部门产生一个订单时，供应商即开始着手物品的准备工作。与此同时，采购部门编制详细采购计划，制造部门也进行生产的准备过程，当采购部门把详细的采购单提供给供应商时，供应商就能将物资在较短的时间内交给用户。当用户需求发生改变时，制造订单又驱动采购订单发生改变，这样一种快速的改变过程，如果没有准时的采购方法，供应链企业将很难适应。因此，准时化采购增加了供应链的柔性和敏捷性。

综上所述，准时化采购策略体现了供应链管理的协调性、同步性和集成性，供应链管理需要准时化采购来保证供应链的整体同步化运作。

3. 准时化采购与传统采购的区别

准时化采购和传统采购方式有许多不同之处，如表 3-2 所示。

表 3-2　准时化采购与传统采购的区别

内　　容	准时化采购	传　统　采　购
采购批量	小批量、频次高	大批量、频次低
供应商选择	长期合作单源供应	短期合作、多源
供应商评价	质量交货期价格	质量、价格、交货期
检查工作	逐渐减少	收货、点货、质量验收
协商内容	关系、质量、合理价格	获得最低价格
运输	准时送货、买方安排	较低成本、卖方安排
文书工作	少	多
产品说明	供应商革新，强调性能	买方关心设计，供应商没有创新
包装	小、标准化	普通
信息交流	快速可靠	一般要求

4. 准时化采购的方法

前面分析了准时化采购法的特点和优点，从中可以看到准时化采购方法和传统采购

方法的一些显著差别。要实施准时化采购法,以下三点是十分重要的:

① 选择最佳的供应商,并对供应商进行有效管理是准时化采购成功的基石。

② 供应商与用户的紧密合作是准时化采购成功的钥匙。

③ 卓有成效的采购过程质量控制是准时化采购成功的保证。

在实际工作中,如果能够根据以上三点开展采购工作,那么成功实施准时化采购的可能性就很大了。如何有效地实施准时化采购呢?下面几点可以作为实施准时化采购的参考。

(1) 创建准时化采购班组。世界一流企业的专业采购人员有三个责任:寻找货源、商定价格、发展与供应商的协作关系并不断改进。因此,专业化的高素质的采购队伍对实施准时化采购至关重要。为此,首先应成立两个班组。一个是专门处理供应商事务的班组,该班组的任务是认定和评估供应商的信誉、能力,或与供应商谈判签订准时化订货合同,向供应商发放免检签证等,同时要负责供应商的培训与教育。另外一个班组是专门从事消除采购过程中浪费的班组。这些班组人员,对准时化采购的方法应有充分的了解和认识,必要时应进行培训;如果本身对准时化采购的认识和了解都不彻底,就难以指望供应商的合作了。

(2) 制订计划,确保准时化采购策略有计划、有步骤地实施。要制定采购策略,改进当前的采购方式,包括如何减少供应商的数量、供应商的评价、向供应商发放签证等内容。在这个过程中,要与供应商一起商定准时化采购的目标和措施,保持经常性的信息沟通。

(3) 精选少数供应商,建立伙伴关系。选择供应商应从这几个方面考虑:产品质量、供货情况、应变能力、地理位置、企业规模、财务状况、技术能力、价格以及其他供应商的可替代性等。

(4) 进行试点工作。先从某种产品或某条生产线的试点开始,进行零部件或原材料的准时化供应试点。在试点过程中,取得企业各个部门的支持是很重要的,特别是生产部门的支持。通过试点,总结经验,为正式的准时化采购实施打下基础。

(5) 搞好供应商的培训,确定共同目标。准时化采购是供需双方共同的业务活动,单靠采购部门的努力是不够的,需要供应商的配合。只有供应商也对准时化采购的策略和运作方法有了认识和理解,才能获得供应商的支持和配合,因此需要对供应商进行教育培训。通过培训,大家取得一致的目标,相互之间就能够协调做好采购的准时化工作。

(6) 向供应商颁发产品免检合格证书。准时化采购和传统采购方式的不同之处在于买方不需要对采购产品进行过多的检验手续,要达到这一点,需要供应商能够提供百分之百的合格产品。当其做到这一要求时,即颁发免检手续的免检证书。

(7) 实现配合准时制生产的交货方式。准时化采购的最终目标是实现企业的生产准时化,为此,要实现从预测的交货方式向准时化适时交货方式转变。

(8) 持续改善、扩大成效。准时化采购是一个不断完善和改进的过程,需要在实施过程中不断总结经验教训,从降低运输成本、提供交货的准确性、提高产品的质量、降低供应商库存等各个方面进行改进,不断提高准时化采购的运作绩效。

从前面对准时制采购原理和方法的探讨中可以看到,供应商与制造商的合作关系对于准时制采购的实施是非常重要的,只有建立良好的供需合作关系,准时制采购策略才能得到彻底贯彻落实，并取得预期的效果。

从供应商的角度来说，如果不实施准时制采购，那么由于缺乏与制造商的合作，库存、交货批量都比较大，而且在质量、需求方面都无法获得有效的控制。通过建立准时制采购策略，制造商的准时制思想扩展到供应商，加强了供需之间的联系与合作，在开放性的动态信息交互下，面对市场需求的变化，供应商能够做出快速反应，提高了供应商的应变能力。对制造商来说，通过和供应商建立合作关系，实施准时制采购，管理水平得到提高，制造过程与产品质量得到有效的控制，成本降低，制造的敏捷性与柔性增加。

3.5　全球化趋势下的采购管理

全球采购使供应商的选择范围大，可以集中化管理供应商、通过批量采购来增加议价能力、不单是"货比三家"，而是"货比多家"，从而可以选择到质量优良、价格合理的产品。这有助于提高企业的产品质量、控制产品成本，从而提高企业竞争力和顾客满意度。尽管采购地域范围的扩大可以使企业获得价位更低、质量更好的物资，但同时也使企业供应链链条延长，并且不确定因素会大幅增加，这必将给企业带来风险。

扩展阅读 3.3
西门子移动通信实施全
球化采购案例

3.5.1　全球采购发展的影响

影响采购活动的最显著趋势之一就是全球采购的增长。全球采购的活动在中国的市场上表现得越来越频繁。其中最重要的因素是寻求较低的采购价格。本节将探究供应链中全球采购发展所带来的具体影响。

（1）大型跨国企业和国际采购组织的采购网络正在加速向中国市场延伸。例如一汽大众，它是第一个面向中国的企业，特别是将汽车零配件供应商引入全球采购概念的国际企业。自此，通用、大众、西门子、沃尔玛、家乐福这样的跨国企业都开始在中国设立其国际采购部或采购中心，希望从中国市场获得合理、便宜、优质的商品和资源。

（2）跨国公司和国际采购组织在中国市场的采购活动日趋频繁和活跃。如沃尔玛在深圳的采购中心，2001 年在中国市场采购并进入其全球销售网络的商品数额达到了 100 亿美元。虽然比较其全球的采购额来讲，这个份额还是微乎其微的，却表明了一种趋势。再如西门子通信，其在 2001 年的全球采购额是 20 亿欧元，而从中国市场采购的通信零配件金额就达到了 5 亿欧元，占其全球采购市场份额的 25%。家乐福在中国的采购额也达到了 3 亿美元。此外，很多国际专业化的采购组织和经纪人近年来也纷纷到访中国，在一些国际性的展览上经常可以看到这些采购经纪人或国际采购团与很多的国内企业进行接触，寻求与中国企业合作的机会，并将中国企业纳入它们的全球采购网络。由此可见，这

第3章 供应链管理环境下的采购管理

些大型跨国公司全球采购网络正在向中国市场延伸,其日益频繁和活跃的采购活动实际上已经对中国经济的发展,特别是对出口的增长产生了重要影响。

(3)一些经济发达的城市和地区正在成为国际采购中心。目前全球采购网络和跨国公司的采购组织在我国一些中心城市和沿海发达地区纷纷设立了采购基地,如上海、天津、深圳。上述城市也希望利用这种全球采购发展的机会来拓展商品出口的新途径,为地区的经济发展做出一定的贡献。因此,有些城市(如上海、天津等),也提出要努力把城市或某一个地区打造为全球采购中心的发展目标。值得注意的是,这些跨国公司和跨国采购组织之所以选择我国一些经济发达的城市建立采购基地或采购中心,是有其内在的要求和条件的。一是这样的城市或地区本身的经济发展水平和经济结构决定了采购市场的大小,特别是这个地方制造业的发展决定了它未来向国际市场提供商品的能力;二是这样的城市或地区要有非常良好的交通条件和物流集散的能力;三是要有比较高水平的服务业,比如金融服务、展览服务;四是要有完善的贸易促进体制,包括进出口商品分销权的自由以及鼓励出口的各种政策,还要有为全球采购提供的信息服务体系。因此,要将我们一些发达地区的城市或者某些区域建设成为一个国际采购中心或采购基地还需要在各个方面创造条件,从而促进一个地区或一个城市的经济发展。

3.5.2 供应链管理重心转移

在全球商业环境中,当地采购的模式逐渐转变为全球采购的模式。在 21 世纪之初,建立全球采购模式就已经成为许多公司的目标。而供应链重心的转移会影响供应链的采购决策。供应链的重心取决于供应链亟待解决的问题是偏向供方一侧还是需求方一侧。在卖方市场时代,供应链的重心在于生产端。在现在多样化需求的买方市场时代,供应链的重心在于需求端,在于客户体验。具体供应链管理重心转移对全球采购的影响因素如下。

1. 需求方影响供应链重心的因素包括以下几个方面

(1)人口及人口结构变化:由于人口呈增长态势,而且年龄数据在不断变化,全球有些市场正在快速增长,而有些却正在萎缩。比如联合利华公司,有报道称其一半营业额来自于发展中国家。

(2)可支配收入变化:鉴于不同国家的消费能力相对有所增长,一场重大的变革应运而生。西方国家的传统市场曾经支配着全球消费,现在新兴经济体在消费方面开始反超西方国家。

(3)消费者的需求变化:绝大多数农村人口不断转向城市,随着可支配收入的增长,消费模式也发生了转变。例如,中国和印度大量增加了对汽车的需求;在许多新兴经济体中,人们饮食结构发生了改变,奶制品和肉制品的需求增大。

(4)工业发展规律:工业生产从西方国家转移到成本低廉的国家,对贸易流通产生了重大影响,同时也影响了原材料的需求层次。如今许多公司面临的挑战是不仅要服务于快速增长的市场,而且还不能退出目前停滞或者萎缩的市场。

2. 供给方影响供应链重心的因素

(1)劳动力成本。最近几十年来许多公司制定采购决策的动因是渴望获得低廉的劳动力成本。所谓的"低成本国家采购"的发展是基于公司期望通过在劳动力成本低廉的地区生产或采购,从而提高竞争力。这些地区的劳动力成本比企业所在生产地劳动力成本低很多。然而,因为工资通胀,不同地区劳动力成本之间的差异不再明显。同时,低成本国家也出现了新的潜在竞争者。

（2）原材料和资源的实用性。重要原料和资源,比如金属、能源、化工产品以及其他产品的实用性和成本对采购决策有着重要影响。有时候随着需求的增长和供给的减少,一些关键要素的实用性和价格会受到严重影响。由于过去占主导地位的经济因素已经不再适用,一些老牌制造业公司越来越意识到需要重新评估当前供应链的安排。

（3）技能变化。工业逐步向知识密集型发展,并且越来越依托专业技能和能力,因此掌握专业技能变得尤为重要。许多行业的公司发现它们存在着技能短缺的现象,比如信息技术专家、软件设计者和工程师。虽然西方世界曾经主导着这些技术,但在新兴经济因素刺激下,人们接受教育和培训的程度不断提高,现在西方国家主导技术的这种局面正在快速发生转变。

（4）交通成本。因为大部分交通工具使用的都是石油燃料,随着石油价格的增长,交通成本不可避免地会受到影响。在供应链刚刚被设计出来时,石油成本也只是今天成本的一小部分。比如1998年12月,一桶原油售价9.64美元;2008年6月,也就是10年后,其价格打破最高纪录而上涨到147.27美元。如果石油价格随着时间的推移继续上涨,目前的供应链配置很可能会非常昂贵。

如今许多市场存在的一个普遍特征是需求模式变化的速度比过去更快、产品寿命周期更短、投入市场时间也更快。我们处于"以时间为本的"竞争时代,更需要灵活的采购策略以提高快速反应能力。

3. 采购需要灵活性和适应性

供应链的重心越来越接近需求,而市场需求有着越来越大的不确定性,所以采购需要更强的灵活性和适应性。显然,采购的灵活性需要适应市场的变化,而市场自身不能使公司快速应对供应链重心的根本性转移。正如前边所强调的,如今商业环境越来越不稳定,而供应链重心更可能随环境的改变而改变,这就要求供应链具备比之前更强的适应性。由于这种不确定性和快速变动性,任何企业都很难预测未来的采购需求是什么。因此,制定灵活的采购安排是非常重要的。理想状态下,当公司在供应链中寻找合作伙伴时,可以采用当前的采购方式,而不是结合长期采购。因为长期采购也许会给出一个更低的价格,但却限制了未来的灵活性。因此公司的目标应该是寻找一些能够实现短期合作,但能建立密切的合作关系的企业。最佳指导性的采购决策应该可以保持大多数选择权的开放性。

3.5.3 全球采购战略选择影响因素

经历了几十年的急剧发展,全球采购被越来越多的公司采纳。在特定场合下全球采购可以作为合适的策略使用,然而也存在其他一些场景下就地采购或区域性采购策略是合适的。当考虑商品是否需要全球采购时,需要考虑以下这些问题:

（1）如何有效占据市场?当今许多市场的一个共同特征是越来越具有时效性。不管是企业对企业的市场还是企业对客户的市场,时效性都同样适用。很多公司采用无库存制度,它们依赖于进口供应商的速度和可靠性。在许多消费者市场,客户也期望高程度的时效性。此外,随着技术更新步伐的加快和潮流的不断更替,许多行业的产品周期也变得更短。时间是取得竞争优势的一个关键要素。如果全球采购策略延长了补交货提前期或降低了潜在的可靠性,则全球采购策略将不再适用。

（2）产品需求是否稳定？稳定的需求就意味着要有预见性,这样全球采购面临的风险才会降低。相反,如果需求极其不稳定,那么风险就变得不可预测。显而易见,供应链需要更高的灵活性,能够对需求中不可预测的变化做出反应。全球采购下如果进口货物交货期延长则耽搁工作进展。因此,需求的稳定性和预测性是决定采购来源的一个关键因素。

（3）劳动力成本占销售额成本的比例是多少？我们之前注意到,影响很多公司海外采购决策的一个主要因素是获取成本较低的人力资源。因此一个关键问题就是劳动力成本所占商品销售成本的百分比是多少。如果劳动量大,则倾向于在低成本国家采购。相反,如果劳动要素在销售成本中的比例很低,则降低了在低人力成本国家采购的意愿。尤其是在许多所谓的低成本国家,劳动率在持续上涨。

（4）进口原料或产品的运输强度有多大？考虑全球采购时,其中一个重要的衡量尺度就是"交通强度"。例如,交通占总登岸成本的比例是多少？交通强度的一个重要的决定因素就是产品密度。密度反映了商品的体积和重量。比如产品在集装箱内占用的空间越少,其运输强度就会越小。在交通运输中考虑到碳排放量及其未来可能呈上升趋势,交通成本应该作为一个重要的考虑因素。

（5）什么是原料/产品的价值/密度？前一点强调了密度对交通强度的影响,另一个相关问题是产品相对于其密度的价值。产品的价值/密度会对全球采购的财务管理产生很大影响。因为价值越高,密度越大,交通成本相对于总成本而言就越微不足道。举两个极端的例子,钻石和玉米片。钻石的价值高、密度大,玉米片则相反。因此这二者的采购交通方式的选择会因为考虑价值/密度而受到严重影响。

（6）知识产权有没有任何风险？知识产权会涉及专利技术、专利知识、专利权等,知识产权使该公司不同于其他竞争者。唯一的担忧是如果将生产转移到国外公司将会面临丢失知识产权的风险。其中一个影响因素是不同国家有着不同的规章制度。为了消除这种风险,同时能利用低成本国家采购的优势,一些公司已经开始分解供应链,并采购国外的非专利商品,在更安全的地点完成需要运用更具价值的知识产权的制作/配置工作。

本 章 小 结

良好的开始是成功的一半。供应是一个企业的源头,无效的采购无疑成为企业绩效的制约因素,越来越多的企业开始重视自己的采购管理。在供应链管理环境下,采购模式重视从采购管理向外部资源管理的转变,强调从一般买卖关系向战略协作伙伴关系的转变,强调企业之间对市场需求的快速响应。在全球竞争加剧、全球化供应链趋势日益明显的今天,全球采购也将是采购管理的一个必然趋势。

思 考 题

1. 如何进行战略成本管理?

2. 采购成本包含哪些内容?

3. 采购流程包括哪些步骤?

4. 供应链管理环境下的采购模式有哪些方面的转变?

5. JIT采购含义与主要特性,与传统采购的区别是什么?

6. 基于供应链的采购管理模式与传统采购模式之间存在哪些不同?

7. 讨论供应链管理中的竞争关系模式和双赢关系之间的异同,并简述采购双赢关系对供需双方有哪些影响?

8. 试对我国企业在全球采购方面受到的影响做出分析,并讨论如何应对全球采购的趋势?

海尔的采购管理

第 4 章

供应链管理环境下的库存管理

【本章学习目标】

通过本章学习,学员应该能够:

1. 了解供应链库存管理的基本思想。
2. 了解供应链管理环境下库存管理面临的挑战。
3. 熟悉和掌握供应链库存管理方法。
4. 理解供应链协同对库存管理的积极作用。

【导入案例】

TW 北斗芯片公司需求预测与库存控制

在全球一体化的时代背景下,半导体行业面临着新挑战。技术工艺复杂、生产周期长、资金投入大等特点使得企业需要建立一套适合自己的运营模式,并在需求预测和库存预测之间找到平衡点。

TW 公司是一家专注于提供位置和时间基础信息的国家高新技术芯片设计企业,主要从卫星导航定位芯片的设计研发,主要的生产制造环节都外包给国际知名供应商。该公司的产品广泛应用于车载导航、智能穿戴等领域。TW 的定位芯片技术水平已经达到国际领先。在市场竞争激烈,定位芯片需求量大的市场环境中,芯片维持着较为频繁的更新换代速度,客户对产品的质量和交货期限都有严格要求。总体来说,芯片产品生产周期长,价格波动快,客户需求交货期短且终端产品升级换代快,市场存在各种不确定性。

TW 公司早期的运营模式是以过去的出货量为参考,补充足量的库存,满足客户需求。但随着公司发展,这种预测方法逐渐不能满足企业实际需要。因此 TW 公司调整为以市场为导向的需求预测。具体实施内容为:

(1) 每个区域销售人员每个月从客户端收集接下来半年的需求预测;

(2) 各产品线的负责人根据销售部门收集到的需求预测数据,由产品线的负责人根据库存的情况,给出生产计划;

(3) 客户定制产品按此方式形成半成品计划,并每个月根据收集到的情况变化,进行滚动更新。

新的运营模式在企业中产生了积极的效果。优化模型之后的一年内,定制产品积压的库存不超过 2 万片,通用产品的准确率大部分达到 70％以上。库存积压大大减少,公司资金流动率得到提升,企业竞争优势越来越明显。

资料来源:吴乐凡,徐嘉昕. TW 北斗芯片公司需求预测与库存控制研究[J]. 企业科技与发展. 2021,(3),189-191,195.

通过上述案例可以看出库存预测与优化对企业降低成本,提高运营水平的重要作用。在供应链管理中,库存是最主要的成本来源之一。本章首先介绍库存管理概念与基本方法,引出供应链库存管理概述,接着介绍供应商管理库存、联合管理库存与供应链协同式库存管理三种供应链管理环境下库存管理基本方法。

4.1　库存管理概述

本节将首先介绍库存的概念与库存相关费用,接着给出不同类型库存的管理模型。

扩展阅读 4.1
一汽大众的"零库存"

4.1.1　库存概念与相关费用

库存表示服务于将来目的而暂时处于闲置状态的资源。一般情况下,设置库存的目的是防止资源短缺,同时维持生产过程连续性、分摊订货费用等。持有库存是人们无法精确预测未来需求变化而采取的措施。

在库存管理理论中,人们根据资源需求的重复程度,分为单周期需求与多周期需求。单周期需求的特征是偶发性与产品生命周期短,且需求往往是不确定的,如圣诞节期间对圣诞树的需求量、每天报纸的需求量等。多周期需求是长时间内需求反复发生,库存需要不断补充。因此,库存管理的基本模型包括单周期库存基本模型和多周期库存基本模型。

与库存有关的费用有两种:一种随着库存量的增加而增加,另一种随着库存量的增加而减少。正是这两种费用相互作用,才有最佳订货批量。

1. 随库存量增加而增加的费用

(1)资金的成本。库存的物资本身有价值,占用了资金。这些资金本可以用于其他活动来创造新的价值,库存使这部分资金闲置起来,造成机会损失。资金成本是维持库存物品本身所必需的花费。

(2)仓储空间费用。要维持库存必须建造仓库、配备设备,还有供暖、照明、修理、保管等开支。这是维持仓储空间的费用。

(3)物品变质和陈旧。在闲置过程中,物品会发生变质和陈旧,如金属生锈,药品过期,油漆褪色,鲜货变质等。这又会造成一部分损失。

以上费用都随着库存量增加而增加。如果只有随着库存量增加而增加的费用,则库存量越少越好。但也有随着库存量增加而减少的费用,使得库存量既不能太高,也不能太低。

2. 随库存量增加而减少的费用

(1)订货费。订货费与发出订单活动和收货活动有关,包括评判要价、谈判、准备订单、通信、收货检查等。它一般与订货次数有关,而与一次订多少无关。一次多订货,分摊在每项物资上的订货费就少。

(2)调整准备费。在生产过程中,工人加工零件,一般需要准备图纸、工艺和工具,需要调整机床、安装工艺装备。这些活动都需要时间和费用。如果花费一次调整准备费,多加工一些零件,则分摊在每个零件上的调整准备费就少。

(3)购买费和加工费。采购或加工的零件超过一定数量,可能会有价格折扣。

(4)生产管理费。加工批量越大,为每批工件做出安排的工作量就会越少。

(5)缺货损失费。批量大则发生缺货的情况就少,缺货损失就少。

4.1.2 单周期库存模型

对于单周期需求来说,单周期库存控制的关键在于确定订货量。单周期库存模型中,订货量就等于预测的需求量。如何根据不确定的需求确定订货量从而使期望损失最小,或者期望收益最大是单周期模型需要决策的问题。

由于预测误差的存在,根据预测确定的订货量和实际需求量难以一致。如果需求量大于订货量,就会失去潜在的销售机会,导致机会损失,产生订货的机会(欠储)成本。另一方面,假设需求量小于订货量,所有未销售出去的物品将可能以低于成本的价格出售,甚至可能报废,还需另外支付一笔处理费。这种由于供过于求导致的费用称为陈旧(超储)成本。显然,最理想的情况是订货量恰恰等于需求量。为了确定最佳订货量,需要考虑由订货引起的费用。由于只发出一次订货和只发生一次订购费用,所以订货费用为一种沉没成本,它与决策无关。库存费用也可视为一种沉没成本,因为单周期物品的现实需求无法准确估计,而且只通过一次订货满足,所以即使有库存,其费用的变化也不会很大。因此,只有机会成本和陈旧成本对最佳订货量的确定起决定性的作用。

报童模型是基本的单周期库存管理模型。报童每天清晨从报社购进报纸零售,晚上将没有卖掉的报纸退回。其中,报纸每份的购进价为 b,零售价为 a,假设 $a > b > c$。这就是说,报童售出一份报纸赚 $a - b$,退回一份赔 $b - c$。报童每天如果购进的报纸太少,不够卖,会少赚钱;如果购进太多,卖不完,将要赔钱。而市场对报纸的需求量是一个随机变量。报童需要确定每天购进报纸的数量,以确保获得最大的收入。

如同报纸之类的易变质或过期的产品还有月饼、挂历等。这类产品的特点是在一段时间之后不能再销售,且需求是不确定的。需要决策在起初要订购多少产品,即最佳订货量。确定最佳订货量可采用期望损失最小法、期望利润最大法。具体介绍如下:

1. 期望损失最小法

顾名思义,期望损失最小法就是比较不同订货量下的期望损失,取期望损失最小的订货量作为最佳订货量。已知库存物品的单位成本为 C,单位售价为 P,实际需求量为 d。若在预定的时间内卖不出去,则单价只能以 $S(S<C)$ 卖出,单位超储损失为 $C_0 = C - S$;若需求超过库存,则单位缺货损失(机会损失)$C_u = P - C$。设订货量为 Q 时的期望损失

为 $E_L(Q)$，则取使 $E_L(Q)$ 最小的 Q 作为最佳订货量。$E_L(Q)$ 可以通过下式计算：

$$E_L(Q) = \sum_{d>Q} C_u(d-Q)p(d) + \sum_{d<Q} C_0(Q-d)p(d)$$

其中，$p(d)$ 为需求量 d 的分布率。

例题 4-1

按过去的记录，新年期间对某商店挂历的需求分布率如表 4-1 所示。

表 4-1　某商店挂历的需求分布率

需求 d（份）	0	10	20	30	40	50
分布率 $p(d)$	0.05	0.15	0.20	0.25	0.20	0.15

已知，每份挂历的进价为 $C=50$ 元，售价 $P=80$ 元。若在 1 个月内卖不出去，则每份挂历只能按 $S=30$ 元卖出。求该商店应该进多少挂历为好。

解：设该商店买进 Q 份挂历。

当实际需求 $d<Q$ 时，将有一部分挂历卖不出去，每份超储损失为 $C_0=C-S=50-30=20$（元）；当实际需求 $d>Q$ 时，将有机会损失，每份缺货损失为 $C_u=P-C=80-50=30$（元）；若 $Q=30$，

$$\begin{aligned} E_L(Q) &= [30 \times (40-30) \times 0.20 + 30 \times (50-30) \times 0.15] + \\ &\quad [20 \times (30-0) \times 0.05 + 20 \times (30-10) \times 0.15 + 20 \times (30-20) \times 0.20] \\ &= (60+90) + (30+60+40) = 150+130 = 280（元） \end{aligned}$$

当 Q 取其他值时，可按同样方法算出 $E_L(Q)$，结果如表 4-2 所示，最佳订货量为 30。

表 4-2　期望损失计算表

订货量 Q	实际需求 d						期望损失 $E_L(Q)$（元）
	0	10	20	30	40	50	
	$P(D=d)$						
	0.05	0.15	0.20	0.25	0.20	0.15	
0	0	300	600	900	1 200	1 500	855
10	200	0	300	600	900	1 200	580
20	400	200	0	300	600	900	380
30	600	400	200	0	300	600	280
40	800	600	400	200	0	300	305
50	1 000	800	600	400	200	0	430

2. 期望利润最大法

顾名思义，期望利润最大法就是比较不同订货量下的期望利润，取得期望利润最大的订货量作为最佳订货量。设订货量为 Q 时的期望利润为 $E_P(Q)$，则

$$E_P(Q) = \sum_{d < Q} [C_u d - C_0(Q - d)]p(d) + \sum_{d > Q} C_u Q p(d)$$

例题 4-2

根据上例,当 $Q = 30$,

$$E_P(Q) = [30 \times 0 - 20 \times (30 - 0)] \times 0.05 + [30 \times 10 - 20 \times (30 - 10)] \times$$
$$0.15 + [30 \times 20 - 20 \times (30 - 20)] \times 0.20 + 30 \times 30 \times 0.25 +$$
$$30 \times 30 \times 0.20 + 30 \times 30 \times 0.15 = 575(\vec{\pi})$$

当 Q 取其他值时,可按同样方法算出 $E_P(Q)$,结果如表 4-3 所示。其中最佳订货量为 30,与期望损失最小法得出的结果相同。

表 4-3 期望利润计算表

订货量 Q	实际需求 d						期望利润 $E_P(Q)$ (元)
	0	10	20	30	40	50	
	$P(D = d)$						
	0.05	0.15	0.20	0.25	0.20	0.15	
0	0	0	0	0	0	0	0
10	−200	300	300	300	300	300	275
20	−400	100	600	600	600	600	475
30	−600	−100	400	900	900	900	575
40	−800	−300	200	700	1 200	1 200	550
50	−1000	−500	0	500	1 000	1 500	425

4.1.3 多周期库存模型

1. 经济订货批量模型

经济订货批量模型(economic order quantity,EOQ),1915 年由福特·哈里斯(F. W. Harris)提出,是目前大多数企业最常采用的货物订购方式。该模型适用于整批间隔进货、不允许缺货的存储问题。某种物资单位时间的需求量为常数 D ,存储量以单位时间消耗数量 D 的速度逐渐下降,经过时间 T 后,存储量下降到零,此时开始订货 Q 并随即到货,库存量由零上升为最高库存量 Q ,然后开始下一个存储周期,形成多周期存储模型,如图 4-1 所示。

批量的大小可以对库存持

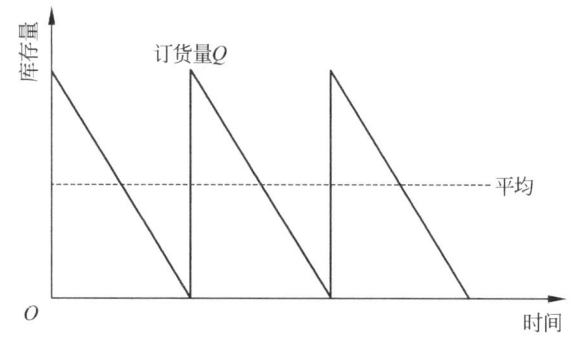

图 4-1 随时间变化的库存水平

有成本和订货成本起到平衡的作用。订货数量越大,平均库存也就越多,每年的库存持有成本相应也就越高。然而,每个计划时段内所需要订购的次数就会越少,随之,总的订货成本就会越低。图 4-2 说明了这个基本关系。图中订货费用和库存费用之和最低的点代表最低的总成本。简单来说,其目标就是要确定使库存持有成本和订货成本之和的总费用最小化的订货数量。

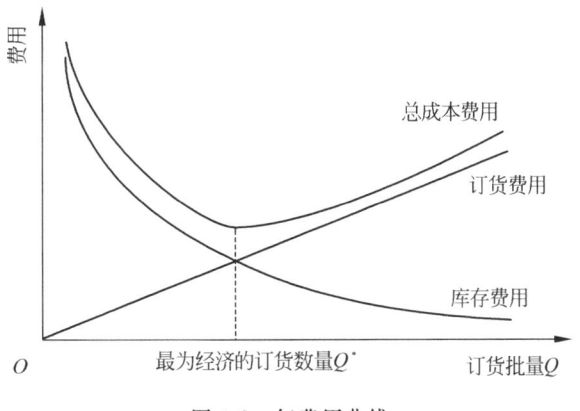

图 4-2　年费用曲线

批量方程可以精确地计算出在需求量确定的情况下,年库存持有成本与订货成本的综合最低时每次的经济订货数量,方程式为

$$\text{EOQ} = \sqrt{\frac{2DS}{H}}$$

其中,EOQ 为经济订货数量,D 表示年需求量,S 为每个订单费用,H 为单位库存成本。

2. 价格折扣模型

为了刺激需求,诱发更大采购量的购买行为,供应商往往在顾客的采购批量大于某一值时提供优惠的价格,这就是价格折扣。图 4-3 表示有两种数量折扣的情况。当采购批量小于 Q_1 时,单价为 p_1;当采购批量大于或等于 Q_1 而小于 Q_2 时,单价为 p_2;当采购批量大于或等于 Q_2 时,单价为 p_3,$p_3 < p_2 < p_1$。

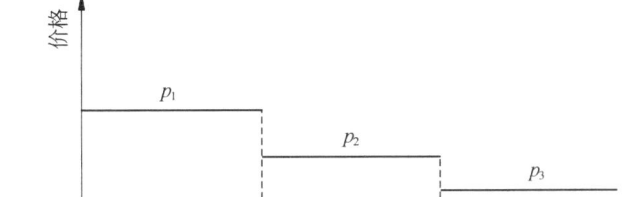

图 4-3　有数量折扣的价格曲线

价格折扣模型的假设条件仅有一条与 EOQ 模型假设条件不一样,即允许有价格折

扣。由于有价格折扣时,物资的单价不再是固定的了,因而传统的 EOQ 公式不能简单地套用。图 4-4 所示为有两个折扣点的价格折扣模型的费用。

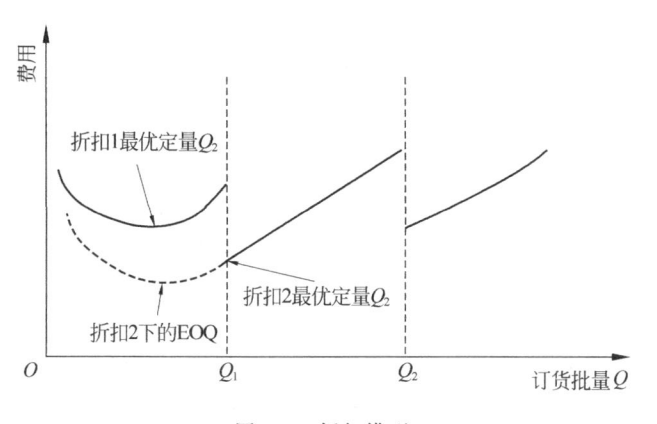

图 4-4 折扣模型

价格折扣模型下库存费用最小下的最优订货批量计算步骤如下:

(1) 取最低价格 p_r 代入基本 EOQ 公式求出最佳订货批量 Q_r^* ,若 $Q_r^* > Q_r$,则 Q_r^* 可行,Q_r^* 即为最优订货批量,停止。否则转步骤(2)。

(2) 取次低价格 p_i 代入基本 EOQ 公式求出 Q_i^* 。如果 $q_i \leqslant Q_i^* < q_{i+1}$,则 Q_i^* 可行,计算订货量为 Q_i^* 时的总费用和所有大于 Q_i^* 的数量折扣点(曲线中断点)所对应的总费用,取其中最小总费用所对应的数量即为最优订货批量,停止。总费用计算公式如下:

$$TC = DC + \frac{D}{Q}S + \frac{Q}{2}H$$

(3) 如果 Q_i^* 不可行,重复步骤(2),直到找到一个可行的 Q^* 为止。

例题 4-3

假设空调的年需求 D 为 1 000 台,每次的订货成本 S 为 500 元,库存持有成本率 h 为 20%。当订货量不超过 50 台($0 \leqslant Q < 50$)时,价格为 $p_1 = 1\,600$ 元/台;当 $50 \leqslant Q < 100$ 时,价格为 $p_2 = 1\,560$ 元/台;当 $Q \geqslant 100$ 时,价格为 $p_3 = 1\,500$ 元/台。库存费用最小下的最优订货批量是多少?

解:

(1) 按照价格最低时的 EOQ,即 $Q_{(p_3=1\,500)} = \sqrt{\dfrac{2DS}{hp_3}} = \sqrt{\dfrac{2 \times 1\,000 \times 500}{0.2 \times 1\,500}} = 58$ (台)。因为订货批量 58 台小于最低价格折扣点的 100 台,因此不可行。

(2) 计算次低价格折扣时的 EOQ,即 $Q_{(p_2=1\,560)} = \sqrt{\dfrac{2DS}{hp_2}} = \sqrt{\dfrac{2 \times 1\,000 \times 500}{0.2 \times 1\,560}} = 57$ (台)。因为 $50 < 57 < 100$,因此可行。

(3) 比较 $Q = 57$ 和 $Q = 100$ 时的总成本:

$$TC_{(Q=57)} = S\frac{D}{Q} + H\frac{Q}{2} + PD$$

$$= 500 \times \frac{1\,000}{57} + 0.2 \times 1\,560 \times \frac{57}{2} + 1\,560 \times 1\,000$$

$$= 1\,577\,664(元)$$

$$\mathrm{TC}_{(q_3 = 100)} = S\frac{D}{Q} + H\frac{Q}{2} + PD$$

$$= 500 \times \frac{1\,000}{100} + 0.2 \times 1\,500 \times \frac{100}{2} + 1\,560 \times 1\,000$$

$$= 1\,520\,000(元)$$

比较得知,当订货批量为100台时,库存总费用最低,因此最优订货批量为100台。

3. 多次订货库存模型

前文分析的模型假定决策者在一个计划期内只订货一次,这适合某些特定产品,如当季衣服等快消品,因为它们的销售季节很短,难以基于实际的顾客需求多次订货。但在许多行业中,决策制定者会在一年中的任何时刻重复订货。例如,考虑一个分销商面对随机的产品需求并向制造商订货,制造商难以立即满足分销商的订单。由于需求是随机的,而且制造商有一个固定的交货提前期,所以即便没有订货准备成本,分销商仍需要持有库存。分销商持有库存的原因有三点:

(1) 满足提前期内发生的需求。由于订货不可能立即就满足,因此手头必须有一定的库存来满足从订单发出到收到订货之间的顾客需求。

(2) 应对需求的不确定性。市场波动可能对实际需求产生影响,为避免发生长时间缺货,可适当缩短订货周期,则需要适当增加库存。

(3) 平衡年库存持有成本和年订货固定成本。越频繁的订货导致越低的库存水平,因而频繁订货可降低库存持有成本,但导致了更高的年订货成本。

虽然这些问题直觉上很容易理解,但分销商要确定应该采用何种库存策略并不简单。为了有效地管理库存,分销商需要决定何时订购以及订购多少。我们将对以下两种策略进行区分:

(1) 持续检查策略。在这种策略中,库存每天都要检查,当库存达到特定水平或订货点时就下达订单。当库存可以持续检查的时候,这种库存策略最适用——如采用计算机化库存系统。

实施连续性库存管理需要每日检查库存状态以决定库存补货供给的需要。为了利用连续性的检查结果,对所有库存单位实施准确的跟踪是十分必要的。连续性检查通过确定再订购点和订货数量来维护库存水平。

订货点的计算方式为

$$\mathrm{ROP} = D \cdot T + \mathrm{SS}$$

其中,ROP为再订购点(产品单位),D表示平均每日需求量(产品单位),T为平均运行周期(天),SS表示安全储备或缓冲储备。

订货数量则通过EOQ方程来确定。

如果没有不确定性因素的影响,设置安全储备是不必要的。假定需求为20单位/天,运行周期为10天,订货数量为200个单位,则

$$\mathrm{ROP} = D \cdot T + \mathrm{SS} = 20 \text{单位}/\text{天} \times 10 \text{天} + 0 \text{单位} = 200 \text{单位}$$

连续性检查方法中把现有的和已订购产品数量之和同产品的再订购点进行比较。如果现有与已订购的数量之和小于再订购点,就需要实施补货订购。

数学上,该过程可表示为:如果 $I + Q_0 \leqslant \text{ROP}$,则订购 Q。其中 I 为现有库存,Q_0 为从供应商处订购的货物,ROP 为再订购点(单位),Q 为订购数量(单位)。

在前一例子中,当现有的和订购的库存量小于等于 200 个产品单位时,就需要实施补货订购 200 个单位的产品。既然再订购点等于订购量,则第一次的补货运输将在第二次开始实施补货运作的时候到达库存现场。对于一个实施连续性检查的系统,平均库存水平为

$$I_{\text{avg}} = Q/2 + \text{SS}$$

其中,I_{avg} 为平均库存量,Q 表示订货数量,SS 为安全库存。

上一例子中的平均库存量可以如下计算:

$$I_{\text{avg}} = Q/2 + \text{SS} = 300/2 + 0 = 1\,500(单位)$$

(2)定期检查策略。在这种策略中,每过一段固定的时间间隔就检查一次库存水平,每次检查以后确定合适的订购数量。当频繁地检查库存和下达订单不可行或不便利的时候,这种订货策略就比较适用。

阶段性库存控制是在一定的时间间隔内对库存状态进行检查。阶段性检查必须考虑两次检查期间的时间间隔以调整再订购点。阶段性检查期间再订购点的计算公式为

$$\text{ROP} = D(T + P/2) + \text{SS}$$

其中,ROP 为再订购点,D 表示平均日需求量,T 表示平均运行周期,P 表示平均检查周期(天),SS 表示安全库存。

既然库存计算是阶段性进行的,在检查之前任何产品的库存数量都有可能会低于所需的再订购点的数量。因此,假设在进行阶段性检查前,在接近一半的情况中,库存量将达到低于理想化的再订购状态。假设检查周期为 7 天,并且利用与连续性检查类似的条件,那么再订购点(ROP)就可以如下计算:

$$
\begin{aligned}
\text{ROP} &= D(T + P/2) + \text{SS} \\
&= 20(10 + 7/2) + 0 \\
&= 270(单位)
\end{aligned}
$$

这种阶段性检查的平均库存公式为

$$I_{\text{avg}} = Q/2 + (P \cdot D)/2 + \text{SS}$$

其中,I_{avg} 表示平均库存量(单位),Q 表示订货量(单位),P 表示平均检查周期(天),D 为平均每日需求量(单位),SS 为安全库存(单位)。

在前一例子中,平均库存量可以如下进行计算:

$$
\begin{aligned}
I_{\text{avg}} &= Q/2 + (P \cdot D)/2 + \text{SS} \\
&= 300/2 + (7 \times 10)/2 + 0 \\
&= 150 + 35 \\
&= 185(单位)
\end{aligned}
$$

因为阶段性的检查引入了时间间隔的概念,所以阶段性控制系统一般比连续性控制系统需要更多的平均日库存量。

4.2 供应链库存管理概述

对于供应链节点企业来说，足够的库存可以降低企业的缺货损失，但长期保持较高的库存又会占用大量资金，可能降低企业资金周转速度，甚至会影响上下游企业之间的供需连接。如何进行有效的库存管理成为企业的当务之急。本部分先介绍供应链管理环境下库存存在的问题，引出供应链库存管理的概念及其作用。

4.2.1 供应链管理环境下的库存问题

在企业实际运作中，生产和消费的周期很难协调。许多产品的生产是季节性的，然而需求是连续的。因此，许多公司在其最终货品销售前都会将其储存起来，以克服需求的数量和时间上的差距。而供应链是由多个单一企业构成的，各个企业在库存控制方面因利益冲突，往往会做出与供应链总体目标不一致的决策。在实际运用供应链库存管理时会遇到许多现实问题，主要有以下几方面：

（1）库存管理目标存在差异。各企业都是自主经营、自负盈亏的，有独自的经营目标。这与供应链管理的整体观念在利益及制定目标方面可能存在冲突，导致供应链效率低下。

（2）信息传递效率低。各企业之间的需求预测、库存状态、生产计划等数据分布在不同的供应链组织之间，而许多企业的信息系统并没有很好地集成，难以快速响应用户需求。供应商得到的用户需求信息通常是延迟和不准确的信息，以致产生了不精确的库存量。

（3）企业间缺乏合作与协调性。供应链上的节点企业为了应对不确定性带来的缺货损失而分别设置了安全库存，而安全库存会使得整个供应链上总体库存成本过高，从而影响供应链效率。

（4）新产品的开发与投放没有考虑供应链库存。现代产品生产效率大幅提高，但企业没有考虑到供应链库存的复杂性，引进新产品也不注意供应链库存的规划，从而影响供应链的效率。如共享单车的重复投放，导致了大量单车废弃的情况。

4.2.2 供应链库存管理概念

供应链库存管理是对供应链上各个节点企业的库存活动进行协调管理，以实现供应链全局库存的最优化。供应链管理涵盖从供应商到最终用户的采购、制造、分销、零售等职能领域和过程。供应链管理环境下的库存管理不仅是维持生产和销售的措施，而且是一种供应链的平衡机制。企业通过供应链管理消除管理中的薄弱环节，实现供应链的总体平衡。

供应链库存管理下，供应链上各节点企业间不仅仅是供应关系，更是战略协作关系，供应链各成员之间既要高度信任，也要用具有法律效用的合同来保证这种协作关系。库存管理中的合同设计至关重要。另外，信息共享为供应链库存控制提供了强有力的支持手段。建立在互联网和电子数据交换技术基础上的供应链信息系统，为企业间信息传递

第4章　供应链管理环境下的库存管理　77

提供了保证。

供应链库存管理与传统库存管理的区别如下：

（1）管理范围不同。传统库存管理是只对本企业的库存进行管理，企业往往各自为政，采用自己的库存控制策略，且库存信息与上下游企业相互封闭；供应链库存管理则为了整个链条上的库存结构及所占资本最优，要求对供应链中所有节点企业库存进行计划和协调。

（2）管理目标不同。传统库存管理是为了保证本企业的生产、销售等环节顺利进行；供应链库存管理不再将库存仅作为维持生产、销售等的措施，而是作为一种平衡供应链的机制，并通过库存控制获取用户服务与利润的优化。

（3）管理方式不同。传统库存管理只是基于单纯的交易层次，由订单驱动，静态、单级管理库存，忽略了上下游企业间的协同策略；供应链库存不再属于链条中的某一企业，库存的控制权由供应链整体协同计划决定，以保证链条中各主体有系统协作的观念，从而使整体库存成本削减。

4.2.3　供应链库存管理作用

供应链库存管理的作用可以总结为以下几点：

（1）减少重复库存。通常情况下供应链上的零售商需要建立安全库存来防止分销商出现货物脱销情况，而分销商也需要建立安全库存以防止生产商出现供货不足的情况。由于供应链的各个节点都存在不确定因素，如果没有相互间的沟通与合作，就会出现重复库存。供应链库存管理下合理规划安排库存点和控制系统可以有效避免重复库存，提升库存效率。

（2）减少安全库存量。供应链中的全部库存管理可通过集中库存、集成管理，实现成员间的信息沟通、责任分配和相互合作，使之协调运作，以减少供应链上每个成员的不确定性，减少每个成员的安全库存量。

（3）降低物流成本。较少的库存会减少资金占用量、仓库固定费用支出，降低库存管理费用，从而降低供应链物流总成本。

（4）减少长鞭效应影响。通过信息共享，下游库存点可以和上游库存点共享客户或客户的客户方面的需求信息。供应链信息共享的程度越深，长鞭效应的影响就越小。

4.3　供应商管理库存

长期以来，库存由库存所有者管理，即库存拥有与控制是由同一组织完成的，因此，供应链上的库存是各自为政的。供应链各环节上的每一个企业都是各自管理自己的库存，零售商、批发商、供应商都有各自的库存，都有自己的库存控制策略。但是，各自的库存、控制策略不同，因此不可避免地产生需求的扭曲现象，出现牛鞭效应，无法使供应商快速响应用户的需求。

在供应链管理环境下，为了寻求整个供应链的最低成本，供应链活动需要同步进行，而传统的库存控制方法无法满足这一要求。近年来，出现了一种新的供应链库存管理模式——供应商管理库存(vendor managed inventory,VMI)。这种库存管理模式打破了各自为政的库存管理模式,体现了供应链集成化的管理思想,是一种新兴的库存管理思想。

扩展阅读 4.2
VMI 的信息化应用

4.3.1　VMI 的基本思想

VMI 的主要思想是供应商在客户允许的情况下为客户设立产品库存,确定库存水平和补给策略,拥有库存控制权。精心设计与开发的 VMI 系统不仅可以降低供应链的库存水平,还可以提高客户服务水平,改善资金流,有利于增强供应链上各节点之间的透明度和信任度。

VMI 管理模式是从快速响应(quick response,QR)和高效客户响应(efficient customer response,ECR)的基础上发展而来,其核心思想是供应商通过共享用户企业的当前库存和实际耗用数据,按照实际的消耗模型、消耗趋势和补货策略进行有效补货。VMI 中,交易双方均改变了传统的独立模式,尽最大可能地减少由于独立预测的不准确性导致的商流、物流和信息流的浪费,以降低供应链总成本。

4.3.2　VMI 的实施原则

VMI 是一种很好的供应链库存管理策略。VMI 是一种客户和供应商之间的合作性策略,在一个相互同意的目标框架下由供应商来管理库存,以降低供应链的总库存,而不是某一个环节的库存。

关于 VMI 也有其他的不同定义,但归纳起来,该策略的关键措施主要体现在如下几个原则中:

(1) 合作性原则:在实施该策略时,相互信任与信息透明是很重要的,供应商和用户(零售商)都要有合作精神,才能够较好地合作。

(2) 互惠原则:VMI 不是关于成本如何分配或谁来支付的问题,而是关于减少成本的问题。互惠原则是在为双方共同考虑的目标下,使双方的成本都得以减少。

(3) 目标一致性原则:双方都明白各自的责任,观念上达成一致的目标。如库存放在哪里、什么时候支付、是否要管理费、要花费多少等问题都要回答,并且体现在框架协议中。

(4) 总体优化原则:使供需双方能共享利益和消除浪费。

4.3.3　VMI 的实施步骤

实施 VMI 策略,首先要改变订单的处理方式,建立基于标准的托付订单处理模式。供应商和用户(分销商或批发商等)一起确定供应商的订单业务处理过程所需的信息和库存控制参数,然后建立一种标准的订单处理模式,如 EDI 标准报文,最后把订货、交货和票据处理各个业务功能集成在供应商一边。库存状态透明性(对供应商)是实施供应商管理库存的关键,供应商能够随时跟踪和检查到用户的库存状态,从而快速地响应市场的需求变化,对企业的生产(供应)状态做出相应的调整。为此需要建立一种能够使供应商和用户的库存信息系统透明连接的方法。

首先,VMI 要建立顾客情报信息系统。为了有效管理销售库存,供应商必须能够获得顾客的有关信息。通过建立顾客的信息库,供应商能够掌握需求变化的有关情况,把由批发商(分销商)进行的需求预测与分析功能集成到供应商的系统中。

其次,需要建立销售网络管理系统。供应商要想很好地管理库存,必须建立起完善的销售网络管理系统,保证自己产品的需求信息和物流畅通。为此,必须做到:①保证自己产品条形码的可读性和唯一性;②解决产品分类、编码的标准化问题;③解决商品储存运输过程中的识别问题。

实施 VMI 应当推动建立供应商与分销商(批发商)的合作框架协议。供应商和销售商(批发商)一起通过协商,确定订单处理的业务流程以及库存控制有关的参数,如再订货点、最低库存水平等;库存信息的传递方式,如 EDI 或 Internet 等。

VMI 最终应当实现组织结构变革的目标。VMI 策略改变了供应商的组织模式。传统上是由会计经理处理与用户有关的事情;引入 VMI 策略后,在订货部门产生了一个新的职能负责控制用户的库存、库存补给和服务水平。

一般来说,适合实施 VMI 策略的情况有:零售商或批发商没有 IT 系统或基础设施来有效管理它们的库存;制造商实力雄厚并且比零售商的市场信息量大;制造商持有较高库存来提高交货水平,进而实施有效的运输规划。

VMI 的方式主要有以下四种:

(1) 供应商提供包括所有产品的软件进行存货决策,用户使用软件执行存货决策,用户拥有存货所有权、管理存货;

(2) 供应商在用户的所在地,代表用户执行存货决策、管理存货,但是存货的所有权归用户;

(3) 供应商在用户的所在地,代表用户执行存货决策、管理存货,拥有存货所有权;

(4) 供应商不在用户的所在地,但是定期派人代表用户执行存货决策、管理存货,供应商拥有存货的所有权。

通过 VMI,供应商可以客观评价客户的存货,决定产品的标准、订货点、补充存货的时机以及交货的流程,建立多种库存优化模型并培训工作人员。

4.3.4 VMI 的运行模式

VMI 是由供应商替代需求方履行的对需求方库存进行管理的职责。在订单模式中,客户根据预测的市场需求向供应商发出订单;供应商(如制造商)根据订单组织采购、生产和交货。在 VMI 中,供应商不再根据订单交货,而是根据销售分析和客户库存情况组织发货。订单模式与 VMI 模式的比较见图 4-5。

VMI 模式一方面节约了需求方库存管理成本,另一方面使供应商能更好地掌握市场

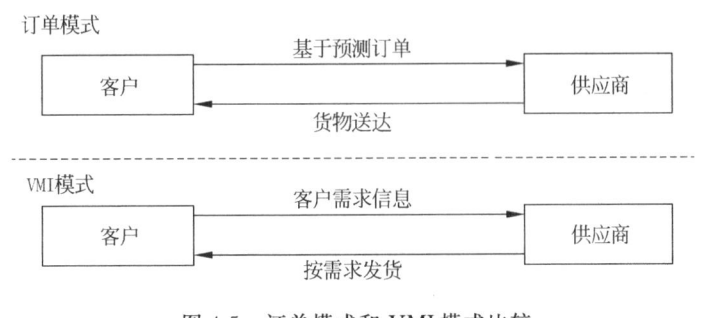

图 4-5   订单模式和 VMI 模式比较

需求动向并根据实际或预测的消费需求进行及时补货,体现了供需双方的一种合作性策略。在 VMI 中,供需双方共享销售和库存信息,对未来市场需求进行预测,增强了预测的准确性,在安全库存基础上减少了库存和运输风险,同时也缩短了基于订单的货物供给滞后时间。在 VMI 系统中,核心企业既可以在供应链的上游,也可以在供应链的下游。核心企业在供应链下游时既可以在供应链的中间环节,也可以在供应链的末端。显然,不同情况下 VMI 的运作模式都是不相同的,主要有 3 种情况:制造商—零售商、供应商—制造商、供应商—第三方物流—制造商。

1."制造商—零售商"VMI 模式

这种模式通常发生在制造商作为供应链的上游企业,对它的客户(如零售商)实施 VMI。如图 4-6 所示,制造商是 VMI 的主导者,由它负责对零售商的供货系统进行检查和补充。实行这种 VMI 通常要求制造商是一个比较大的产品制造者,具有相当的规模和实力,能够承担起管理 VMI 的责任。

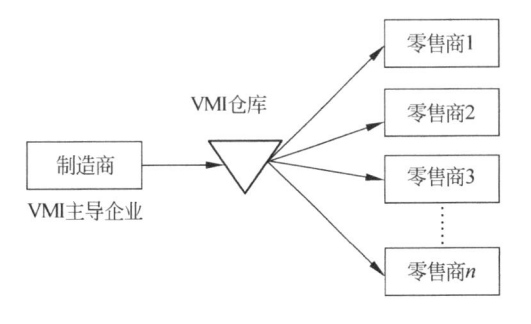

图 4-6   "制造商—零售商"VMI 系统

2."供应商—制造商"VMI 模式

这一模式通常发生在制造商是供应链上实施 VMI 的下游企业,要求它的供应商按 VMI 的方式向其补充库存,如图 4-7 所示。此时,VMI 的主导者可能还是制造商,但它是 VMI 的接受者,而不是管理者,此时 VMI 的管理者是该制造商的上游的众多供应商。例如,一般来说,汽车制造商是这一供应链上的核心企业,为了应对激烈的市场竞争,它要求它的零部件供应商为其实施 VMI 的库存管理方式。由于很多零部件供应商的规模很小,实力很弱,完全由这些中小供应商完成 VMI 可能比较困难。另外,由于制造商要求供应商按照准时化的方式供货,所以供应商不得不在制造商的周边建立自己的仓库。这样就会导致供应链上的库存管理资源重复配置。表面上看,这些库存管理成本是由供应商支付的,但实际上仍然会分摊到供货价格中,最终对制造商也是不利的。所以,近年来这种 VMI 的方式也呈现出越来越少的趋势。

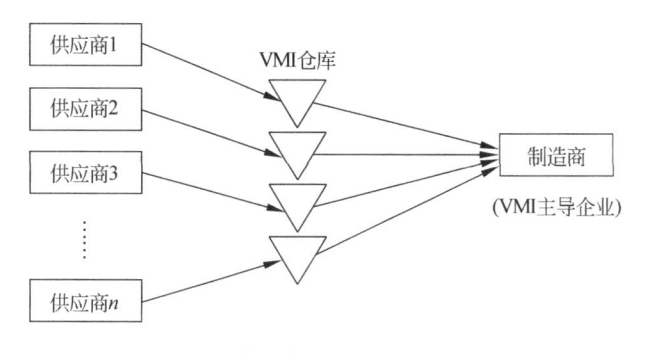

图 4-7 "供应商—制造商"VMI 系统

3. "供应商—第三方物流—制造商"VMI 模式

为了克服第二种实施模式的弊端,企业创造出了新的方式:"供应商—第三方物流—制造商"VMI 模式(如图 4-8 所示)。这种方式是引入了一个第三方物流企业,由第三方物流企业提供一个统一的物流和信息流管理平台,统一执行和管理各个供应商的零部件库存控制指令,负责完成向制造商生产线上配送零部件的工作,而供应商则根据第三方物流企业的出库单与制造商按时结算。

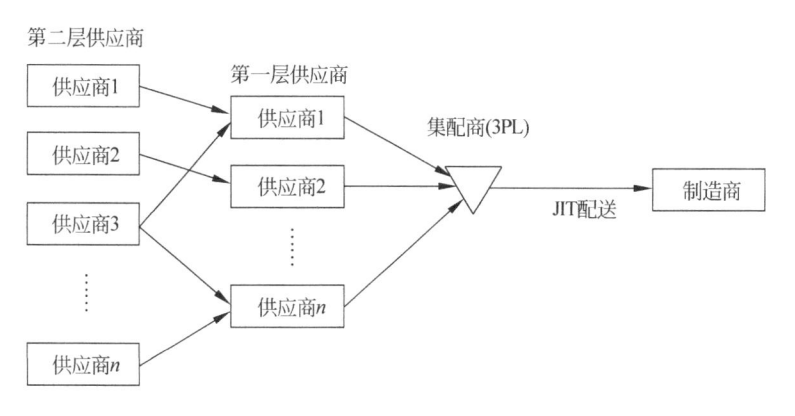

图 4-8 基于第三方物流的 VMI 模式

由第三方物流运作的 VMI 仓库可以合并来自多个供应商交付的货物,采用了物流集中管理的方式,因此形成了规模效应,降低了库存管理的总成本。这一模式的信息流和物流流程如图 4-9 所示。

这一模式的优点还有:第三方物流推动了合作三方(供应商、制造商、第三方物流)之间的信息交换和整合;第三方物流提供的信息是中立的,根据预先达成的框架协议,物料的转移标志了物权的转移;第三方物流能够提供库存管理、拆包、配料、排序和交付,还可以代表制造商向供应商下达采购订单。

将 VMI 业务外包给第三方物流,最大的阻力来自制造企业内部。制造企业的管理人

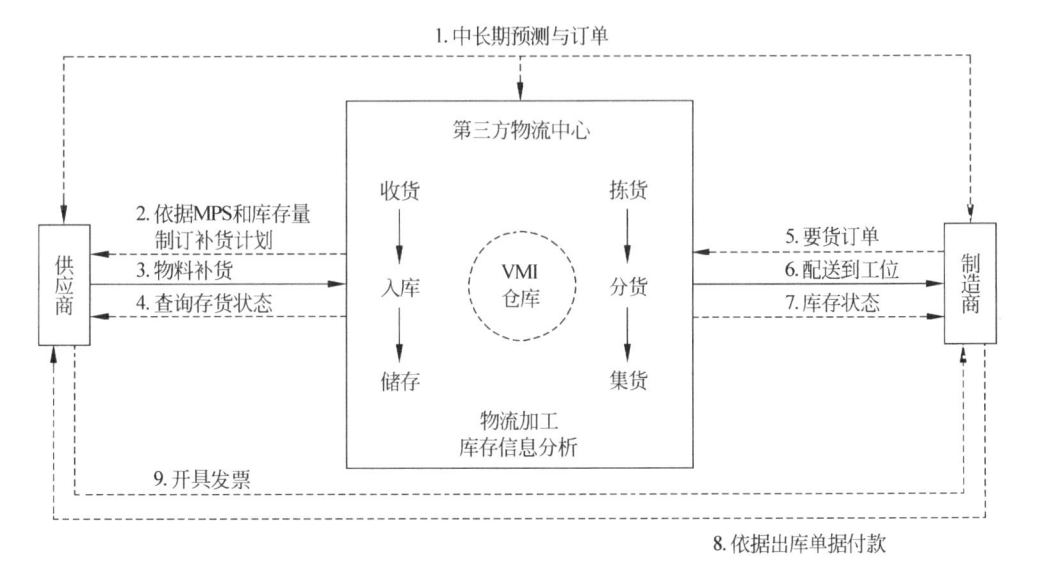

图 4-9　基于第三方物流的 VMI 信息流和物流传递示意图

员对第三方物流是否可以保证 VMI 业务的平稳运作存在怀疑和不理解,也有人担心引入第三方物流后会失去工作,还有人认为 VMI 业务可以带来利润,应该"肥水不流外人田",将这一业务保留在公司可以获得额外的"利润"。因此,为了使 VMI 能够真正为供应链带来竞争力提升,必须对相关岗位职责进行重新组织,甚至对企业文化进行变革。

4.3.5　VMI 的优点与局限性

1. VMI 的优点

通过国内外几年的实施,VMI 被证明是一种先进的库存管理模式,它具有以下优点。

(1)供应商掌握库存可以把客户从库存陷阱中解救出来,客户不需要占用库存资金,不需要增加采购、进度、入库、出库、保管等一系列的工作,能够集中更多的资金、人力、物力用于提高其核心竞争力,从而为整个供应链,包括供应链企业制造一个更加有利的局面。

(2)供应商掌握客户的库存具有很大的主动性和灵活性,够提高资源的利用率,减少浪费及非增值活动,提高生产、运输的效率。

(3)供应商管理库存可以更好掌握市场需求。客户的库存消耗就是市场需求的组成部分,它直接反映了客户的消费水平和消费倾向,这对于供应商改进产品结构和设计、开发销售对路的新产品,以及对于企业的生产决策和经营决策都起着有利的信息支持作用。

(4)供应商通过 IT 共享客户的需求信息,削弱了供应链的需求波动逐级放大效应——"牛鞭效应",从而减少安全库存。

(5)降低交易成本。在 VMI 模式下,供需双方是基于互信的合作伙伴关系,客户将其库存的补货决策权完全交给了供应商,从而减少了传统补货模式下协商、谈判等事务性工作,大大节约了交易费用。

(6)提高服务水平。VMI 通过供应商将供需双方的信息及职能活动集成,使得企业访问的界面更加友好，业务活动同步运作，从而提高供需双方的柔性及顾客响应能力。如当需求异常波动时，供应商能够及时获取需求信息，并快速调整补货策略。同时，生产、运输部门也同步做出快速反应，调整作业计划。

2. VMI 的局限性

尽管 VMI 是一种非常有效的库存管理模式，但也存在一定的局限性。

（1）企业间缺乏信任，合作意识不强。VMI 是跨企业边界的集成与协调，要求供需双方建立互信的合作伙伴关系。如果企业缺乏信任，要实现信息共享和企业间的集成与协调是不可能的。供需双方互信与合作是 VMI 成功的必备条件。VMI 对于企业间的信任要求较高，而且由于供应商和客户实行库存信息共享，也存在滥用信息和泄密的可能。

（2）VMI 中双方地位不平等。VMI 中的框架协议虽说是双方协议，但供应商处于主导地位，是单行的过程，决策过程中缺乏足够的协商，难免造成失误。

（3）责任与利益不统一。在 VMI 模式下，供应商承担了客户的库存管理及需求预测分析的责任，但它比其客户获取更少的利润，而未承担库存管理责任的客户却获得更多的利润，造成了责任与利益不统一，从而影响了供应商实施 VMI 的积极性。因此，购买方应从长远利益来考虑，采取一些激励措施来激发供应商的积极性，如通过合约将一定比例的利润支付给供应商。VMI 的实施减少了库存总费用，但在 VMI 系统中，供应商比以前承担更多的管理责任，如库存费用、运输费用和意外损失（如物品损坏）不是由客户承担，而是由供应商承担，这无疑加大了供应商的风险。

由上述分析可以看出，实施 VMI 需要慎重，既要看到 VMI 所带来的利益，也要考虑其存在的问题。

扩展阅读 4.3
武汉中百物流的联合库存管理

4.4 联合管理库存

为了克服 VMI 系统的局限性，同时减少或避免"牛鞭"效应，联合管理库存（jointly managed inventory，JMI）应运而生。不同于 VMI 集成化运作的决策代理模式，联合管理库存是一种风险分担的库存控制模式。JMI 体现了战略供应商联盟的新型企业合作关系，强调了供应链企业之间的双方互利合作关系。适合实施联合库存的核心企业是零售企业以及在供应链上占据核心位置的大型企业，如连锁经营企业中的地区分销中心。

4.4.1 JMI 的概念及基本思想

联合管理库存，顾名思义，就是供应链上的各类企业（供应商、制造商、分销商）通过协调对消费需求的认识和预测，达到库存的共同管理和控制，以实现利益共享、风险同担的供应链管理模式。

JMI 是一种供应链集成化运作的决策代理模式,由供应商、代理分销商或批发商共同执行库存决策,并共担风险的库存管理模式。因此,在供应链企业之间的合作关系中,JMI 更强调双方的互利合作关系,是一种新型企业合作思想。

JMI 思想可以从分销中心的联合库存功能谈起。地区分销中心体现了一种简单的联合管理库存思想。传统的分销模式是分销商根据市场需求直接向工厂订货,比如汽车分销商(或批发商),根据客户对车型、款式、颜色、价格等的不同需求向汽车制造厂订货,需要经过较长一段时间才能达到。通常顾客不想等待较长时间,因此各个分销商不得不进行库存备货。大量的库存容易使分销商难以承受,以致破产。

JMI 旨在解决供应链系统中由于各节点企业的相互独立库存运作模式导致的需求放大现象,是提高供应链的同步化程度的一种有效方法。和 VMI 不同,JMI 强调供应链中各个节点同时参与、共同制订库存计划,使供应过程中的每个库存管理者(供应商、制造商、分销商)都从相互之间的协调性考虑,使供应链相邻的两个节点之间的库存管理者对需求的预期保持一致,从而消除需求变异放大现象。JMI 把供应链系统管理进一步集成为"上游"和"下游"两个协调管理中心,从而部分消除了由于供应链环节之间的不确定性和需求信息扭曲导致的供应链库存波动。通过协调处理中心,供需双方共享需求信息,供应链的运行更加稳定。图 4-10 为基于协调中心联合管理库存的供应链系统模型。

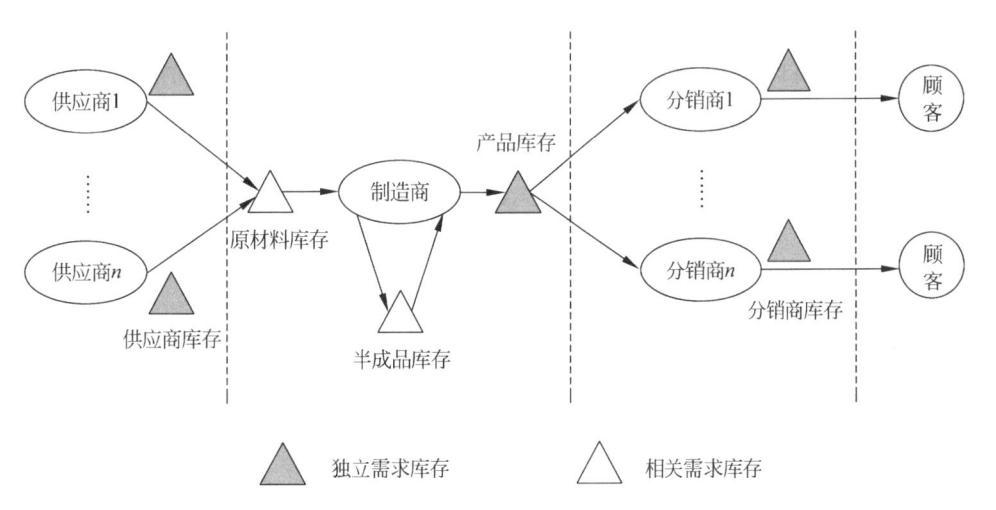

图 4-10 基于协调中心联合管理库存的供应链系统模型

4.4.2 JMI 的优点

联合管理库存减少了物流环节。联合管理库存将传统的多级别、多库存点的库存管理转化成对核心制造企业的库存管理,核心企业通过对各种原材料和产成品实施有效控制,就能达到对整个供应库存的优化管理,简化了供应链库存管理运作程序。

联合管理库存提高了供应链的整体工作效率。联合库存可使供应链库存层次和运输路线得到优化。在传统的库存管理模式下,供应链上各企业都设立自己的库存,随着核心

第 4 章　供应链管理环境下的库存管理

企业的分厂数目的增加,库存物资的运输路线将呈几何级数增加,而且重复交错,这显然会使物资的运输距离和在途车辆数目增加,其运输成本也会大大增加。联合管理库存则可以有效降低决策难度。

联合管理库存部分消除了由于供应链环节之间不确定性和需求信息扭曲现象导致的库存波动。联合管理库存系统集成为上游和下游两个协调管理中心,通过协调管理中心,供需双方共享需求信息,提高了供应链的稳定性。供应商的库存直接存放在核心企业的仓库中,不但保障核心企业原材料、零部件供应、取用方便,而且核心企业可以统一进行库存控制,为核心企业快速高效的生产运作提供了强有力的保障。

然而,联合管理库存也存在着局限性,包括建立和协调成本较高、企业合作联盟的建立较困难、建立的协调中心运作困难、联合库存的管理需要高度的监督等。

4.4.3　JMI 的实施步骤

为了充分发挥联合库存的优势,建立供需协调管理机制,供需双方应从充分合作的精神出发,明确各自的目标和责任,建立合作和沟通的渠道,为供应链的联合管理库存机制提供条件;针对企业的供应链结构,有关联合库存的供应链管理实施步骤有以下建议。

(1) 分析物料供应商的现状,如利用关键表现指数(key performance indicator,KPI)对供应商评级。

(2) 选取级别最高的若干个物料供应商,建立联合管理库存模式。供需双方应本着互惠互利的原则,树立共同的合作目标。采用 SWOT 法(优势、弱势、机会、威胁),通过协商形成共同的目标。

(3) 建立联合库存的协调控制方法。通过供需双方的固定部门,利用 EDI 技术可以建立一个共用的工作平台,实时共享,升级优化双方的库存信息(最大最小库存、安全库存),需求预测信息等。

(4) 在供需双方的资源管理系统(如 MRP Ⅱ/DRP)之间建立系统间的共享,完善供需双方的协调机制。

(5) 定期召开供需双方见面会,就联合库存的协调问题、数据处理和共享的问题、双方工作流程的沟通等进行面对面的交流,增进了解、促进合作。

联合管理库存协调机制因能对需求变化做出快速响应,从而能提升供应链各节点企业的运行效率,降低库存成本、赢得竞争优势。企业建立联合库存的步骤如图 4-11 所示。

4.4.4　JMI 的实施策略

为了实现联合管理库存,供应链上企业应当制定总体协同策略,同时做好自身工作,以推动相关工作的实施。在协调管理的基础上,各企业应

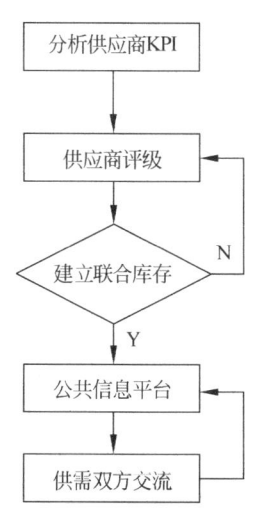

图 4-11　企业建立联合库存步骤

当建设自身管理机制,推动供应链整体的良性运作。

1. 建立供需协调管理机制

为了发挥联合管理库存的作用,供需双方应从合作精神出发,建立供需协调管理机制,通过相互协调作用,明确各自目标和责任,建立合作沟通渠道,为供应链联合管理库存提供有效机制。图 4-12 为产品制造商与分销商的协调管理机制模型。

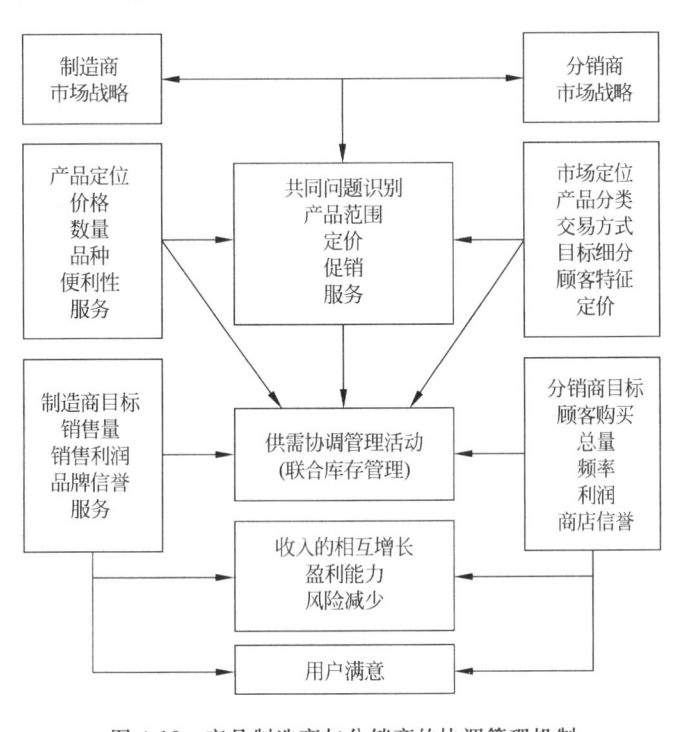

图 4-12　产品制造商与分销商的协调管理机制

建立供需协调管理机制,要从以下几个方面着手:

(1) 建立共同合作目标。要建立联合管理库存模式,首先供需双方应本着互惠互利的原则,建立共同的合作目标。为此,要理解供需双方在市场目标中的共同之处和冲突点,通过协商形成共同的目标,如用户满意、利润的共同增长和风险的减少等。

(2) 建立联合库存的协调控制方法。联合管理库存中心扮演着协调供需双方利益的角色,起着协调控制器的作用。因此,需要明确库存优化的方法,包括库存如何在多个需求商之间调节与分配,库存的最大量和最低库存水平、安全库存的确定,需求的预测等。

(3) 建立信息沟通的渠道或系统。信息共享是供应链管理的特色之一。为了提高整个供应链需求信息的一致性和稳定性,减少由于多重预测导致的需求信息扭曲,需要增加供应链各方对需求信息获得的及时性和透明性。为此,有必要建立共同的信息沟通渠道或系统,以保证需求信息在供应链上的畅通和准确性。比如,将条形码技术、扫描技术、POS 系统和 EDI 集成起来,并且要充分利用互联网的优势,在供需双方之间建立一个畅通的信息沟通桥梁和联系纽带。

(4) 建立利益的分配、激励机制。要有效运行基于协调中心的库存管理,必须建立一种公平的利益分配制度,并对参与协调库存管理中心的各个企业(供应商、制造商、分销商或批发商)进行有效的激励,防止机会主义行为,增加协作性和协调性。

2. 发挥两种资源管理系统的作用

为了发挥联合管理库存的作用,在供应链库存管理中应充分利用目前比较成熟的两种资源管理系统:制造资源计划(MRP-Ⅱ)和配送资源计划(DPR-Ⅱ)。原材料库存协调管理中心应用制造资源计划系统,而在产品联合库存协调管理中心则应用配送资源计划,这样就可以在供应链系统中把这两种资源管理系统很好地结合起来。

3. 建立快速响应系统

快速响应系统是在 20 世纪 80 年代末由美国服装行业发展起来的一种供应链管理策略,目的在于减少供应链中产品从原材料采购到配送给用户的时间和库存,最大限度地提高供应链的运作效率。

快速响应系统在美国等西方国家的供应链管理中被认为是一种有效的管理策略,经历了三个发展阶段。第一阶段为商品条码化,通过对商品的标准化识别处理加快了订单的传输速度;第二阶段是内部业务处理的自动化,采用自动补货与 EDI 系统提高业务自动化水平;第三阶段是采用更有效的企业间的合作,消除供应链组织之间的障碍,提高供应链的整体效率,如通过供需双方合作,确定库存水平和销售策略等。

目前,在欧美等西方国家和地区,快速响应系统应用已达到第三阶段,通过联合计划、预测与补货等策略进行有效的用户需求反应。调查分析认为,实施快速响应系统后供应链效率大大提高,缺货概率大大降低。通过供应商与零售商的联合协作保证 24 小时供货,库存周转速度提高 1～2 倍;通过敏捷制造技术,企业的产品中有 20％～30％是根据用户的需求而制造的。

快速响应系统需要供需双方的密切合作,因此,协调库存管理中心的建立可以为快速响应系统发挥更大的作用创造有利的条件。

4. 发挥第三方物流企业的作用

第三方物流企业是供应链集成的一种技术手段。第三方物流也叫作物流服务提供商(logistics service provider,LSP),它为用户提供各种服务,如产品运输、订单选择、库存管理等。第三方物流系统的产生是由一些大的公共仓储公司通过提供更多的附加服务演变而来的,或者由一些制造企业的运输和分销部门演变而来。

把库存管理的部分功能代理给第三方物流系统管理,可以使企业更加集中精力于自己的核心业务,第三方物流系统起到了供应商和用户之间联系的桥梁的作用。第三方物流系统可以为企业带来诸多好处,如减少成本,使企业集中精力于核心业务,获得更多的市场信息,获得一流的物流咨询,改进服务质量与快速进入国际市场等。

面向协调中心的第三方物流系统使供应与需求双方都取消了各自独立的库存,增加了供应链的敏捷性和协调性,并且能够大大提高供应链的用户服务水平和运作效率。

4.4.5 JMI 的动态运作模式

供应链管理环境下,供应链上的各节点企业之间的联合库存是一种复杂的动态循环过程。不管是处于供应链上分销商与生产商的产成品联合库存,还是供应商与生产商的原材料库存都是一个动态变化的量,它们会随着时间的推移而发生盘点数量的变化,库存水平随着需求过程而减少,随补充过程而增大。

生产商与分销商的联合产品库存来自顾客的需求,持续销售是引起产品库存量逐渐减少的动力,不断的生产又使产品库存量逐步增加,企业的目的是在此销售与生产的动态过程中,使产品库存保持一个平衡的最优状态。在此最优库存状态下,一方面企业的交货水平使得顾客满意度可以达到一个设定值(如95%);另一方面产品库存又不是很大,不会占用过多资金,有利于降低产品成本及资金的机会成本。但实际上,市场需求会表现出突然增加或突然减少的特点。市场需求的这种不确定性增加了保持库存水平在一个比较优的状态的难度。

由于原材料需求为非独立性需求,市场需求的不确定性会通过产成品传导给原材料,从而影响原材料联合库存水平。比如,当产成品需求增加时,若要继续保持95%的顾客满意度,势必要提高公司的生产能力,及时安排生产。处于供应链上的核心生产商根据市场需求量,指导生产计划的制订及生产能力的调整。生产计划安排好以后,就可以根据生产计划来计算原材料需求并定购原材料,从而会增加原材料联合库的库存水平。供应链管理环境下,联合库存动态运作模式如图4-13所示。可以看出,市场需求对产成品库存及原材料库存起着主导作用,因此,研究市场需求的变化对库存的影响显得非常重要。

处于供应链上的生产商以来自下游分销商的市场需求信息作为产品需求的依据,并据此安排生产计划或供应计划。这样,市场需求的增加必然引起产成品库存的变化,并且直接影响核心企业的生产调整计划,从而影响原材料库存。这是一个在动态的系统中综合解决产成品库存及原材料库存管理的问题,有助于实现供应链库存整体优化的目标。

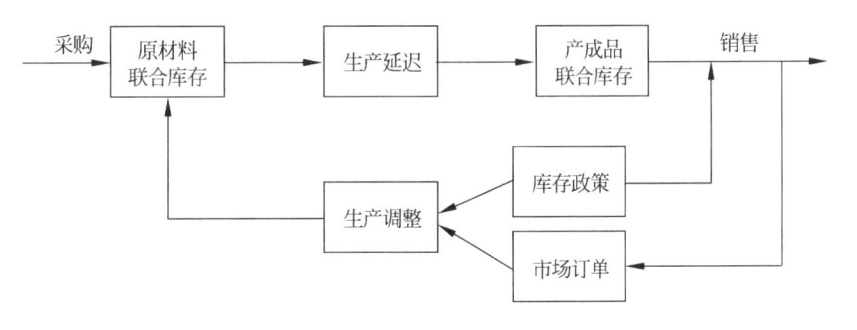

图4-13 联合库存动态运作模式

4.5 供应链协同式库存管理

前两节提到了关于供应链伙伴的合作模式——供应商管理库存和联合管理库存。但VMI和JMI都没有调动下级节点企业的积极性,过度以客户为中心,没有实现供应链真正意义上的集成,使得库存水平较高的问题依然存在。针对JMI和VMI的不足,20世纪90年代末又有学者提出一种新的供应链库存管理方法——合作计划、预测与补给(collaborative planning、forecasting and replenishment,CPFR)。CPFR建立在JMI和VMI的最佳分级实践基础上,博采众长、融会贯通,是体现供应商与零售商之间协调与合作关系的新型模型。

4.5.1　CPFR 的基本内容

CPFR 应用一系列技术与模型,提供覆盖整个供应链的合作方案。CPFR 通过共同管理业务过程和共享信息来改善零售商和供应商的伙伴关系,提高预测的准确度,以达到提高供应链效率、减少库存和提高消费者满意程度的目的。

CPFR 采取了一种"双赢"的原则,始终从全局的观点出发,制定统一的管理目标以及实施方案。CPFR 最大的优势是能及时准确地预测由各项促销措施或异常变化带来的销售高峰和波动,从而使销售和供应商都能做好充分的准备,赢得主动。

虽然 CPFR 建立在供应商管理库存和联合管理库存的基础上,但它摒弃了二者的主要缺点(没有一个适合所有贸易伙伴的业务过程、未实现供应链的集成等)。供应链企业可以基于 CPFR 共同建立的一个适合所有贸易伙伴的业务过程来实现供应链集成,将协同行为渗透到预测、作业层次等具体工作中。

1. 协同

美国战略理论研究专家依戈尔·安索夫首次提出了协同的概念。所谓协同效应,是指在复杂大系统内各子系统的协同行为产生出的超越各要素自身的单独作用,从而形成整个系统的统一和联合作用。在 CPFR 中,供应链上下游企业就是各个子系统,协同效应可以使整个供应链系统发挥的功效大于各个子系统功效简单相加。供应链上下游企业只有确立起共同的目标,才能使双方的绩效都得到提升,取得综合性的效益。CPFR 这种新型的合作关系要求双方长期承诺公开沟通、信息分享,从而确立其协同性的经营战略,尽管这种战略的实施必须建立在信任和承诺的基础上,但是这是买卖双方取得长远发展和良好绩效的唯一途径。

2. 计划

1995 年沃尔玛公司与 Warner-Lambert 公司的 CPFR 为消费品行业推动双赢的供应链管理奠定了基础,此后,当美国产业共同商务标准协会(voluntary interindustry commerce standards,VICS)定义项目公共标准时,认为需要在已有的结构上增加计划,即合作规划以及合作财务。此外,为了实现共同的目标,还需要双方指定促销计划、库存政策变化计划、产品导入和终止计划等。

3. 预测

CPFR 中的预测强调买卖双方必须做出最终的协同预测,协同预测可以大大减少整个供应链体系的低效率、死库存的问题,提高产品销量、节约供应链的资源。与此同时,最终实现协同促销计划是提高预测精度的关键。CPFR 所推动的协同预测还有一个特点,就是它不仅关注供应链双方共同做出最终预测,同时也强调双方都应参与预测反馈信息的处理和预测模型的制定和修正,特别是如何处理预测数据的波动等问题。只有把数据集成、预测和处理的所有方面都考虑清楚,才有可能真正实现共同的目标,使协同预测落在实处。

4. 补货

根据指导原则,协同运输计划被认为是补货的主要因素。此外,存货的百分比、预测精度、安全库存水准、订单实现的比例、前置时间以及订单批准的比例,都需要在双方公认的计分卡基础上定期协同审核。潜在的分歧,比如基本供应量、过度承诺等,双方应加以解决。

CPFR针对合作伙伴的战略和投资能力不同、市场信息来源不同的特点建成一个方案组。零售商和制造商从不同的角度收集不同层次的数据,通过反复交换数据和业务情报改善制订需求计划的能力,最后得到基于销售终端(point of sale,POS)的消费者需求的单一共享预测。这个单一共享需求计划可以作为零售商和制造商的与产品有关的所有内部计划活动的基础,换句话说,它能使价值链集成得以实现。

4.5.2 CPFR 的实施构架

CPFR的总体架构可分为三部分,即策略面、流程面、技术面,如图4-14所示。在策略面,企业由指导原则开始,与合作伙伴进行双方的流程描绘,考虑企业间的情境关系,选定用以评估绩效的关键指标,激活修正规划或预测的例外事件与双方必须分享的信息。流程面将CPFR的核心业务流程分为9个运行步骤,3个阶段:计划阶段、预测阶段和补货阶段。技术面可比较灵活,但应保证现行的信息标准尽量不变,信息系统尽量做到具有可缩放性、安全性、开放性、易管理和维护、兼容性等特点。

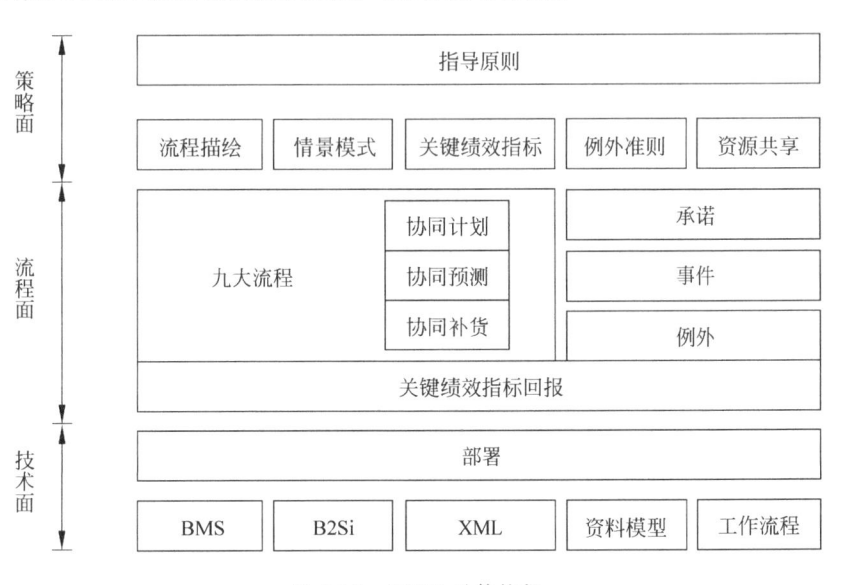

图 4-14　CPFR 总体构架

CPFR的业务流程实施包括三个阶段:计划阶段(第1～2步)、预测阶段(第3～8步)、补货阶段(第9步),具体流程如下:

(1)制定框架协议。框架协议是要建立合作的关系,协议内容主要包括各方的期望值以及为保证成功所需的行动和资源,合作的目的、保密协议、资源使用的授权等,它是所有业务的总纲领。

(2)协同商务计划。根据共同的发展战略,由合作方基于共享业务信息制订共同的商务发展计划。合作方首先要建立战略合作关系,确定好部门责任、目标以及策略。商务发展计划包括营运计划、共同定义的品项角色、品项销售目标、达成目标的战术等。项目管理方面则包括品项订单的最小值(最少出货订单量)、交货提前时间、安全存量等。

(3)建立销售预测。销售商或制造商根据实时销售数据、预计的事务等信息来制定销售预测报告,然后将此报告同另一方进行协商,双方也可各提出一份报告进行协商。

(4)鉴别预测异常。辨别销售预测可能出现问题的例外品项。根据框架协议中规定的异常标准,对预测报告中的每一项目进行审核,最后得到异常项目表。

(5)协商解决异常。通过查询共享信息、电子邮件、电话交谈记录、会议记录等来解决异常项目,并对预测报告做相应变更。这种解决办法不但使预测报告更加准确,减少了风险,而且加强了合作伙伴间的交流。

(6)建立订单预测。综合实时及历史销售数据(POS)、库存信息及其他信息来生成具体的订单预测报告,订单实际数量要随时间而变,并反映库存情况。报告的短期部分用来产生生产指令,长期部分则用来规划。

(7)鉴别预测异常。列出订单预测可能出现问题的例外品项。确定哪些项目的预测超出了框架协议中规定的预测极限。

(8)协商解决预测异常。协商解决预测例外品项。解决办法和第(5)步类似。

(9)生产计划生成。将预测的订单转化为具体的生产指令,对库存进行补给,指令生成可由制造商完成,也可由分销商完成,取决于它们的能力、资源等情况。

4.5.3 CPFR 的实施影响因素

在实施 CPFR 的过程中,获得成功的关键因素有:

(1)以"双赢"的态度看待合作伙伴供应链相互作用。企业必须了解整个供应链过程,并认识到自己的信息和能力对供应链整体有何帮助,进而促进消费者和供应链合作伙伴的效用最大化。换句话说,基于 CPFR 的供应链成功的关键是从"赢—亏"的传统企业关系到"赢—赢"的合作关系转变。

(2)为供应链运作提供持续保证和共同承担责任,这是基于 CPFR 的供应链运作所必需的企业价值观。每个合作伙伴对供应链的保障、权限和能力不同,合作伙伴应能够调整其业务活动以适应这些不同。无论在哪个职责层,合作伙伴坚持其保证和责任将是供应链运作成功的关键。

(3)抵御转向机会。由于产品转向会较大地抑制合作伙伴协调需求和供应计划的能力,因此不能与 CPFR 共存。抵御转向机会的一个关键是了解其短期效益和建立一个计划良好、低库存的供应链。这也是对 CPFR 必要的信心和承诺的检验。

(4)实现跨企业、面向团队的供应链。团队不是一个新概念,建立跨企业的团队造成一个新问题:团队成员可能参与其他团队,并与其合作伙伴的竞争对手合作。这些竞争对手互相有"赢—亏"关系,团队联合的深度和交换信息的类型可能造成多个 CPFR 团队中人员的冲突。在这种情况下,必须有效地构建支持完整团队和个体关系的公司价值系统。

(5)制定和维护行业标准。公司价值系统的另一个重要组成部分是对行业标准的支持。每个公司有一个单独开发的过程,这会影响公司与合作伙伴的联合。行业标准必须是一致的,开发和评价这些标准,有利于合作伙伴的信息共享和合作。

4.5.4 CPFR 的优势与局限性

CPFR 可以为供应链企业运作带来许多优势。首先,CPFR 可以提升对客户需求的反应速度。CPFR 可以减少缺货频率,降低库存周转周期,提升供应链的反应速度和可靠性。CPFR 可以将不同产品在正确的时间送往正确的地点。其次,相比单个企业对供应链上流程数据的预测,CPFR 可以提升供应链预测的准确性。以单一共享需求计划为基础,能够发现和利用许多商业机会,优化供应链库存和改善客户服务,最终为供应链伙伴带来丰厚的收益。

同传统的供应链库存管理模式相比,CPFR 在改善供应链合作关系、提高消费者满意度和供应链整体运作效率方面,无疑取得重大的进步。但仍然存在一些局限性,具体表述如下:

(1) 缺乏消费者的积极参与和密切配合,以消费者为中心的思想未能完全实现。由于合作过程是在消费者缺席的情况下展开的,缺乏与消费者的互动和交流。而仅仅根据过去的统计数据,不能真正反映消费者未来需求的真实情况,所以在此基础上的需求预测难免存在偏差。因此,扭曲信息驱动的供应链效率则不能完全令人满意。

(2) 供应链上各主体的合作过程不是十分完善。CPFR 的工作重点是产品的生产领域和流通领域的良好对接,但这种合作性仍集中于流通领域,通过群体性更加接近实际的消费预测以驱动生产过程。供应链管理涉及一系列错综复杂的业务活动,它不仅跨越供应商、制造商、零售商及消费者等不同组织组成的供应链的"空间通道",还经历了计划、执行订单、供货等"时间通道"。供应链成员之间的合作过程应该从计划工作开始,一直持续到生产出顾客满意的产品,并送到顾客手中为止。虽然 CPFR 也相应对供应链企业之间的合作关系进行了一定的协同,但合作程度还远远不够。

本 章 小 结

本章首先介绍了供应链管理环境下的库存的基本理论,分析了供应链库存管理的重要作用。接着从数学模型的角度对供应链库存方法进行了简要介绍。最后介绍了新型库存管理方法,包括供应商管理库存、联合管理库存和供应链协同式库存管理。新的管理思想的引入,将极大促进供应链上下游的协同程度和运作水平,对企业效益提升大有裨益。

思 考 题

1. 思考经济订货批量在供应链管理中有何作用?

2. 思考供应商管理库存的含义是什么？

3. 思考联合库存管理的含义是什么？

4. 思考 CPFR 的含义及作用是什么？

5. VMI 的优点与局限性有哪些？

6. CPFR 的特征有哪些？

7. 供应链库存管理与传统库存管理有什么区别？

8. 供应链库存管理的作用有哪些？

案 例 分 析

钢铁企业的库存管理创新

第 **5** 章

供应链管理环境下的物流管理

【本章学习目标】

通过本章学习,学员应该能够:

1. 了解供应链管理环境下物流管理的定义、目标和原则。
2. 了解第三方物流、第四方物流的含义及它们的联系和区别。
3. 熟悉和掌握几种物流配送方式及其优缺点,常见的配送策略及配送决策模型。
4. 理解逆向物流的概念、分类、重要性、特点和管理原则。

 【导入案例】

苏宁物流开放战略

创立之初,苏宁并没有一味地扩充门店,而是投入相当资金到物流建设中,通过自建物流中心、自组物流车队,形成物流网络后去辐射门店。苏宁物流经历了三大发展时期:1990—2014 年为专业物流搭建期,从传统仓储、线下大家电服务,一路迭代到综合物流园、大小件多渠道服务;2014—2016 年为社会化物流开拓期,依托基础设施网的优势,开启了 2B2C 开放产品的创新与研发;2017 年则进入智慧物流建设期,自动化仓储全面升级,数据驱动供应链变革,在用户平台、服务平台、数据平台的基础上将专业经营能力全面对外开放。

2017 年,苏宁物流集团常务副总裁姚凯发布了"苏宁物流下一个 3 年开放商业化战略",包括升级基础设施群,建设 3 大商业零售基设航母编队,仓储面积新增 1 000 万平方米;升级产品线,打造"仓配、运输、城配、冷链、跨境、售后"6 大专业化产品群;升级智慧物流,构建"数据+无人"两大智能生态,从一站式服务和一体化创新上为合作伙伴线上线下融合赋能,共创一个开放、共享、信用的新物流体系。

27 年磨一剑,苏宁物流为消费零售打造"三全"服务模式。苏宁的线下门店是一个小型的物流中心,集仓储、小型配送站、自提点等功能于一体。目前苏宁在全国有 4 000 多家门店,也意味着有 4 000 多个小型社区物流中心。事实上,这也是苏宁物流的核心优势之一,物流即零售。苏宁物流的"三网一平台"布局逐渐扩展触角,三大网络"仓储网、干支线运输网、末端服务网"成为中国商业领域规模最大的自营物流体系,在大数据平台的支撑下,为消费零售提供全链路、全渠道、全客群的到达路径。

资料来源:向密. 苏宁物流开放战略升级:建设"数据+无人"智能生态服务 20 万客户[J/OL]. 金融界资讯. 2017-08-13. http://biz.jrj.com.cn/2017/08/13143022888715.shtml.

第 5 章 供应链管理环境下的物流管理 95

通过上述案例可以看出苏宁物流开放战略升级离不开有效的物流管理,物流管理贯穿于整个供应链的运作流程之中,连接着供应链中的各个企业,是各个企业间相互合作的纽带。在现代企业管理过程中,供应链管理赋予了物流管理新的意义和作用。本章首先对供应链管理环境下的物流管理基本概念及战略进行介绍,明确物流管理重要意义后,详细地解释物流配送管理、第三方与第四方物流及逆向物流等知识。

5.1 供应链管理环境下物流管理的概念及战略

物流已经成为企业竞争优势的来源之一,而作为整个供应链脊梁的物流体系,无疑对整个供应链的绩效产生巨大的影响。越来越多的企业意识到成功的供应链管理依赖于高效的物流管理。本节主要介绍物流管理的定义、目标、原则以及供应链物流管理战略。

扩展阅读 5.1
沃尔玛:建立在物流管理上的帝国

5.1.1 供应链管理环境下物流管理的概念

供应链管理环境下物流涵盖了广泛的业务活动,包括运输、仓储、物料搬运、包装、库存管理、物流信息系统等内容。这些业务活动间的相互影响是非常复杂的。企业依赖物流系统,将产品和物资在供应链合作企业之间进行转移,并对完成这些任务所需的信息流进行管理。

1. 供应链管理环境下物流管理定义

供应链管理专业协会(council of supply chain management professionals,CSCMP)将物流管理定义为:"供应链管理的一部分,是对起始地和消费地之间的物资流、库存、服务及相关信息进行有效的计划、实施和控制,以满足客户的需求。"

可以从以下三个层面来理解物流管理的定义:

(1)物流管理既要实现最低化的成本管理,又要确保客户对物流服务质量的满意,可见成本和服务是物流管理的侧重点。

(2)对物流活动进行的计划、组织、协调与控制,是指对物流构成要素的管理,因此,物流管理不仅仅是对单个构成要素的管理,也是对所有要素进行一个动态、全面、全过程的管理。

(3)物流要素之间存在冲突性,如多批次的交货能够降低客户的储存压力,但却会增加企业的运输成本,物流管理就是要通过有效的计划、组织、协调和控制等手段,合理地组织各种要素,达到物流系统整体的最优状态。

2. 供应链管理环境下物流管理目标

与一般的企业物流管理不同,供应链管理环境下的物流管理注重对供应链整体的物流管理,因此其管理范围超出了传统单个企业的边界。供应链管理环境下的物流管理有着相对意义上的外在和内在双重目标。

供应链管理环境下的物流管理的外在目标主要表现在以下三个方面:

(1) 以实现客户满意为首要目标。这里的客户不仅指物品的需求方,还可以指物流服务的接受方,即物流业务的委托方。

(2) 以整体最优为目的。这里的整体最优可以理解为供应链最优或行业的最优,而不是部分最优或部门最优。

(3) 重视效率,更重视实施效果。比如,在确保整体最优的基础上充分重视环保、公害、交通等因素,积极发展符合 21 世纪发展潮流的绿色物流。

供应链管理环境下的物流管理的内在目标主要表现在以下两个方面:

(1) 在管理层面上表现为对运输、储存、装卸、库存、配送、信息等基本功能要素实施优化管理,处理好物流要素的二律背反问题,实现物流要素的系统最佳决策。

(2) 在管理中心上表现为注重物流的效率化和效果化,以较低的成本和良好的服务质量完成商品实体从供应地到消费地的运动。

3. 供应链管理环境下物流管理原则

供应链管理环境下物流管理要遵循以下四个原则:

(1) 坚持物流合理化的原则,这是物流管理的最根本原则。所谓物流合理化,就是在兼顾成本与服务的前提下,对物流系统的构成要素进行调整改进,实现物流系统整体优化的过程。

(2) 除了完善支撑要素建设外,现代物流管理更强调政府以及有关专业组织的规划和指导。事实上,宏观物流发展需要科学的规划和指引,这一点应该被纳入现代物流管理的原则中并加以重视。

(3) 除了实现供应链的整体最优的管理目标外,现代物流管理在服务的专业化和增值化发展等层面上有了新的要求。现代物流管理的永恒主题是成本和服务,即在努力削减物流成本的基础上,努力提升物流增值性服务水平。

(4) 坚持 7R 原则,即恰当的质量(right quality)、恰当的数量(right quantity)、恰当的时间(right time)、恰当的地点(right place)、恰当的顾客(right customers)、恰当的价格(right price)和恰当的商品(right commodity)。

5.1.2 供应链管理环境下的物流管理战略

战略是企业生存和发展的基本保证,一个企业要想能够长远发展离不开适当的战略目标。供应链物流管理系统处于复杂多变的环境之中,物流管理需要运筹和决策,要为供应链企业提供有力保证。供应链管理环境下的物流管理战略的意义、框架与实施步骤介绍如下。

1. 供应链管理环境下物流管理战略的意义

古人云,"兵马未到,粮草先行。"物流系统为企业产品打入市场提供基础,为生产源源不断地输送原材料。没有通畅而敏捷的物流系统,企业就无法在当下市场竞争中站稳脚跟。

在传统的物流管理中,由于物流被看作企业的经营活动中辅助的内容,因此许多企业并不关注物流管理战略,缺乏战略性的物流规划和运筹,出现了很多因为物流规划不到位影响整体供应链绩效的情况。有的企业虽然生产管理和新产品研发都做得很好,但用户满意度却难以得到有效提升。原因是多方面的,其中之一就是物流渠道不通畅导致产品分销受阻,使产品不能准时交货。有的企业因为原材料供应混乱,供应渠道缺乏,从而影响了产品的生产,也同样制约了企业经营战略的实现。有的企业在售后服务方面,缺乏用户服务的观念,没有建立通畅的用户信息反馈机制,使企业的经营战略没能跟上用户的需求。有的企业缺乏捕捉市场信息的敏捷性,最终也落得失去用户的结局。

供应链管理的战略思想就是要通过企业与企业之间的有效合作,建立一种低成本、高效率、响应性好、具有敏捷性的企业经营机制,产生一种超常的竞争优势。这种竞争优势能使企业在成本、质量、时间、服务等方面显著提高,加快企业产品渗透速度。所以,供应链物流系统需要站在企业战略的高度去规划与运筹,将物流战略真正融入供应链管理中去。

由此可见,物流管理战略对于供应链管理来说非常重要,重视物流战略问题是供应链管理区别于传统物流管理的一个重要标志。

2. 供应链管理环境下物流管理战略框架

供应链管理环境下物流管理战略框架分为四个层次,如图 5-1 所示。

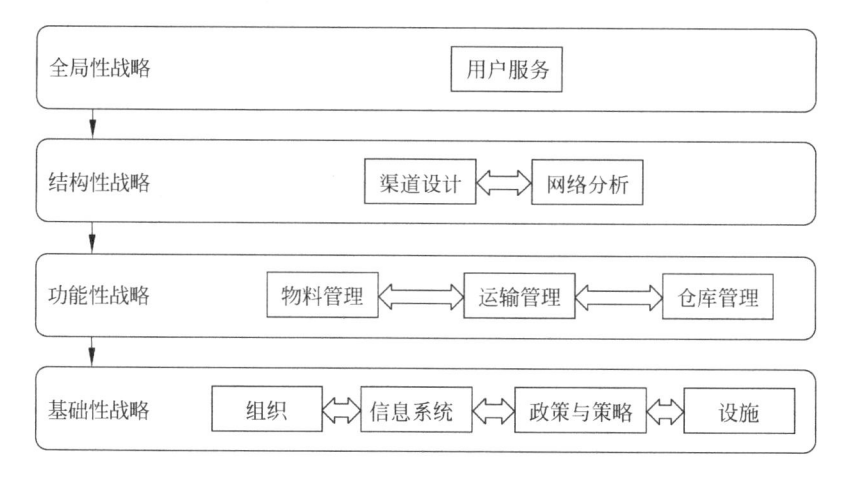

图 5-1 供应链管理环境下物流管理战略框架

(1) 全局性战略。物流管理的最终目标是满足用户需求(把企业的产品和服务以最快的方式、最低的成本送达用户),因此用户服务应该成为物流管理的最终目标,即全局性的战略目标。通过良好的用户服务,可以提高企业的信誉,获得第一手市场信息和用户需求信息,增加客户的忠诚度并留住用户,使企业获得更大的利润。

要实现用户服务的战略目标,必须建立用户服务的评价指标体系,如订单响应时间、订单满足率、平均缺货时间等。虽然目前对用户服务的指标还没有一个统一的规范,对用户服务的定义也不同,但企业可以根据自己的实际情况建立提高用户满意度的管理体系,通过实施用户满意工程,全面提高用户服务水平。

(2)结构性战略。物流管理战略的第二层次是结构性战略,包括渠道设计和网络分析。

渠道设计是供应链设计的一个重要内容,包括重构物流系统、优化物流渠道等。通过优化渠道,提高物流系统的敏捷性和响应性,以使供应链获得最低的物流成本。

网络分析是物流管理中另一项很重要的战略工作,它为物流系统的优化设计提供参考依据。网络分析的内容主要包括:库存状况的分析,通过对物流系统不同环节的库存状态的分析,找出降低库存成本的方法;用户服务的调查分析,通过调查和分析,发现用户需求并获得市场信息反馈,找出服务水平与服务成本的关系;运输方式和交货状况的分析,通过分析,使运输渠道更加合理化;物流信息及信息系统的传递状态分析,通过有针对性地采取措施,提高物流信息传递过程的速度,增加信息反馈,提高信息的透明度;合作伙伴业绩的评估和考核。用于网络分析的方法有标杆法、调查分析法、多目标综合评价法等。

对物流管理系统的结构性分析的目标是要不断减少物流环节,消除供应链运作过程中不增加价值的活动,提高物流系统的效率。

(3)功能性战略。物流管理的第三层次战略为功能性战略,包括物料管理、运输管理、仓库管理三个方面。内容主要有运输工具的使用与调度、采购与供应、库存控制的方法与策略、仓库的作业管理等。

物料管理与运输管理是物流管理的主要内容,必须不断地改进管理方法,使物流管理向零库存这个终极目标努力,降低库存成本和运输费用,优化运输路线,保证准时交货,实现物流过程的高效运作。

(4)基础性战略。物流管理的第四层次战略是基础性战略,内容包括:组织系统管理、信息系统管理、政策与策略以及基础设施管理。主要作用是为保证物流系统的正常运行提供基础性的保障。

要健全物流系统的组织管理结构和人员配备,就要重视对企业有关人员的培训,提高员工的业务素质,例如,采购与销售部门是企业的两个对外业务协调部门,它们工作的好坏直接关系到企业与合作伙伴的关系和企业的形象,因此必须加强对这两个部门的领导和组织工作。

信息系统是物流系统中传递物流信息的桥梁,仓储管理系统、配送需求计划(distribution requirements planning,DRP)、运输管理系统(transportation management system,TMS)、EDI/Internet 数据交换与传输系统、电子资金转账(electronic funds transfer,EFT)、POS(point of sale)技术,对提供物流系统的运作效率起着关键作用,因此,必须从战略的高度去规划和管理,才能保证物流系统高效运行。

3. 供应链管理环境下物流管理战略的实施步骤

物流管理战略的实施步骤主要包括:环境分析、设定目标、战略制定、战略实施和战略控制这五个步骤。具体如下所示:

(1)环境分析。企业环境包含所有能够影响企业战略收益的组织内部和外部的因素。环境分析的主要任务是认清外部环境的发展趋势,并以此为背景来识别企业的内部结构与外部环境不相适应的部分,即找出问题。

（2）设定目标。检查与分析过去的目标体系并重新设定目标。企业的目标是一个有层次的体系,应从最高目标开始,逐级向下推进。依次设立企业的愿景与使命、战略意图、长期发展目标、阶段性发展目标、近期目标和部门的工作目标。

（3）战略制定。出色的战略是创造性思考与系统分析相结合的产物。在战略制定中,要回答的问题包括:如何满足顾客的需求、如何实现成长、如何回应环境变化的挑战、如何进行资源配置以把握机遇、如何设定公司内的活动、如何完成财务目标和战略目标。战略决策就是对一组决策变量(结构性因素)做出选择。

（4）战略实施。战略实施指把企业的战略方案转化为具体的行动,通过战略变革达到战略方案所要求的各项目标,进而达到全局制胜的动态过程。战略管理理论中讲的战略实施,主要是指战略付诸行动以前的各种准备:组织动员,目的是把公司的战略意图渗透给每个员工。常用的手段包括:宣传口号、象征性行动、典型任务的示范;结构调整,在战略付诸行动以前,应该对组织进行必要的调整,包括消除组织惯性的不良影响、制定内部政策等;管理重心调整,每个组织在一定时期内都有自己的管理重心,企业应该对管理重心进行不断地调整。

（5）战略控制。战略控制是特殊的组织控制,目的在于通过检测和评估企业内外环境改进和提高战略运行效果,为战略调整提供依据。包括对内外环境的监测和对内部组织的调整两项内容。对外部环境进行监测,如果发现未曾预料的变化,而这种变化又会对企业产生重大影响,企业有可能要重新审定自己的战略并对组织内部做出相应的调整。

5.2　物流配送管理

对物流配送进行管理,有助于实现物流配送运作的合理化。本节中主要介绍物流配送的运输方式与要素、配送成本之间的权衡及策略以及配送网络的设计这几个方面。

扩展阅读 5.2
电子商务配送

5.2.1　物流配送方式与要素

一般来说,物流配送是根据用户的需求,在物流据点内进行分拣、配货等工作,并将配好的货物及时送交收货人的过程。它是物流中的一种特殊的、综合的活动形式,它把商流和物流紧密结合,是包含了物流若干功能要素的一种物流形式。本小节主要介绍物流配送六种运输方式与物流配送主要要素。

1. 物流配送运输方式

物流配送运输方式主要分为以下六种:

（1）航空运输。航空运输又称飞机运输，它是在具有航空线路和飞机场的条件下，利用飞机作为运输工具进行货物运输的一种运输方式。航空运输速度非常快，但运输费用相当高。航空运输主要适用于小件、高附加值产品，或时间敏感性高但又需要长距离运输的紧急货物，航空承运商运输货物的重量通常小于500磅，包括附加值高、重量轻的高科技产品。航空运输在我国运输业中，其货运量占全国运输量比重还比较小，主要是承担长途客运任务。伴随着物流的快速发展，航空运输在货运方面将会扮演重要角色。

（2）公路运输。公路运输是在公路上运送旅客和货物的运输方式。其优势主要在于：公路运输网密度要比铁路、水路网大十几倍，分布广，公路运输车辆可以"无处不到、无时不有"，能实现"门到门"直达运输且时间更短，送货和提货之间不需要转运。但是由于汽车载重量小，行驶阻力比铁路大9～14倍，所消耗的燃料又是价格较高的液体汽油或柴油，因此，除了航空运输，就是汽车运输成本最高了。

（3）铁路运输。铁路通常用于长距离货物运送。铁路运输的价格结构及其对重型货物的运载能力，使得它成为距离远、体积大、高密度、高吨位货物的理想运输方式，然而铁路运输的时间较长。因此，通过铁路运输的产品通常具有重量大、价值低、时间敏感性小等特点。例如，煤炭运输是铁路运输的重要组成部分。体积小、时间敏感性高、距离短或提前期短的货物的运输极少通过铁路进行。

（4）水路运输。由于自然状况的限制，水路航线的运输活动只能在特定的范围进行。目前而言，水路运输一般走内河运输系统（湖和河流）或沿海水域。水路运输通常用于运载大宗商品货物，并且是运输此类货物最廉价的模式。然而，水路运输也是最慢的运输方式，在港口和终点站容易发生严重的延迟，这使得短程运输不适于采用水路方式。在全球贸易环境下，水路运输成为占据主导地位的运输方式，汽车、谷物、服装和其他产品都通过海上运输，对水路运输而言，港口拥堵问题也是其面临的最大问题之一。

（5）管道运输。管道运输主要用于原油、精炼石油产品和天然气的运输。管道的利用率非常高，通常占到整个管道容积的80.6%～90%。这种运输方式适用于需求相对稳定、流量较大的物资。管道是将原油运往港口或炼油厂的高效运输方式。管道运输的价格通常由两部分构成——与托运人最大运量相关的固定部分和与实际运输量相关的变动部分。这种价格框架促使承运人对于需求量可预测的那部分产品采用管道运输，而对于需求量波动的那部分产品采用其他运输方式。

（6）多式联运。多式联运是采用一种以上的运输方式将同一批货物运往目的地。多式联运可以有多种构成方式，其中最常见的是卡车/铁路/水运模式。上海作为全球吞吐量最大的港口，只有0.5%的集装箱是通过铁路运入或运出，而水陆联运近年已在上海港的集装箱吞吐量中占了20%。在内陆，铁路/卡车结合的联运系统的运作成本比卡车整车运输的要低，交货时间也比铁路短。因此将不同的运输方式联合起来，能在价格和服务方面创造出任何单一运输方式无法比拟的竞争优势。同时，联运也为托运人带来了便利，过去货物通过不同的运输方式转运，托运人不得不跟很多的承运商打交道，而现在采取联运方式，托运人只需要同其中一个承运商打交道。

各种运输方式的优缺点及适用场合如表5-1所示。

表 5-1　各种运输方式优缺点和适用场合

	优　　点	缺　　点	适　用　场　合
航空运输	速度极快、运输范围广、不受地形限制、安全性高	运量小、运输成本高、站点密度小,需要公路运输方式配合,易受气候因素影响	适合运输体积小、价值高的物资及鲜活产品等
公路运输	机动灵活、适应性强,可实现"门到门"运输、短途运输速度快、受气候条件限制小	运输能力小、能耗高,空气污染严重、运输成本高、安全性差	适合短途货运,也可以和其他运输方式相结合,进行联运
铁路运输	运量大、运输成本低、受自然条件限制小、连续性强,可全年运作、安全可靠、能耗低污染小	初始建设投资大、运输范围受铁路路线限制	适合中长距离、大批量、时间性强、可靠性要求高的货物
水路运输	运距长、运量大、成本低、对环境污染小	运输速度慢、受自然条件影响大、连续性差	适合于运输距离长、运量大、时间性不强的货物
管道运输	运量大、运费低、能耗低、安全可靠,无污染、受天气等气候的影响较小、可靠性高	专用性强,只能运输石油、天然气等流体物质,路线固定、管道设施投资大	适合运输石油、天然气等流体物质
多式联运	可以综合各种运输方式的优点、可以灵活对接,按需采用	管理协调和信息沟通难度大	适用于长距离的跨国运输

2. 物流配送主要要素

物流配送主要要素有:集货、分拣、配货、配装、配送运输以及送达服务和配送加工,下面对这七个要素进行具体介绍。

(1) 集货。集货是将分散或小批量的物品集中起来,以便进行运输和配送作业。集货是配送的重要环节,为了满足特定客户的配送要求,有时需要把从几家甚至数十家供应商处预订的物品集中,并将要求的物品分配到指定容器和场所。集货是配送的准备工作或基础工作,配送的优势之一就是可以集中客户进行一定规模的集货。

(2) 分拣。分拣是将物品按品种、出入库先后顺序进行分门别类堆放的作业。分拣是配送不同于其他物流形式的功能要素,也是决定配送成败的一项重要支持性工作。它是完善送货、支持送货的准备性工作,是不同配送企业在送货时进行竞争和提高自身经济效益的必然延伸。所以,也可以说分拣是送货向高级形式发展的必然要求。有了分拣,就会大大提高送货服务水平。

(3) 配货。配货是使用各种分拣选取设备和传输装置,将存放的物品,按客户要求分拣出来,配备齐全,送入指定发货地点。配货过程需要注意的是分拣商品的速度和准确性,配货过程设备的升级可以大幅提高整体配送效率,从而提高客户服务水平。

(4) 配装。在单个客户配送数量不能达到车辆的有效运载负荷时,就存在如何集中不同客户的配送货物,进行搭配装载以充分利用运能、运力的问题,这就需要配装。跟一般送货的不同之处在于,通过配装送货可以大大提高送货水平及降低送货成本,所以配装是配送系统中有现代特点的功能要素,也是现代配送不同于以往送货的重要区别之一。

(5) 配送运输。配送运输与运输中的末端运输、支线运输和一般运输形态的主要区别在于:配送运输是较短距离、较小规模的运输形式,一般使用汽车做运输工具。与干线运输的另一个区别是,配送运输的路线选择问题是一般干线运输所没有的,干线运输的干线是唯一的运输线,而配送运输由于配送客户多,一般城市交通路线又较复杂,如何组合成最佳路线,如何使配装和路线有效搭配等,是配送运输需要解决的问题,也是难度较大的工作。

（6）送达服务。将配好的货运输到客户地还不算配送工作的结束,这是因为送达货和客户提货往往还会出现不协调,使配送前功尽弃。因此,要圆满地实现货物的移交,并有效地、方便地处理相关手续并完成结算,还应讲究卸货地点、卸货方式等。送达服务也是配送独具的特殊性。

（7）配送加工。配送加工是按照配送客户的要求所进行的流通加工。在配送中,配送加工这一功能要素不具有普遍性,但往往具有重要的作用。这是因为通过配送加工,可以大大提高客户的满意程度。配送加工是流通加工的一种,但配送加工有它不同于流通加工的特点,配送加工一般只取决于客户要求,其加工的目的较为单一。

5.2.2　配送成本的权衡与策略

配送过程中的所有运输决策必须考虑以下几个方面:运输成本、库存成本、加工成本以及顾客响应性水平等。这些成本难以同时达到最优,因此决策者需要对这些因素进行权衡,从而以较低水平的成本提供较高水平的服务。

1. 物流配送成本的权衡

决策者应该根据不同的成本与收益,对不同的运输方案进行计算,并依据协作复杂性对它们划分等级,然后合理得出运输决策。管理者在进行运输决策时必须考虑运输成本与库存成本的权衡以及运输成本与顾客响应性的权衡问题。

（1）运输成本与库存成本的权衡。在设计供应链网络时,权衡运输成本与库存成本至关重要。这一权衡涉及以下两个基本决策:

① 运输方式的选择。供应链运输方式的选择既是一项计划活动,也是一项运作决策。该决策涉及公司的承运商,是一项计划活动,而对特定运输方式的选择又是一项运作决策。对于两项决策,托运人必须权衡运输与库存成本。能最小化运输成本的运输方式并不一定能使供应链总成本最小。较廉价的运输方式常常意味着较长的提前期和较大的最小送货量,这两个因素将导致供应链库存水平提高。允许以更小批量送货的模式能帮助企业降低库存,但通常费用也更高。例如,戴尔公司从亚洲空运部分零部件材料,如果只从运输成本方面考虑显然是不合理的。只有当考虑到公司需要更快速的运输方式运送高价值零部件,以保持较低的库存水平时,我们才能看到这种做法的合理性。

价值重量比高的产品应该采取更快速的运输方式,因为对于这些产品来降低库存至关重要;反之,价值重量比低的产品应该采取更廉价的运输方式,因为对于这些产品来说,降低运输成本更加重要。对运输方式进行选择除考虑运输成本之外,还应该考虑周转库存、安全库存和在途库存成本,进行运输决策时忽略库存成本将使所作决策对供应链绩效造成损害。

当进行运输方式的选择时,管理者必须考虑每种方式下的周转库存、安全库存以及在途库存的成本。运输成本较高的运输方式如果能够使库存成本显著降低,也可能是合理的。

② 库存聚集。客户的需求往往具有波动性,不同地区需求的相反波动可以在一定程度上相互抵消,通过将库存聚集到一个地区,企业可以大大降低安全库存。大多数电子商务企业都采用这种技术赢得优势,与在各地有许多网点设施的企业展开竞争。例如,一些书商如 Borders 和巴诺在众多零售店都持有库存,而亚马逊网上书店则只在少数仓库持有库存。

库存聚集在少数仓库时,运输成本通常会增加。如果库存高度分散,一定程度的聚集可能降低运输成本,一旦超过临界点,库存聚集将导致总运输成本的增加。例如 Borders 这样的书店连锁企业。由于顾客前往书店购书,因此公司自身不存在送货成本,只存在进货成本。如果 Borders 决定关闭其所有的书店并采取网上销售,就同时会有进货成本和送货成本。尽管仓库进货的运费会比每家书店进货的运费总和小,但其送货费用大大增加,因为对每位顾客的送货是小批量进行的,并且必须采取如包裹承运商这样费用很高的运输方式。由于每本书的行程与在书店销售时相同,而对聚集策略而言,大部分行程都分布在送货一边,并要通过高成本的运输方式进行,因此库存聚集将使总运输成本增加。随着库存聚集程度的提高,总运输成本也将不断提高。因此,所有计划采用库存聚集策略的企业在进行决策时,都必须在运输成本、库存成本和设施成本之间进行权衡。

当库存成本和设施成本占供应链总成本的比重较大时,采取库存聚集策略是很好的选择。对于价值重量比很大的产品以及需求不确定性很高的产品,采取库存聚集策略也非常有效。例如,对于电脑行业(personal computer,PC)价值很高的新产品可以采用库存聚集策略,因为 PC 的价值重量比很大,而新款产品的需求不确定性也很大,在顾客订货量很大并足以确保外向运输达到规模经济时,采取库存聚集策略也是较好的选择。然而,在产品的价值重量比很低,且顾客订货批量较小的情况下,库存聚集策略由于其运输成本高将很可能损害供应链绩效。与 PC 相比,畅销书价值重量比低,需求可预测,因此采取库存聚集策略获得的效益要小很多。

在做出库存聚集决策时,必须考虑库存成本和运输成本。如果产品的价值重量比高、需求不确定性高且顾客的订货批量大,集中库存就能降低供应链成本。如果产品价值重量比低、需求不确定性低且顾客的订货批量小,集中聚集就可能增加供应链成本。

(2)运输成本与顾客响应性的权衡。供应链的响应性与运输成本之间的关系如图5-2所示。响应性水平高的公司能在收到顾客订单后一天内发出全部订货,其出货批量小,运输成本高。如果降低响应性,并将较长时间段内的订货一起发出,企业将能以大批量送货,从而实现规模经济效应并降低运输成本。临时并货(temporal aggregation)是指将一定时间内的订单一并发出。由于发货的推迟,聚集运输降低了企业的响应性,但是由于送货批量增加,规模经济效应的实现也帮助企业降低了运输成本。因此企业在设计运输网络时,必须考虑响应性和运输成本之间的权衡。

通常,一定限度的聚集运输能有效降低供应链的运输成本。因此,在做出决策时,企业必须在聚集运输带来的运输成本的降低与更慢的响应性导致的收益损失两者之间进行权衡。聚集运输还能提高运输绩效,因为它能够使运输量更加稳定。更稳定的运输量能够帮助托运人和承运商更好地指定运作计划并提高资产利用率。

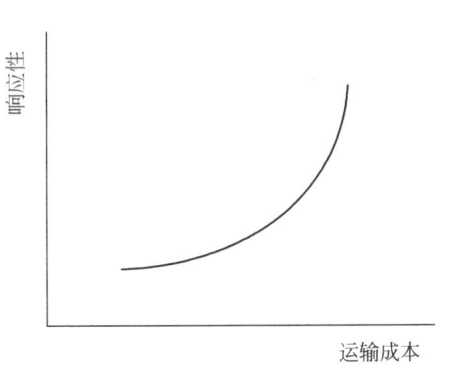

图 5-2　供应链的响应性与运输成本关系图

对顾客需求的聚集运输增加了送货批量并减小了每次送货批量的波动,因此可以帮助企业降低运输成本。但是,它也导致对客户的响应速度变慢,聚集运输带来的边际收益随着聚集货物时间跨度的增加而下降。

2. 物流配送策略

配送是按用户的订货要求,在物流据点进行分货、配货工作,并将配好之货送交收货人的活动。通过配送,才能最终使物流活动得以实现。配送活动增加了产品价值并有助于提高企业的竞争力。但完成配送活动是会产生配送成本。对配送进行管理就是在满足一定的顾客服务水平与降低配送成本之间寻求平衡。下面重点介绍在一定的顾客服务水平下使配送成本最小的五种策略。

(1)混合策略。混合策略是指配送业务一部分由企业自身完成,其余部分外包给第三方物流完成。这种策略的基本思想是,尽管采用纯策略(即配送活动要么全部由企业自身完成,要么完全外包给第三方物流完成)易形成一定的规模经济,并简化了管理流程,但由于产品品种多变、规格不一、销量不均等情况,采用纯策略的配送方式超出一定程度不仅不能取得规模效益,反而还会造成规模不经济。而采用混合策略,合理安排企业自身完成的配送和外包给第三方物流完成的配送,能使配送成本最低。

例如,美国一家干货生产企业为满足遍及全美的 1 000 家连锁店的配送需要,建造了6 座仓库,并拥有自己的车队。随着经营的发展,企业决定扩大配送系统,计划在芝加哥投资 700 万美元再建一座新仓库,并配以新型的物料处理系统。这项计划提交董事会讨论时,却发现这样不仅成本较高,而且就算仓库建起来也还是满足不了需要。于是,企业把目光投向租赁公共仓库。结果发现,如果企业在附近租用公共仓库,增加一些必要的设备,再加上原有的仓储设施,企业所需的仓储空间就足够了。总投资只需 20 万美元的设备购置费、10 万美元的外包运费,加上租金,也远没有 700 万美元之多,大大节省了费用。

(2)差异化策略。差异化策略的指导思想是:产品特征不同,顾客服务水平也不同。当企业拥有多种产品线时,不能对所有产品都按同一标准的顾客服务水平来配送,而应按产品的特点、销售水平,来设置不同的库存、不同的运输方式以及不同的储存地点,忽视产品的差异性会增加不必要的配送成本。

例如,一家生产化学品添加剂的公司,为降低成本,按各种产品的销售量比重进行分类:A 类产品的销售量占总销售量的 70％以上,B 类产品占 20％左右,C 类产品则为 10％左右。对 A 类产品,公司在各销售网点都备有库存,B 类产品只在地区分销中心备有库存,而在各销售网点不备有库存,C 类产品在地区分销中心不设库存,仅在工厂的仓库才设有库存。按照这种方法运行了一段时间,企业总的配送成本下降了 20％之多。

(3) 合并策略。合并策略包含两个层次:一是配装方法上的合并;二是共同配送。

配装方法上的合并。企业在安排车辆完成配送任务时,充分利用车辆的容积和载重量,做到满载满装,是降低成本的重要途径。由于产品品种繁多,不仅包装形态、储运性能不一,在容重方面,也往往相差甚远。一车上如果只装容重大的货物,往往是达到了载重量,但容积空余很多;只装容重小的货物则相反,看起来车装得满,实际上并未达到车辆载重量。这两种情况实际上都造成了浪费。实行合理的轻重配装、容积大小不同的货物搭配装车,不但在载重方面达到满载,而且也充分利用车辆的有效容积,取得最优效果。

共同配送。共同配送也称集中协作配送,它是几个企业联合集小量为大量共同利用同一配送设施的配送方式,其标准运作形式是:在中心机构的统一指挥和调度下,各配送主体以经营活动(或以资产为纽带)联合行动,在较大的地域内协调运作,共同对某一个或某几个客户提供系列化的配送服务。这种配送有两种情况:一是中小生产企业、零售企业之间分工合作实行共同配送;二是几个中小型配送中心之间的联合。

(4) 延迟策略。传统的配送计划安排中,大多数的库存是按照对未来市场需求的预测量设置的,这样就存在着预测风险,当预测量与实际需求量不符时,就出现库存过多或过少的情况,从而增加配送成本。延迟策略的基本思想是:对产品的外观、形状及其生产、组装、配送等尽可能推迟到接到顾客订单后再确定。一旦接到订单就要快速反应,因此采用延迟策略的一个基本前提是信息传递要非常快。实施延迟策略常采用两种方式:生产延迟(或称形成延迟)和物流延迟(或称时间延迟),配送中往往存在着加工活动,所以实施配送延迟策略既可采用形成延迟方式,也可采用时间延迟方式。具体操作时,常常发生在诸如贴标签(形成延迟)、包装(形成延迟)、装配(形成延迟)和发送(时间延迟)等领域。

例如,美国一家生产金枪鱼罐头的企业就通过采用延迟策略改变配送方式,降低了库存水平。历史上这家企业为提高市场占有率曾针对不同的市场设计了几种标签,产品生产出来后运到各地的分销仓库储存起来。由于顾客偏好不一,几种品牌的同一产品经常出现某种品牌因畅销而缺货,而另一些品牌却滞销压仓的情况。为了解决这个问题,该企业改变以往的做法,在产品出厂时都不贴标签就运到各分销中心储存,当接到各销售网点的具体订货要求后,才按各网点指定的品牌标志贴上相应的标签,这样就有效地解决了此缺彼涨的矛盾,从而降低了库存水平。

(5) 标准化策略。标准化策略就是尽量减少因品种多变而导致附加的配送成本,尽可能多地采用标准零部件、模块化产品。

例如,服装制造商按统一规格生产服装,直到顾客购买时才按顾客的身材调整尺寸大小,这样既能提高公司的柔性,又能提高客户响应,满足客户服务。采用标准化策略要求厂家从产品设计开始就要站在消费者的立场去考虑怎样节省配送成本,而不是等到产品定型生产出来了才考虑采用什么技巧降低配送成本。

5.2.3 配送网络设计

运输网络设计在物流配送网络中是非常重要的,包括建立必要的基础设施及确定其相应位置,这些决策的不同将对供应链绩效产生很大的影响。运输线路运营决策是受限于运输基础设施的。在前期能有设计完善的运输网络将有助于供应链以较低的成本达到较高的服务水平。下面介绍几种可以采取的网络设计方案,并讨论不同方案的优缺点。

1. 直接发运网络

采取直接发运网络时,要求每个供应商直接给每个买方送货,如图 5-3 所示。在直接发运网络中,每次送货的路径都是固定的,供应链管理者只需要决定运输批量和运输方式,这种决策涉及运输成本和库存成本的平衡问题。直接发运网络的最大优势在于消除了中转库存并使运作和协调简单化,送货决策完全本地化,同时一次送货决策不会影响到其他的决策。由于每次送货都直接进行,因此从供应商到买方所在地的运输时间较短。

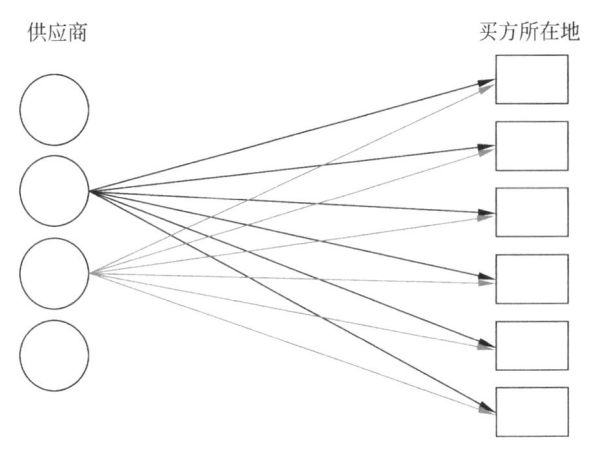

图 5-3　直接发运网络

如果买方需求量很大,并足以使每个供应商对每个地区的送货批量接近于卡车的最大装载量,这种情况下采用直接发运网络就非常有效。但是如果买方的需求量很小,采用直接发运网络的成本就会很高。如果直接发运网络中采用整车承运商,由于每辆卡车的固定成本相对较高,故要求从供应商到每个买方的运货批量必须很大,这会导致供应链中库存水平提高。

2. 利用巡回运送直接发运

巡回运送是指一辆卡车从一个供应商处拣取货物送给多个零售商,或从多个供应商处拣取货物送给一个零售商,如图 5-4 所示。利用巡回运送直接发运时,供应商用一辆卡车直接给多个买方送货或一辆卡车从多个供应商处拣取货物送给同一买方。当采取该策略时,供应链管理者必须对每次巡回运送的路径进行规划。

直接发运具有无需中转仓库的好处,巡回运送将送往多个地区的货物聚集到一辆卡车上,实现了规模经济,降低了运输成本。例如,每家买方需要的补货批量可能很小,这就要求使用零担方式进行直接运输。采取巡回运送方式能将发往多个地区的货物聚集于一

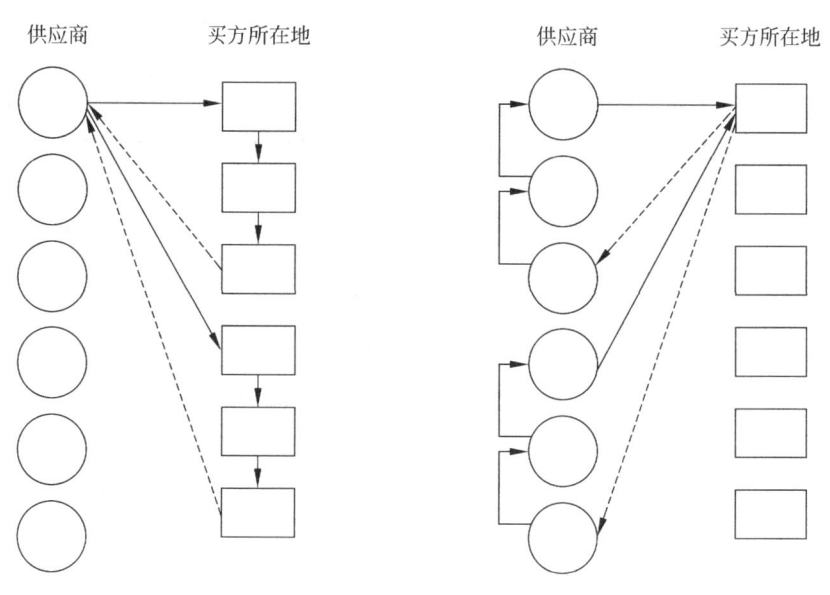

图 5-4　从多个供应商出发或到多个买方的巡回运送

辆卡车上,从而提高卡车的利用率,并在一定程度上降低成本。这类方法在实际企业中采用得非常多,如果企业需要定期地进行小批量频繁送货,并且一系列供应商或一系列零售商在空间上非常接近,这时采取巡回运送方式将显著地降低运输成本。例如,丰田公司在日本和美国都对来自多个供应商的供货采取巡回运送策略,以支持其及时制生产系统。在日本,丰田公司有许多装配厂都是邻近分布,公司采取巡回运送策略,由单个供应商对多个工厂送货。而在美国,丰田采取巡回运送策略,由多家供应商向一家装配厂送货。

3. 所有货物通过配送中心发运

在这种策略下,买方分散在不同地区,供应商不直接将货物发送给买方,而是在每个地区建立配送中心,供应商将货物发往配送中心,再由配送中心将相应的货物送至买方手中,如图 5-5 所示。

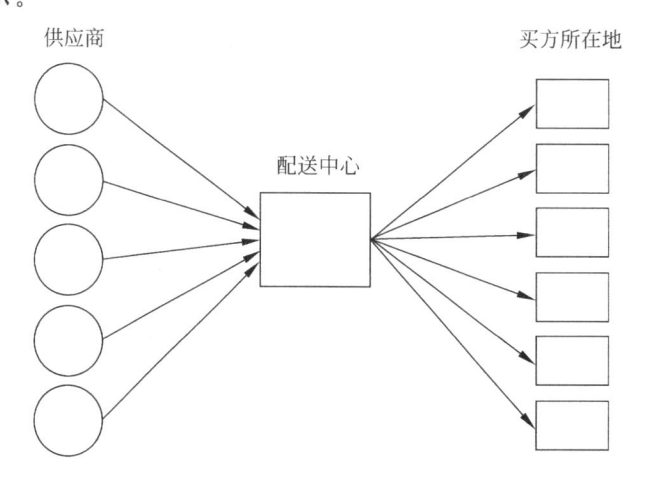

图 5-5　所有货物通过配送中心发运

配送中心是供应商与买方之间的中间环节,它扮演两种角色,一是保管货物,二是作为运输中转站。当供应商和零售店之间距离较远、运费较高时,配送中心有利于降低供应链的运输成本。由于每家供应商对配送中心都采取大批量送货,以满足该配送中心所服务地区对产品的需求,因此配送中心的建立不但使进货地点更靠近最终目的地,而且使供应链获得了规模经济效应。同时,由于配送中心只服务其周边区域,因此外向运输成本并不高。例如,现在各大平台电商都要求它的供应商将产品送往该公司在各个区域的配送中心,再由这些配送中心向不同的配送站点发货。

如果运输经济性要求进站送货批量很大,配送中心就起到持有库存并以小批量给买方补货的作用。例如,当沃尔玛的采购来自海外供应商时,如果进站货物批量远远大于配送中心所服务店铺的订货批量,配送中心就要保存部分库存产品。如果配送中心所服务客户的补货批量大到足以使进站运输达到规模经济,配送中心就没有必要持有库存。在这种情况下,配送中心就可以采取越库配送策略(cross docking),即直接把进货拆分成运送到每一家客户的较小份额,将来自不同供应商处的卡车送货与对不同客户的卡车出货对接,使货物不经过仓库存储就直接出货。当配送中心对产品实施越库配送时,每辆进站卡车上都装有一家供应商供应给多个客户的产品,而每辆出站卡车上装有由多家供应商供给一家客户的产品。越库配送的主要优势在于它使得供应链持有的库存量小,产品流通速度快。同时,由于产品不再需要从存储区域搬进搬出,因此越库配送还能节约搬运成本。然而,成功的越库配送运作需要进站送货和出站送货的高度协调与同步才能实现。

越库配送适用于需求量大且需求可预测的产品,它要求建立配送中心,以使进站和出站两方面的配送都能获得规模经济效应。沃尔玛成功地运用了越库配送策略,在不增加运输成本的前提下,降低了供应链的库存水平。沃尔玛在不同地区建立的大型超市都由配送中心负责产品供应,通过越库配送,各家店铺向供应商的进货都能以满担运输的方式运抵进站处,从而实现了规模经济效应。同时,在送货方面,由于不同供应商运往同一家店铺的货物都能满载一辆卡车,因此也实现了规模经济效应。

4. 通过配送中心的巡回运送

如果每个买方的订货批量很小,配送中心就可以采用巡回运送策略给买方送货,如图5-6所示。巡回运送通过集并各个小批量送货能够降低外向运输成本。例如,由于发往一家店铺的总供货量无法装满一辆卡车,日本7-11公司把来自新鲜食品供应商的送货在配送中心实施越库配送策略,并将送往多个店铺的货物同时装在一辆卡车上,即采用巡回运送策略对店铺进行送货。越库配送和巡回运送策略使得日本7-11公司能以更低的运输成本对每家零售店实现小批量补货。同时使用巡回运送和越库配送策略要求进货和出货的高度协调以及对巡回运送的合理规划和安排。

5. 剪裁式网络

剪裁式网络通过综合利用上述运输方案,来降低供应链成本、提高供应链的响应性。它在运输过程中综合利用越库配送、巡回运送、整车和零担承运商甚至包裹承运商等多种方式,目的是针对特定情况选取合适的方案。对于大规模商店需求量大的产品,可以采取直接运输,而对于小型零售店需求量低的产品,则可由配送中心集并多个小型零售店的需求来进行配送。由于对每种产品或每家零售店采取的送货流程都不一样,这种运输网络

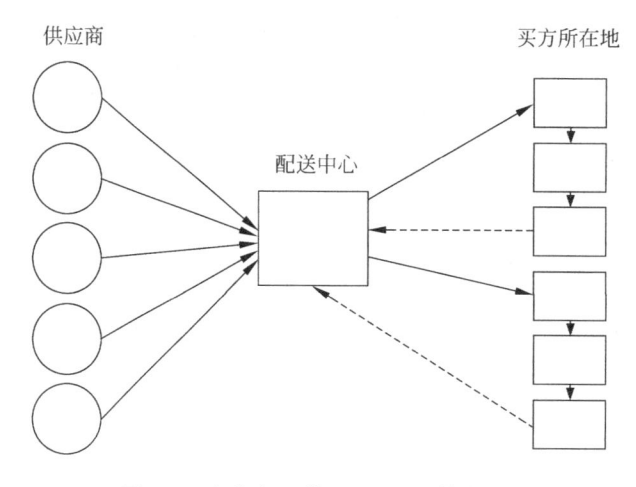

图 5-6　配送中心利用巡回运送策略送货

管理的复杂度较高。剪裁式网络的运营需要企业在信息设施方面投入大量资金来进行进货和出货的协调。但是，它的应用也使企业在决定运输方案时更具选择性，以实现运输和库存成本的最小化。

各种运输网络的优缺点如表 5-2 所示。

表 5-2　各种运输网络的优缺点

网 络 结 构	优　　势	劣　　势
直接运输	无中转仓库　易协调	高库存
利用巡回运送直接发运	小批量送货的运输成本较低 库存成本较低	协调难度加大
所有库存通过配送中心发运	通过聚集降低了内向运输成本	库存成本增加 配送中心的搬运成本增加
通过配送中心利用越库配送发运	需要的库存量很小 通过聚集降低了内向运输成本	协调难度加大
通过配送中心利用巡回运送发运	给小批量送货降低了外向运输成本	协调难度进一步加大
剪裁式网络	运输方案与单个产品或店铺的需求实现了最优匹配	协调难度最大

5.3　配送决策模型

由于物流配送在物流管理中具有关键作用，因此需要掌握一定的方法进行更好的决策，以帮助企业管理者更好地定制物流配送决策，本节中介绍了配送中心选址问题模型与配送路径问题优化模型，以此说明如何将建模方法应用于物流中配送决策。

5.3.1　配送中心选址问题模型

不同需求点的位置和重要性不同，加权重心法（weighted center of gravity method）

可用于为仓库、商店或工厂确定"最佳"位置。通常,位置采用(X,Y)坐标轴值表示,其中X值和Y值代表在图上的相对位置。我们可以采用加权因子(例如人口数量、运输数量、销售额或任何最适合具体情况的因素)表示重要性。加权重心法的做法是,计算需求位置(X,Y)的加权平均值。

例题 5-1

联华超市想要在某地建立一所地区级中央配送中心,要求该配送中心能够覆盖该地区的五个连锁分店,分店的坐标以及每月的销售量如表5-3所示,请用加权重心法求出一个理论上的配送中心的位置。

表 5-3 连锁分店坐标及月销售量表

位置	坐标	月销售量
一分店	(325,75)	1 500
二分店	(400,150)	250
三分店	(450,350)	450
四分店	(350,400)	350
五分店	(25,450)	450

解:根据上表,可以计算出重心X和Y的坐标,如下:

$$X = \frac{(325 \times 1\ 500) + (400 \times 250) + (450 \times 450) + (350 \times 350) + (25 \times 450)}{1\ 500 + 250 + 450 + 350 + 450}$$

$$= 307.9$$

$$Y = \frac{(75 \times 1\ 500) + (150 \times 250) + (350 \times 450) + (400 \times 350) + (450 \times 450)}{1\ 500 + 250 + 450 + 350 + 450}$$

$$= 216.7$$

故所求配送中心的理论位置在原坐标系里的位置为(307.9,216.7)。

5.3.2 配送路线问题优化模型

配送路线问题是指如何将产品从供应地运输到需求地,以在成本最小或时间最短等目标下满足各个需求点的需求。物资配送可以分为直接运输与巡回运输两种方式。

(1)直送运输。定义S_{ij}表示从仓库i到需求点j的运输数量;T_{ij}表示从仓库i到需求点j的单位运输成本;C_i为仓库i的容量;D_j表示需求点j的需求量。供应总量大于或等于需求总量的运输问题的一般形式如下:

$$\min \sum_{i=1}^{i} \sum_{j=1}^{j} T_{ij} S_{ij} \tag{1}$$

约束条件:

$$\sum_{j=1}^{j} S_{ij} \leqslant C_i \tag{2}$$

$$\sum_{i=1}^{i} S_{ij} \geqslant D_j \tag{3}$$

$$S_{ij} \geqslant 0 \tag{4}$$

目标函数(1)表示运输总成本最小;约束条件(2)对所有仓库 i 都成立,表示运输数量不得超过仓库的容量;约束条件(3)对所有需求点 j 都成立,表示需求量不得超过单次运输的数量;约束条件(4)表示非负约束,对所有从仓库 i 到需求点 j 的运输都成立。

例题 5-2

Flynn 鞋业公司从世界各地进口靴子,并将靴子运往美国的主要零售客户。目前,Flynn 鞋业公司有三个仓库,分别位于亚特兰大、沃斯堡和图森。在需求方面,Flynn 鞋业公司有四大客户:BillyBob、DudeWear、Slickers 和 CJ's。仓库的周容量如表 5-4 所示,客户的需求量如表 5-5 所示,各仓库到各需求点的运输成本如表 5-6 所示,求最佳配送方案。

表 5-4 仓库容量表

仓库	亚特兰大(C_1)	沃斯堡(C_2)	图森(C_3)	合计
周容量	20 000	40 000	30 000	90 000

表 5-5 客户需求表

客户	BillyBob(D_1)	DudeWear(D_2)	Slickers(D_3)	CJ's(D_4)	合计
周需求量	27 800	8 000	13 500	33 000	82 300

表 5-6 运输成本表

运输成本 T_{ij}	BillyBob(D_1)	DudeWear(D_2)	Slickers(D_3)	CJ's(D_4)
亚特兰大(C_1)	2	3	3.5	1.5
沃斯堡(C_2)	5	1.75	2.25	4
图森(C_3)	1	2.5	1	3

解:设 S_{ij} 表示从仓库 C_i 到客户需求地 D_j 的运输量

目标函数:

$$\begin{aligned} \min Z = {} & 2 \times S_{11} + 3 \times S_{12} + 3.5 \times S_{13} + 1.5 \times S_{14} + 5 \times S_{21} + 1.75 \times S_{22} + \\ & 2.25 \times S_{23} + 4 \times S_{24} + 1 \times S_{31} + 2.5 \times S_{32} + 1 \times S_{33} + 3 \times S_{34} \end{aligned}$$

约束条件:

$$\sum_{j=1}^{4} S_{1j} \leqslant 20\ 000$$

$$\sum_{j=1}^{4} S_{2j} \leqslant 40\ 000$$

$$\sum_{j=1}^{4} S_{3j} \leqslant 30\ 000$$

$$\sum_{i=1}^{3} S_{i1} \leqslant 27\,800$$

$$\sum_{i=1}^{3} S_{i2} \geqslant 8\,000$$

$$\sum_{i=1}^{3} S_{i3} \geqslant 13\,500$$

$$\sum_{i=1}^{3} S_{i4} \geqslant 33\,000$$

$$S_{ij} \geqslant 0$$

通过 Excel 求解得出如表 5-7 的结果,其中最小总运输成本为 $Z=163\,925$。

表 5-7　仓库到各需求地的配送量

配送量 S_{ij}	BillyBob（D_1）	DudeWear（D_2）	Slickers（D_3）	CJ's（D_4）
亚特兰大（C_1）	0	0	0	15 000
沃斯堡（C_2）	0	8 000	11 300	18 000
图森（C_3）	27 800	0	2 200	0

扩展阅读 5.3
旅行商问题优化模型

（2）车辆路径问题。车辆路径问题(vehicle routing problem,VRP)是指给定一组有容量限制的车辆的集合、一个配送中心(或供货地)、若干有供货需求的客户,组织适当的行车路线,使车辆有序地通过所有的客户,在满足一定的约束条件(如需求量、服务时间限制、车辆容量限制、行驶里程限制等)下,达到一定的目标(如路程最短、费用极小、时间尽量少、使用车辆数尽量少等)。图 5-7 为车辆路径问题示意图。VRP 是由 Dantzig 和 Ramser 于 1959 年首次提出的,很快引起运筹学、管理学、计算机应用、组合数学、图论等学科专家学者的高度重视。其研究结果在运输系统、物流配送系统、快递收发系统中都已得到广泛应用。

扩展阅读 5.4
遗传算法求解 VRP

车辆路径问题的描述:从某物流中心用多台配送车辆向多个客户送货,每个客户的位置和货物需求量一定,每台配送车辆的载重量一定,每台车的一次配送的最大行驶距离一

第 5 章　供应链管理环境下的物流管理　113

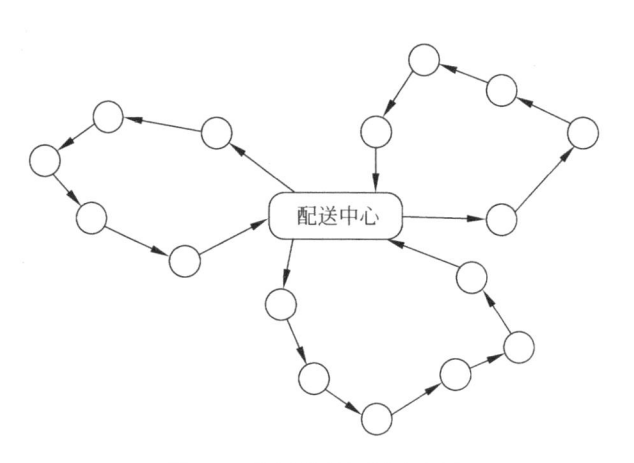

图 5-7　车辆路径问题示意图

定,要求合理安排车辆配送路线,使目标函数得到优化(例如行驶距离等),并满足以下条件:

　　a) 每条配送路径上各客户的需求量之和不超过配送车辆的载重量限制;

　　b) 每条配送路径的长度不超过配送车辆一次配送的最大行驶距离;

　　c) 所用车辆的路线均起始并终止于配送中心,每个客户的需求必须满足,且只能用一台配送车辆送货。

　　Gillett 和 Miller 在 1974 年提出的扫描算法(sweep algorithm)是解决 VRP 问题的一种启发式算法。具体的四个步骤如下:

　　a) 以起始点 0 作为极坐标系统的原点,并以连通图中任一顾客点和原点的连线定义为角度 0,然后对所有的客户所有的位置进行坐标系的变换,全部转换为极坐标系;

　　b) 分组。从角度 0 的顾客开始,建立一个组,按逆时针方向,将客户逐渐加入到组中,直到客户的需求超出了负荷限制(或超过其他约束限制),然后建立一个新组,继续按逆时针方向加入到组中;

　　c) 重复 b)的过程,直到所有的客户都被分组;

　　d) 组内路径优化。对各个组内的客户点,进行单独的 TSP 问题优化。

例题 5-3

　　现有一个仓库 V0,需要对 9 个客户提供货物,它们的需求量和极坐标值见表 5-8,它们的位置关系如图 5-8 所示。

表 5-8　客户的需求量和极坐标角度

顾 客 编 号	1	2	3	4	5	6	7	8	9
需求量/(个)	5	3	6	5	3	4	2	1	6
角坐标/(°)	80	30	135	280	255	210	170	350	335

　　设每个车辆的运输能力是 12 个单位的货物,并有足够多的车辆,试用扫描算法对顾客进行分组。

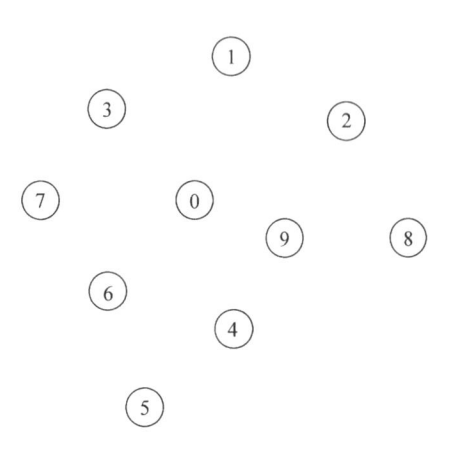

图 5-8　客户的位置关系图

解：　a）建立极坐标系，由于题干中已经直接给出了极坐标，本步可以省略；

b）分组。从角度为 0 的客户点开始，逆时针方向进行扫描，第一个被分组的是顾客 2，送货量是 3；继续转动，下一个被分组的是顾客 1，送货量是 5，此时负载还没有超过 12，继续转动，下一个被分组的是顾客 3，此时超过容量限制 12，因此从顾客 3 开始是一个新的分组，继续上面的步骤直到所有的顾客都被分配完毕，可以得到如图 5-9 所求的分组结果。

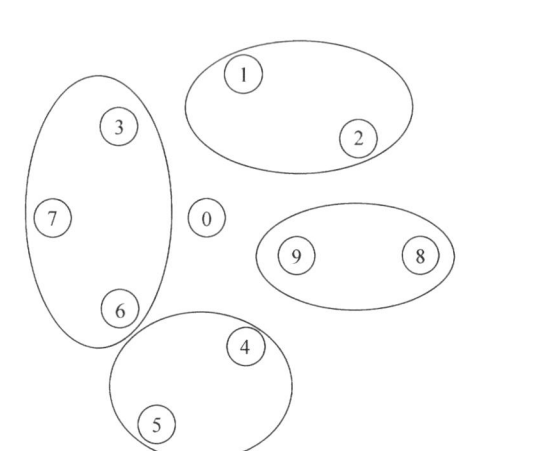

图 5-9　客户分组结果

5.4　第三方和第四方物流

随着科技的进步和市场的统一，供应链中很多供应商和大的企业为了满足市场需求，将物流业务外包给第三方物流服务商，以降低存货成本，提高配送效率和准确率。为了更好地满足市场竞争需求，整合资源，第四方物流应运而生。本节对第三方物流系统及第四方物流系统进行介绍。

5.4.1 第三方物流系统

第三方物流系统(third party logistics,3PL)是指为公司提供全部或部分物流服务的外部供应商。3PL供应商提供的物流服务一般包括运输、仓储管理、配送等。在此过程中3PL供应商既非生产方,又非销售方,而是在从生产到销售的整个物流过程中进行服务的第三方,它一般不拥有商品,而只是为客户提供仓储、配送等物流服务。本部分主要介绍第三方物流的发展历程,分析第三方物流在供应链中应用的利益所在,并介绍第三方物流发展的制约因素及其未来发展前景。

扩展阅读 5.5
麦当劳的第三方物流

1. 第三方物流的发展历程

(1) 20世纪90年代第三方物流企业的广泛兴起。将企业核心业务以外的作业外包通常被认为是现代高效供应链管理的标志。物流外包真正兴起于20世纪80年代末90年代初,即欧洲经济一体化之前。直到20世纪80年代末,美国公司新建的欧洲配送中心(European distribution center,EDC)发现需要更加柔性和更多类型的服务来满足新欧盟的需要,它们开始转向物流外包。在20世纪90年代,由第三方管理的配送中心的数量急剧增长。

(2) 20世纪90年代中期,第三方物流的概念开始传到我国,成为运输、仓储等基础服务行业的一个重要发展方向。近几年,随着市场经济体制的完善和企业改革的深入,企业自我约束机制增强,外包物流服务的需求日益增大。特别是随着外资企业的进入和市场竞争的加剧,企业对物流重要性的认识逐渐深化,视其为"第三利润源泉",对专业化、多功能的第三方物流需求日渐增加。

我国较早的第三方物流企业是传统仓储和运输企业转型而来的,如上海友谊集团物流有限公司是由原上海商业储运公司经过分离和改制后组建的,20世纪90年代初便为国际上最大的日用消费品公司——联合利华提供专业物流服务,业务由最初的仓储和运输服务,发展到今天提供运输、仓储、配送、流通加工、信息反馈等多功能个性化服务,双方建立了良好的战略合作伙伴关系。1993年成立的中远集团,1995年对陆上货运企业进行整合,成立了中远国际货运有限公司,建立起全国统一的货运网络,2001年又通过合资方式,与广东科龙公司、无锡小天鹅公司成立安泰达物流公司。

(3) 21世纪初期第三方物流全面发展。根据国际咨询机构 Armstrong & Associates,Inc统计,2014年全球第三方物流的收入规模已达7 507亿美元。英国第三方物流占其整个物流市场份额的76%,美国的第三方物流每年要完成其58%的物流量,而在日本这一比例更是高达80%,是世界上第三方物流比例最高的国家和地区。我国第三方物流较西方国家落后很多,尚不足全国物流量的20%。

虽然近年来我国第三方物流取得了较大发展,但由于起步较晚,我国第三方物流市场整体规模依然较小,与发达国家仍存在较大差距。欧洲目前使用第三方物流服务的比例约为76％,美国约为58％,且其需求仍在增长。而我国2014年开展物流外包业务的工商企业比例为63.3％,且工商企业外包物流业务量占企业总物流量的比例为80％以上的企业占比也仅为40.3％,使用第三方物流服务的比例远低于欧美。

目前,中国第三方物流的服务对象主要集中在外资企业,其次是民营企业和少数改制后的国有企业。如中海物流的客户主要有IBH、美能达、诺基亚、三洋、东芝、三星、华为、联想等企业;宝供物流公司服务的对象是宝洁、飞利浦、雀巢、沃尔玛、联想等。

2. 第三方物流在供应链中应用的利益分析

在供应链管理中,通过第三方物流可以使得供应链管理实现以下效益:

(1)减少物流成本。一般来说,3PL至少可为货主节省10％的费用,这是当前许多企业选择外包的主要原因。特别是在欧洲,由于更多的税费、更高的劳动力成本核算和更多的规章及作业限制,物流成本要比美国高出一倍,这也是许多公司选择外包的重要原因。

(2)利用先进技术减少投资。3PL物流作业的高效率进行有赖于先进的设施和软件,利用3PL就可以为企业减少在此领域的巨额投资。一项调查表明,3PL需投入大量资金用于购买物流技术设备,包括软件、通信和自动认识系统。74％的3PL购买物流技术、条码系统的平均支出高达108万美元,另外在软件上平均花费61万美元,在通信和追踪设备上花费40万美元。

(3)致力核心业务。现代竞争理论认为,企业要取得竞争优势,必须巩固和扩展自身的核心业务。这就要求企业致力于核心业务的发展,因而越来越多的企业将其非核心的物流业务外包给专业化的3PL。

(4)整合供应链。当前有一种日益明显的趋势,即企业向3PL外包整个过程而不只是物流。例如某电脑制造商与供应商合作,采用一种新的供应商管理库存(vendor managed inventory,VMI)的管理系统,并将具体业务过程,如检测、质量保证、库存管理等关键过程委托给一个第三方物流企业Customized Transportation Inc(CTI)进行,同时也由其提供物流服务。

(5)拓展国际业务。随着经济一体化的加速,不少没有国际营销渠道的公司希望进入国外市场,而国外3PL恰恰可以帮助这些公司实现其拓展国际业务的目的。例如Santa包装公司利用衣架3PL Circle公司的贸易服务,成功拓展了国际业务。

(6)公司虚拟化的需要。虚拟公司和电子商务被视为20世纪最具前途的商业模式,但虚拟公司要取得成功必须依赖3PL。

除此之外,企业还可以从第三方物流系统获取其他好处,例如改进服务质量,快速进入国际市场,获得信息咨询,获得物流管理经验,以及减少风险等。

3. 我国第三方物流发展的制约因素

我国第三方物流的发展主要受以下五种制约因素的影响:

(1)观念因素。中小企业生产管理模式较为单一,企业经营范围封闭,缺乏进入市场和社会的一体化模式,习惯于传统的企业储运方式,重生产、轻储运,难以形成现代物流管理思想。对第三方物流存在认识上观念上的障碍,是影响第三方物流发展的根本因素。

（2）结构因素。中小企业量大面广，总规模不小，但组织和产业结构不合理，低水平重复建设，重复投入，在相当多行业形成产品供大于求、结构性过剩，普遍存在产业关联度较低，缺乏社会化、专业化分工协作的问题，是影响第三方物流发展的重要因素。

（3）技术因素。虽然信息产业给中小企业注入了大量高新技术，但是仍然普遍存在设施设备老化，物流技术水平低，难以适应现代化专业物流发展的需要，是影响第三方物流发展的主要因素。

（4）管理因素。大多数中小工业企业在较大程度上缺乏较为科学的内部管理制度，缺乏管理组织能力，在生产管理上处于混乱状态，在组织经营上处于无序状态。产前没有市场调研，没有严格的成本核算；产中没有生产控制，没有营销策略；产后没有售后服务，是制约第三方物流发展的基础因素。

（5）人才因素。中小企业普遍存在员工学历素质较低，知识构成不合理，缺乏创新能力等情况，是制约第三方物流发展的核心因素。

4. 第三方物流的未来前景与发展策略

虽然近年来 3PL 的发展速度有所减慢，但是未来发展空间仍然广阔，其业务扩张将主要来自以下几个方面：

（1）扩展合作。当 3PL 承担运输和仓储业务取得良好的表现后，货主往往会考虑和这个第三方物流公司进一步扩大合作的范围，如产品包装、标签印制，甚至产品组装等。

（2）整合供应链上的业务活动。一体化供应链管理要求企业对整个供应链的流程进行整合，第三方物流恰巧是该领域的专家，相对于制造业企业来说，它们能够做得更好。因此越来越多的企业考虑与 3PL 合作，进行供应链整合。

（3）开发物流信息系统。在供应链一体化后，货主需要支持物流作业的信息技术和信息系统，而企业信息部门往往致力于内部信息系统，这就为 3PL 提供了拓展业务的机会。3PL 在物流优化方面优势明显，可帮助其客户采用供应链信息平台管理物流。

（4）处理供应链末端任务，如退货和产品包装。尽可能地在靠近消费者或者买主的地方完善产品，已经成为供应链管理体制中的基本原则。

我国针对 3PL 的发展策略为：以合作共赢为宗旨，构建物流战略联盟；以客户成功为准则，提供个性化增值物流服务；以促进发展为前提，推进整合并购；以专业人才培养为根本，提升公司核心竞争力；以物流网络为基础，提供"一站式"解决方案；以信息化为支撑，提升物流服务水平；以"多快好省"为指导，最大限度地降低物流总成本。

5.4.2 第四方物流系统

本小节主要介绍第四方物流的基本定义及其运作模式。

1. 第四方物流基本定义

第四方物流（fourth party logistics，4PL）的概念是在 1998 年由美国埃森哲咨询公司率先提出的，第四方物流专门为第一方、第二方和第三方提供物流规划、咨询、物流信息系统、供应链管理等活动，其定义是"一个调节和管理组织自己的以及具有互补性的服务提供商的资源、能力和技术，从而提供一个综合的供应链解决方案的供应链集成商"。即第四方物流是一种解决物流规划功能外包问题的物流方案，是由独立于现有物流系统各个环节的,并且与原物流系统无直接利益关系的"第四方"提供,将其自身的资源、能力和技术同来自具有互补性的服务提供者的资源、能力和技术集合起来,并对之进行管理,从而提供一体化的物流解决方案。第四方物流创造了一种协同的环境,协同后的整体效果优于各个部门的简单相加,这种商业实践鼓励个体组织为了达到整体的优化而共享信息和资源。

2. 第四方物流的运作模式

第四方物流由第四方物流服务的提供者运用自身的特长,为客户提供物流系统的规划方案。第四方物流的运作模式如图 5-10 所示,与第三方物流最显著的不同是,企业可以将物流的规划功能外包给第四方物流,而进一步将能力集中于其核心业务。

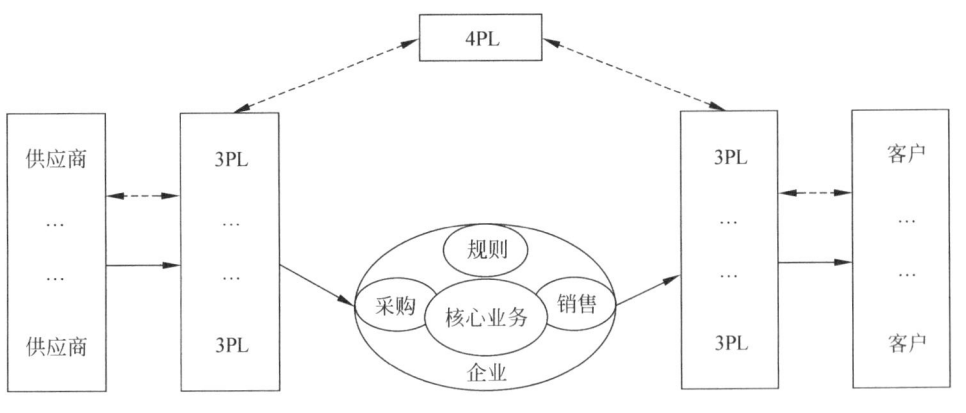

图 5-10　第四方物流的运作模式

(1) 协同运作模式。第四方物流为第三方物流服务,并提供第三方物流缺少的技术和战略技能。在这种模式下,第四方物流只与第三方物流有内部合作关系,即第四方物流服务供应商不直接与企业客户接触,而是通过第三方物流服务供应商将其提出的供应链解决方案、再造的物流运作流程等实施。这就意味着,第四方物流与第三方物流共同开发市场,在开发的过程中第四方物流向第三方物流提供技术支持、供应链管理决策、市场准入能力以及项目管理能力等,它们之间的合作关系可以采用合同方式绑定或采用战略联盟方式形成。

(2) 方案集成商模式。第四方物流为货主服务,是和所有第三方物流提供商及其他服务提供商联系的中心。在这种模式下,第四方物流作为企业客户与第三方物流的纽带,将企业客户与第三方物流连接起来,这样企业客户就不需要与众多第三方物流服务供应商进行接触,而是直接通过第四方物流服务供应商来进行复杂的物流运作的管理。在这种模式下,第四方物流作为方案集成商除了提出供应链管理的可行性解决方案外,还要对第三方物流资源进行整合、统一规划,为企业客户服务。

(3) 行业创新者模式。第四方物流通过对同步与协作的关注,为众多的产业成员运作供应链。行业创新者模式与方案集成商模式有相似之处:都是作为第三方物流和客户沟通的桥梁,将物流运作的两个端点连接起来。两者的不同之处在于:行业创新者模式的客户是同一行业的多个企业,而方案集成商模式只针对一个企业客户进行物流管理。这种模式下,第四方物流提供行业整体物流的解决方案,这样可以使第四方物流运作的规模更大限度地得到扩大,使整个行业在物流运作上获得收益。

3．第四方物流的优势

相对而言,第四方物流偏重于通过对整个供应链的优化和集成来降低企业的运行成本,而 3PL 则是偏重于通过对物流运作和物流资产的外部化来降低企业的投资和成本。第四方物流的优势如下:

(1)第四方物流具有丰富的物流管理经验和供应链管理技术、信息技术等,能给客户提供最接近要求的服务,能提供一个综合性的供应链解决方案,能利用信息资源、管理资源和资本规模为企业打造一个低成本的信息应用平台。而它的不足在于自身不能提供实质的物流运输和仓储服务。

(2)第四方物流无论采取哪一种模式,都突破了单纯发展第三方物流的局限性,能真正低成本运作,实现最大范围的资源整合。第三方物流缺乏跨越整个供应链运作以及真正整合供应链流程所需的战略专业技术,第四方物流则可以不受约束地将每一个领域的最佳物流提供商组合起来,为客户提供最佳物流服务,进而形成最优物流方案或供应链管理方案。而第三方物流要么独立地,要么通过与自己有密切关系的转包商来为客户提供服务,难以提供技术、仓储与运输服务的最佳结合。

我国九州物流公司与日本松下电器、荷兰飞利浦、美国沃尔玛,中国的格力电器、科龙电器等国内外大型企业建立了长期、稳定的合作关系,引入并实施了世界最著名的 SAPR/3 软件 ERP 系统,并采用了全球定位系统。通过互联网,九州物流实现了全球各分支机构的计算机联网和数据集成。公司客户、员工和供应商都能在互联网上随时随地查阅他们所需要的信息。通过技术合作将信息集成,从而提高第四方物流服务的水平。

5.5　逆　向　物　流

在目前的社会中,越来越多的企业承担起了原料和产品的回收及价值恢复活动。在以上重新利用废旧物的过程中产生了一种从消费者回到生产商和销售商的新型物流,这种与供应链传统物流相反的物流就是逆向物流。本节介绍逆向物流的产生与概念,并且对逆向物流按照不同属性进行分类,最后说明其重要性和特点以及逆向物流管理需要遵循的原则。

5.5.1　逆向物流的产生及其概念

供应链管理环境下逆向物流的存在取代了传统物流的单向运作模式,对于改善企业和整个供应链的绩效起到了很大的作用。为了更深入了解逆向物流,本小节我们将从逆向物流的产生以及其基本定义两个方面进行探究。

扩展阅读 5.6
唯品会不断优化逆向物流

1. 逆向物流的产生

总的来说,逆向物流的产生源于以下三个方面:

(1)来自顾客的退货行为。每个企业都会面临顾客的退货问题,由于经济发展朝着全球化方向运作,纯粹的本国制造和物流活动已颇为少见,大规模的生产和配送运输及存储环节都会造成商品、半成品、原材料和零部件的缺陷和瑕疵,这里不仅有人为因素,还受制于非人为因素。即使是更加精益化的物流与供应链管理运作,也会有差错出现。例如:商品存在质量问题、商品数量有偏误、商品配送地点有误等,从而造成顾客退货,产生逆向物流。

(2)来自供应商的产品召回行为。产品召回制度源于 20 世纪 60 年代的美国汽车行业,经过多年实践,美国、日本、澳大利亚等国对缺陷汽车召回都已经形成了比较成熟的管理制度。近几年随着消费者地位的上升,消费者权益增加,产品召回现象从最初的汽车迅速蔓延到手机、家电、日用品等各类产品。为了维护企业的核心竞争力,企业需要通过有效的逆向物流管理来降低召回损失。

(3)来自国际和法律的环境保护因素。经济全球化的推进也让各国开始密切关注环境保护问题,各国都从自身可持续发展的目标出发,对破坏环境的商品及商品包装制定相关法律并进行严厉监控。例如,德国的《包装废品废除法令》在 1991 年通过并成为法律,这一法令强调企业有责任管理它们的包装废品,包括收集、分类、循环使用包装物。各大企业为了响应国际和法律上的环境保护号召,纷纷对废弃物的逆向物流进行规划。

2. 逆向物流的概念

“逆向物流”这个名词最早是由 Stock 在 1992 年给美国物流管理协会(Council of Logistics Management,CLM)的一份研究报告中正式提出的。即逆向物流为一种包含了产品退回、物料替代、物品再利用、废弃物处理、再处理、维修与再制造等流程的物流活动。

《中国国家标准——物流术语,2006》对逆向物流的定义如下:物品从供应链下游向上游的移动所引发的物流活动,也称反向物流,并且将逆向物流分解为回收物流和废弃物物流两大类。回收物流是指不合格品的返修、退货及周转使用的包装容器从需方返回到供方所形成的物品实体流动;废弃物物流是指将经济活动中失去原有使用价值的物品根据实际需要进行收集、分类、加工、包装、搬运、储存,并分送到专门处理场所时所形成的物品实体流动。

5.5.2 逆向物流的分类

逆向物流根据不同的属性可以分为不同的类别,接下来对其进行具体介绍。

1. 按照回收物品的渠道来分

按照回收物品的特点可分为退货逆向物流和回收逆向物流两部分。退货逆向物流是指下游顾客将不符合订单要求的产品退回给上游供应商,其流程与常规产品流向正好相反。回收逆向物流是指将最终顾客所持有的废旧物品回收到供应链上各节点企业的物流活动。

第5章　供应链管理环境下的物流管理　121

2．按照逆向物流材料的物理属性来分

按照逆向物流材料的物理属性可分为钢铁和有色金属制品逆向物流、橡胶制品逆向物流、木制品逆向物流、玻璃制品逆向物流等。

3．按成因、途径和处置方式及其产业形态来分

按成因、途径和处置方式的不同，逆向物流被学者们区分为投诉退货、终端使用退回、商业退回、维修退回、生产报废与副品，以及包装 6 大类别，具体如表 5-9 所示。

表 5-9　逆向物流类别

类　　别	周　期	驱动因素	处理方式	例　　证
投诉退货 运输短少、偷盗、质量问题、重复运输等	短期	市场营销 客户满意服务	确认检查，退换货补货	电子消费品诸如手机、DVD 机、录音笔等
终端使用退回 经完全使用后需处理的产品	长期	经济 市场营销	再生产、再循环	电子设备的再生产、地毯循环、轮胎修复
		法规条例	再循环	白色和黑色家用电器
		资产恢复	再生产、再循环、处理	电脑元件及打印硒鼓
商业退回 未使用商品退回还款	短期到中期	市场营销	再使用、再生产、再循环、处理	零售商积压库存，如时装、化妆品
维修退回 有缺陷或损坏的商品	中期	市场营销 法规条例	维修处理	有缺陷的家用电器、零部件、手机
生产报废与副品 生产过程的废品和副品	较短期	经济 法规条例	再循环、再生产	药品行业、钢铁业
包装 包装材料和产品载体	短期	经济 法规条例	再使用 再循环	托盘、条板箱、器皿、包装袋

5.5.3　逆向物流的重要性与特点

逆向物流在供应链物流体系中发挥重要的作用，其后将介绍逆向物流的重要性及特点。

1．逆向物流的重要性

（1）提高潜在事故的透明度。逆向物流在促使企业不断改善品质管理体系上，具有重要的地位。ISO 9001 2000 版将企业的品质管理活动概括为一个闭环式活动：计划、实施、检查、改进，而逆向物流恰好处于检查和改进两个环节上，承上启下，作用于两端。企业在退货中暴露出的品质问题，将通过逆向物流资讯系统不断传递到管理阶层，提高潜在事故的透明度，管理者可以在事前不断改进品质管理，以根除产品的不良隐患。

（2）提高顾客价值，增加竞争优势。在当今顾客驱动的经济环境下，顾客价值是决定企业生存和发展的关键因素。众多企业通过逆向物流提高顾客对产品或服务的满意度，赢得顾客的信任，从而增加其竞争优势。对于最终顾客来说，逆向物流能够确保不符合订单要求的产品及时退货，有利于消除顾客的后顾之忧，增加其对企业的信任感及回头率，扩大企业的市场份额。如果一个公司要赢得顾客，它必须保证顾客在整个交易过程中心情舒畅,而逆向物流战略是达到这一目标的有效手段。另一方面,对于供应链上的企业客户来说,上游企业采取宽松的退货策略,能够减少下游客户的经营风险,改善供需关系,促进企业间战略合作,强化整个供应链的竞争优势。特别对于过时性风险比较大的产品,退货策略所带来的竞争优势更加明显。

(3) 降低物料成本。减少物料耗费,提高物料利用率是企业成本管理的重点,也是企业增效的重要手段。然而,传统管理模式的物料管理仅仅局限于企业内部物料,不重视企业外部废旧产品及其物料的有效利用,造成大量可再用性资源的闲置和浪费。由于废旧产品的回购价格低、来源充足,对这些产品回购加工可以大幅度降低企业的物料成本。

(4) 改善环境行为,塑造企业形象。随着人们生活水平和文化素质的提高,环境意识日益增强,消费观念发生了巨大变化,顾客对环境的期望越来越高。另外,由于不可再生资源的稀缺以及对环境污染日益加重,各国都制定了许多环境保护法规,为企业的环境行为规定了一个约束性标准。企业的环境业绩已成为评价企业运营绩效的重要指标。为了改善企业的环境行为,提高企业在公众中的形象,许多企业纷纷采取逆向物流,以减少产品对环境的污染及资源的消耗。

2. 逆向物流的特点

逆向物流作为企业价值链中特殊的一环,与正向物流相比,既有共同点,也有各自不同的特点。二者的共同点在于都具有包装、装卸、运输、储存、加工等物流功能。但是,逆向物流与正向物流相比又具有其鲜明的特殊性。

(1) 分散性。逆向物流产生的地点、时间、质量和数量是难以预见的。逆向物流可能产生于生产领域、流通领域或生活消费领域,涉及任何领域、任何部门、任何个人,在社会的每个角落都在日夜不停地发生。正是这种多元性使其具有分散性。而正向物流则不然,按量、准时和指定发货点是其基本要求。这是由于逆向物流产生的原因通常与产品的质量或数量的异常有关。

(2) 缓慢性。人们发现,开始的时候逆向物流数量少、种类多,只有在不断汇集的情况下才能形成较大的流动规模。废旧物资的产生也往往不能立即满足人们的某些需要,需要经过加工、改制等环节,甚至只能作为原料回收使用,这一系列过程的时间是较长的。同时,废旧物资的收集和整理也是一个较复杂的过程。这一切都决定了废旧物资缓慢性这一特点。

(3) 混杂性。回收的产品在进入逆向物流系统时往往难以划分为产品,因为不同种类、不同状况的废旧物资常常是混杂在一起的。当回收产品经过检查、分类后,逆向物流的混杂性随着废旧物资的产生而逐渐衰退。

(4) 多变性。由于逆向物流的分散性及消费者对退货、产品召回等回收政策的滥用,有的企业很难控制产品的回收时间与空间,这就导致了多变性。主要表现在以下四个方面:

① 逆向物流具有极大的不确定性;

② 逆向物流的处理系统与方式复杂多样;

③ 逆向物流技术具有一定的特殊性;

④ 相对高昂的成本。

5.5.4 逆向物流管理的原则

与正向物流相比,逆向物流是十分复杂的,对于逆向物流的管理又是企业不得不面临的问题。逆向物流管理需要遵循以下五个原则。

1. 事前防范重于事后处理原则

逆向物流实施过程中的基本原则是"事前防范重于事后处理"即"预防为主、防治结合"的原则。因为对回收的各种物料进行处理往往给企业带来许多额外的经济损失,这势必增加供应链的总物流成本,与物流管理的总目标相违背。因而,对生产企业来说要做好逆向物流,一定要注意遵循"事前防范重于事后处理"的基本原则。

2. 绿色原则

绿色原则即将环境保护的思想观念融入企业物流管理过程之中,即为"5R"原则:减量(Reduce)、重复使用(Reuse)、再循环(Recycle)、再生(Regenerate)、拒用(Reject)。这就需要企业在进行物流管理过程中重视研究企业物流的环境对策,如循环经济、清洁生产等绿色技术的研究与推广应用,争取做到在物流过程中少排放、少污染、少浪费。

3. 效益原则

物流是社会再生产过程中的重要一环,物流过程中不仅有物质循环利用、能源转化,而且有价值的转移和价值的实现。因此,现代物流涉及了经济与生态环境两大系统,理所当然地架起了经济效益与生态环境效益之间彼此联系的桥梁。经济效益涉及和局部的更密切相关的利益,而环境效益则关系更宏观和长远的利益。经济效益与环境效益是对立统一的,后者是前者的自然基础和物质源泉,而前者是后者的经济表现形式。尽管逆向物流具有极大的不确定性,但是通过信息技术的应用(例如使用条形码技术、GPS 技术、EDI技术等)可以帮助企业大大提高逆向物流系统的效率和效益。

4. 法制化原则

尽管逆向物流作为产业而言还只是一个新兴产业,但是逆向物流活动从其来源可以看出,它如同环境问题一样并非新生事物,然而,人们以往对这一问题的关注较少,所以市场自发产生的逆向物流活动难免带有盲目性和无序化的特点。

5. 社会化原则

从本质上讲,社会物流的发展是由社会生产的发展带动的。当企业物流管理达到一定水平,对社会物流服务就会提出更高的数量和质量要求。企业回收物流的有效实施离不开社会物流的发展,更离不开公众的积极参与。在许多民间环保组织如绿色和平组织(Green Peace)的巨大影响力下,已有不少企业参与了绿色联盟。

本 章 小 结

本章首先引入物流管理的概念,明确物流管理对于供应链管理的重大意义,讨论航空、公路、铁路、水路、管道、多式联运等不同运输方式的优劣势以及物流配送的流程与要素。然后分析配送成本的组成,讨论了库存成本、运输成本与顾客响应性的权衡,提出降低配送成本五种策略,并给出了不同运输网络的优劣势分析以及相应配送决策模型讲解。

除此之外,本章还介绍了第三方物流、第四方物流和逆向物流相关内容,这些对于企业运营和物流管理都大有裨益。

思 考 题

1. 简要说明什么是物流管理? 什么是供应链物流管理?
2. 什么是第三方物流? 什么是第四方物流?
3. 说出第三方物流和第四方物流有什么显著区别?
4. 逆向物流是什么?
5. 简述物流管理战略框架四个层次?
6. 说出几种物流配送方式,并说明其优缺点及适用场合?
7. 介绍在一定的顾客服务水平下使配送成本最小的五种策略?
8. 简述逆向物流的重要性及特点?

案 例 分 析

京东基于"互联网＋"的
自营物流配送体系

第 6 章

供应链金融

【本章学习目标】

通过本章学习,学员应该能够:

1. 了解供应链金融的特点、功能、参与主体及发展阶段。
2. 了解不同类型企业主导的供应链金融运作模式的优缺点。
3. 熟悉和掌握供应链金融几种主要融资模式的运作流程。
4. 理解供应链金融风险的来源、绩效维度及其管控原则与方法。

【导入案例】

菜鸟网络供应链金融

菜鸟网络供应链金融"入仓即可贷"的服务于 2018 年 6 月开始试点,2018 年 7—10 月全面推广。伴随国家智能物流骨干网建设,该服务已经覆盖到菜鸟云仓体系,将帮助物流企业和入仓商家备战"双 11"。首批试点的云仓物流企业有中国邮政、科捷、心怡、发网、天图等。

菜鸟网络供应链金融平台是构建在生态基础上,利用科技的力量,实现融资需求方与资金方的匹配。其核心在于:(1)利用电商平台保障收入自偿性;(2)打通供应链金融全信息链,让资产可控,掌握每个商家的每个商品或服务,如一个小时发了多少货、收入多少货款,还有每个货物的地址、条件、价值等;(3)技术领先,用技术和数据来解决和突破问题,而不是用作业来解决和突破。回顾这两年来的发展,菜鸟网络供应链金融平台可提供多元化解决方案,包含了存货融资、预付融资、银票、跨境外币融资、车辆融资、CP 保理等多种产品,并且开放性地引入了多家商业银行、供应链金融机构提供金融服务。

实体流通业的金融,对于更多人来说,只接触过消费端的消费类金融,比如传统银行发行的信用卡,蚂蚁金服推出的花呗,解决消费者购物资金需求的短期性融资。同理,发生在供应商和零售商的供应链金融,解决的也是商家在商品在库存状态(出售前)的资金占压和即时性融资。消费类金融的资金获取,金融机构参照的是信用和数据。对于供应链金融来说,除了传统的库存(动产)和物产(不动产)之外,菜鸟供应链金融还有一个授信维度,来自数据。而这,恰恰是传统提供供应链金融支持的机构难以触达的关键。商家在菜鸟仓的库存情况,包括什么时候进来、什么时候出去,以及货品品质和售后顾客点评,商家货品的下一步销售预估,都能实时获取。中国在动产金融方面的商业信贷增速明显。相比 2004 年的 12％,现在已经至少增加到 40％,主要由中小微企业受益。

资料来源:董兴荣. 阿里巴巴的财务管理"金三角"策略与菜鸟网络供应链融资[J/OL]. 财资一家. 2018-09-13. https://www.sohu.com/a/253577769_494793

上述案例中菜鸟网络供应链金融属于物流企业主导的供应链金融,是供应链金融的运作模式中的一种。目前国内供应链金融集中在计算机通信、电力设备、汽车、化工、煤炭、钢铁、医药、有色金属、农副产品及家具制造业等行业。截至 2019 年 8 月,我国供应链金融市场规模已经超过 10 万亿元,前景可观。本章内容主要包括供应链金融概述、供应链金融运作模式、供应链金融融资模式以及供应链金融风险管控。

6.1　供应链金融概述

供应链金融的兴起原因在于解决传统供应链的问题。为更好地了解供应链金融,本节介绍了供应链金融的概念、参与主体以及供应链发展的 4 个阶段。

6.1.1　供应链金融概念

2020 年 9 月 22 日,人民银行联合 8 部委发布《关于规范发展供应链金融、支持供应链产业链稳定循环和优化升级的意见》(下称《意见》),第一次明确了供应链金融的定义和发展方向,向市场传递清晰的信号。

1. 供应链金融的定义

《意见》指出,供应链金融(supply chain finance)是指从供应链产业链整体出发,运用金融科技手段,整合物流、资金流、信息流等信息,在真实交易背景下,构建供应链中占主导地位的核心企业与上下游企业一体化的金融供给体系和风险评估体系,提供系统性的金融解决方案,以快速响应产业链上企业的结算、融资、财务管理等综合需求,降低企业成本,提升产业链各方价值。

一般来说,一个特定商品的供应链从原材料采购,到制成中间及最终产品,最后由销售网络把产品送到消费者手中,将供应商、制造商、分销商、零售商直到最终用户连成一个整体。在这个供应链中,竞争力较强、规模较大的核心企业因其强势地位,往往在交货、价格、账期等贸易条件方面对上下游配套企业要求苛刻,从而给这些企业造成了巨大的压力。而上下游配套企业恰恰大多是中小企业,难以从银行融资,结果最后造成资金链十分紧张,整个供应链出现失衡。

因此供应链金融在当代供应链管理的作用尤其重要,供应链金融管理能将物流运作、商业运作和金融管理集为一体,统一进行管理和控制,影响到公司的资本结构、风险等级、成本水平、盈利能力和最终市场利润等多个方面,已经成为影响股东价值的重要因素。它将贸易中的买方、卖方、第三方物流以及金融机构紧密地联系在了一起,用供应链物流盘活资金,用资金拉动供应链物流。而在这个过程中,金融机构如何更有效地嵌入供应链网络,与供应链经营企业相结合,实现有效的供应链资金运行,同时又能合理地控制风险,是供应链金融的关键问题。

2. 供应链金融的特点

从产业供应链角度出发，供应链金融的实质为金融服务提供者通过对供应链参与企业的整体评价，以资产所产生的未来现金流作为直接还款来源，运用丰富的金融产品，采用闭合性资金运作的模式，并借助中介企业的渠道优势，来提供个性化的金融服务方案，为企业、渠道以及供应链提供全面的金融服务。供应链金融服务可以提升供应链的协同性，降低其运作成本。具体看，供应链金融的特点有：

（1）供应链金融的参与主体主要有金融机构、中小企业、支持型企业以及在供应链中占优势地位的核心企业。

（2）完善的大数据分析是银行或其他机构对客户企业进行整体评价的前提，是提供供应链金融服务的基础。

（3）供应链金融从新的视角评估中小企业的信用风险，从专注于对中小企业本身信用风险的评估，转变为对整个供应链及其交易的评估。

（4）供应链金融从核心企业入手研究整个供应链，闭合式资金运作是供应链金融服务的刚性要求，一方面将资金注入处于相对弱势的上下游配套中小企业；另一方面将银行融入上下游企业的购销行为。

3. 供应链金融的功能

供应链金融的功能主要表现在以下四个方面：

（1）成为中小企业融资新渠道。供应链金融将中小企业置于供应链的大背景下综合考虑，引入核心企业的信用，利用流动和无形资产进行融资，淡化了中小企业规模、风险抵御能力等所带来的融资限制。供应链金融为中小企业融资的理念和技术瓶颈提供了解决方案，中小企业信贷市场不再可望而不可即。同时，供应链金融开始进入很多企业财务执行官的视线，对他们而言，供应链金融作为融资的新渠道，不仅有助于弥补被银行压缩的传统流动资金贷款额度，而且通过上下游企业引入融资便利，自身的流动资金需求水平持续下降。

（2）帮助供应链整体竞争力提升。供应链金融可以提高供应链企业的整体竞争力。对核心企业而言，供应链金融可帮助其培育销售渠道，强化供应质量，并且压缩自身融资，降低财务费用，从而提升竞争力；对供应商而言，供应链金融可帮助其缓解应收资金压力、稳定经营活动，降低交易成本，扩大生产能力；对经销商而言，可帮助其减少资金垫付压力，加速资金周转，扩大销售量，增加销售收入。同时，供应链金融服务为供应链正常运转提供资金支持，能很好地实现"物流""资金流""信息流""商流"的四流合一。

（3）为银行开源新通路。供应链金融提供了一个切入和稳定高端客户的新渠道。通过面向供应链系统成员的一揽子解决方案，核心企业被"绑定"在提供服务的银行之中，同时一次服务的成功能很好地复制到其他类似的模式中去，可信度高，也能给银行带来可观的收益。

（4）提升经济效益和社会效益。除了针对该模式的参与者，供应链金融的经济效益和社会效益非常突出，借助"团购"式的开发模式和风险控制手段的创新，中小企业融资的收益成本比得以改善，并表现出明显的规模经济，这对我国企业自身发展与对外竞争都有很好的促进作用。

6.1.2　供应链金融参与主体

供应链金融的参与主体主要有金融机构、核心企业、中小企业以及支持性企业。其不同主体的主要作用如下：

1. 金融机构

为中小企业提供融资支持，通过与支持型企业、核心企业合作，在供应链的各个环节，根据预付账款、存货、应收账款等动产进行"量体裁衣"，设计相应的供应链金融模式；提供供应链金融服务的模式，决定了供应链金融业务的融资成本和融资期限。

2. 核心企业

因为供应链是一个整体，中小企业的融资瓶颈会给核心企业造成供应或经销渠道的不稳定，核心企业依靠自身优势地位和良好信用，通过担保、回购和承诺等方式帮助上下游中小企业进行融资，维持供应链稳定性。

3. 中小企业

在生产经营中，受经营周期的影响，预付账款、存货、应收账款等流动资产占用大量的资金。而在供应链金融模式中，可以通过货权质押、应收账款转让等方式从银行取得融资，把企业资产盘活，将有限的资金用于业务扩张，从而减少资金占用，提高了资金利用效率。

4. 支持性企业

作为主要协调者，一方面为中小企业提供物流、仓储服务，另一方面为银行等金融机构提供货押监管服务，搭建银企间合作的桥梁。对于参与供应链金融的物流企业而言，供应链金融为其开辟了新的增值业务，带来新的利润增长点，为物流业务的规范与扩大带来更多的机遇。

6.1.3　供应链金融发展阶段

供应链金融的发展大致经历了以下四个阶段：

1. 供应链金融 1.0（线下模式）

以人工授信审批为主的"1＋N"模式，在获得核心企业承诺支持与参与的情况下，核心企业"1"为债项提供信用背书，使得与核心企业交易的中小微型企业"N"容易获得授信。这种线下模式依赖于业务人员对行业和核心企业的经验判断，属于被动的投信审批，一项一审，规模效应与技术的应用效果不明显，客户缺少黏性。

2. 供应链金融 2.0（线上模式）

实现流程的线上化操作，进而实现融资服务的规模效应和边际操作成本的最小化。一般地，银行与核心企业 ERP 系统相联通，客户对 ERP 系统的黏性转化为对融资服务的黏性，在核心企业的配合与参与下，银行可以低成本地获得批量客户，是线上化的"N＋1＋M"模式。

3. 供应链金融 3.0（平台模式）

供应链金融 3.0 是平台商业模式中构建的金融服务。平台经济的"双边效应"，再结合"互联网＋"的长尾效应，成为整合商流、物流、资金流，"三流合一"的信息平台，银行在平台模式下可获得与交易相关的丰富信息。例如，目前众多的 B2B 平台，打破传统的"二八定律"和重点客户思维，银行获得大量的潜在客户，降低了操作成本与风险管控成本。

4. 供应链金融 4.0（智慧化模式）

在生态系统平台建设上跨产业、跨区域、跨部门，与政府、行业协会、产业资本等各方广泛联盟，基于云计算和大数据创建金融生态体系，使得金融能真正服务于整个供应链的各类主体并推动商业生态的发展。例如，招商银行推出供应链金融 4.0 产品，融合"供应链的生态共建、互联网的开放共享、投行的资源整合"思维，以 Fintech 技术实现各类产业生态圈场景（包括核心企业产业生态圈、B2B 平台产业生态圈等）。智慧化实现供应链生态的可视化、智能化、自动化、透明化，利用物联网、大数据、云计算、人工智能和区块链，产生金融生态，从而实现产融生态有机、有序、有效发展的体系。

6.2　供应链金融的运作模式

供应链金融的参与主体主要有四大类：金融机构、核心企业、中小企业以及支持性企业，每一类参与主体在供应链金融业务中都有着不同的功能，它们相互独立又相互联系，从主导的参与方视角来看，不同的参与主体起主导作用，积极地与供应链上其他参与主体合作，共同改善供应链上资金流的运转，能形成不同的供应链金融运作模式。目前，市场上应用较为广泛的四种供应链运作模式是分别以银行、物流企业、电子商务平台、核心企业为主导的供应链金融运作模式。

扩展阅读 6.1
平安银行供应链金融运作模式

6.2.1　银行主导的供应链金融运作模式

我国供应链金融发展起步相对较晚，最早是深圳发展银行在 1999 年开展了存货融资业务模式的供应链金融，随后平安银行提出了"1＋N"的供应链金融模式，即银行依托供应链上核心企业的信用为其上下游企业提供应收账款、预付账款、存货质押等形式的融资服务。自此国内的各大银行纷纷开展供应链金融业务，以银行为主导的供应链金融运作模式得到了快速发展。

如图 6-1 所示，在银行主导的供应链金融模式中，银行将供应链上具有较强竞争力的核心企业与供应商、分销商、物流供应商等上下游中小企业进行信息捆绑，基于交易的真实性和资金情况为它们提供综合金融服务。

银行主导的供应链金融运作模式的优势主要体现在以下几个方面：

（1）供应链金融是中小企业融资的新渠道，而银行拥有雄厚的资金实力，可以为供应链上的中小企业提供资金支持。

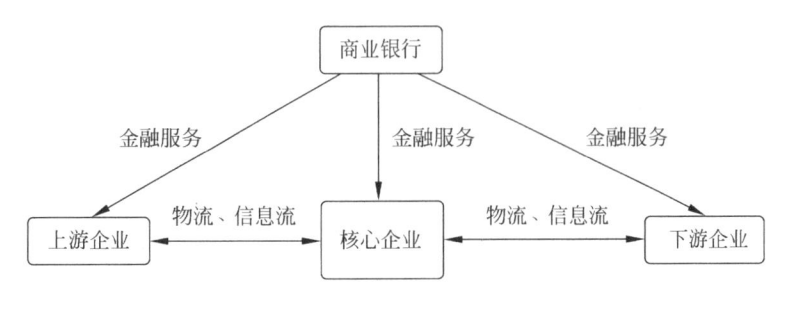

图 6-1　银行主导的供应链金融模式

（2）供应链金融面临的一个重大挑战就是风险控制，需要把单个企业的不可控风险转变为供应链企业整体的可控风险，银行拥有较为成熟的风控体系，可以有效地对供应链服务过程中的风险进行控制。

（3）供应链金融要解决的不仅是资金借贷的问题，还需要对供应链的资金流进行全方位的管理，涉及的业务非常复杂，银行可以在其金融服务体系的基础上提供更加专业的金融解决方案。

然而银行主导的供应链金融运作模式也存在一些劣势，主要体现在以下几个方面：

（1）银行决定是否给中小企业贷款时对于贸易真实性和资金情况的判断依据主要来源于核心企业，对供应链上中小企业贸易的真实性难以做出专业的判断。

（2）目前银行面向大部分行业都提供了供应链金融产品和服务，缺少针对行业的个性化产品和服务，难以满足不同行业、不同企业的差异化需求。

（3）中小银行多为地方性银行，除少数外，不能跨区域设立机构，而供应链上核心企业及其上下游企业大多遍布全国，因此中小银行很难为全链条企业提供优质服务，也难以控制异地业务风险。

扩展阅读 6.2

越海供应链金融模式

6.2.2　物流企业主导的供应链金融运作模式

随着电商平台的兴起，物流企业的发展迅速，逐步显现出规模化和网络化的优势，在提供运输、仓储、包装等基础服务的同时，也在积极开拓增值服务，供应链金融业务就是其中之一，因此形成了以物流企业为主导的供应链金融运作模式。

在物流企业为主导的供应链金融运作模式中，物流企业通过利用生产企业所需的供应链采购、仓储、物流服务和报关报检等多个物流服务环节的优势，将供应链上下游连接起来，以此提供供应链的金融服务。例如，物流企业服务商利用自身的仓储资源，对信用度高的商家提供仓储融资服务，商家能够凭借入库的货品优先拿到货款，同时物流企业还可以为相关的金融机构和核心企业监控运输和管理货物，提供物流的货物监管服务。

物流企业主导的供应链金融模式主要分为以下两种：

（1）第三方物流企业基于自有资金的供应链金融模式。如图 6-2 所示，这种模式中物流企业自身起到银行的作用直接为中小企业融资，因此对物流企业的资金实力以及风险控制能力要求较高。

图 6-2　第三方物流企业基于自有资金的供应链金融模式

（2）第三方物流企业基于外来资金的供应链金融模式。如图 6-3 所示，这种模式中物流企业为银行提供真实的物流和交易信息，而银行主要提供融资功能，国内的物流企业主导的供应链金融运作模式大多为这种模式。

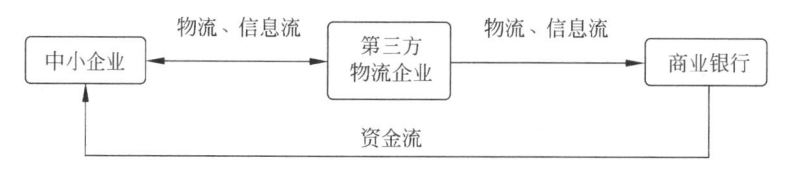

图 6-3　第三方物流企业基于外来资金的供应链金融模式

物流企业主导的供应链金融运作模式的优势主要体现在以下几个方面：

（1）物流企业为供应链上企业提供物流服务，是供应链上物流和信息流的集散中心，掌握着最真实、最基础的信息资源，有利于对贸易的真实性作出判断。

（2）获取信息的成本降低，有效缓解了企业与银行之间信息不对称的问题。

（3）相比银行，物流企业更加深入产业，第一、第二、第三产业的物流需求呈现逐年上升的势头，只要是提供物流服务的场景都能够实现供应链金融服务。

物流企业主导的供应链金融运作模式也存在一些劣势，主要体现在以下几个方面：

（1）中国物流行业比较分散，集中度低，且在运输和仓储的规范方面缺乏标准，流通中的物权难以得到相应的保证。

（2）中小企业的融资需求逐年上升，而大部分的物流企业的资金实力难以满足这些融资需求，因此最终的资金来源还是来自于银行等金融机构，融资过程烦琐。

扩展阅读 6.3
京东的供应链金融模式

6.2.3　电子商务企业主导的供应链金融运作模式

移动互联网时代，电商行业快速发展，商家通过电商平台进行交易，使电商平台沉淀了商家的基本信息和历史交易信息等优质精准的数据，电子商务企业可以依据这些大数据向信用良好的商家提供供应链金融服务,因此形成了以电子商务企业为主导的供应链金融运作模式。

在电子商务企业为主导的供应链金融运作模式中,电商企业充分利用电商平台积淀的大量商家的信息资料,通过对数据的分析处理,得出拥有良好信用商家的真实数据资料,并将供应链成员间的信息流、资金流、物流有效整合,为平台上信用良好的单个企业或上下游多个企业提供融资服务,以构建产品供应链与平台合作共赢、协同发展的电商生态。

电商企业主导的供应链金融模式可分为基于自有资金和基于外来资金这两种模式。

(1)电商企业基于自有资金的供应链金融模式。如图 6-4 所示,在基于自有资金的电商供应链金融运作模式中,电商企业基于平台大数据构建风险和信用评估模型,为资信良好的中小企业提供融资服务。

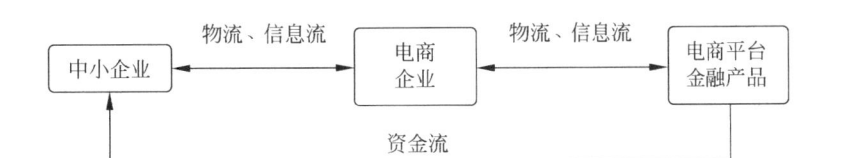

图 6-4　电商企业基于自有资金的供应链金融模式

(2)电商企业基于外来资金的供应链金融模式。如图 6-5 所示,在基于外来资金的电商供应链金融的运作模式中,电商企业与商业银行等金融机构开展合作,共享平台上的订单等数据,电商对订单进行审核盖章后传送至合作方,具体融资业务由合作方完成。

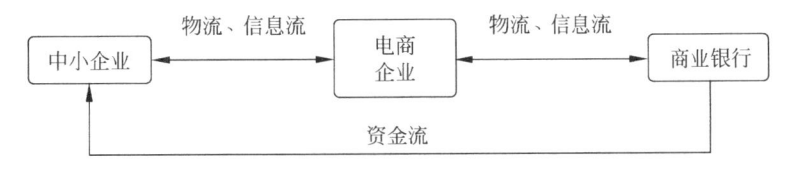

图 6-5　电商企业基于外来资金的供应链金融模式

电商企业主导的供应链金融运作模式的优势主要体现在以下几个方面:

(1)商家通过电商平台进行交易会产生交易信息等数据,电商平台基于入驻商户的交易信息,能深入评价企业的信用水平,缓解了信息不对称、信息获取成本高的问题。

(2)中小型企业的借贷数额比较小,时间短,较为频繁。而电商与产生借贷关系的中小企业共同进行商业运营,中小企业在电商平台上进行销售,电商平台对其运营模式、支付方式等信息都较为了解,所以能随时随地进行借贷,做到融资时间短、速度快。

电商企业主导的供应链金融运作模式劣势主要体现在以下几个方面:

(1)由于电商平台的销售额度有一定的限度,所以融资的规模比较小,可能无法完全满足中小企业的融资需求。

(2)提供融资服务的电商平台一般只有小额贷款的权利,由经营者进行管理,不像商业银行那样由国家支持和管理,所以电商在进行融资服务的过程中,没有像银行那样的金融机构一样享受政策方面的优惠,导致电商平台的税收负担较为严重。

（3）由于电商企业在提供供应链金融业务时主要依据平台上的交易数据进行风险和信用的评估，因此电商企业只能基于自身业务范围提供服务。

（4）电商平台上的商家可能会伪造交易记录，因此存在虚假的交易记录，电商平台在依据这些数据进行信用和风险评估时容易产生误判。

扩展阅读 6.4
联想的金融服务

6.2.4 核心企业主导的供应链金融运作模式

供应链中的核心企业一般都是规模大、影响力强、市场占有率高的企业，对供应链上下游的资源、业务模式、经营状况、还款能力以及信用等情况都较为了解。随着"互联网＋"浪潮的推进，越来越多的大型核心企业能够与上下游企业直接接触，在上下游企业大量的融资需求推动与新的利润增长点的驱动下，核心企业凭借着自己的信息、资源、信用优势成为提供供应链金融服务的主体，主导供应链金融的运作。

在以核心企业为主导的供应链金融运作模式中，核心企业可以与商业银行等相关金融机构协调合作，获得资金支持，同时接受融资企业的申请，并对融资企业进行审核，基于融资企业的运营情况、质押物等情况进行综合衡量，重点考察上下游融资企业与自己的历史交易数额、交易频率等，以此确定担保额度，向金融机构贷款，从而提供供应链金融服务，如图 6-6 所示。

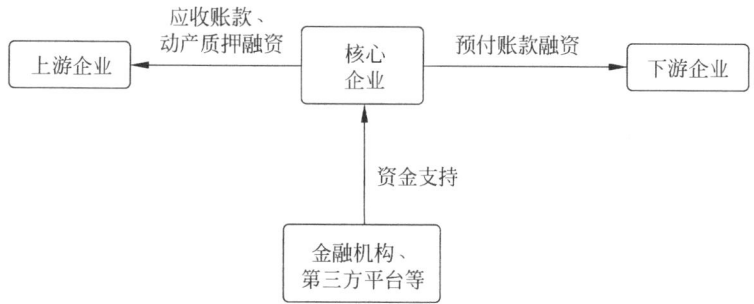

图 6-6 核心企业主导的供应链金融模式

以核心企业为主导的供应链金融运作模式的优势主要在于：

（1）在与供应链上下游企业的频繁交易的过程中，掌握了上下游中小企业的运营情况、信用情况等，对中小企业的实际情况更为了解。

（2）每个行业内的核心企业对自身产业的了解程度都很高，能够清楚地知晓自身行业的运行规律，因此提供的供应链金融服务更有行业针对性。

（3）由于核心企业经过与上下游企业的频繁交易合作能够掌握上下游企业的各种信息，包括资产状况、销售能力、企业诚信度等，因此，核心企业能很快判断上下游企业的信用,融资过程效率很高、周期短。

然而核心企业主导的供应链金融运作模式也存在一些劣势,主要在于核心企业仅仅只是本行业内规模大、影响力强、市场占有率高的企业,因此提供供应链金融服务的范围很有限,只能给与其有交易或合作关系的中小企业提供服务。

6.3 供应链金融主要融资模式

一般来说,中小企业的现金流缺口经常会发生在采购、运营和销售三个阶段。在采购阶段,一方面具有较强实力供应商往往会利用自身的强势地位要求下游购买商尽快付款,同时供应商的商品价格波动也会给下游企业采购带来巨大资金缺口,这都导致了上游企业风险的发生。在日常运营阶段,中小企业因为库存、销售波动等原因积压大量存货,占用大量流动资金,给企业造成资金周转困难,很容易造成供应链中断等不利整体发展的事件。最后在销售阶段,如果面对的是具有较强实力的购货方,货款收回期较长,也会给企业带来流动资金短缺的风险。与这个过程相对应,供应链金融融资的切入点可以分为三个阶段:即采购阶段的预付账款融资,运营阶段的动产质押融资,以及销售阶段的应收账款融资。

6.3.1 预付账款融资

预付账款融资属于供应链融资的基础模式之一,主要运用于采购阶段,其定义和具体的交易模式如下。

1. 预付账款融资的定义

简单来说,预付账款融资可以理解为"未来存货的融资"。从风险控制的角度看,预付账款融资的担保基础是预付款项下客户对供应商的提货权,或提货权实现后通过发货、运输等环节形成的在途存货和库存存货。

提货权融资的情况如担保提货(或保兑仓),是指客户通过银行融资向上游支付预付款,上游收到后即出具提货单,客户再将提货单质押给银行,然后以客户分次向银行打款的方式进行提货。在这样的情况下,对一些销售状况非常好的企业,其库存物资往往很少,因此融资的主要需求产生于等待上游排产及货物的在途周期。如果是买方承运,银行一般会指定中立的物流公司控制物流环节,并形成在途库存质押;如果是卖方承运,则仍是提货权质押。货物到达买方后,客户可向银行申请续做在库的存货融资。

这样预付账款融资成为存货融资的"过桥"环节。在此过程中,中小企业、焦点企业、物流企业以及银行应共同签署应付账款融资业务合作协议书,银行为融资企业开出银行承兑汇票为其融资,作为银行还款来源的保障,最后购买方直接将货款支付给银行。当货物到达后,融资企业可以向银行申请将到达的货物进一步转化为存货融资,从而实现融资的"无缝连接"。

2. 预付账款融资的交易模式

根据已有研究与相关企业实践,预付账款融资的交易模式主要可以归纳为如下两种:

(1) 保兑仓融资。保兑仓融资是在上游核心企业(销货方)承诺回购的前提下,中小企业(购货方)以金融机构指定仓库的既定仓单向金融机构申请质押贷款,并由金融机构控制其提货权为条件的融资业务。保兑仓融资基本业务流程如图 6-7 所示。

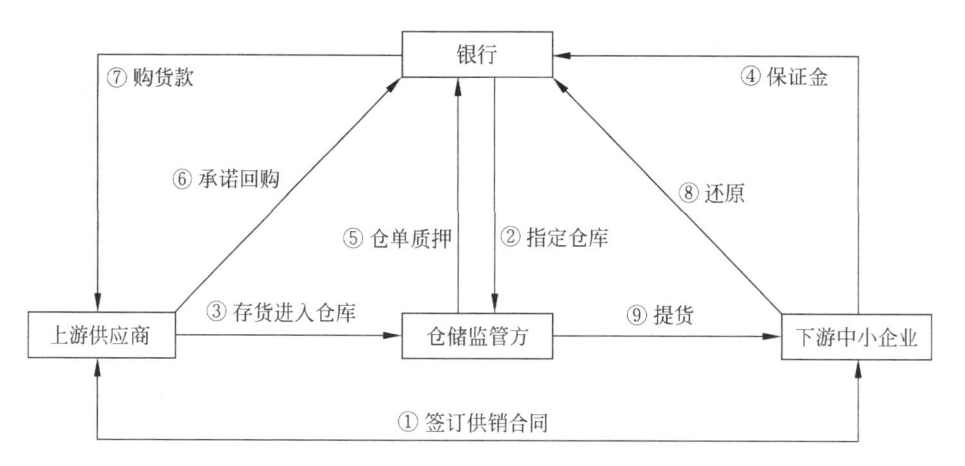

图 6-7 保兑仓融资基本业务流程

① 签订合同。上游供应商和下游中小企业签订购销合同,并和中小企业协商向经办行申请办理融资业务贷款,主要用于支付购货款项。

② 银行指定仓储监管方的仓库。

③ 上游供应商发货,存货进入仓库。上游供应商收到银行同意对中小企业贷款的通知后,向银行指定的物流企业的仓库发货,并取得仓单交给银行。

④ 中小企业缴存保证金。下游中小企业向银行缴存保证金,银行发放相应比例的商品提货权给中小企业,直到保证金账户金额等于汇票的金额。

⑤ 仓单押质,仓储监管协议订立。银行与仓储监管方签署仓储监管协议。

⑥ 上游供应商承诺回购。

⑦ 下游中小企业凭购销合同向银行申请仓单质押贷款,专门用于支付上游核心企业该项交易的货款。

⑧ 下游中小企业获得商品提货权提取货物,提货权还原。

⑨ 中小企业提货。

(2)先票后货融资。先票后货融资是预付账款融资的进一步延伸发展,是指客户(买方)先从银行取得授信证明,在交纳一定比例保证金后,银行向卖方议付全额货款,卖方按照购销合同以及合作协议书的约定发运货物,货物到达后设定抵质押作为银行授信的担保。先票后货融资的业务流程如图 6-8 所示。

对客户而言,由于授信时间不仅覆盖了上游的排产周期和在途时间,而且到货后可以转为库存融资,因此该产品对客户流动资金需求压力的缓解作用要高于存货融资。其次,因为是在银行资金支持下进行的大批量采购,所以客户可以从卖方争取较高的商业折扣,进而提前锁定商品采购价格,防止涨价风险。

对银行而言,可以利用贸易链条的延伸,二次开发上游企业业务资源。此外,可以额外设定卖方对其产品的回购或调剂销售条款,有利于规避客户违约情况下的变现风险。除此之外,由于货物直接从卖方发给客户,因此货物的权属要比存货融资模式更为直观和

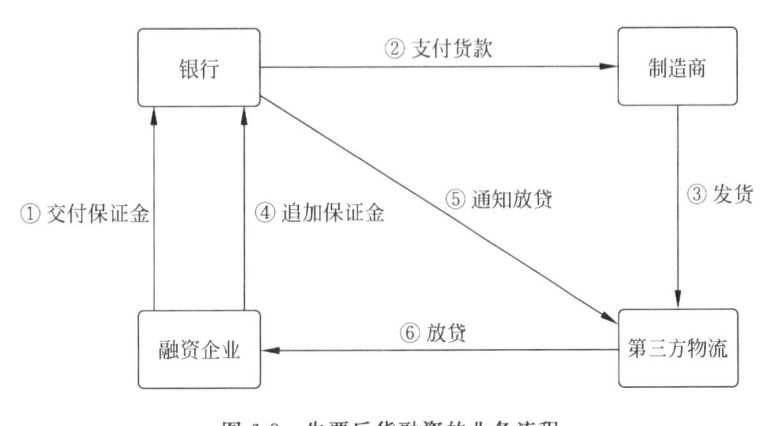

图 6-8　先票后货融资的业务流程

清晰。

在实践中,一些企业产品因为畅销所以库存往往较少,因此企业的资金需求集中在预付款领域。同时,因为该产品涉及卖家及时发货、发货不足的退款、到货通知以及在途风险控制等环节,所以客户对卖家的谈判地位也是操作该模式的条件之一。在此过程中应该加强对上游客户的发货、退款和回购等能力的评估,加强对在途风险的防范、损失责任的划分和发货后库存环节的控制。

6.3.2　动产质押融资

动产质押融资属于供应链融资的基础模式之一,主要运用于运营阶段,其定义、具体的交易模式和分类如下。

1. 动产质押融资的定义

动产质押业务是指银行以借款人的自有货物作为质押物,向借款人发放信贷款的业务。由于原材料、产成品等动产的强流动性以及我国原有法律对抵质押生效条件的规定,金融机构在动产的物流跟踪、仓储监管等手续办理、价格监控乃至变现清偿等方面面临着很大的挑战,这给中小企业以动产质押方式寻求金融机构贷款带来了巨大的风险。而供应链上下游的一体化和业务的标准化,使得动产质押方式在供应链融资中变得越来越成熟。

供应链下的动产质押融资模式是指银行等金融机构接受动产作质押,并借助核心企业的担保和物流企业的监管,向中小企业发放贷款的融资业务模式。在这种融资模式下,金融机构会与核心企业签订担保合同或质物回购协议,约定在中小企业违反约定时,由核心企业负责偿还或回购质押动产。供应链核心企业往往规模较大,实力较强,所以能够通过担保、提供出质物或者承诺回购等方式帮助融资企业解决融资担保困难,从而保证其与融资企业良好的合作关系和稳定的供货来源或分销渠道。物流企业提供质押物的保管、价值评估、去向监督等服务,从而架设起银企间资金融通的桥梁。动产质押融资模式实质是将金融机构不太愿意接受的动产(主要是原材料、产成品)转变为其乐意接受的动产质押产品,并以此作为质押担保品或反担保品进行信贷融资。

总的来说,供应链下的动产质押融资模式是将物流服务、金融服务、仓储服务三者予以集成的一种创新式综合服务,它有效地将物流、信息流和资金流进行组合、互动与综合管理。以达到拓展服务、优化资源、提高经营效率、提升供应链整体绩效,以及增加整个供应链竞争力为目的的综合服务。

2. 动产质押融资的交易模式

由于产品生产周期不断缩短、需求市场波动频繁,缺乏良好融资渠道的中小企业陷入了两难的境地:一方面为了保证生产销售的稳定性,企业不得不保有大量库存应对市场变化,另一方面又希望尽快将库存转变为现金流,维持自身运营的持续性。动产质押融资则能帮助加快库存中占用资金的周转速度,降低库存资金的占用成本。

动产融资交易模式如图 6-9 所示,具体如下:

① 融资企业向商业银行申请动产质押贷款;

② 商业银行委托物流企业进行价值评估,并向其出具评估证明;

③ 融资企业将动产移交、质押给第三方物流;

④ 物流企业对融资企业移交的动产进行验收,商业银行发放信用贷款。

对于客户而言,抵质押设定对于生产经营活动的影响相对较小,特别对于库存稳定

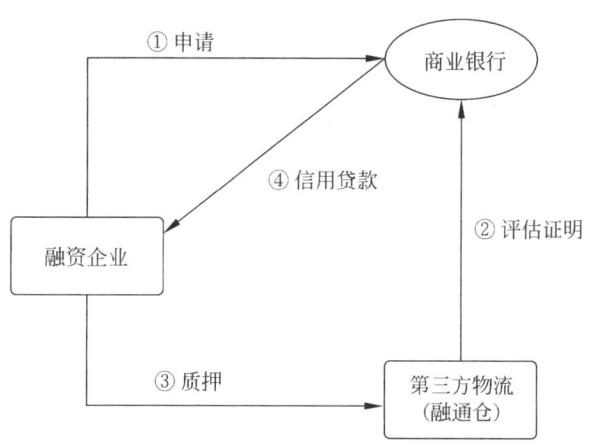

图 6-9　动产质押融资交易模式

的客户而言,在合理设定抵质押价值底线的前提下,授信期间几乎无须启动追加保证金赎货的流程,因此对盘活存货的作用非常明显。对银行而言,该产品的保证金效应相对小于静态抵质押授信,但是操作成本明显小于后者。因为以货易货的操作可以授权第三方物流企业进行,这样整个模式流程更简化。

3. 动产质押融资分类

根据质押授信的方式不同,动产质押融资比较常见的三种操作方式分别是静态抵质押授信、动态抵质押授信和仓单质押授信。

(1) 静态抵质押授信。如图 6-10 所示,静态质押授信是指企业将抵押货物交给第三方物流并取得贷款后就不能变动直到抵押结束,清偿贷款以后才能重新流通使用抵押物。而且,客户不能以货易货,必须打款赎回货物。这种融资产品主要适用于除存货以外无其他质押物的客户,并且客户符合批量送货、分次销售的特点。静态抵质押授信对客户和银行都有好处:对客户来说,在没有其他抵质押物的情况下,能够从银行获得授信,激活积压在存货上的资金,有利于扩大经营规模;对银行来说,可以扩大目标客户群体,获得变现能力较强的质押物,获取保证金,扩大收入来源,并利用贸易链切入客户的上游企业。虽然静态抵质押授信对客户和银行都有好处,但是静态抵质押授信也有其不足,由于抵质押物不能在贷款偿清之前使用,如果质押物是企业的生产原料或半成品,很有可能导致企业需

要生产的时候耽误生产,盈利能力下降,从而导致不能如期归还贷款,第三方物流只能承担抵质押货物贬值和变现损失的后果。

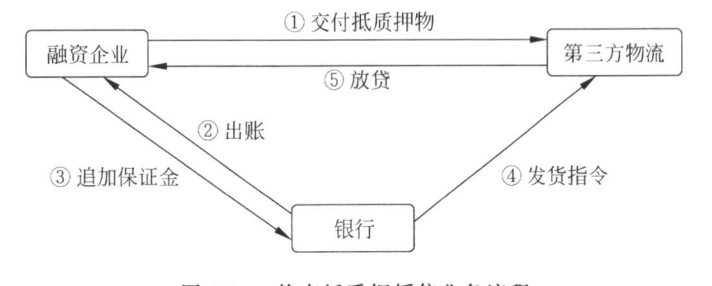

图 6-10　静态抵质押授信业务流程

由于以上提到的不足,静态抵质押授信业务往往很少使用,动态抵质押授信才是银行主要采用的动产质押融资方式。

(2)动态抵质押授信。与静态抵质押授信不同,动态抵质押授信允许客户使用被质押的货物,不过,这一情况也是被严格限定的,客户抵质押货物的价值需要有一个最低限额,只有超过这个最低限额,货物才能出库,客户也可以以货易货。对于那些库存稳定、货物品类较一致、抵质押货物价值较易核定的客户来说,这种融资产品是一个不错的选择。同时,如果客户存货进出频繁,无法采用静态抵质押授信,也可以使用这种产品。动态抵质押授信同样能够为企业和银行带来有利的影响:对于融资企业来说,以货易货的设定能够最大化消除抵质押对生产经营活动的影响。如果企业库存稳定,合理设置抵押物价值底线,在授信期间几乎不用启动追加保证金赎回货物的流程,既减少了成本,也盘活了库存资金;对于银行来说,相对于静态抵质押授信,动态抵质押授信的保证金收入虽然少了,但操作成本也明显小于静态抵质押授信,因为银行可以授权第三方物流企业进行以货易货的操作。

银行为了进一步降低风险,方便进行贷款融资业务,对企业抵质押货物品种做出了一定的限制。质押货物的品类最好一致,比如钢管、钢材等;或者货物价值易核定,比如有色金属、黑色金属、木材等。关于质押率,不同银行、不同质押物都会规定不同的质押率。一般来说,原材料比较容易变现,质押率较高;产成品尽管市场价值高,但不容易变现,质押率就较低。动态抵质押授信业务流程如图 6-11 所示。

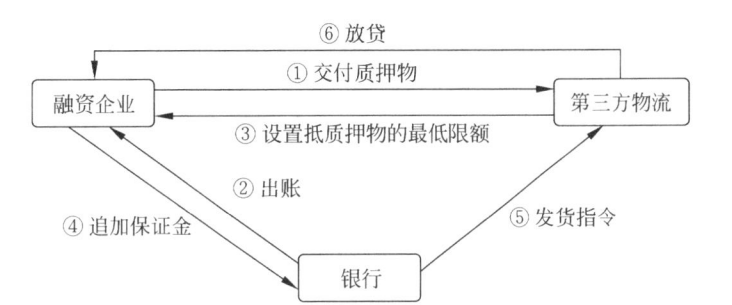

图 6-11　动态抵质押授信业务流程

（3）仓单质押授信。仓单质押一般可以分标准仓单质押和非标准仓单质押两种模式。

标准仓单是指由期货交易所统一制定的，由期货交易所指定交割仓库完成入库商品的验收、确认合格后签发给货主并在期货交易所注册生效的提权凭证，标准仓单经期货交易所注册后，可用于进行交割，交易，转让，抵、质押和注销等。标准仓单质押是指商业银行以标准仓单为质押物，给予符条件的借款人（出质人）一定金额融资的授信业务，具体流程如图 6-12 所示。

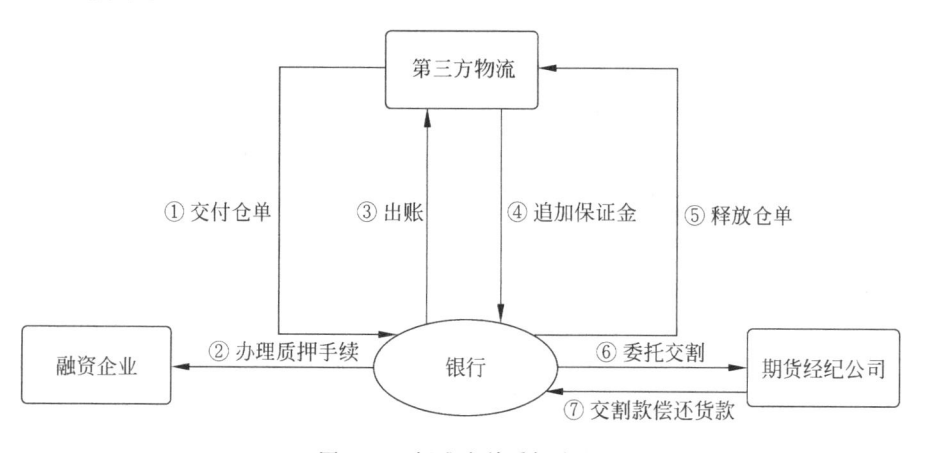

图 6-12　标准仓单质押流程

非标准仓单是指由商业银行评估认可的第三方物流企业出具的，以生产、物流领域有较强变现能力的通用产品为形式表现的权益凭证。非标准仓单质押是指商业银行以非标准仓单为质押物，给予符合条件的借款人（出质人）一定金额融资的授信业务，如图 6-13 所示。从中国商业银行与第三方物流企业合作物流金融的业务领域出发，非标准仓单质押业务更具有代表性。

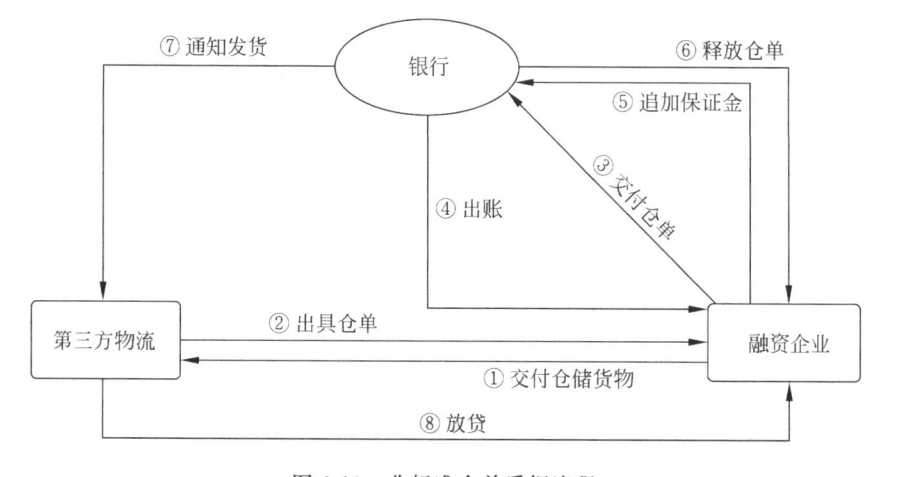

图 6-13　非标准仓单质押流程

6.3.3 应收账款融资

应收账款融资属于供应链融资的基础模式之一,主要用于销售阶段,其定义、具体的交易模式以及分类如下。

1. 应收账款融资的定义

随着赊销成为最主要的销售方式,供应链上游的企业普遍承受着现金流紧张所带来的压力,通过应收账款融资的方式也越来越普遍。应收账款融资模式指的是卖方将赊销项下的未到期应收账款转让给金融机构,由金融机构为卖方提供融资的业务模式。基于供应链的应收账款融资,一般是为供应链上游的中小企业融资。

在该模式中,作为债务企业的核心大企业,由于具有较好的资信实力,并且与银行之间存在长期稳定的信贷关系,因而在为中小企业融资的过程中起着反担保的作用,一旦中小企业无法偿还贷款,大企业也要承担相应的偿还责任,从而降低了银行的贷款风险。同时,在这种约束机制的作用下,产业链上的中小企业为了树立良好的信用形象,维系与大企业之间长期的贸易合作关系,就会选择按期偿还银行贷款,避免了逃废银行贷款现象的发生。

基于供应链金融的应收账款融资模式帮助中小企业克服了其资产规模和盈利水平难以达到银行贷款标准、财务状况和资信水平达不到银行授信级别的弊端,利用核心大企业的资信实力帮助中小企业获得了银行融资,并在一定程度上降低了银行的贷款风险。

一般来说,传统的银行信贷更关注融资企业的资产规模、全部资产负债情况和企业整体资信水平。而应收账款融资模式是以企业之间的贸易合同为基础,依据的是融资企业产品在市场上的被接受程度和产品盈利情况。此时银行更多关注的是下游企业的还款能力、交易风险以及整个供应链的运作状况,而并非只针对中小企业本身进行风险评估。

2. 应收账款融资的交易模式

应收账款融资主要是由上游融资企业、下游债务企业和金融机构三方组成,具体业务流程如图 6-14 所示。

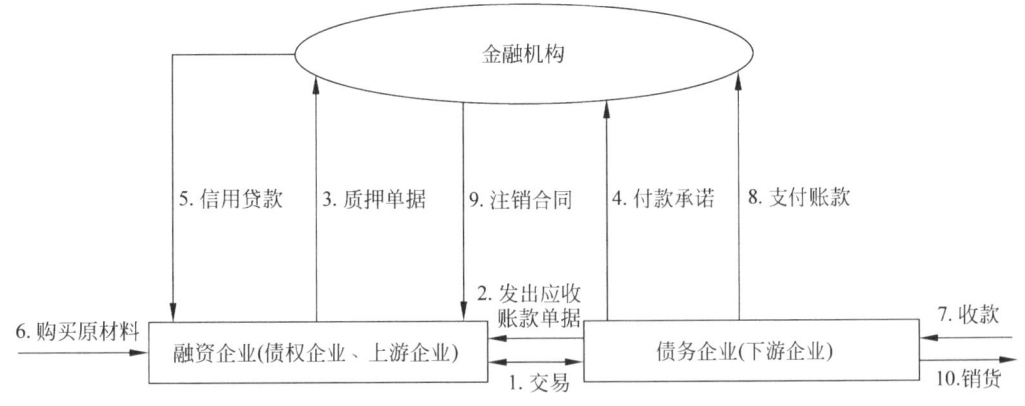

图 6-14 应收账款融资业务流程

具体的运作模式如下：

(1) 中小企业(上游企业、销货方)与核心企业(下游企业、购货方)进行货物交易；

(2) 核心企业向中小企业发出应收账款单据，成为货物交易关系中的债务人；

(3) 中小企业用应收账款单据向金融机构申请质押贷款；

(4) 核心企业向金融机构出具应收账款单据证明以及付款承诺书；

(5) 金融机构贷款给中小企业，中小企业成为融资企业；

(6) 中小企业融资后，用贷款购买原材料和其他生产要素，以继续生产；

(7) 核心企业销售产品，收到货款；

(8) 核心企业将预付账款金额支付到融资企业在金融机构指定的账号；

(9) 应收账款质押合同注销。

3. 应收账款融资模式的分类

具体而言，应收账款融资有三种方式：应收账款抵押融资、应收账款让售和应收账款证券化。

(1) 应收账款质押融资。即供货企业以应收账款债权作为质押品向融资机构融资，融资机构在向供货企业融通资金后，若购货方拒绝付款或无力付款，融资机构具有向供货企业要求偿还融通资金的追索权。

(2) 应收账款让售。即供货企业将应收账款债权出卖给融资机构并通知买方直接付款给融资机构，将收账风险转移给融资机构，融资机构要承担所有收款风险并吸收信用损失，丧失对融资企业的追索权。

(3) 应收账款证券化。应收账款证券化是资产证券化的一部分，指将企业那些缺乏流动性但能够产生可以预见的稳定的现金流量的应收账款，转化为金融市场上可以出售和流通的证券的融资方式。

6.3.4　三种基础融资模式的对比

预付账款融资、动产质押融资、应收账款融资这三种基础的供应链融资模式存在很多共同点，也有少许区别。

1. 三种基础的供应链融资模式共同点

(1) 银行等金融机构拥有融资项下的资产或者对融资产生的收入有一定的控制权或者全部控制权。

(2) 这三种模式都具有自偿性和封闭性，第一还款来源为融资项下资产，其次才是其他还款来源。

(3) 金融机构在考虑授信额度时不再主要考虑企业的规模和实力，而是重点关注企业之间的贸易背景和交易行为。

(4) 金融机构在给予授信额度时，重点考察融资业务的自偿性和融资企业运用资金的能力。

2. 三种基础的供应链融资模式区别

(1) 预付账款融资最大限度减轻了企业一次性付款带来的资金压力，尤其是大额订单，企业往往难以承担一次性大额付款。这种融资模式帮助融资企业拿到了超过自身资金能力的订单，也提升了上游企业的销售能力。

（2）动产质押融资的主要目的在于盘活在运物资以及产品储存在仓库占用的资金，最大化发挥资金的效率。

（3）应收账款融资主要针对供应链下游企业，因为赊销账期较长，供应商的资金流紧张，这一模式的主要目的在于盘活企业未来的现金流。

这三种基础融资模式在标的、融资用途、融资企业位置、所属阶段、风险控制等方面存在着区别，具体情况如表 6-1 所示。

表 6-1   三种基础的供应链融资模式区别

内　　　容	预付账款融资	动产质押融资	应收账款融资
标的	预付货物	存货	债权
融资用途	分批次付款/获得提货权	盘活在运物资以及库存	盘活现金流
融资企业位置	下游采购商和分销商	任何节点企业	上游供应商
所属阶段	采购阶段	运营阶段	销售阶段
风险控制	控制提货权以及监视货物价格变化	跟踪和监视货物价格的变化	监视债务企业

扩展阅读 6.5
"1＋N"战略融资

6.4　供应链金融风险管控

供应链金融风险是指商业银行和第三方物流公司在对供应链企业进行融资过程中，由于各种事先无法预测的不确定因素带来的影响，使供应链金融产品的实际收益与预期收益发生偏差，或者资产不能收回从而遭受损失的可能性。在供应链金融运作的过程中要充分认识到风险来源以及应对风险的方法。

6.4.1　供应链金融风险的影响因素

供应链金融拥有众多的供应链参与者，其交易平台依托金融融资实现商流、物流、信息流、资金流的四流合一。这种创新行为必然会受到各种供应链运营因素的影响，对整体供应链产生风险。具体来讲，按照风险分类方法，影响供应链金融风险的因素可依据不同的来源和层次划分，即为供应链金融的外生风险、内生风险和主体风险三类。

1. 供应链金融的外生风险

供应链金融的外生风险主要影响因素包括市场经济，法律法规和产业环境三个方面。

（1）市场经济。市场经济性因素，特别是经济周期性波动是供应链金融活动中最常见的外生风险。由于市场价格的波动和金融汇率的变化，会造成质押物在某段时间的价格随时发生变化，从而造成质押物变现能力的改变。对于那些应用不广泛、不易于处置、易变质、价格波动大的商品作质押品会存在较大的风险。如：商品在质押期间，市场价格大幅下降，可能会出现贷款额高于质押物价值的现象，使贷款企业产生赖债的动机。

（2）法律法规。一方面，国家或地方的法律和政策对行业和产品的支持或限制情况对供应链金融的整体运营也会产生相应的融资风险。所以，应该避免把贷款投放到监管不完善，或是国家、地方政策限制其发展的行业或领域。另一方面，目前相关法律法规的缺失也会致使风险发生，例如我国现行相关法律法规，对动产质押有效性、排他性的规范条款过于原则化，在一定程度上存在概念模糊及操作困难。这方面的风险也表现在货物的所有权问题和合同的条款规定上。货物所有权在各主体之间进行流动，很可能产生所有权纠纷。

（3）产业环境。产业环境也是供应链金融外生影响因素之一，它和经济环境的影响是不一样的。在产业集中度高的供应链中，大多数核心企业掌握着较为广泛的资源，能够独立完成产品前端研发和技术创新等活动，整个供应链相对集中化；而在集中度低的产业中，核心企业控制的资源相对较少，对上下游企业的依赖程度较强。为了获得市场竞争优势，提高市场占用率，核心企业往往会进行横向和纵向的资源整合，反过来这一过程也会对供应链金融操作产生风险，因此不同的产业环境特征也是决定企业供应链金融服务风险的重要影响因素。

2. 供应链金融的内生风险

供应链金融的内生风险主要影响因素包括成员信用、监管操作流程、供应链管理能力和利益分配与补偿机制四个方面。

（1）成员信用。客户的业务能力、业务量及商品来源的合法性，对物流企业来说都是潜在的风险。此外，还要考察客户企业的资产负债率，如果客户企业的资产负债率太高，客户企业存在破产的可能。

（2）监管操作流程。在商品监管方面，由于目前我国信用系统比较薄弱，还没有建立起较为完善的信用体系，存在信息不对称和扭曲现象，因此对供应链上的动态风险监控可能存在一定的疏漏，造成质押商品的监管风险。目前，多数物流企业管理粗放、设备陈旧、信息化程度低，造成监管脱节。另外，在异地仓库质押监管中，由于用于质押监管的仓库有可能是第三方仓库或是客户自身仓库，所以给物流企业质押监管带来了更大的风险。

（3）供应链管理能力。供应链管理能力一般依托于链中核心企业对整个供应链的运营管理水平，供应链的组织管理能力和供应链金融业务操作密切相关，组织管理能力越强，供应链融资风险越低，运营的质量越高；反之，即便初始的供应链结构和流程设计较好，没有良好的管控和协调，也会造成诸多不良的后果。

（4）利益分配与补偿机制。供应链是战略、运作、收益一体化与成员企业利益独立化的统一体。在现代供应链管理的统一思想下，链中的每个企业都要为供应链总体收益的最大化而共同行动。与此同时，链中企业因为所处位置不同，为供应链整体利益所承担的风险也不同。

3. 供应链金融的主体风险

供应链金融的主体风险主要影响因素包括资质能力、财务水平和诚信背景三个方面。

（1）资质能力。资质即资格与素质，主体资质指的是行为主体的资源能力，一般是指核心企业在行业或领域中的地位。如果是供应链融资的服务对象,则看中的是该企业的经营资源和能力,特别是该企业抗拒行业变动和风险的能力。如果融资对象的能力有限(包括技术、生产等能力),而融资总量过大,或者融资周期过长,相应的风险就会很大。

(2)财务水平。在供应链金融管理中,金融产生的基础并不完全依据企业的财务报表和财务指标,还有供应链运营中的贸易和物流过程或是更为具体的动产价值,特别是对于很多中小企业,往往很难凭借其财务报表进行风险判断和管理,但是财务状况分析对主体风险而言仍然是非常必要的,这些分析包括企业的盈利率、现金流情况等。

(3)诚信背景。供应链参与方或金融组织者都需要良好的诚信记录,这才是让供应链金融活动免受危机的基础。然而这一问题也是目前中国开展供应链金融的最大障碍,一是在资金市场上尚无完善的信用管理体系,这让银行对中小企业的征信评估较为困难;二是政策执行上的不尽完善,使得违约的代价不足以抵清违约行为所获得的利益,这也是很多银行不愿意提供资金援助的原因。

6.4.2 供应链金融风险的绩效维度

在当今的前沿研究中,莫里兹·莱昂·贡姆(Moritz Leon Gomm)通过引入经济增加值(economic value added)对供应链金融进行分析,得到了供应链金融绩效有三个很重要的指标,即持续时间(或融资周期)、总量(或融资量)以及资金成本(或融资费率),这一观点目前得到了广泛认可。

持续时间(或融资周期)指的是资金成本占用的时间长度,融资周期越长,资金的成本和风险越大。这是因为随着时间的变化,各种影响供应链运营的因素可能发生变化,从而使得供应链运行出现波动,进而对现金流量周期产生负面影响,甚至导致资金无法回收的现象。总量(或融资量)的增加也会导致风险的增加,一旦供应链运行中的某一环出现问题,产生延迟或中断,就会直接影响到资金安全和收益。资金成本(或融资费率)是资金占用的代价,这种代价的确立,既需要考虑各种影响供应链运营风险的因素,也需要与其他融资渠道的代价相比较。总体上看,上述三个指标既是相互独立的,也是相互影响、相互作用的。如图 6-15 所示,这三者之间的优化直接影响了公司的财务价值以及供应链金融的质量和稳定。一般而言,融资周期越长,融资量越大,融资费率越高。除此之外,这三个指标的运行状态又与供应链运营紧密相关,供应链越是稳定、持续,参与各方关系良好,往往融资费率就越低,从而融资周期缩短,频率加快,单笔融资量变小,但总量变大。

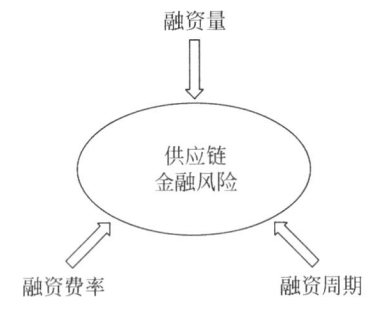

图 6-15 供应链金融绩效模型

由此,通过之前分析的供应链三大风险,可得供应链金融风险因素与绩效之间的关系。供应链金融作为供应链参与者之间依托金融资源实现商流、物流结合的一种创新行为,必然会受到各种影响供应链运营因素的影响,并且对融资量、融资周期和融资费率产生作用。具体来讲,前文提到的供应链金融风险在不同环境下对上述三个绩效维度均会产生影响(如图 6-16 所示),并且这些因素往往是结合在一起共同决定风险的程度和大小,而这种状况会直接影响控制和管理供应链金融风险的方法。

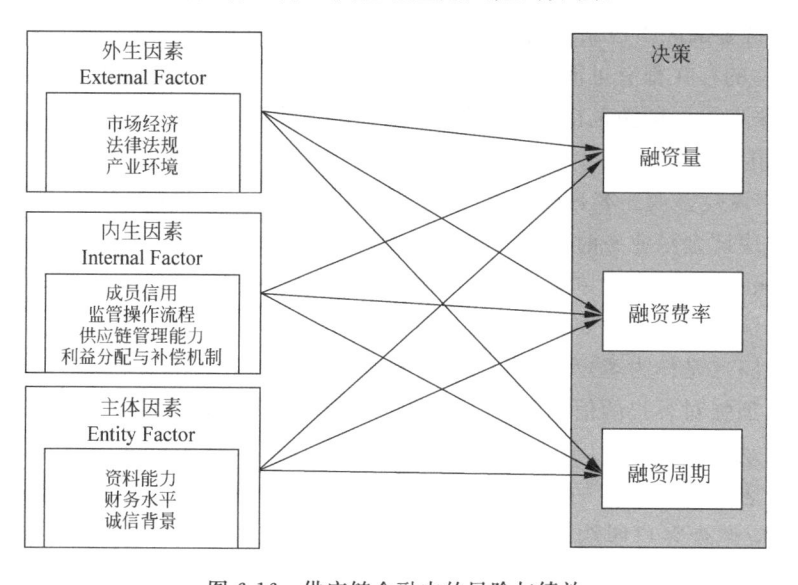

图 6-16　供应链金融中的风险与绩效

6.4.3　供应链金融风险管理

通过以上的研究可以看出,导致供应链金融不确定性的因素有三类:供应链内生风险、供应链外生风险与供应链主体风险。内生风险一般来自供应链企业之间的互动,外生风险一般指的是供应链中所产生的外部不确定性因素,主体风险则是由供应链行为主体本身的原因造成的风险和不确定性。以上三种风险均会影响融资的绩效,为此,在供应链金融风险管理的过程中,应当充分认识到上述三种风险的状况,合理地建构供应链和供应链金融运行体系。

1. 供应链金融风险管理的原则

具体来讲,供应链金融风险管理的原则如下:

(1)业务闭合化。供应链金融运行的首要条件就是要在整个供应链上形成业务闭合,也就是说供应链的整个活动是有机相连、合理组织、有序进行的,从而实现完整循环。

(2)管理垂直化。供应链金融管理的垂直化意味着对各个管理活动和领域实施专业化管理,并使之相互制衡,互不从属或重叠,既相互独立又相互关联。

(3)收入自偿化。收入自偿化原则是供应链融资的基本条件,指的是根据企业自身情况,以及上下游资信实力,向供应链中的企业提供短期融资解决方案,并且以供应链运营收益或者所产生的确定未来现金流作为直接还款来源的融资过程。

（4）交易信息化。供应链金融风险管理有赖于高度的信息化管理，这种信息不仅表现为企业生产经营系统和管理系统的信息化，更在于企业或组织内部之间的信息共享。

（5）风险结构化。风险结构化指的是在开展供应链金融业务的过程中，能合理地设计业务结构，并且采用各种有效手段或组合，化解可能存在的风险和不确定性。

（6）声誉资产化。生产风险和生活风险开始交互，声誉资产化不可忽视，应重视合作伙伴的名誉风险。

2. 供应链金融风险控制方法

任何风险的存在都有可能使企业蒙受经济和资信的损失，要降低风险，企业应该针对不同的风险采取不同的防范措施，将损失降到最低。针对上一节分析的几种风险，按照不同方面给出相应对策如下：

（1）信用风险方面。客户资信风险、仓单风险、商品的监管风险都与信用有联系。所以，在开展供应链金融业务时就需要物流企业建立和整合这些信用。物流企业是联结客户与银行的服务平台，在仓单质押业务关系中，物流企业、银行和客户之间存在着委托代理关系，而物流企业是两种委托代理关系的联结点，一是作为银行的代理人，监管客户在仓库中的商品；二是作为客户的代理人管理仓库中的商品。它不仅要建立信用，还要对信用进行整合，加强对客户的信用管理。通过建立客户资信调查核实制度、客户资信档案制度、客户信用动态分级制度、财务管理制度等一系列制度，对客户进行全方位信用管理。首先，应调查客户偿还债务的历史状况；其次，分析客户在以往的履约中所表现的履约能力；最后，应调查客户履约是处于自愿，还是被采取法律诉讼或其他行动的结果。凡有不良信用记录的，应杜绝与其合作。同时充分发挥与银行的合作关系在风险管理中的作用。

（2）市场风险方面。在开展仓单质押业务时，货主企业希望质押商品品种、数量和标准化程度能不受限制，而且不同品种之间具有可替代性，即只要总价值能满足银行的要求即可。但是，目前仓单质押作为一项动产质押，银行要求该动产应能在一定时间内保值且易于处理，而物流企业出于自身保管的需要，要求商品易于保管、不易变质。所以，在从事仓单质押业务过程中，应严格控制质押品的品种。为正确选择质押商品，要求物流企业应建立灵活快速的市场商品信息收集和反馈体系。这样有利于物流企业把握市场行情的脉搏，掌握商品的市场价值和销售情况变化规律，及时获得真实的资料，以利于质押货物的正确评估和选择，避免信息不对称的情况下对质押物的评估失真。随着仓单质押业务的不断开展、管理经验的不断积累和技术手段的进一步提高，可用于仓单质押的商品的种类会不断增加。

（3）法律风险方面。为避免法律漏洞对仓单质押业务的开展造成影响，物流企业应仔细研究涉及仓单质押的各部法律，将法律未明之处写入质押合同，以协议的形式对各方权责做出规定，避免法律风险的出现。另外，要对仓单进行规范和科学的管理，需要制定严密的仓单操作规程：对仓单提货、换单及解除质押的仓单认真审核；以文件的形式规定质押仓单签发、确认程序；仓单管理员在与银行联系确认后方可办理提货出库，并严格遵守发货下限；对于同一仓单项下的货物在不同时间提取的情况，依据货主和银行共同签署的"专用仓单分提单"释放，同时按照仓单编号、日期、金额等要素登记明细台账，每释放一笔,在相应仓单下作销账记录,直至销售完成为止。

(4)操作风险方面。仓库作为银行和客户双方信任的第三方,在商品的监管和处置环节扮演着特殊的角色,负有特殊的责任。所以,在开展仓单质押业务时,应尽量使各项手续完备,严格按合同行使权利。在商品监管环节,首先,要和客户企业签订"仓储协议",明确商品的入库验收和养护要求,开具明确表明商品已属抵押给银行的专用仓单,并向指定的保险公司申请办理仓储物的保险。其次,要与银行签订"不可撤销的协助银行行使质押权保证书"。承诺银行:保证仓单与商品存储情况相符,手续完备;质押期间无银行同意不得向借款人或任意第三人发货;不以存货方未付有关保管费为由阻挠、干涉、妨碍银行行使质押权等;客户提货要在银行的监管下采取仓单提货。在商品处置环节,物流企业应本着为银行服务,为货主企业服务的双重观念,严格按照事先签订的协议内容处置质押品。物流企业要能够尽职尽责地做好工作,降低银行的风险,也尽可能降低货主企业的质押成本,做到三方共赢。

除此之外,应当加快建立企业的信息化,首先是企业信息系统的建立和信息技术的应用,其次是信息的收集和处理,最后是信息的管理和反馈。与银行、客户等合作伙伴的协同作业信息化,使物流企业高效地同他们进行信息的沟通与共享,减少信息不对称所产生的风险,方便银行对业务的监管和客户对服务过程的跟踪,为客户提供更完善、更高效的物流及其他增值服务。

本 章 小 结

本章首先介绍了供应链金融的产生、内涵、特点、功能以及发展阶段,然后分析了不同供应链金融运作模式的优缺点,接着重点描述了供应链金融的三种融资模式,包括预付账款融资、动产质押融资和应收账款融资,最后对供应链金融风险的影响因素和管控方式进行了介绍。

即测即练 扫码答题

思 考 题

1. 供应链金融的定义以及特点是什么?
2. 供应链金融的参与主体和功能是什么?
3. 供应链金融的运作模式包括哪几种?
4. 供应链金融的主要融资方式有哪些?
5. 供应链金融的影响因素包括哪些?
6. 供应链金融风险因素与绩效之间的关系是什么?

7. 供应链金融风险管理的原则有哪些？

8. 供应链金融风险控制的方法有哪些？

案 例 分 析

蚂蚁金服：供应链金融谜底解密

第 7 章

供应链合作伙伴关系

【本章学习目标】

通过本章学习,学员应该能够:

1. 了解供应链合作伙伴关系的定义、形成与发展及其重要价值。
2. 了解供应链合作伙伴选择的原则和方法。
3. 熟悉和掌握供应商分类及管理方法、零售商—供应商伙伴关系的分类和要求。
4. 理解客户关系管理的目的、战略规划及策略。

【导入案例】

菜鸟与国际大牌商家达成战略合作协议

2018 年 10 月 11 日,菜鸟宣布与雀巢、ALDI 奥乐齐、麦德龙、Chemist Warehouse、资生堂、Aeon、Mistine、德国 SOS 等国际大牌商家达成战略合作协议。菜鸟将在双 11 期间提供全球供应链服务,进口商品将从到仓接货、到港接货变成直接到海外源头接货,全程把控,降低商家供应链成本,提高物流效率和消费者体验。

在服务升级后,各个商家的生产或仓储基地都会成为菜鸟全球供应链的起点,菜鸟将从商家的原产地直接提货,随后运至港口、机场,并完成出口清关。双 11 期间,菜鸟位于日本、韩国、澳大利亚、新西兰、法国、英国、荷兰、美国等 30 个国家和地区的近 50 个海外仓都将参与海外段服务,基本覆盖了全球最集中的进口商品原产地。菜鸟国际商家负责人孙蓓蓓表示:"以往商家需要自己发货至国内保税仓,成本高昂,流程烦琐。在菜鸟提供海外头程及港到仓的多环节服务后,进口商家的物流效率将大幅提升,同时在供应链上的支出也将至少减少 10%。"菜鸟还与合作伙伴搭起了一张全球干线网络,覆盖了 33 个国家的 134 多个港口,通过海陆空各种干线运输方式,进口商品在短时间内便可送抵国内52 个港口。在运输过程中,商家还可通过入库全链路监控体系掌握实时动态,及时在线上处理异常问题。

在国内,菜鸟已在全国 15 个保税区拥有超过百万平方米的保税仓网络。此外,菜鸟还将提供跨境关务服务和客服服务的"一站式窗口",商家可将沟通环节都交予菜鸟,专注营销与卖货。

资料来源:远洋. 雀巢等宣布加入菜鸟全球供应链,从原产地直接提货[J/OL]. IT 之家. 2018-10-11. https://www.ithome.com/0/388/070.htm.

菜鸟与国际大牌商家之间的关系属于供应链合作伙伴关系,案例中各企业之间的合作伙伴关系对于供应链企业之间能否协调运作起到了重要的作用。本章首先介绍供应链合作伙伴关系的概念,然后介绍供应链合作伙伴的选择及评价所要遵循的原则、步骤和方法等内容。最后讨论了供应链合作伙伴关系管理及客户关系管理相关内容。

7.1　供应链合作伙伴关系概念

近年来,越来越多成功的企业都将与合作伙伴的附属关系转向建立联盟或战略合作伙伴关系。建立战略性合作伙伴关系是供应链战略管理的重点,也是供应链管理的核心。供应链管理的关键就在于供应链各节点企业之间的连接和合作,以及相互之间在设计、生产、竞争策略等方面良好的协调。本节将围绕供应链合作伙伴关系的定义、形成与发展及其重要价值进行介绍。

扩展阅读 7.1
宝洁-沃尔玛供应链合作
模式及其启示

7.1.1　供应链合作伙伴关系定义

供应链合作伙伴关系(supply chain partnership,SCP)可以理解为供需双方在一定时期内共享信息、共担风险、共同获利的一种战略性协议关系。这种战略合作关系是随着集成化供应链管理思想的出现而形成的,是供应链中的企业为了达到特定的目标和利益而形成的一种不同于简单交易关系的新型合作方式。建立供应链合作伙伴关系的目的是降低供应链交易的总成本,提高对最终客户需求的响应速度,降低供应链上的库存水平,提高信息共享程度,改进相互之间信息交流的质量,保持战略伙伴关系的一体化,从而使整个供应链产生更为明显的竞争优势,以实现供应链各个企业在收益、质量、产量、交货期、客户满意度等方面的绩效目标。显然,战略合作伙伴关系非常强调企业之间的合作和信任。

建立供应链合作伙伴关系就意味着各个企业之间的新产品和技术的共同开发、数据和信息的交换、市场机会共享和风险共担。在供应链合作伙伴关系环境下,制造商选择供应商不再只考虑价格优势,而是更注重选择在优质服务、技术革新、产品设计等方面具有综合优势,且能够进行良好合作的供应商。

供应链合作伙伴关系发展的主要特征就是从过去以产品、物流业务交易为核心转向以资源集成、合作与共享为核心。在集成、合作与共享的逻辑思想指导下,供应商和制造商把它们相互的需求和技术集成在一起,实现为制造商提供最有用产品的共同目标。因此,供应商与制造商的交换不仅仅是物质上的交换,还包括一系列可见和不可见的服务的整合,如研发、流程设计、信息共享、信息服务等。

7.1.2　供应链合作伙伴关系的形成与发展

从国内外学者的研究文献中我们可以清楚看到,在对供应链管理模式的认识过程中,人们强调得最多的就是企业间的"战略合作伙伴关系",把基于战略的新型企业关系和传统企业关系的管理模式区别开来,就形成了今天的供应链管理模式。

历史上看,从传统的企业关系过渡到创新的合作企业关系模式,经历了从以生产物流相结合为特征的物流关系(20世纪70、80年代),到以战略协作为特征的合作伙伴关系的过程(20世纪90年代)。企业关系大致经历了以下三个发展阶段。

(1)传统的企业关系。在传统的企业关系中,供应链管理被等同于一般业务管理,企业之间的关系主要是"买卖"关系。基于这种企业关系,企业的管理理念是以生产者为中心的,供应商与分销商处于次要的、附属的地位。企业间缺少沟通与合作,更谈不上企业间的战略联盟与协作。

(2)物流同步关系。从传统的以生产为中心的企业关系模式向物流同步关系模式转化,JIT等管理思想起着催化剂的作用,因为JIT实施要求所有相关企业的物流必须同步运行,否则就无法使整个系统达到准时生产。为了达到生产的均衡化和物流同步化,必须加强部门间、企业间的合作与沟通。基于物流同步关系的企业合作关系,虽然比过去的"买卖"关系更近了一步,但仍可认为是一种处于作业层和技术层的合作。在信息共享(透明性)、服务支持(协作性)、并行工程(同步性)、群体决策(集智性)、柔性化与敏捷性等方面,都不能很好地适应越来越激烈的市场竞争的需要,企业需要更高层次的合作与集成,于是产生了基于战略合作伙伴关系的企业模型。

(3)合作伙伴关系。具有战略合作伙伴关系的企业体现了企业内外资源集成与优化利用的思想。基于这种企业运作环境的产品制造过程,大大缩短了从产品研发到投放市场的周期,而且顾客定制化程度更高,模块化、通用化、标准化组件的生产模式使企业在多变的市场中柔性和敏捷性显著增强,虚拟制造与动态联盟更加强了业务外包这种策略的应用。企业集成即从原来的中低层次的内部业务流程重构(business process re-engineering,BPR)上升到企业间的战略协作,这是一种最高级别的企业集成模式。在这种企业关系中,市场竞争的策略最明显的变化就是基于时间的竞争和价值链的价值让渡系统管理,或基于价值的供应链管理,从竞争走向竞合。

7.1.3　供应链战略合作伙伴关系的价值

建立供应链战略合作伙伴关系对于供应链管理具有重要价值,具体体现在以下四个方面。

1. 有利于形成基于战略合作伙伴关系的企业集成模式

建立供应链战略合作伙伴关系的价值之一体现在企业集成模式的形成上面。与合作伙伴形成战略合作伙伴关系之后,企业在宏观、中观和微观上都很容易实现相互集成。基于战略合作伙伴关系的企业集成模式如图7-1所示。宏观上,主要是实现企业之间的资源优化配置、企业合作及委托;中观上,主要是在一定的信息技术支持和联合开发的基础上实现信息的共享;微观上,则是实现同步化、集成化的生产计划与控制,并实现物流保障和服务协作等业务职能。

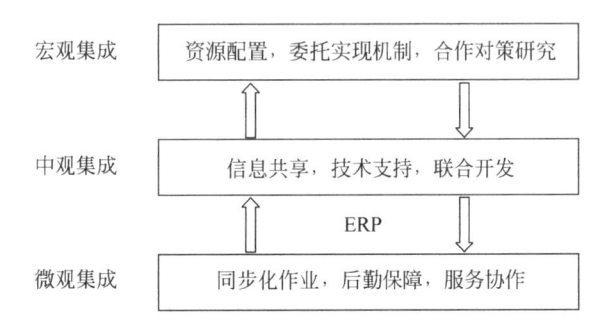

图 7-1　基于战略合作伙伴关系的企业集成模式

2. 有利于建立战略合作伙伴关系的质量保证体系

战略合作伙伴关系企业必须将顾客需求贯穿于整个设计、加工和配送的过程中,企业不仅要关心产品质量,而且要关心广告、服务、原材料供应、销售、售后服务等活动的质量。我们把这种基于供应链全流程以并行工程为基础的质量思想称为"过程质量"。企业过程质量模型如图 7-2 所示,通过实施供应链各节点企业的全面质量管理,达到"零缺陷"输入输出,实现基于"双零"(零库存、零缺陷)的精益供应链目标。"双零"是人们追求的理想目标,为企业提出了一个不断改进和努力的方向。

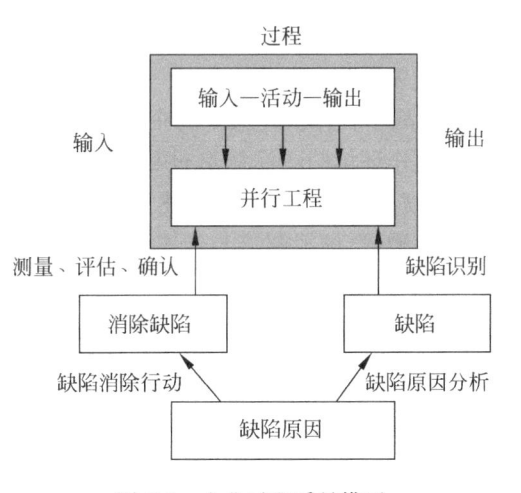

图 7-2　企业过程质量模型

3. 有利于战略合作伙伴关系中的技术与服务协作

具有战略合作伙伴关系下的供应链,其竞争优势并不是仅仅因为企业有形资产的联合和增加,而是"用最小的组织实现了最大的管理效能"。通过信息的共享,企业把精力用于企业最具创新能力的活动,运用集体的智慧提高应变能力和创新能力,更合理地利用信息共享、技术共享的优势,注重那些能显著提升企业创新能力的知识与信息的合理运用和扩散作用。

4. 有利于提高供应链对客户订单的整体响应速度

速度是企业赢得竞争的关键所在,供应链中制造商要求供应商加快生产运作速度,通过缩短供应链总周期,达到降低成本和提高服务质量的目的。供应链总周期见图 7-3,从图中看出要缩短总周期,主要依靠缩短采购周期、流入物流(inbound logistics)周期、流出物流(outbound logistics)周期和生产制造周期(客户、制造商与供应商共同参与)来实现。很显然,加强供应链合作伙伴关系运作的意义重大。

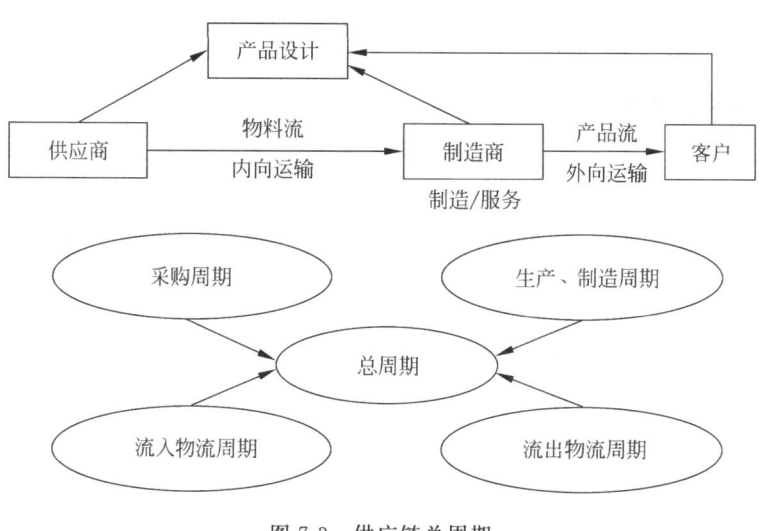

图 7-3 供应链总周期

7.2 供应链合作伙伴选择

供应链合作伙伴的选择评价是供应链合作关系运行的基础。合作伙伴的业绩在今天对制造企业的影响越来越大,在交货、产品质量、提前期、库存水平、产品设计等方面都影响着制造企业的成功与否。因此,合作伙伴的正确选择与评价对于企业来说是至关重要的。

 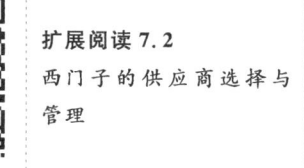

扩展阅读 7.2
西门子的供应商选择与
管理

7.2.1 供应链合作伙伴选择遵循的原则

供应链合作伙伴一般指在同一供应链中上下游实体企业之间建立的一种长期性的合作关系,通过建立沟通良好、相互信任的供应链战略伙伴关系能够有效降低供应链运作成本、提升供应链的快速反应能力及复原能力,有利于创造更高的市场价值。在供应链中,现有的几种主流的伙伴关系,具体分类如下:

（1）通过合作关系运用合作伙伴的能力实现规模经济，以达到预期的成本水平；

（2）通过进行合并技术、设计和市场机能形成企业专门的竞争力进入市场；

（3）基于市场份额与企业竞争对手形成暂时的联盟关系；

（4）利用战略合作伙伴的业务能力拓展企业业务范围，形成范围经济或垂直一体化。

供应链合作伙伴关系是由供应商、生产商或制造商、销售商和用户组成的一个整体，各方之间具有有机内在关联性。在供应链管理环境下，供应链合作伙伴关系管理需要考虑的主要问题之一就是合作伙伴的数量决策，分为单一供应商原则与多供应商原则，具体如下：

1. 单一供应商原则

对单一供应商原则来说，它的优点主要表现在：节省协调管理的时间和精力，有助于与供应商发展伙伴关系；双方在产品开发、质量控制、计划交货、降低成本等方面共同改进；供应商早期参与对供应链价值改进的贡献机会较大。但是单一供应商也有很大的风险，主要表现在：供应商的失误可能会导致整个供应链的崩溃；企业更换供应商的时间和成本较多；供应商有了可靠顾客，会失去其竞争的原动力及应变、革新的主动性，以至于不能完全掌握市场的真正需求等。在企业实际工作中，包括丰田公司在内的很多企业选择了单一供应商合作模式。虽然与丰田公司合作的供应商也确实出现过由于火灾烧毁了工厂而导致供货中断的情况，给丰田公司带来了很大的损失，但是这么多年来，丰田公司始终坚持单一供应商原则。它们认为，单一供应商原则给丰田公司带来的收益远远大于损失。

2. 多供应商原则

对多供应商原则来说，它的优点主要表现在：通过多个供应商供货可以分摊供应环节中断的风险；可以激励供应商始终保持自身的竞争力（成本、交货期、服务）；可以促使供应商不断创新，因为一旦它们跟不上时代步伐就会被淘汰。但多供应商原则也有缺点：因为供应商都知道被他人替代的可能性很大，缺乏长期合作的信心，从而降低了供应商的忠诚度；由于多供应商之间过度价格竞争容易导致供应链出现偷工减料带来的潜在风险等。实际上，多供应商原则虽然能够避免单一供应商供货中断而导致整个供应链中断的风险，但也是有条件的。如果一个区域发生了突发状况，整个地区的供应商实际上也都无法保证供货。另外，一个供应商供货中断，其他供应商不一定有足够的产能保证需求。同时，因为现在的市场是全球性的，一个供应商的突发事件会给整个行业的客户带来采购上的问题。因此，多供应商原则也不一定能够降低供应链供货中断的风险。

7.2.2　供应链合作伙伴选择影响因素

供应链管理是一个开放系统，供应商作为供应链成员之一，其选择会受到各种政治、经济和其他外界因素的影响。供应商选择的影响因素主要有以下几个方面。

（1）价格因素。供应商的产品价格决定了消费品的价格和整条供应链的投入产出比，对生产商和销售商的利润率产生一定程度的影响。

（2）质量因素。产品质量是供应链生存之本。产品的使用价值是以产品质量为基础的，而供应商所供产品的质量是消费品质量的关键所在。

（3）交货周期因素。由于交货提前期的存在，市场的不稳定性必然造成供应链各级库存变化的滞后性和库存的逐级放大效应。交货提前期越短，库存量的波动越小，企业对市场的反应速度越快，对市场反应的灵敏度越高。

（4）交货可靠性因素。交货可靠性是指供应商按照订货方所要求的时间和地点，将指定产品准时送到指定地点的能力。交货可靠性较低，会影响生产商的生产计划和销售商的销售计划及时机，进而引起整个供应链的连锁反应，造成大量的资源浪费并导致成本上升，甚至会致使供应链的解体。

（5）品种柔性因素。消费者的需求多样性要求企业生产产品多样，企业的柔性生产能力是以供应商的品种柔性为基础的，供应商的品种柔性决定了消费品的种类，因此，多数企业采用了 JIT 生产方式提高自身柔性生产能力。

（6）研发和设计能力因素。供应链的集成是未来企业管理的发展方向。产品的更新是企业的市场动力，集成化供应链要求供应商也应承担部分的研发和设计工作。因此，供应商的设计能力也属于供应商选择机制的考虑范畴。

（7）特殊加工工艺能力因素。每种产品都具有其独特性，没有独特性的产品市场生存力较差。产品的独特性要求特殊的生产工艺，所以，供应商的特殊工艺能力也是影响因素。

7.2.3 供应链合作伙伴选择的评价步骤及方法

合作伙伴选择，是对企业输入物资的适当品质、适当期限、适当数量与适当价格的总体进行选择的起点与归宿。合作伙伴选择的评价步骤与方法是选择供应链合作伙伴的基础。

1. 合作伙伴的评价步骤

合作伙伴的综合评价选择可以归纳为以下几个步骤。而企业必须确定各个步骤的开始时间，每一个步骤对企业来说都是动态的，都是一次改善业务的过程。

（1）分析市场竞争环境。市场需求是企业一切活动的驱动源。建立基于信任、合作、开放性交流的供应链长期合作关系，必须首先分析市场竞争环境，其目的在于找到针对哪些产品市场开发供应链合作关系才有效，必须知道现在的产品需求是什么，产品的类型和特征是什么，以确认用户的需求，确认是否有建立供应链合作关系的必要。若已建立供应链合作关系，则需要根据需求变化确认供应链合作关系变化的必要性，以及确认合作伙伴是否有必要重新选择。同时分析现有合作伙伴的现状，分析、总结企业存在的问题。

（2）建立合作伙伴选择目标。企业必须确定合作伙伴评价程序如何实施，信息流程如何，谁负责，建立切合实际的目标。合作伙伴评价、选择不仅是一个简单的评价、选择过程，选择合作伙伴的过程也是企业自身和其他企业之间的一次业务流程重构过程。

（3）建立合作伙伴评价标准。合作伙伴综合评价的指标体系是企业对合作伙伴进行综合评价的依据和标准，是反映企业本身和环境所构成的复杂系统不同属性的指标，是按隶属关系、层次结构有序组成的集合。根据系统全面性、简明科学性、稳定可比性、灵活可操作性的原则，建立集成化供应链管理环境下合作伙伴的综合评价指标体系。

（4）成立评价小组。企业必须建立一个小组以组织和实施合作伙伴评价工作。其组员以来自采购、质量、生产、工程等与供应链合作伙伴关系密切的部门为主。评价小组必须同时得到制造企业和合作伙伴企业最高领导层的支持。

（5）合作伙伴参与。一旦企业决定实施合作伙伴评价,评价小组必须与初步选定的合作伙伴取得联系,以确认它们是否愿意与企业建立供应链合作关系,是否有获得更高业绩水平的愿望。企业应尽可能早地让合作伙伴参与到评价的设计过程中来。由于企业的力量和资源是有限的,企业只能与少数的、关键的合作伙伴保持紧密合作。

（6）评价合作伙伴。评价合作伙伴的一个主要工作是调查、收集有关合作伙伴的生产运作等全方位的信息。在收集合作伙伴信息的基础上,就可以利用一定的工具和技术方法进行合作伙伴的评价。

（7）实施供应链合作伙伴关系。在实施供应链合作伙伴关系的过程中,市场需求将不断变化,可以根据实际情况的需要及时修改合作伙伴评价标准,或重新开始合作伙伴评价选择。在重新选择合作伙伴的时候,应给予原有合作伙伴足够的时间适应变化。

2. 合作伙伴选择的常用方法

通过多年的理论与实践的发展,目前选择合作伙伴的方法较多,一般要根据供应单位的多少、对供应单位的了解程度以及对物资需要的时间是否紧迫等要求来确定。目前,国内外常用的方法综述如下。

（1）直观判断法。直观判断法是根据征询和调查所得的资料并结合人的分析判断,对合作伙伴进行分析、评价的一种方法。这种方法主要是倾听和采纳有经验的采购人员的意见,或者直接由采购人员凭经验做出判断。它的缺点是带有明显的主观性,因此常用于选择企业非主要原材料的合作伙伴,或用于选择合作伙伴时的初期淘汰过程。

（2）招标法。当采购数量大、合作伙伴竞争激烈时,可采用招标法来选择适当的合作伙伴。首先由企业提出招标条件,各招标合作伙伴进行竞标;然后由企业决标,与提出最有利条件的合作伙伴签订合同或协议。招标法可以是公开招标,也可以是指定竞标。公开招标对投标者的资格不予限制;指定竞标则由企业预先选择若干个可能的合作伙伴,再进行竞标和决标。招标方法竞争性强,企业能在更广泛的范围内选择适当的合作伙伴,以获得供应条件有利的、便宜而适用的物资。但招标法手续较繁杂、时间长,不能适应紧急采购的需要。

（3）协商选择法。在供货方较多、企业难以抉择时,也可以采用协商选择的方法,即由企业先选出供应条件较为有利的几个合作伙伴,同它们分别进行协商,再确定适当的合作伙伴。与招标法相比,协商选择法由于供需双方能充分协商,在物资质量、交货日期和售后服务等方面较有保证。但由于选择范围有限,不一定能得到价格最合理、供应条件最有利的供应来源。当采购时间紧迫、投标单位少、竞争程度小、订购物资规格和技术条件复杂时,协商选择法比招标法更为合适。

（4）采购成本比较法。对质量和交货期都能满足要求的合作伙伴,则需要通过计算采购成本来进行比较分析。采购成本一般包括售价、采购费用、运输费用等各项支出的总和。采购成本比较法是通过计算分析各个不同合作伙伴的采购成本,以选择采购成本较低的合作伙伴的一种方法。但这种方法容易造成唯"低价中标论",从而牺牲必要的质量水平,造成质量事故隐患。

（5）ABC 法。鲁德霍夫和科林斯在 1996 年提出作业成本法（activity based costing approach，也被称为 ABC 法）。通过计算合作伙伴的总成本来选择合作伙伴，他们提出的总成本模型为

$$S_i^B = (p_i - p^{\min}) \cdot q + \sum_j c_j^B \cdot D_{ij}^B$$

式中，S_i^B 为第 i 个合作伙伴的成本值；p_i 为第 i 个合作伙伴的单位销售价格；$p^{\min}$ 为合作伙伴中单位销售价格的最小值；q 为采购量；c_j^B 为因企业采购相关活动导致的成本因子 j 的单位成本；D_{ij}^B 为因合作伙伴 i 导致的在采购企业内部的成本因子 j 的单位成本。这个成本模型用于分析企业因采购活动而产生的直接和间接成本的大小。一般而言，企业将选择 S_i^B 值最小的合作伙伴。

例题 7-1

X、Y、Z 三公司规模中等并采用准时制。①不符合采购合同质量要求的供货将使生产过程停顿，从而造成浪费，浪费的供货由下一个订单补充。②交付延期也会带来额外的成本：重新安排生产作业以避免完全停顿，从而使计划生产延期一天，安排其他产品的生产。因而需要一个额外的计划作业和两次开动作业。③交付的数量对生产也有影响，生产中断往往是由于交付货物不足引起的。从而造成一个额外的计划作业、两次额外的开动作业和一次额外的补充交付货物的验收作业。

与采购相关的作业包括生产作业计划、交付货物的验收、生产过程停顿、设备开放和管理。采购的成本动因和成本动因率如表 7-1 所示。

表 7-1 X、Y、Z 三公司采购的成本动因和成本动因率

作　　业	成 本 动 因	成 本 动 因 率
计划	生产次序	600 元/每个订单
验收	交付	500 元/每次交付
生产停顿	停顿	250 元/每次停顿
开动	开动	1 250 元/每次开动
管理	发票	300 元/每张发票

假定目前有 100 个采购订单需要选择供应商来完成，每个订单 50 件，共 5 000 件。通过初选，X、Y、Z 三个公司被重点考虑，其提供的价格分别是 100 元/件、98 元/件和 103 元/件。估计各公司的供应品质如表 7-2 所示，品质因素对作业的影响如表 7-3 所示。

表 7-2 估计各供应商的供应品质

品 质 因 素	X	Y	Z
交付延期	5 个订单	5 个订单	3 个订单
数量问题	3 个订单	8 个订单	6 个订单
质量问题	100 件	130 件	80 件

表 7-3　供应品质因素对作业的影响

品 质 因 素	作 业
交付延期	2 次开动
	1 次计划重排
数量问题	1 次计划重排
	2 次开动
	1 次验收
	1 次管理
质量问题	1 次生产停顿

各公司的总成本和成本构成如表 7-4 所示。供应商 X、Y、Z 公司的成本分数分别为

$$SA = (100 - 98) \times 5\,000 + 5 \times (2 \times 1\,250 + 1 \times 600) + 3 \times (1 \times 600 + 2 \times 1\,250 + 1 \times 500 + 1 \times 300) + 100 \times 1 \times 250 = 62\,200(元)$$

$$SB = (98 - 98) \times 5\,000 + 5 \times (2 \times 1\,250 + 1 \times 600) + 8 \times (1 \times 600 + 2 \times 1\,250 + 1 \times 500 + 1 \times 300) + 130 \times 1 \times 250 = 79\,200(元)$$

$$SC = (103 - 98) \times 5\,000 + 3 \times (2 \times 1\,250 + 1 \times 600) + 6 \times (1 \times 600 + 2 \times 1\,250 + 1 \times 500 + 1 \times 300) + 80 \times 1 \times 250 = 77\,700(元)$$

显然，X 公司是提供产品预算成本最小的供应商，因此被选上。

表 7-4　各供应商的成本分数

成本因素	X	Y	Z
交付延期	15 500	15 500	9 300
数量问题	11 700	31 200	23 400
质量问题	25 000	32 500	20 000
价格差异	10 000	0	25 000
分数	62 200	79 200	77 700

（6）层次分析法。层次分析法是 20 世纪 70 年代由著名运筹学家萨蒂提出的，韦伯等提出利用层次分析法选择合作伙伴。它的基本原理是根据具有递阶结构的目标、子目标（准则）、约束条件、部门等来评价方案，采用两两比较的方法确定判断矩阵，然后把判断矩阵的最大特征值对应的特征向量的分量作为相应的系数，最后综合给出各方案的权重（优先程度）。由于该方法让评价者对照相对重要性函数表，给出因素两两比较的重要性等级，因而可靠性高、误差小。不足之处是遇到因素众多、规模较大的问题时，该方法容易出现问题，如判断矩阵难以满足一致性要求，往往难以进一步对其分组。它作为一种定性和定量相结合的工具，目前已在许多领域得到了广泛的应用。

另外，苔么蔓提出的合作伙伴评价分类法（categorical method），温德和罗宾森、格理格利提出的标重法（weighted point plan），这些都可以用于合作伙伴的选择，但它们在供应链管理环境下应用都存在一些问题，因为没有考虑具体的环境，所以不能保证在所有环境下都能有效地对合作伙伴进行评价和选择。

第 7 章　供应链合作伙伴关系　　159

（7）合作伙伴选择的神经网络算法。人工神经网络（artificial neural network，ANN）是 20 世纪 80 年代后期迅速发展起来的一门新兴学科，ANN 可以模拟人脑的某些智能行为，如知觉、灵感和形象思维等，具有自学习、自适应和非线性动态处理等特征。

这里将 ANN 应用于供应链管理环境下合作伙伴的综合评价选择，旨在建立更加接近于人类思维模式的定性与定量相结合的综合评价选择模型。通过对给定样本模式的学习，获取评价专家的知识、经验、主观判断及对目标重要性的倾向。当对合作伙伴做出综合评价时，该方法可再现评价专家的经验、知识和直觉思维，从而实现了定性分析与定量分析的有效结合，也可以较好地保证合作伙伴综合评价结果的客观性。

7.3　供应链合作伙伴关系管理

供应链合作伙伴关系管理是在供应链管理环境下提出的，强调企业与企业之间合作关系的一种管理模式。当供应链管理思想提出以后，尤其是随着供应商管理库存等先进方法的提出和应用，越来越多的企业和学者开始重视供应链伙伴关系的管理。

扩展阅读 7.3
戴尔公司的供应商关系管理案例

7.3.1　供应商关系管理

供应商关系管理（supplier relationship management，SRM）是一种致力于实现与供应商建立和维持长久、紧密伙伴关系的管理思想和软件技术的解决方案，旨在改善企业与供应商之间关系的新型管理机制，实施于围绕企业采购业务相关的领域。供应商关系管理是通过与供应商建立长期、紧密的业务关系，并通过对双方资源和竞争优势的整合来共同开拓市场，扩大市场需求和份额，降低产品前期的高额成本，实现双赢的企业管理模式。因此对供应商及与其之间的关系进行管理具有重要的现实意义。下面介绍供应商分类及管理方法。

1. 关键型供应商：需要培养的关系

关键型供应商，这个类别包括三种最有希望的供应商。不管它们之前是否与你有一个非常良好的关系基础，或者你是否只需要花很少的努力便能建立起良好的关系，这类供应商都比较有价值，也值得投入较多时间和精力。

（1）联盟型：值得承诺。在这个区域，我们建立了联盟型模型，两个组织都诚心诚意地想要结成联盟，共同协作。虽然在商界"联盟"这个词语被过分使用了，但真正达到这种类型的合作伙伴关系还是非常少见的，它通常需要基于企业与其供应商多年特殊的、共同建立起来的生态系统，并且一同在逐步改变市场。被选在这个模型内的供应商通常可以称为企业的"完美"供应商：这类供应商具有完美的绩效，能够帮助公司成长为市场上强有力的竞争者,不断为公司创造增长销售和利润的机会,同时与公司共同发展。

（2）影响型:共同发展创造机会。符合影响模型的供应商几乎能够提供完美的产品和服务。这类供应商与众不同之处是通过与你合作,共同开发新产品和服务,具有较大的创新潜力。这个因素从根本上决定了你们的关系。这些供应商通常主导一个行业,因此它就成为某家公司及其竞争者们都需要依赖的对象。反过来说,它们也并不偏向任何一个客户。如果这家供应商正好是寡头垄断企业,那么法律也不允许它们偏向任何一家客户。进一步来说,如果没有管理好这类关系,反而与这类供应商逐渐疏远,就有可能会落后于那些能够更好地处理与它们关系的竞争对手了。

（3）投资型:未来的潜力所在。它们能够提供非常棒的创意及创新,但是在某些基本领域,如保障持续不断的供应或者提供稳定的质量方面总是磕磕碰碰,这些供应商可归于"投资型"类型。这些供应商有着不错的前景,最终能够达到联盟型状态,但是它们的潜力取决于你与它们现在的关系,以及它们对此的反应。理想情况是,一个投资型供应商渴望成为联盟型供应商,并且愿意为了实现这一目标加以投资。在此,我们建议通过投入时间、金钱以及资源来发展这类供应商的能力,并使其达到我们的要求。最好的供应商应该会将提高自身能力视为首要任务。然而需要注意的是,一些供应商可能会对此加以抗拒,因为它们认为你在试图"俘虏"它们,剥夺它们在其他市场的机会。

2. 普通型供应商:商品提供者

虽然普通型的供应商数量比较多,但也不要对此掉以轻心。所谓"积少成多",众多供应商拧在一起也是一股很大的力量。这么多似乎普普通通的供应商放在一起,只要对这类关系理解正确,能够发展出一套简单的工具加以维护,并且慢慢地提高它们的绩效,其回报率也是惊人的。

（1）收获型:产能很高,但是仍然需要加以培养。收获型代表了对双方而言运营良好的一种状态。公司能够从供应商处获得所需要的正确的产品或者服务类型,能够支持公司发展其竞争力。对于你和供应商而言,这种关系省心省力,也不用花太多的资源,它甚至似乎能"自给自足",但这正是需要双方加以注意的地方,自满恰恰是可能发生问题的所在。良好的绩效会被误认为是良好的合作关系。资源的低投入会被解读为你们公司并不特别注重这种关系,万一这家供应商有任何问题,它们可能就被放弃了。收获型供应商的种种漏洞,以及与它们缺乏关于如何提高绩效的交流,容易对双方的合作互动造成负面影响。

（2）维持型:值得持续提高。你可能正在与不少维持型的供应商打交道。它们的表现一般,但是这类关系其实比你正在打交道的大多数供应商都更为重要,因为你会希望延续与这类供应商的关系。这类关系不需要太多手段加以修补或者进行大量投资。然而,对这类关系的进一步提高能够获取更多价值,如能将其绩效提高到世界级水平通常能使公司获利。

（3）改善型:需要指出其缺点。很有可能现在大多数的供应商都属于改善型供应商。改善型供应商的绩效水平和维持型供应商差不多,但是还存在一定的缺点。关键的区别就是万一它们出现问题,尤其是重复性地出现,你很有可能就将它们直接替换掉了,而不是像那些失败了的维持型供应商那样仍能对其加以改善。因此,改善型关系对你和供应商双方而言都不稳定。相反,要从这种关系中获益,你需要学着将未知的东西转换为机会,这就需要通过帮助供应商提高它们的绩效,使其转换为收获型供应商。

3. 问题型供应商:需要好好处理

如果你找到的某些供应商后来变成了问题型供应商,也不要对此追悔莫及,不如好好检查一下这个过程中是什么环节出现了问题,并从中得到教训。其实,这是对于问题加以控制的时机,同时也是一个修补关系保证投资不被浪费的机会。退一步讲,万一有一天双方"分道扬镳"后又重新合作的话,中间的沟通还能够保持通畅。

(1)规避型:需要以友好的姿势中断合作。有时候,双方实在无法共事,经常发生诸如送货、成本或者质量等严重问题,那么是时候启用其他更有希望的供应商了。进行这项操作的风险以及后果需要仔细考虑,将风险尽量降到最低。如果需要更换的供应商规模比较小或者业务简单,那么等关系到达了"规避"这个地步替换它们就比较容易。但是如果是一家长期供应商,牵涉多个业务部门,多个产品线或者是一个巨大的外包协议,这个替换的过程就会是个挑战了。听上去自相矛盾的是,虽然这种关系即将结束,但它其实是与供应商互动最重要的类型之一,即在你们之间仍然有合作时如何保持开诚布公的态度。

(2)发展型:理想供应商的备选者。为了建立新的竞争优势和卓越运营,公司需考虑与目前表现不尽如人意,需要加以改进的供应商建立发展型关系。这类的供应商需要逐个精心挑选,它们必须具有较大潜力,可以与你紧密协作,从双方的价值链中寻找机会。可以通过咨询公司其他部门的同事,找出那些现在并不具备成为主要供应商的资质,但具有成为明星供应商潜质的供应商们。有很多实例显示发展型供应商经过多年的精心培养之后变成了关键的供应来源。比如:很多生产厂商在培养低成本国家供应商时投入了大量技术和工程支持,使其能够跟上发展步伐,最后这些供应商都成为关键部件供应商。

(3)救助型:有必要加以介入。有一家主要供应商突然犯了一个致命错误,或者出现了严重的系统性问题,这时候需要一个重大举措才能挽救局面——这就是救助型关系突然形成的原因。这种情况可能会严重威胁供应源。这时最紧要的目标就是控制并稳定供应商的表现,它们的反应往往是不可预测的。从长远来看,则需要从中得到经验教训以避免再次"救助"该供应商。看起来有些不合常理的是,往往与这类供应商的关系可能会维持下去,尤其在这类供应商比较重要的情况下。救助型关系本身是非常短暂、很少发生的,只是为提高或维系供应商关系而进行的临时举措。

7.3.2 零售商—供应商伙伴关系管理

当利润日益紧缩,而且客户满意度变得愈发重要时,供应商和零售商之间为了平衡双方的认知而做出的合作努力是很有意义的。此时供应商和零售商之间的关系被称为零售商—供应商伙伴关系(retailer-supplier partnership,RSP)。

1. 零售商—供应商伙伴关系分类

零售商—供应商伙伴关系的类型可以看作一个连续体。它的一端是信息共享,这有助于供应计划更为有效;另一端则是寄售方式,即在零售商售出产品之前,供应商全面管理和拥有库存。可以分为以下四种类型。

(1)快速响应型。在基本的快速响应战略中,供应商从零售商处获得销售点数据,并用此信息使得其生产、库存活动与零售商的实际销售同步。在此战略中,零售商依旧备有单个订单,而供应商利用销售点数据来改善预测和计划的准确性,并缩短提前期。

(2)持续补货型或快速补货型。在连续补货策略中,供应商接收销售点数据,并使用该数据按照事先约定的间隔期来准备运输,以维持既定的库存水平。

(3)高级连续补货型。在连续补充的一种高级形式(高级连续补货)中,供应商在满足服务水平的前提下,逐渐降低零售商店或配送中心的库存水平。因此,库存水平以一种结构化的方式持续改进。此外,库存水平需求不是简单的数量问题,而是建立在复杂模型基础之上,模型中适当的库存水平以季节性需求、促销和不断变化的客户需求等为基础发生变化。

(4)供应商管理库存。供应商管理库存系统(有时也称供应商管理补货系统)中,供应商决定每种产品恰当的库存水平(在事先约定的范围内),以及维持这些库存水平的适当策略。在初始阶段,供应商的建议必须得到零售商的同意,但到后来,许多供应商管理库存方案的目标是取消零售商对特定订单的过度监控。沃尔玛与宝洁之间的伙伴关系堪称这种伙伴关系类型中最著名的例证。始于1985年的伙伴关系,显著地改善了宝洁对沃尔玛的按时发货率,并同时提高库存周转。

零售商—供应商伙伴关系的主要特征如表7-5所示。

表7-5 零售商—供应商伙伴关系的主要特征

指 标 类 型	决策制定者	库存所有权	供应商采用的新技术
快速响应	零售商	供应商	预测技术
连续补货	合约规定的水平	任何一方	预测技术和库存控制技术
高级连续补货	合约规定并且持续改进的水平	任何一方	预测技术和库存控制技术
供应商管理库存	供应商	任何一方	零售管理

2. 零售商—供应商伙伴关系的要求

一个有效的零售商—供应商伙伴关系,特别是在伙伴关系上靠近供应商管理库存那一端的伙伴关系,最重要的要求就是供应链上供应商和零售商都具备先进的信息系统。通过电子数据交换,或者基于互联网的秘密交换,可以将信息传输给供应商和零售商,这对于减少数据传输时间和登录错误非常关键。条形码的编码和扫描对维护数据的精确性也很重要。库存、生产控制和计划系统必须保持实时、精确,并进行整合,以便可以充分利用附加的可用信息。

其次,在所有能够对公司运营产生激进变革的举措中,高层管理人员的参与对于方案的成功必不可少。这里更是这样,因为原有的高层保密信息现在必须与供应商和客户进行共享,而成本分配也需要在较高的水平上进行磋商(下面将详细讨论这一点),而且这种伙伴关系可以导致组织内部的权力从一个群体转移至另一个群体。例如,实施供应商管理库存的伙伴关系时,与零售商的日常接触职能从销售和市场人员转移到物流人员身上。这意味着,由于零售商的库存水平不是由价格和折扣策略所决定,而是由供应链的需要所决定的,销售人员的激励和薪酬计划也会因此被修订。这种权力上的改变要求高层管理人员的亲自参与。

最后,零售商—供应商伙伴关系要求双方建立一定水平的相互信任,如果缺乏信任,伙伴关系必将走向失败。例如,在供应商管理库存中,供应商要证明它们可以管理整条供应链,也就是说,可以管理的不仅仅是它们自己的库存,还包括零售商的库存。同样,在快速响应中,零售商提供给供应商的保密信息也可以为其他竞争对手服务。除此之外,众多案例中战略性合作伙伴会导致零售商门店库存的大幅下降,供应商需要确保多出来的空间不会使零售商的竞争对手受益。而且,供应商的高层管理人员必须明白,零售商库存减少的直接后果便是销售收入的暂时减少。

3. 零售商—供应商伙伴关系中的库存所有权问题

所有权问题对于这种战略联盟的成功来说非常重要,特别是在涉及供应商管理库存的情况下。以前,货品所有权转移给零售商是在零售商接收货品时完成的,而现在,有些供应商管理库存伙伴之间采取寄售的关系,供应商在货品销售之前拥有其所有权。这种关系对于零售商的利益显而易见——降低库存成本。而且,既然供应商拥有库存,它就会更关心如何尽可能地有效管理库存。

对于最初的供应商管理库存方案,有些人持批判的观点,他们认为供应商倾向于在合同允许的范围内尽可能将库存转移至零售商处。如果是一种快速消费品,双方规定好两个星期的库存量,这也许是零售商所期望的库存。然而,如果是更为复杂的库存管理问题,供应商则需要有一种激励,来维持达到既定服务水平所需的尽可能少的库存。例如,沃尔玛不再拥有许多种类货品的库存所有权,包括大部分食品杂货。仅仅在通过结账扫描的瞬间,货品所有权才属于沃尔玛。

供应商持有库存的时间更长了,那么寄售计划是如何给供应商带来收益的呢?这是由于在供应商管理库存中,供应商需要努力协调生产和配送,使整个系统达到最优化。不仅如此,供应商还协调几个零售商的生产和配送以进一步降低成本。这正是全局优化能够大幅降低整个系统成本的原因所在。有时候,根据供应商和零售商的相对力量,供应合同必须协商签订,从而使供应商和零售商可以分享系统的成本节余。在比较相互竞争的不同供应商成本时,零售商也必须考虑到这一点,因为不同的物流方案会产生不同的成本。

7.3.3 分销商一体化

分销商对于客户需要和期望有深入的了解,成功的制造商在开发新产品或者产品线时可以运用这些信息;同样,分销商通常依赖制造商来提供必要的部件和专业技能。由于客户服务要求出现新的挑战,人们针对分销商的看法正在改变。即使是一个强大而有效的分销商网络也并非总能满足客户需求。库存可能无法满足一个突如其来的订单,或者顾客可能需要特定的技术服务,而分销商并不具备该种技术技能。过去,这些问题可以通过增加每个分销商或制造商的库存和人手来解决。现代信息技术带来了第三种选择方案,即整合分销商,使单个分销商的专业技能和库存能够为其他分销商所用。

1. 分销商一体化的作用

分销商一体化(distributor integration,DI)可以用来解决与库存或者服务相关的问题。就库存而言,分销商一体化可以在整个分销网络中,产生一个巨大的联合库存,这样可在提高服务水平的同时降低总的库存成本。同样,分销商一体化可以将顾客需求转给最适合解决此问题的分销商,满足顾客特定的技术服务需求。

为了满足非正常的突然订单,以及更快地为修理提供配件,传统上采取增加库存的办法。在较为成熟的公司中,由于存在风险分担的观念,供应链的前期环节中必须持有库存,它们仅在需要的时候才进行配送。而在分销商一体化中,借助先进的信息系统,每个分销商可以查看其他分销商的库存情况,来确定从哪里获得需要的产品或部件。分销商必须按照契约的规定在一定条件下按照既定的报酬标准交换部件。这种安排改善了每个分销商的服务水平,降低了整个系统的所需库存。例如,机床制造商 Okuma 公司实施了一个分销商一体化系统。Okuma 公司制造许多昂贵的机床和修理部件,而鉴于高额的成本,Okuma 公司在北美和南美的 46 个分销商不可能持有其所有的产品系列。因此,Okuma 公司要求每一个分销商持有最低数量的机床和部件。Okuma 公司管理整个系统,使每个机床和配件在系统中都有库存。一个名为 Okumalink 的系统使得每个分销商在寻找所需部件时,都能查询仓库中的库存,并与其他分销商进行沟通。一找到该部件,公司确保能够迅速地将部件配送至需要的分销商那里。

同样,分销商一体化也可以提高每个分销商在外界眼中的技术能力和快速响应非常规客户需求的能力。在这种联盟中,不同的分销商在不同的领域具备专业技能。顾客的特定需求会被传达至在这方面最为专业的分销商那里。

2. 分销商一体化联盟实施中存在的问题

实施分销商一体化联盟面临以下几个主要问题:

首先,分销商对参与这种体系的回报可能持怀疑态度。它们会觉得它们在向不如它们熟练的伙伴提供库存控制的专业技能,特别是一些拥有更多库存的分销商更会这么认为。

其次,参与的分销商不得不依赖于其他分销商,甚至是一些不认识的分销商,来帮助它们提供优良的客户服务。

最后,分销商担心会失去自身的技术和能力。这种新型的关系也很可能会取消特定分销商的特定责任或者专有技能,而将其集中于几个分销商那里。这就解释了为什么建立分销商一体化关系要求制造商一方投入大量的资源和精力。分销商必须确定这是一个长期的联盟。组织者必须努力在参与方之间建立信任。

7.4　客户关系管理

客户关系管理起源于 20 世纪 80 年代初提出的"接触管理",即专门收集整理客户与公司联系的所有信息。到 20 世纪 90 年代初期则演变成为包括电话服务中心与支援资料分析的客户服务。经历了近 20 年的不断发展,客户关系管理不断演变发展并趋向成熟,最终形成了一套完整的管理理论体系。

扩展阅读 7.4
屈臣氏的客户关系管理

7.4.1 客户关系管理的定义和目的

客户关系管理(customer relationship management,CRM),是一种通过围绕客户细分来组织企业,鼓励满足客户需要的行为,并通过加强客户与供应商之间联系等手段,来提高盈利、收入和客户满意度的遍及整个企业的商业策略。CRM 的概念由美国 Gartner 集团率先提出,是辨识、获取、保持和增加"能够带来利润的客户"的理论、实践和技术手段的总称。它是一种以"客户价值"为中心的企业管理理论、商业策略和企业运作实践。

CRM 是选择和管理有价值客户及其关系的一种商业策略,要求以客户为中心的商业哲学和企业文化来支持有效的市场营销、销售与服务流程。CRM 是一种手段,它的根本目的是通过不断改善客户关系、互动方式、资源调配、业务流程和自动化程度等,降低运营成本,提高企业销售收入、客户满意度和员工生产力。

企业经营以追求可持续的最大赢利为最终目的,进行好客户关系管理是达到上述目的的手段,因此 CRM 应用是立足企业利益的同时方便客户,提高客户满意度。

7.4.2 客户关系管理战略规划

客户是企业重要的战略资产,以客户为中心、为客户创造价值已经成为企业长期收益的源泉,将客户关系管理上升到战略高度,是价值链管理的需要。客户关系管理的实施需要战略层面的统筹规划,否则无法实现有效的客户关系管理。本小节从客户关系管理的内涵及其战略实施基础这两个方面来介绍客户关系管理战略,并且介绍客户关系管理成功的因素。

1. CRM 的客户战略

(1) CRM 的内涵。所谓客户战略,就是企业对如何建立和管理客户关系的目标及目标实现途径的整体性把握。一般来说,战略是指对重大的、带有全局性的或决定全局的问题的谋划和策略。

一项客户战略至少应该包括以下四个核心要素。

① 客户理解。客户战略的中心在于把客户群分解为可以有效管理的细分客户群体,进而形成合理的客户关系组合结构。对于每一种客户细分,企业都应该考虑客户对产品和服务需求的共性,再细分为对于每一种产品和服务的需求。

② 客户竞争。在一个竞争激烈的市场环境中,有效的客户战略必须能够服务于竞争。企业竞争力应该体现在既能保持原有的客户份额,又可以获得一些新客户,并同时能够对客户的结构构成进行优化,淘汰不合格的劣质客户群,赢得和挽留优质客户群。

③ 客户吸引力。培育客户忠诚和建立牢固的情感纽带,形成直接吸引力,同时形成口碑式的间接吸引力也是非常关键的,因为这将是企业能够通过交叉销售和升级销售来保持与提取更大客户价值的重要因素之一,也是尽可能发掘优质客户和吸引有利可图的其他企业的优质客户的重要因素之一。

④ 客户管理能力。企业的每一位员工都应该积极地为客户提供服务,而不是仅仅将其归为客户服务部门的责任对象,企业作为一个有机整体,必须构建强大的、全面的客户服务和管理体系。

（2）CRM 战略实施基础。企业文化作为 CRM 战略实施基础，需要明确以下几点内容：

① 建设顾客导向型企业文化。随着生产技术与信息的高速发展，竞争也在不断加剧，在目前社会的经营活动中，顾客取得了控制权，顾客关系直接影响着经营业绩，顾客经验在交易活动中显示出至关重要的作用，为适应发展的需要，顾客导向型企业文化也应渗透到各个企业。

② 顾客导向型企业文化建设重点。企业战略的制定必须以顾客为导向，企业内外部管理流程关注于为客户提供价值。企业产品设计开发、采购制造、销售分销、售后服务必须紧贴顾客需要，在产品的全生命周期管理中强调顾客的作用。企业员工主动将顾客导向作为工作的基本指导原则之一。

③ 顾客导向型企业文化建设方法。重申企业所重视的价值观。企业价值观的形成与经营者个人的价值观或企业的策略有关。实证数据显示，组织的价值观越清晰，越一致，绩效越好。

2. 客户关系管理成功的关键因素

（1）高层领导的支持。由高层领导者为 CRM 设定明确的目标，提供为达到设定目标所需的时间、财力和其他资源，以及确保企业上下认识到这样一个工程对企业的重要性。

（2）要专注于流程。好的项目小组开展工作后的第一件事就是花费时间去研究现有的营销、销售和服务策略，并找出改进方法。

（3）技术的灵活运用。CRM 项目技术的选择总是与要改善的特定问题紧密相关。应根据业务流程中存在的问题来选择合适的技术，而不是调整流程来适应技术要求。

（4）组织良好的团队。CRM 的实施队伍应该在四个方面有较强的能力。第一是业务流程重组的能力，第二是对系统进行客户化和集成化的能力，第三是构建有力的 IT 部门，能够完成如网络大小的合理设计、对用户桌面工具的提供和支持、数据同步化任务等，第四是实施小组要具有改变管理方式的技能，并提供桌面帮助。

（5）充分重视人的因素。终端客户具有极强的能动性，在 CRM 项目的各个阶段（需求调查、解决方案的选择、目标流程的设计等），都应争取最终用户的参与，千方百计地从用户的角度出发，使得这个项目成为用户负责的项目。

（6）分步实现。进行流程分析，识别业务流程重组的一些可以着手的领域，并确定实施优先级，每次解决几个最重要的问题。

（7）系统整合。系统各个部分的集成对 CRM 的成功很重要。CRM 的效率和有效性的获得有一个过程，它们依次是：终端用户效率的提高、终端用户有效性的提高、团队有效性的提高、企业有效性的提高、企业间有效性的提高。

7.4.3 客户关系管理策略

本节客户关系管理策略主要围绕潜在客户管理、销售机会管理进行讨论。

1. 潜在客户管理

（1）潜在客户需求分析。最初，当一个客户在询问企业的业务，表现出对该业务的兴趣时，他就成了该企业的潜在客户。潜在客户的特征是询问。当客户产生对某种产品或服务的需求意识之后，就会将收集到的各种信息进行处理，包括对不同企业生产或提供的

第7章　供应链合作伙伴关系　　**167**

同类产品或服务进行相互对比、分析和评估。有时这种对比、分析、评估会反复进行,为自己的购买决策提供依据。

（2）寻找潜在客户。

① 寻找潜在客户原则。没有任何通用的原则可供指导所有公司或所有销售人员寻找潜在客户。以下提出一些共性的原则,在具体销售过程中应结合实际情况灵活使用。

a）量身定制原则。也就是选择或定制一个满足你自己公司具体需要的寻找潜在客户的原则。

b）重点关注原则。即 80/20 法则,该法则指导我们事先确定寻找客户的轻重缓急,首要的是把重点放在具有高潜力的客户身上,把潜力低的潜在客户放在后边。

c）循序渐进原则。即对具有潜力的潜在客户进行访问,随着访问次数的增加,增加访问的深度。

② 寻找潜在客户方法。具体方法如下:

a）地毯式搜索法,是指营销人员在事先约定的范围内挨家挨户访问的方法,又称逐户访问法、上门推销法。这种方法具有访问范围广、涉及顾客多、无遗漏等优点,但是这种方法也具有一定的盲目性。对于没有涉足营销工作的人来说,可采用派发宣传资料、馈赠、调查、利益引导、求教接近等多种方式接近客户。在客户购买商品或者接受服务之前,营销人员努力获得客户的接见并相互了解的过程就解决了这一方法的最大障碍。

b）中心开花法,是指在某一特定的区域内选择有一定影响力的人物,使其成为产品或服务的消费者,并尽可能取得其帮助或协作。这种方法的关键在于:有影响的人物,即那些因其地位、职务、成就或人格等对周围的人有影响力的人物。这些人具有相当强的说服力,他们的影响能够辐射到四面八方,对广大客户具有示范效应,因而较易取得其他客户的信赖。

c）连锁关系链法,是指通过老客户的介绍来寻找其他客户的方法。它是有效开发市场的方法之二,而且花时不多。营销人员只要在每次访问客户之后,问有无其他可能对该产品或服务感兴趣的人就可以了。但是在使用该方法时需要提及推荐人以便取得潜在客户的信任,提高成功率。

d）讨论会法,是指利用专题讨论会的形式来挖掘潜在客户。这也是越来越多的公司寻找潜在客户的方法之一。参加讨论会的听众基本上是合格的潜在客户,因为来参加的必定是感兴趣的。但是在使用讨论会方式时,应注意地点、时间、发言水平以及与会资料的备案。

e）电话找寻法,是指营销人员利用打电话的方式寻找潜在客户的方法。它是一种重要的营销手段,这种方法的最大优点是速度快,但是采用这种方法时一定要注意谈话技巧,要能提起对方的注意力,并继而引发其兴趣,否则很容易遭到拒绝。

f）函件找寻法,是指以直接邮寄函件的方式来寻找潜在客户,是一种比较有效的营销方式。

g）资料查询法,是指通过查阅各种资料来获取潜在客户的方法。公开的资料能为销售人员提供一定的有关潜在客户的线索。虽然这种方法能较快地获得有关市场容量和潜在客户的信息,而且成本较低,但时效性较差。

h）观察法，是指营销人员通过自己对周围环境的分析和判断来寻找潜在客户的方法。这种方法具有成本低等优点，但是它对营销人员的观察能力和分析判断能力的要求较高，而且要求判断尽可能客观。

（3）接近潜在客户。很多企业都存在一个共性问题，即没有一个有效的工具系统地管理企业有价值的线索客户，没有把线索客户变为实际客户的能力。每个公司都有自己的活动和宣传，市场部门所做的工作就是通过宣传，尽可能地去寻找更多的潜在客户，接下来如何对这么多的线索客户进行甄别跟进，如何把这么多的线索客户尽可能地转变为实际客户，成为企业不可或缺的资源等，大多数企业没有切实可行的办法，更多的是依靠销售人员自己的能力和经验。

潜在客户是客户的一种状态，CRM一般使用客户类型来区分潜在客户、意向客户和购买客户等状态。对于潜在客户为什么单独拿出来进行管理？因为潜在客户是客户挖掘、客户获得、客户细分和市场活动的主要目标受众，企业的市场活动首先要确定目标潜在客户群体，然后通过市场活动产生一批线索客户，将这些线索客户分配到销售部门继续进行跟进，从而使企业对市场活动进行闭环管理。线索客户从哪里来？怎么变化？变化成什么状态？这些均是CRM对线索客户进行管理过程中体现的关键点，即利用CRM将潜在客户转变为客户。

在潜在客户管理中，我们首先要识别潜在客户，通过潜在客户产生线索，跟踪捕捉潜在客户的详细信息，同时要对线索质量进行评估，在时机成熟的时候将线索分配给相关部门（如销售部），把潜在客户变为可销售的线索客户，由销售部门进行销售机会的跟踪与管理，最后通过销售机会的结果对线索的反馈效果进行管理。当然，销售人员也可以从多个市场活动过滤、筛选线索作为产生销售机会的来源。就CRM系统功能而言，线索的分配就是通过线索自动产生联系人（客户）或者销售机会，在分配过程中选择客户的所有者权限，后台将建立该联系人或销售机会与线索的关联关系。记录线索客户的响应时间和每一次的交往过程是关键环节。响应状况和交往过程的评估，意味着什么？意味着有些响应和交往过程是有效果的，而有些则是无效的。许多问题的分析将有助于销售线索转变为销售订单。

总之，业务活动的状态可以分为静态的和动态的两类。作为市场和销售的链接环节，线索的状态也是动态的。在市场活动开始的时候，产生了线索，而这时候线索的状态是未经整理的，在市场活动结束之后或者销售部门进行抽取分析之后，线索的状态是可使用的，在跟踪线索并产生销售机会时，线索的状态就已经结束转换为联系人或销售机会了。状态的变化是企业不断了解并力求控制的，线索状态的合理变化和合理引导，是提升销售能力的关键点。

2. 销售机会管理

（1）销售机会管理模型。销售机会管理的一般模型如图7-4所示，描述了一个价值10 000元的销售机会。从左至右，一共五个销售阶段，最终与该潜在客户达成一致，说明赢得了该销售机会，把潜在客户转变成了正式客户。

（2）以客户为导向的销售策略。以客户为导向，就是实行全方位覆盖客户购买要素的营销策略。客户有什么样的需求，销售人员就提供什么样的产品，对于生产商来讲，就

第7章　供应链合作伙伴关系　169

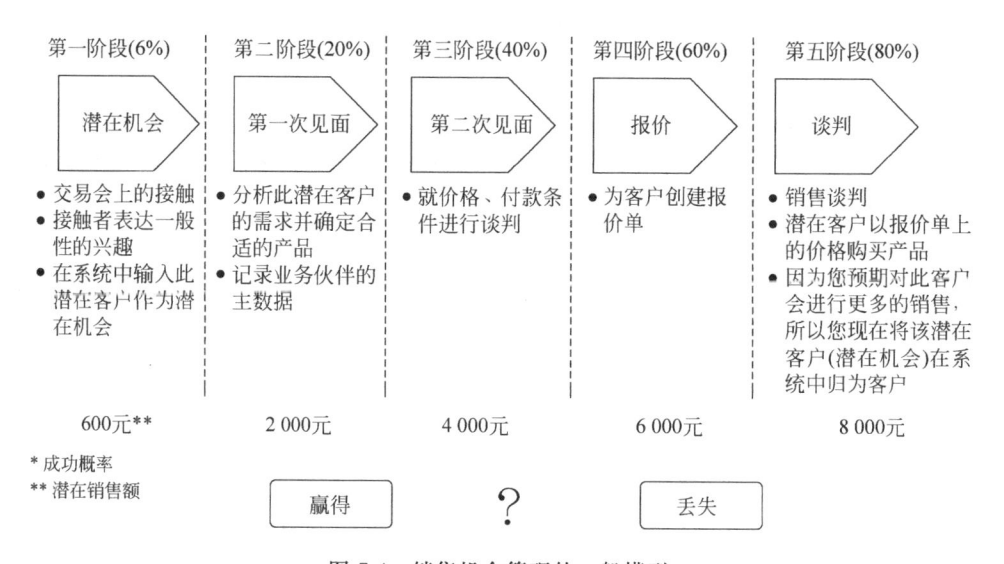

图7-4　销售机会管理的一般模型

是"以销定产"。在销售过程中,一定要坚持以客户为导向的销售策略。在安排销售时,更要看到做什么可以让客户购买的四个要素都得到满足,这就体现出销售的以下四种力量。

① 介绍和宣传产品。客户购买的第一要素是了解。那么做什么可以让客户来了解产品呢?销售人员要做的就是介绍和宣传自己的产品、自己的公司以及相应的服务,即针对客户的第一个要素,销售人员要仔细介绍和宣传,我们把它叫做销售的第一种力量:介绍和宣传产品。

② 挖掘和引导需求。客户购买的第二要素是需求。针对客户的不需要或者觉得不值得的要素,销售人员要做的就是挖掘客户的需求,并且引导客户的需求,这就叫做销售的第二种力量:挖掘和引导需求。

③ 建立互信关系。客户购买的第三要素是信任。对于客户的不相信,销售人员就要跟客户建立互信的关系,使客户能够相信他的介绍,以及相信他这个人,使客户愿意讲清自己的需求,这是销售的第三种力量:建立互信关系。

④ 超越客户期望。客户购买的第四要素是满意。在销售产品之后,销售人员就要在第一时间跟客户取得联系,询问客户是否满意。如果不满意,就要再做一些事情让客户满意,来提高满意度,争取超越客户的期望。客户满意不满意来自一个期望值,如果产品没有达到期望值,客户就会觉得不满意,超过期望值他就会觉得很满意。所以,针对客户的第四种力量就是超越客户期望。

在实施以客户为导向的营销模式就是以客户为导向的经营策略时,除了要善于使用销售的四种力量——介绍和宣传产品、挖掘和引导需求、建立互信关系、超越客户期望——之外,还要衡量线下销售活动到底付出了多少代价——在时间上的代价、费用上的代价;要分析销售活动的对象——是覆盖高层次的客户还是低层次的客户,是不是只覆盖了某个职能的客户,是否要全方位地介绍和挖掘客户的需求。把这些综合在一起,就是以客户为导向的销售策略。

7.4.4 客户关系管理系统

客户关系管理系统在一个企业内部的成功构建需要得到高层和领导的全力支持,并重视团队的作用。集成了客户关系管理思想和先进技术成果的客户关系管理系统,是企业实现以客户为中心战略导向的有力助手。

1. 客户关系管理系统简介

在目前的市场趋势下可见,企业对 CRM 软件的质量要求越来越高。在厂商方面,国内外的知名 CRM 厂商有 Siebel、Oracle、SAP、金蝶、用友等。据统计,现在全球有超过 600 家知名企业涉足 CRM 产品领域,各家的产品、设计理念、覆盖范围、实施标准、服务各不相同。这些不同的产品,带给客户的价值、理念也不相同。

从 CRM 的理论上来看,CRM 的理论提炼与西方企业管理科学化的进程紧密相伴,注定了在中国照搬国外一些理论只能"水土不服"。所以我们必须真正地去了解中国市场对 CRM 功能模块的需求,做出真正适合市场需求的 CRM 软件。客户所需要的 CRM 是中国特色的 CRM,是一个 CRM 并集成部分进销存甚至人力资源等的软件系统。

CRM 优势在于更好地满足客户需求。客户是企业的财富,CRM 的根本出发点就是客户信息的集中式管理和客户交流渠道的统一管理,进而在此基础之上推进销售,赢得客户,并最终取得成功。同时,为满足客户日益高涨的应用需求,CRM 还必须考虑到产品的柔性能力。所以,在系统平台多样性、软件技术先进性、功能适应性和灵活性、系统开放性等方面都必须比传统的管理信息系统有较大的突破。因此,CRM 系统不仅是一个技术系统,更是一个集成了先进 IT 技术和管理思想的完整解决方案。面向不同的行业,CRM 系统可能有着截然不同的解决方案和功能。

2. 客户关系管理系统分类

(1) 根据 CRM 系统的策略可以将 CRM 分为运营型 CRM、分析型 CRM 与协作型 CRM,具体介绍如下:

① 运营型 CRM。运营型 CRM 又称操作型 CRM,主要包括客户服务、订购管理、销售自动化(sales force automation,SFA)、办公自动化(office automation,OA)管理等。运营型 CRM 可以帮助运营商实现经营、销售、服务等业务环节的流程自动化,做到利用 IT(internet technology)技术来提高运营商的运作效率、降低运作成本的目的。通过实施运营型 CRM,运营商最终将建立起一套以客户为中心的运作流程及管理制度,同时也有助于培养员工的服务意识,销售、服务、营销部门的业绩将明显提升。在现代网络营销市场中,运营型 CRM 成为大部分企业的首选功能。

② 分析型 CRM。分析型 CRM 可对客户数据进行捕捉、存储、提取、处理、解释并产生相应报告,它使用了数据挖掘技术。因为客户信息的绝对容量增加和与客户的相互作用日益复杂,数据挖掘迎合了该趋势,它能促使客户关系更有意义。它通过使用数据分析和数据建模技术来发现数据之间的趋势和关系的过程,可以用来了解客户希望获得什么,还可以预测客户将要做什么,可以帮助你选择恰当的客户并将注意力集中在他们身上,以便为他们提供恰当的附加产品;也可以帮助你辨别哪些客户打算与你"分手"。由于它可以提高以最好的方式响应个性化需求的能力,并且可以通过恰当的资源分配来降低成本,

因此可以增加收入,如网络营销的电子商务网站对购物车分析,就是应用了分析型 CRM 的数据挖掘功能。

③ 协作型 CRM。协作型 CRM 又称为互动型 CRM,通过统一的标准化接口与后台的支撑系统、业务网中的业务平台(如微软小冰机器人)和业务管理平台,以及其他的外部系统实现互联,将客户与商家的各种接触渠道进行整合,客户的同一个服务请求可以在各个相关系统平台上得到统一的展示,构建"多渠道接入,全业务服务"的统一的客户接触门户。

(2)根据客户的行业特征和企业规模来划分目标客户群,也是大多数 CRM 的基本分类方式。一般将 CRM 分为三类:以全球企业或者大型企业为目标客户的企业级 CRM;以 200 人以上、跨地区经营的企业为目标客户的中端 CRM;以 200 人以下的企业为目标客户的中小企业 CRM。在 CRM 应用方面,大型企业与中小企业相比有很大的区别。

① 大型企业在各方面有明确的分工,各业务系统有自己跨地区的垂直机构,形成了纵横交错的庞大而复杂的组织体系,不同业务、不同部门、不同地区间实现信息的交流与共享极其困难;同时,大型企业的业务规模远大于中小企业,致使其信息量巨大。

② 大型企业在业务运作上很强调严格的流程管理;而中小企业在组织机构方面要轻型简洁很多,业务分工不一定明确。因此,大型企业所用的 CRM 软件比小型企业的 CRM 软件要复杂、庞大得多。一直以来,国内许多介绍 CRM 的报道和资料往往是以大型企业的 CRM 解决方案为依据的。当然也存在实用性很好的价值几万元的面向中小企业的 CRM 软件。

3. 客户关系管理系统的功能

CRM 系统的功能如图 7-5 所示,其功能可以归纳为几个方面:销售自动化、营销自动化、客户服务自动化、商业智能及其他模块等几部分,商业流程的信息化与客户进行沟通所需要的手段(如电话、传真、网络、E-mail 等)的集成和自动化处理将上面两部分所产生的信息进行加工处理,产生商业智能,用以支持企业战略战术的决策。

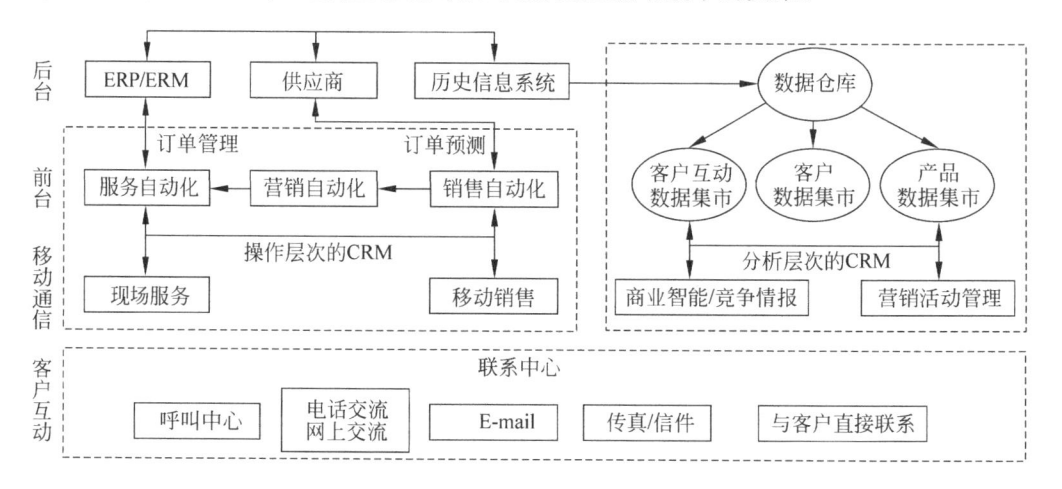

图 7-5　CRM 的功能

(1)相关术语解释具体内容如下

① 销售自动化(sales force automation,SFA)。SFA 是 CRM 最基本的功能模块,主

要管理商业机遇、客户数据以及销售渠道等方面的内容。主要应用对象是销售人员和销售管理人员。销售自动化模块能确保企业的每个销售代表及时地获得企业当前的最新信息,包括最新动态、客户信息、账号信息、产品和价格信息以及同行业竞争对手情况等信息。

② 营销自动化(marketing automation,MA)。MA 是 CRM 领域中比较新的功能,帮助市场专家对客户和市场信息进行全面的分析,从而对市场进行细分,产生高质量的市场策划活动,指导销售队伍更有效地工作。营销自动化的最终目标是在活动、渠道和媒体间合理分配营销资源以达到收入最大化和客户关系最优化。

③ 客户服务自动化。实现客户服务自动化对于提高客户满意度、维持客户来说是至关重要的。客户服务自动化可以帮助企业以更快的速度和更高的效率来满足客户今后的服务要求,以便进一步保持和发展客户关系。客户自动化可以向服务人员提供完备的工具和信息,支持与客户的多种交流方式;可以帮助服务人员更有效率、更快捷、更准确地解决用户的服务咨询;同时根据用户的关键时刻资料和可能的需求向用户提供合适的产品和服务建议。

④ 商业智能。商业智能是指利用数据挖掘、知识发现等技术,分析和挖掘结构化的、面向特定领域的、存储于数据仓库内的信息,它可以帮助用户认清发展趋势、识别数据模式、获取智能决策支持、得出结论。在 CRM 系统中,商业智能主要是指客户智能。利用客户智能,可以收集和分析市场、销售、服务和整个企业的各类信息,对客户进行全方位的了解,从而理顺企业资源与客户需求之间的关系,增强客户的满意度和忠诚度,实现获取新客户、支持交叉销售、保持和挽留老客户、发现重点客户、支持面向特定客户的个性化服务等目标,提高盈利能力。

⑤ 其他模块。其他模块包括集成电话中心、Web 服务、电子邮件、传真等多种客户联系渠道的客户服务中心(呼叫中心)。通过这些模块,员工可以与客户进行良好的沟通。

(2) 具体应用相关内容如下

① 计划管理。个人工作计划及公司营销推广计划的定义、执行、跟踪和反馈,可以实现对工作计划的分配;项目管理功能协助营销项目的顺利实施。通过统一计划平台工作,促成良性的业务工作循环。

② 市场细分。对客户群进行市场细分,并进行客户分布分析、市场分析、销售漏斗分析、产品销售分析、服务销售分析,帮助企业找到市场趋势,发现有价值的产品,做出正确的营销策略。

③ 客户管理。客户管理将客户完整归类,并将客户、渠道商、供应商有机集成,通过单位联系模块提供的功能和信息与客户进行全方位的交流,并能够支持多渠道销售模式、邮件群发、短信群发、销售机会、销售订单、销售业绩分析等,功能齐全。

④ 进销存管理。客户关系管理和进销存管理有机结合,采购订单、入库单、销售订单、出库单、领料单操作简单,控制全面,统计分析灵活,库存变化实时把握,独具序列号管理,满足序列号跟踪客户的需要。

⑤ 财务管理。商品及服务的财务参数设置,让你的应收、应付财务数据准确自动生成,渠道商、供应商财务往来清楚,到款单、付款单、费用管理及财务匹配、冲销功能解决企业财务管理在系统外运行的难题。

⑥ 决策支持。系统内嵌智能分析报表工具,通过对企业的客户、合作伙伴、市场、销售、服务、产品及员工的各种信息进行统计分析,帮助管理者进行决策,把握商机。

本 章 小 结

本章首先围绕供应链合作伙伴的定义、形成与发展以及其价值所在这几个方面介绍了供应链合作伙伴关系的概念。然后对供应链合作伙伴进行选择评价,包括供应链合作伙伴选择遵循的原则、影响因素及步骤方法。接下来介绍供应商关系管理以及客户关系管理。前者主要阐述了供应商分类及管理方法、零售商—供应商伙伴关系的分类和要求以及库存所有权问题。后者从其基本定义及目的出发,讲述了客户关系管理战略规划、客户关系管理策略及客户关系管理系统相关内容。供应链合作伙伴关系管理对于供应链各企业之间的协调运作起着重要的作用。

即测即练　　扫码答题

思 考 题

1. 什么是供应链合作伙伴关系?
2. 客户关系管理是什么?
3. 简要说明供应链关系管理是什么。
4. 采购成本比较法是什么?
5. 解释什么是零售商—供应商伙伴关系。
6. 简述供应链合作伙伴选择影响因素。
7. 概括供应链合作伙伴选择步骤。
8. 阐述供应链战略合作伙伴关系的价值所在。
9. CRM 客户关系管理的目的是什么?
10. 客户关系管理成功的关键因素有哪些?

案 例 分 析

京东物流签约中国物流强强联合共促行业共生共赢

第 **8** 章

供应链协调管理

【本章学习目标】

通过本章学习,学员应该能够:

1. 了解供应链协调的基本概念。
2. 了解供应链中的不协调现象。
3. 熟悉和掌握供应链契约的形式和应用。

【导入案例】

宝钢股份在全程供应链协同中的探索与实践

宝钢股份以探索价值客户、高份额客户的全供应链订交货模式优化提升服务能力,降低供应链成本,扩大效益空间,强化核心用户对宝钢的依存度为目标,应用工业 4.0 的思想和方法,通过物流网、云计算、大数据等新技术的应用和融合,进行了智慧制造在全程供应链协同中的探索与实践并取得了重要成果。

宝钢股份智慧供应链系统整体架构包括用户层、渠道层、一体化经营管理层(销售、物流)和制造管理层。系统实施前,全程供应链、业务链分散,无法高效集成和互动响应,到客户端的全程供应链合同按需交付尚未实现,全供应链周期长,库存高,全供应链信息实时共享、可视都未实现。

宝钢股份全程供应链协同项目从战略用户的用户车型计划导入开始,通过零部件常规拉动式订货需求计算和地区公司及总部营销部门的需求确认后,下发对应的制造单元进行生产,生产准发后由总部物流部门安排出厂发运及在途跟踪,到达地区公司或加工中心的原卷仓库,加工中心进行零部件加工和仓储,并按照战略用户的用料需求,即时配送到用户工厂。相应的系统应用功能设计也从用户需求计算开始,确认订货需求并下发合同,之后进入合同全程跟踪和全程供应链库存监控,并依据库存警戒水平的不同进行相应的预警处置和业务协同。为提高合同、库存监控和预警处置的时效性,还在移动应用开发了跟踪和反馈功能。

根据宝钢股份营销中心降低供应链库存成本、缩短订交货周期和强化核心用户对宝钢的依存度的管理要求,进行汽车战略用户需求拉动及全程周期管理,打通业务流程及系统流程,为后续将需求拉动与预测生产模式向湛江汽车产品目标用户推广做准备,同时也为后续其他行业、其他产品用户的供需协同管理解决方案积累经验。

资料来源:宝钢股份智慧制造在全程供应链协同中的探索与实践[J/OR]. 2018-04-11. 世界金属导报. https://www.sohu.com/a/227992793_313737.

第 8 章 供应链协调管理 175

宝钢股份全程供应链协同项目实现了全供应链各业务单元信息互联共享,增强了供应链的柔性。但是传统的供应链中存在着很多不协调的现象,为了提高企业乃至整个供应链的竞争能力,供应链成员需要通过一定的机制来协调各种运作决策。本章首先简单介绍供应链协调管理的概念以及供应链不协调问题的表现及产生原因,然后对如何提高供应链的协调性做了详细讨论,最后提出了供应链运作的激励问题,介绍供应链协调机制和常见的供应契约。

8.1 供应链协调管理概述

在供应链的日常运作过程中,供应链上的企业之间发生着频繁的物流、资金流、信息流交换,彼此之间的运作协调性对供应链的整体绩效影响很大。本部分首先介绍供应链协调的概念,接着分析供应链协调管理的必要性与意义,并给出供应链协调管理的特点。

8.1.1 供应链协调的概念

不同的学者对供应链协调给出了不同的解释。Malone(1987)认为协调是一组成员在执行任务并达到目标的过程中采取的决策与通讯模式。Romamo(2003)定义协调是在供应链合作伙伴之间的决策、通讯和交互的模式,可以帮助计划和调整供应链中所涉及的物料、零部件、服务、信息、资金、人员和方法之间的交流,以支持供应链网络中核心的经营过程。Hewitt(1994)指出供应链网络协调涉及计划、控制和调整企业内和企业间包含物料运输、信息流和资金流在内的物流过程。Simatupang(2002)等指出供应链协调是联合(结合、协调、调整、联盟)供应链成员的一系列目标(行动、目的、决策、信息、知识、资金等)使之达到供应链目标的过程。庄品(2004)在其博士论文中把供应链协调定义为:供应链协调就是基于供链成员之间物流、资金流和信息流等要素设计适当的协调激励机制,通过控制系统中的参数,有效地控制系统的整体,使之从无序转换为有序,达到协同状态,从而在供应链成员之间建立战略性合作伙伴关系,合理分配利润,共同分担风险,提高信息共享程度,减少库存,降低总成本,最终实现系统的整体效益大于各部分子系统的效益之和。

综合上述的定义可以将供应链的协调界定为以合作竞争思想为指导,广泛采用各种协调理论、管理方法、措施和技术实现手段来组织和调控体系内各要素,通过协商、谈判、约定、协议、沟通、交互等协调方式,建立供应链企业关系协调机制和渠道,消除协调障碍,使供应链体系从无序转换到有序,达到协同或和谐的状态,使供应链的各种流(信息流、物料流、资金流、增值流、业务流)无缝地、顺畅地在供应链中传递,并与外部衔接融合,减少供应链流程中各环节的不确定性,消除供应链中负效应和因各成员的利益主体目标不同而造成的利益冲突,提高供应链体系的整体功能和绩效。

扩展阅读 8.1
供应链协调管理案例

8.1.2 供应链协调管理的意义

产品在市场上领先性的不足,库存水平过高,销售预测不准确以及在技术难题突破的滞后等问题的攻克均需要有一套适用于整个供应链的管理策略。如何优化供应链资源配置,协调供应链利益相关者之间的关系,对于市场经济竞争环境下的广大企业来说,无疑具有重要的现实意义。

尽管供应链管理理论已得到深入地分析探讨并日趋成熟,但供应链中仍存在着牛鞭效应、供应链中断、信息不对称、资源共享薄弱等供应链协调问题。供应链协调管理是通过信息流、资金流、物流同步一体化运作来实现的,借助 IT/Internet 技术,实现交易型 IT工具(如企业资源计划 enterprise resource planning,ERP)与分析型 IT 工具(如软件配置管理 software configuration management,SCM)的系统整合,是加强供应链成员之间信息流控制与共享的基础。

供应链协调管理可以缩短企业向顾客提供产品和服务的周期,有利于增强竞争的时间优势;可以有效地消除重复、浪费和不确定性,减少库存量,有利于增强竞争的成本优势;可以使企业将自身有限的资源集中在核心业务上,有利于增强竞争的专业优势。因此,培育一个良好的供应链的计划协调机制,从整个供应链的角度配置供应链中的资源,协调供应链中的企业间的协作关系,优化供应链内部业务流程,通过供应链中的信息共享来实现供应链的计划协调控制,具有理论与现实上的双重意义。

8.1.3 供应链协调管理的特点

供应链协调管理需要通过系统化的策略、措施和方法等减少协调障碍。具体特点如下:

(1)供应链协调管理是综合性系统管理。供应链协调管理把供应链中所有节点企业看作整体,涵盖从供应商到最终客户的所有职能领域以及采购、制造、分销、销售的整个过程。

(2)供应链协调管理采用全局最优思想。在既定的客户服务水平下,追求供应链总体效益的优化,对企业的供应、生产、运输、仓储等管理活动的流程进行优化、重组以降低供应链总成本,缩短供应链总交货周期。

(3)供应链协调管理具有复杂性,在不同层次展开。供应链成员企业遍布世界各地,相互间的合作关系是动态的,其协调任务按内容分为 3 个层次:①战略层次协调。是成员间在进行合作研究、项目投资、招标投标、风险决策等战略决策时的协调。②战术层次协调。是在经营管理、采购服务、生产作业时的协同和支持。③关系协调。包含了战略和战术层次上各种关系的协调。

（4）供应链协调管理强调长期的战略协议。以创造新的利益为目标，强调相互之间的信任，利益的合理分配和利益共享、风险同担是协调管理基本内容和具体体现。

（5）供应链协调管理具有间接性特点。间接性特点也称为"软"性特点，它更注重通过间接手段与机制，在供应链中成员企业自愿的基础上完成。要保障供应链有序运行，外来的强制干预和控制是无益的，但为了避免供应链自发演进过程中出现重大问题，协调机制是必不可少的。

（6）供应链协调管理用以知识为中心取代以物为中心。在信息时代，知识与信息成为第一生产要素，对知识管理有更高的要求，即要促进企业内、企业间、企业与顾客间、企业与外部环境间的联系，通过知识共享，运用群体的智慧进行创新，赢得竞争优势。

（7）供应链协调管理以自主性管理为主，不排除集权性管理。互联网的出现，使企业可以较以往更加准确迅捷地获取有关市场、客户的内部信息，在更大范围内实现资源的优化配置，企业将通过信息交流来自我调节，达成协同。而在供应链中结成联盟的企业，其在联盟层次的决策，也是由每个成员企业参与并发挥作用的，从而成为群体参与性的决策。另一方面，某些行业中的某些制造企业相对具有较为优越的地位和权力，不排除它们利用自身在供应链中举足轻重的地位来发挥影响力进行集权协调的可能。

8.2　供应链中的不协调现象

由于供应链不同环节的目标互相冲突或者环节之间的信息传递发生延误和扭曲，因而会导致出现供应链失调的现象。供应链运作中几种常见不协调现象为：供应链中的牛鞭效应、曲棍棒球效应、双重边际效应。这些不协调现象会影响供应链的绩效。

8.2.1　牛鞭效应

扩展阅读 8.2
牛鞭效应弱化方案——
以沃尔玛供应链为例

供应链失调的一种现象就是牛鞭效应，也称作供应链中的"需求变异放大"现象。"需求变异放大"是对需求信息在供应链传递中被扭曲的现象的一种形象描述，其基本含义是：当供应链的各节点企业只根据来自其相邻的下级企业的需求信息进行生产或供给决策时，需求信息的不真实性会沿着供应链逆流而上，使订货量产生了逐级放大的现象，到达最源头的供应商（如总销售商，或者该产品的生产商）时，其获得的需求信息与实际消费市场中的顾客需求信息相比发生了很大的偏差，需求变异系数比分销商和零售商的需求变异系数大得多。由于这种需求放大变异效应的影响，上游供应商往往维持比其下游需求更高的库存水平，以应付销售商订货的不确定性，从而人为地增大了供应链中的上游供

应商的生产、供应、库存管理和市场营销风险,甚至导致生产、供应、营销的混乱。图 8-1
牛鞭效应示意图中显示了"需求变异放大"现象的原理和需求变异加速放大过程。

例如,惠普公司在考察其打印机的销售状况时曾发现过这一现象。惠普发现当订单
从经销商沿供应链向上传递到打印机部门再到集成电路板部门时,它们的波动急剧增加。
同样,虽然产品需求存在一定的波动,但是集成电路板部门接到的订单的波动要大得多。
这令惠普很难按时完成订单,或者需要增加成本才能完成。

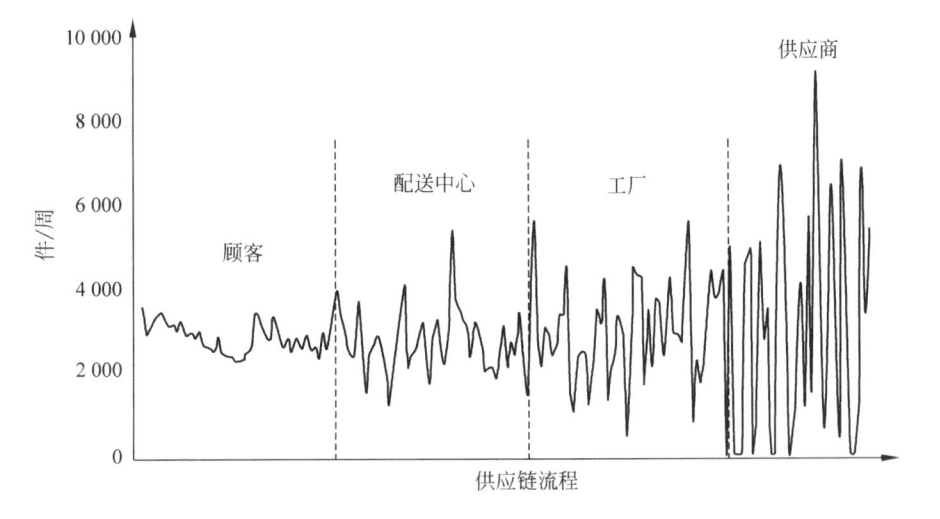

图 8-1　牛鞭效应示意图

人们已经对"需求变异放大"现象进行了深入的研究,将其产生的原因归纳为以下几
个方面:

(1) 需求预测修正;

(2) 价格波动;

(3) 批量订货;

(4) 补货提前期延长;

(5) 短期博弈。

8.2.2　曲棍球棒效应

在企业实现供需活动过程中,存在一种被称为曲棍球棒(hockey-stick)的效应,即在
某一个固定的周期(月、季或年),前期销量很低,到期末销量会有一个突发性的增长,而且
这种现象在企业生产和经营活动中会周而复始地出现,其需求曲线的形状类似于曲棍球
棒。在互联网环境下,曲棍球棒效应更为明显,比如"双十一""双十二"等购物活动时,网
络商家的销售量会有爆发式的增长,并且按年周期性循环。

1. 曲棍球棒效应产生的原因可以归纳为以下两点

(1) 销售人员的考核。在公司的营销系统中,为了激励销售人员努力工作,通常会对
他们规定一个固定的工资和一个销量的目标。如果销量超过了这个目标,就能够拿到一
个奖励的佣金,超出目标越多,拿的佣金也越多。如果销量在目标以下,就只能拿一个固

定的工资。因为销售人员非常聪明,他们在考核期限未到时,会看看不努力能够卖多少,如果什么都不干就能达到目标当然是最理想的。但是快到期末的时候,他们就会觉得不努力不行,如果离目标还有一定的距离,他们就会拼命地干。大家都拼命地干,订单就会非常多。

(2)财务的关账。实施 ERP 之后,财务按月汇报财务成果,需要每月关账一次,导致销售队伍在关账前赶着处理销售业务。而且财务部会出现期头期末非常繁忙,而期中却空闲,在繁忙之际容易出现差错,结果增加了销售人员进行财务的沟通时间,减少了销售人员的销售时间。如果企业对销售人员的费用发票是按照销售额来进行报销的,销售人员为了本月多报销费用,就会提前要客户进货,为了下个月多报销费用发票,他就会把客户的订单推迟,从而加剧销售量的曲棍球棒效应。

2. 曲棍球棒效应的存在,给公司的生产、物流与销售带来了很多负面的影响

(1)公司在每个考核周期的期初几乎收不到经销商的订单,而在临近期末的时候订货量又大幅增加。对于运用备货型生产模式的公司,为了平衡生产能力,必须按每期的最大库存量而非平均库存量建设或租用仓库,从而使公司的库存费用比供需均衡时高很多。

(2)这种现象使公司大量的订单处理能力、物流作业人员和相关设施、车辆在期初时闲置,而在期末,大家手头的工作又太多,拼命加班也处理不完,厂内搬运和运输的车辆不停运转,但有时还是短缺,从而不得不从外部寻求支援。这种情况不仅使公司加班更多,物流费用更高,而且工作人员的差错率也增加,送货延误的情况也时有发生,公司的服务水平显著降低。对于运用 MTO 和 JIT 生产模式的公司,曲棍球棒效应的危害更大,其生产能力在期初由于没有订单而闲置,而在期末又由于生产能力的限制而出现需求短缺,甚至会影响到部分经销商对某些产品的正常需求,从而导致部分终端用户的流失。

(3)此外,基于总量折扣的价格政策并不能增加终端用户的实际需求,经销商增加的订货量大部分被积压在渠道中,延长了终端用户购买产品的货龄,从而使消费者的福利受损,并增加了供应链的总成本及供应链成员的经营风险。如果经销商的库存太多,或者产品临近失效期,通常会采取两种措施:一种是折价销售,这种方式会对市场造成冲击;另一种是迫使公司退货或换货,从而形成逆向物流,增加公司与经销商处置产品的费用。从长远来看,这两种结果都对公司和经销商的正常经营和营利不利。

8.2.3 双重边际效应

英国经济师斯宾格勒在早期对产业链组织行为的科学研究中发现:当销售市场上的全产业链存有单独上下游卖者(如生产商)和单独中下游购买者(如代销商)时,上、中下游公司为完成分别权益的利润最大化而使全部全产业链亲身经历 2 次抬价(边界化)。双重边际效应就是指供应链上、中下游公司为实现分别盈利的利润最大化,在单独决策的全过程中明确的产品报价高其生产制造边际成本的状况。如果下游企业的定价过高,必然会造成市场需求的萎缩,导致供应链总体收益下降。

企业个体利益最大化的目标与整体利益最大化的目标不一致,是造成"双重边际效应"的根本原因。为了减弱这种效应,就要努力提高供应链的协调性,尽可能消除不协调因素的影响。实现供应链的协调是供应链成功的关键。然而,供应链的协调并不是以牺牲某一个体的利益去提高其他个体或系统的利益,而是以实现双赢甚至多赢为目标,即至少要使得改变后个体或者系统的利益不低于以前的利益,也就是所谓的"帕累托改善"。

从以上三种现象的描述就已经可以看出,如果不能很好地解决这些问题,供应链管理的绩效水平会大打折扣,进而影响人们实施供应链管理的信心。

8.2.4 供应链不协调对绩效的影响

如果供应链的每个环节仅优化各自的目标而不考虑对该条供应链的影响,那么此条供应链就会失调。供应链的每个环节为了优化各自的目标会采取一些最终损害整条供应链绩效的行为,供应链总利润就会小于协调时得到的利润。牛鞭效应这一供应链失调现象对沃尔玛供应链的绩效影响非常大,具体表现如下:

1. 生产成本

失调增加了供应链中的生产成本。由于存在牛鞭效应,沃尔玛和它的供应商必须满足比顾客需求更大的订单。为了应付这种增大的波动性,要么扩大生产能力,要么持有过量的库存,这两种做法都会增加单位产品的生产成本。

2. 库存成本

失调增加了供应链中的库存成本。为了满足增大的需求波动,沃尔玛不得不保持比不存在牛鞭效应时更高的库存水平。因此,供应链中的库存成本增加了。库存水平增加还会导致所需的仓储空间增加,因此产生了仓储成本。

3. 补货提前期

失调延长了供应链中的补货提前期。牛鞭效应导致的需求波动加大使得沃尔玛及其供应商的生产计划比平稳需求时更难安排。有时会出现生产能力和库存不能满足订单的情况,从而导致沃尔玛和供应商的补货提前期延长。

4. 运输成本

失调增加了供应链中的运输成本。沃尔玛和供应商在某段时间内的运输需求与所满足的订单密切相关。由于牛鞭效应的存在,运输需求随着时间剧烈波动。为了满足高峰期的需求,不得不保持过剩的运输能力,从而增加了运输成本。

5. 发货和收货的劳动力成本

失调增加了供应链中发货和收货的劳动力成本。沃尔玛和供应商发货所需的劳动力随着订单的波动而被动。不同的环节要么保持过剩的劳动力产能,要么根据订单的波动改变劳动力产能。这两种办法都会增加劳动力成本。

6. 产品可获得性水平

失调降低了供应链中的产品可获得性水平,并导致了更多的缺货情况。过大的订单波动使得沃尔玛很难按时满足所有客户需求。这增加了缺货的概率,从而导致了销售损失的发生。

7. 供应链中的各种关系

失调对每个环节的绩效都有负面影响,从而损害了供应链中各个环节之间的关系。因为每个环节都认为自己尽力了,所以将这一责任归咎于其他环节。因此牛鞭效应导致供应链的不同环节彼此不信任,使得潜在的协调努力更加困难。

总结以上内容,我们得知供应链失调对绩效有着较大的负面影响。如何提升供应链协调性是供应链协调管理的主要内容。

 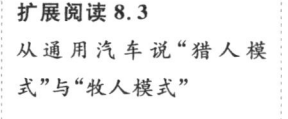

扩展阅读 8.3
从通用汽车说"猎人模式"与"牧人模式"

8.3　供应链协调性提升方法

实现供应链的协调是一个复杂的系统工程,牵涉很多思想和技术的应用。本部分主要从供应链协调机制、供应链协调实现途径与供应链协调实践三个层面来探讨供应链协调提升方法。

8.3.1　供应链协调机制的分类

总结学者对供应链协调机制的研究,以及企业在供应链管理方面的实践,本部分主要介绍合作机制、决策机制、激励机制与标杆机制四种供应链协调机制。

1. 合作机制(cooperation mechanism)

合作机制体现了战略伙伴关系和企业内外资源的集成与优化利用。企业集成的范围从内部业务流程重组扩展到企业间的协作。集成环境下产品制造周期,从产品的研发到投放市场的过程大大缩短;顾客导向化(customization)程度更高;模块化、简单化产品、标准化组件,使企业在多变的市场中柔性和敏捷性显著增强;虚拟制造与动态联盟提高了业务外包策略的利用程度。在这种企业关系中,市场竞争策略最明显的特征是基于时间(time-based)的竞争、价值链(value chain)及价值让渡系统管理或基于价值的供应链管理。

2. 决策机制(decision mechanism)

企业决策信息的来源除企业内部外,更是在开放的信息网络环境下,不断进行交换和共享的信息。通过信息共享,达到供应链上企业同步化、集成化计划与控制的目的。这样,企业决策模式产生了很大的变化,供应链中任何企业的决策模式应是基于 Internet/Intranet 的开放性信息环境下的群体决策模式。

3. 激励机制(encourage mechanism)

供应链管理要在实现"TQCSF"上有优秀的表现(T 为时间,指反应快,如提前期短、交货迅速等;Q 指质量,控制产品、工作及服务质量;C 为成本;S 为用户服务;F 为柔性,即企业应变能力),必须建立、健全业绩评价和激励机制。

4. 标杆机制(benchmarking)

标杆机制要求供应链企业向行业领头企业或最具竞争力的竞争对手看齐,不断对产品、服务和供应链业绩进行评价,并不断改进,使企业保持自己的竞争力并持续发展。标杆机制中标杆选择可以是企业内部优秀团队或员工、企业竞争对手、同行企业中领头企业等。

8.3.2 实现协调管理的途径

本节重点讨论管理者为实现供应链协调可以采取的行动,具体如下。

1. 使激励和目标一致

(1) 协调供应链的目标。要求供应链的每个环节关注供应链的收益,即整个蛋糕的大小,而不是各自蛋糕的大小。若每个环节仅关注自身收益最大化,会出现各主体间的内耗,供应链总收益将减少。只有当激励机制与供应链上各主体的目标一致时,各参与主体才会注重提升供应链整体收益。因此,供应链协调的关键是提出能够获得双赢的激励机制,即供应链整体收益随着所有各环节收益的增长而增长。

(2) 使各职能部门的激励保持一致。在公司内实现决策协调的关键是保证各部门的评估决策与公司总目标保持一致。对所有设施、运输和库存决策的评估应该基于它们对整体收益的影响,而不是对总成本甚至是对局部成本的影响。这有助于避免类似运输经理降低运输成本却增加供应链总成本之类决策情形的发生。

(3) 实现协调定价。如果制造商的生产批量有着较高的固定成本,它就可以使用基于批量的数量折扣来实现产品价格协调。如果公司对某产品拥有一定的市场权力,则可以用两步定价法和总量折扣法来实现价格协调。由于需求的不确定性,制造商可以使用回购合同、收入分享合同以及数量柔性合同来促使零售商提供使供应链收益最大化的产品订购量。回购合同已经应用于出版业来提高供应链总收益。

(4) 将销售人员的激励依据由零售商购入转变为售出。改变销售人员向零售商强推产品的激励机制会减弱牛鞭效应。管理者应该将销售人员的激励与零售商的售出量而非购入量联系起来。此行为可以消除销售人员鼓励提前购买的动机。消除提前购买有助于减小订单流的波动。如果销售人员的激励以滚动周期的销售量为依据,强推产品的动机还会进一步减少。这有助于减少提前购买,并减小订单波动。

2. 提高信息的可见性和准确度

(1) 共享 POS 机数据。供应链各环节共享 POS 机数据有助于减弱牛鞭效应。如果零售商与其他供应链环节共享 POS 机数据,所有供应链环节就可以基于顾客需求来预测未来需求,有助于削弱牛鞭效应。沃尔玛已经按惯例与它的供应商共享 POS 机数据。戴尔与许多供应商通过互联网共享需求信息。沃尔玛和很多供应商建立了战略联盟,共享需求信息,然后再与供应商共享这些信息,从而改善了供应链的协调性。

(2) 实施协同预测和计划。在共享了 POS 机数据之后,为了实现完全协调,供应链各环节还必须协同预测和计划。比如如果曾在 1 月进行促销活动,零售商发现此月的需求急剧增加;但在即将到来的 1 月没有促销计划,零售商的预测就会与制造商的预测不同,即使它们共享了过去的 POS 机数据。制造商必须知道零售商的促销计划以实现协调。确保整条供应链协调的关键是依据共同的需求预测来运作。为了帮助实现需求信息协同,志愿性跨行业商务标准协会(voluntary interindustry commerce solutions associstion,VICS)组织了协作计划、预测和补货委员会(collaborative planning, forecasting and replenishment, CPFR)为协同预测和计划确认最佳实践方法和设计方针。

第 8 章 供应链协调管理 183

（3）设计补货的单环节控制。补货的单环节控制是指由一个成员来控制整条供应链的补货决策,设计一条由单环节控制整条供应链补货决策的供应链有助于消除信息扭曲。正如我们先前所提到的,信息扭曲的主要原因是供应链的每个环节把来自下一环节的订单当作历史需求。因此,每个环节都认为自己的作用就是满足下一环节的订单。实际上,关键的补货发生在零售商处,因为那里是最终顾客购买产品的地方。当采用单环节控制整条供应链的补货决策时,多头预测的问题就可以消除,随之供应链的协调就可以实现了。

3. 提高运作绩效

（1）缩短补货提前期。通过缩短补货提前期,管理者可以减少提前期内需求的不确定性。缩短提前期对季节性商品尤其有益,因为它允许在季节内下多次订单并且预测的精确度会有极大的提高。管理者可以在供应链的不同环节采取多种措施来缩短补货提前期。通过互联网或 EDI 的电子订单都可以明显缩短下订单和信息传递的提前期。在制造工厂,提高柔性、实行单元制造以改善生产计划,能进一步缩短提前期,这一点对生产多样化产品尤为正确。提前发货通知(advanced shipping note,ASN)可以用来缩短提前期,还可以减少收货工作。越库运输可以用来缩短在供应链不同环节之间运输产品的提前期。

（2）减小生产批量。管理者可以通过减小批量、改进运作来削弱信息扭曲。减小批量缩小了波动的幅度,此波动会在供应链任何两个环节之间放大,从而削弱了信息扭曲。为了减小批量,管理者必须采取措施来减少每批产品的订货成本、运输成本及接收成本。管理者运用计算机辅助订单管理(computer aided order,CAO)和信息数据交换系统(electronic data interchange,EDI)能够减少每次订货的固定成本,通过将小批量的多种产品集中在一辆卡车上或通过使用巡回运送路线,在一辆卡车上组合装运几家零售商的产品,来减小批量。应用 ASN 技术来简化接收过程并降低接收相关成本,托盘条码也加快了货物的接收和发送,无线射频识别的使用进一步简化了接收。运用上述每种技术都能简化多品种、小批量的复杂订单的发货、运输和收货,进一步减小批量。

减小批量影响的另一种简单方法是鼓励不同的顾客采用使需求均匀分布的订购方法。每周订购一次的顾客倾向于在周一或周五下订单,每月订购一次的顾客倾向于在月初或月末下订单。在这种情况下,对于每周订购一次的顾客,最好将他们的订单均匀分配给一周中的每一天;而对于每月订购一次的顾客,最好将他们的订单均匀分配给一月中的每一天。事实上,可以提前安排每个顾客的常规订购日。这通常不会影响零售商,却能够平滑到达制造商的订单流,从而削弱信息扭曲。

（3）基于过去销量进行配给,共享信息,以限制博弈。为了缓解信息扭曲,管理者可以设计配给方案,以阻止零售商在供应短缺的情况下人为扩大订单。一种称作周转获利(turn-and-earn)的方法就是根据零售商的过去销量而不是零售商的目前订单来分配供应的。将配给与过去的销售联系起来,消除了零售商扩大订单的动机。实际上,周转获利方法促使零售商在低需求时期尽可能售出更多产品,从而能在供应短缺时获得更多产品的配给。一些公司,例如通用汽车公司,一直使用这种机制在供应短缺时分配产品。而其他公司,例如惠普,曾经根据零售商订单进行配给,现在也开始基于过去的销量进行配给。

还有一些公司努力实现供应链内信息共享以避免短缺情况发生。比如有的公司为它们的大客户提供奖励,鼓励它们提前订购全年订货量的一部分。此信息可以让该公司提高自己预测的准确度,相应地分配产能。一旦产能被适当地分配给各类产品,短缺情况就不太可能发生,从而抑制了人为扩大订单。柔性产能也可以阻止短缺情况不发生,因为当某种产品的需求预期会比另一种产品的需求低时,分配给它的产能可以很容易地转而生产另一种产品。

4. 设计定价策略以平滑订单

(1) 将基于批量的数量折扣转变为基于总量的数量折扣。基于批量的数量折扣促使零售商为了获得折扣而增大批量。提供基于总量的数量折扣消除了增大一次批量的激励,因为基于总量的折扣考虑的是某一段时间(如一年)内的总购买量,而不是一次批量的大小。基于总量的折扣带来了小批量,从而减少了供应链中的订单波动。当基于总量的折扣的评估有一个固定的终止期时,接近终止期时会出现大批量的订单。基于滚动时期的销售量的折扣有助于减弱这种影响。惠普公司正在从基于批量的折扣向基于总量的折扣转变。

(2) 稳定价格。管理者可以通过取消降价促销和实施每日低价策略来削弱牛鞭效应。取消促销可以消除零售商的预先购买,促使零售商的订单与顾客需求匹配。沃尔玛通过实施“天天平价、始终如一”的策略来削弱牛鞭效应。管理者可以在促销期内为采购数量设置上限,从而减少预先购买。这个限制应该针对具体的零售商,与该零售商的历史销售量挂钩。另一种方法是将支付给零售商的促销奖励与零售商的售出量而不是购入量挂钩。因此,零售商不能从预先购买中获益,只有当能卖出更多时才采购更多。基于售出量的促销极大地减少了信息扭曲。专用信息系统的存在方便了直接与顾客销售量联系起来的促销。

5. 构建战略伙伴关系和信任机制

管理者会发现当供应链内存在信任和战略伙伴关系时,先前讨论的管理杠杆更容易用来实现协调。共享各环节都信任的准确信息能更好地匹配整条供应链中的供给与需求,并降低成本。融洽的关系也能降低供应链各环节之间的交易成本。例如,如果供应商信任来自零售商的订单和预测信息,它就不必再进行预测了。类似地,如果零售商信任供应商的质量和发货,零售商就可以减少清点和验收工作。

一般地,当存在信任和融洽的关系时,供应链的各环节可以消除重复工作。精确的共享信息降低了交易成本,又有助于加强协调。库玛(Kumar,1996)的研究表明,零售商越信任它们的供应商,越不会开发替代供应商并且会极大提高现有供应商产品的销售量。一般来说,高水平的信任让一条供应链的响应性更高而成本更低。类似信息共享、激励改变、运作改进和价格稳定的行为通常有助于提高信任水平。供应链内合作和信任水平的提高需要所有参与方角色和决策权的确认、有效的合同以及良好的冲突解决机制。

根据信息的不完整性与不对称性,学者把供应链的协调模式分为两种:

(1) 减少信息不完整的协调模式。其重点是缩短提前期、延迟产品的个性化实现,减少需求信息不完整的程度,具体方法包括:①模块化设计方法(modular design):将产品设计成模块,从而可以并行化生产以缩短提前期。②延迟(postponement):延迟某些个性化部件的制造或者延迟某些运作过程及工序。③制造过程次序调换(process sequencing):调换某些模块的生产次序,缩短差异性程度较高模块的提前期。④快速反应方法:可以认为是一种直接缩短产品提前期的延迟,其具体运作方式有直接缩短提前期、缩短渠道、多次订货和生产的运作策略。

(2) 减少信息不对称的协调模式。目标在于改进运作机制,促进供应链成员的信息沟通机制,由订单的环环相扣(不对称)转向一定程度的信息(特别是原始数据)共享,使需求信息能真实及时地传递。具体实现方式包括直接的信息共享合约、通过战略合作改进信息沟通和避免信息扭曲(主要是采用如稳定价格和控制短缺等措施解决供应链成员的投机行为)。

8.3.3　供应链协调的实践

供应链协调已经广泛运用于实践中,具体实践方法表现为以下七个方面:

1. 量化牛鞭效应

公司通常不知道牛鞭效应在它们的供应链中产生了重大影响。管理者应该首先比较他们从顾客那里接收的订单的波动与他们向供应商下的订单的波动。这有助于公司量化自己对牛鞭效应的影响。一旦看到了自己的影响,公司就更容易接受这个事实,即供应链上所有环节共同促成了牛鞭效应,导致了利润的显著减少。缺少这个具体信息,公司总是只对波动做出反应,而不是试图消除波动。这导致公司在库存管理和生产计划上进行大量投入却没有收到什么绩效或利润的提升。牛鞭效应的量化证据能够非常有效地促使供应链各环节集中努力来实现协调,消除供应链中产生的波动。

2. 得到高层管理者对协调的承诺

抛开供应链管理的其他方面不谈,没有高层管理者的承诺也不可能实现协调。协调要求供应链所有环节的管理者将他们自己的局部利益放在次要位置,而将公司甚至供应链的更大利益放在首要位置。协调通常需要供应链中许多职能部门改变传统运作过程,做出权衡让步。这些改变通常与基于局部目标的做法相反。没有高层管理者的承诺,这些改变是不可能实现的。高层管理者的承诺曾是帮助沃尔玛与宝洁公司建立协作预测和补货团队的关键因素。

3. 投入资源以实现协调

如果有关各方不投入足够的管理资源,协调是不可能实现的。公司通常对协调不投入资源,因为它们要么认为失调是必须面对的,要么希望协调能够自己实现。这样,所有管理者只注重他们管理的各个部分,没有人对某个管理者的行为对供应链其他部分的影响负责。解决协调问题的一个最好办法是由供应链各个公司的员工组成协调团队。这些团队负责协调,并被赋予实行变革的权力。如果团队没有执行权力的话,建立这些团队毫无用处,因为团队很可能与只优化局部目标的职能管理者产生矛盾。只有当来自不同公司的员工之间建立起足够的信任时,协调团队才有效。如果正确利用协调团队,他们会带来巨大的利益,正如沃尔玛与宝洁公司的协作预测和补货团队所做的那样。

4. 注重与其他环节的沟通

与其他环节的良好沟通会强化双方的协调价值。公司通常不会与供应链的其他环节沟通,也不愿意共享信息。但是,供应链中的所有公司会因为缺乏协调而遭受挫折,如果协调会帮助供应链更有效地运作,它们会很高兴来共享信息。各方正常的沟通有助于适应变化。例如,一家大型计算机公司一直是一次批量订购几个星期生产所用的微处理器。它现在努力转向按订单生产的环境,这需要每天订购微处理器。计算机公司猜测微处理器供应商不会同意此方案。但是,当与供应商沟通时,出现了相反的结果。供应商也希望降低批量,增加订单的频率。它以为计算机公司想要大批量,因此从来没有要求改变。定期交流有助于供应链各环节分享它们的目标,确认改进协调的共同目标和互利行为。

5. 努力实现整个供应链网络的协调

只有整个供应链网络实现了协调,协调的全部利益才能实现。供应链的两个环节实现协调还不够。供应链中最强有力的一方应该努力实现整个网络的协调。丰田公司已经有效地在它的整个网络中实现了知识共享与协调。

6. 使用技术手段来提高供应链的信息可见性

互联网和各种软件系统可以用来提高整个供应链中信息的可见性。到目前为止,大部分 IT 应用只实现了公司内的信息可见性,实现整条供应链的信息可见性还需要更多努力。从本章的讨论可知,只有当 IT 系统提高了整条供应链的可见性和协调性时,才能实现 IT 系统带来的主要利益。如果公司想充分受益于它们对目前 IT 系统尤其是 ERP 系统的巨大投资,它们必须做进一步努力,使用这些系统来协作整条供应链的预测和计划。互联网应该用来共享信息,以提高供应链的连通性。

7. 公平分享协调带来的利益

供应链内实现协调的最大障碍是任何环节均感觉到协调的利益没有被公平分享。供应链关系中强势一方的管理者必须对此予以重视,并保证各方都认为利益是公平分享的。

扩展阅读 8.4
宝洁和沃尔玛的供应链
产销联盟

8.4 供应链激励问题与供应契约

上一小节中提出的缓解供应链不协调的主要措施对提高供应链运作的协调性来说具有重要的意义。但是,供应链管理的实践与理论研究证明,即使减少了牛鞭效应和曲棍球棒效应对供应链的不利影响,也并不能保证供应链整体绩效实现最佳收益。在这种情况下,只能通过在供应链企业间建立激励机制,以保证成员企业间形成更紧密的战略合作伙伴联盟,共担风险,共享利润,从而提高供应链的整体竞争优势。供应契约是指通过合理设计契约,减少合作双方的机会主义行为,促进企业之间的紧密合作,确保有效完成双方的订单交付,保证产品质量,提高用户满意度,降低供应链成本。供应契约是供应链激励机制的主要形式。

8.4.1　供应链激励问题

在大多数情况下,供应链成员总是首先关心如何优化企业自身的绩效,然后才去考虑供应链的整体绩效,这种自我优化意识导致了供应链的低效率与不协调。双重边际效应就是这一现象的表现。因此,如何消除双重边际效应的影响,就成了在解决了牛鞭效应基础上的又一重要任务。解决双重边际效应需要供应链企业间的合作和信息共享,但是,由于在供应链成员间缺乏组织机构进行有效的监督,传统的控制机制无法在供应链管理中发挥作用,不能通过行政手段解决双重边际效应问题。在这种情况下,只能通过在供应链企业间建立激励机制,以保证成员企业间形成更紧密的战略伙伴式的联盟,使合作伙伴共担风险、共享收益,企业利益与供应链的整体目标协调一致,从而提高供应链的整体竞争优势。

下面考虑一个简单的单周期产品供应链系统。该供应链系统由一个制造商和一个零售商组成,如图 8-2 所示。该供应链采用传统的分散决策模式:

① 零售商根据市场需求确定一个订货量。

② 向制造商下达订单。

③ 制造商按批发价交付。

④ 零售商按零售价销售,最后计算各自的利润。

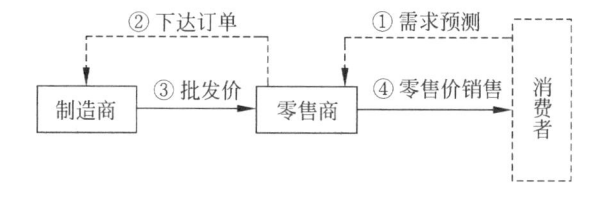

图 8-2　由一个制造商和一个零售商组成的供应链

假设,制造商生产的产品按 80 元/件批发给零售商,该产品的市场零售价格为 125 元/件。如果零售商订货过多,在销售期结束时每一件没有卖出去的产品只能按 20 元/件的残值价格处理掉。制造商的固定生产成本为 10 万元(为了开始生产,制造商必须先投资 10 万元,该投资额与要生产的数量无关,这笔费用被称为固定生产成本),可变生产成本为 35 元/件。市场对该产品的需求分布如表 8-1 所示。

表 8-1　市场需求概率分布

需求量(件)	概　率
8 000	11%
10 000	11%
12 000	28%
14 000	22%
16 000	18%
18 000	10%

若零售商的订货量用 Q 表示,市场需求量用 D 表示,那么对于一定的订货量(Q)和市场需求(D),零售商的期望利润为:$125 \times \min(D,Q) - 80 \times Q + 20 \times \max(Q-D,0)$。

图 8-3 是根据以上数据计算出来的零售商期望利润值,通过计算可以得出零售商的最优策略是订购 12 000 件,并获得 470 700 元的平均利润。如果零售商发出这个订单,制造商的利润就是:$12\ 000 \times (80 - 35) - 100\ 000 = 440\ 000$ 元。

同时,整个供应链的利润为 910 700 元。

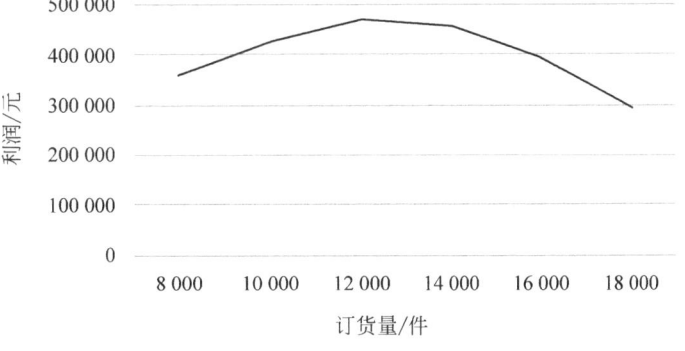

图 8-3　零售商的期望利润

从上面描述的制造商与零售商之间的交易方式不难看出,当制造商以一定的批发价将产品交付给零售商后,制造商的收益就得到了保证,因为一旦产品出厂以后,所有权就属于零售商了,至于能否销售出去,制造商是不会关心的。由于这种批发价交易机制只能保证供应链上游企业的利益,风险都集中到了零售环节,因此,零售商为了保证自己的利益,在向制造商订货时,就会按照最有利于自己的订货策略发出订单。

站在制造商的角度,它一定希望零售商尽可能多地订货,但是,在上述传统合作机制下,零售商是没有任何动力来自己冒着承担整个供应链的风险增加订货量的。制造商应该如何说服零售商尽可能多地增加订货量呢? 这就需要有一个对零售商进行激励的机制,也可以认为是供应链协调运作的激励问题。

8.4.2　常见的供应契约种类

如前所述,供应契约中有许多参数,将这些参数单独列出或者经过组合,就可以形成多种不同类型的供应契约。一般而言,较常见的供应契约包括以下几类。

1. 回购契约(buyback contract)

契约规定,在销售季末,零售商可以以一定的价格把未售出的产品全部退还给供应商。回购是一种在不确定性需求系统协调中常见的契约方式,既是一种风险分担机制,又能起到激励订购的作用。回购的最大特点在于,它能够较灵活地消除随机需求下系统的双重边际效应。通过缔结回购契约,供应商与零售商共同分担市场风险,而刺激零售商订货的措施则能够提高其期望利润。

回购契约往往应用于生产周期较长而销售季节较短的商品交易中,它在时令商品市场(如服装、图书等)中得到了广泛应用。

2. 收入共享契约(revenue sharing contract)

在这种契约中,供应商拥有货物的所有权,决定批发价格,而收入共享的比例则由零售商决定。对于每一件卖出的产品,零售商根据事先确定的收入共享百分比,从销售收入中扣除自身应当享有的份额,然后将剩余部分交给供应商。

3. 数量折扣契约(quantity discount contract)

按数量折扣契约规定,在一定时期内,供应商根据零售商承诺购买的数量,按照一定的比例对价格进行调整。数量折扣契约在实际交易中非常普遍,通常使用的方式有两种:全部单位数量折扣和边际单位数量折扣。使用前者时,供应商按照零售商的购买数量,对所有产品都给予一定的价格折扣;而后者只对超过规定数量的部分给予价格折扣。研究发现在确定性需求或者不确定性需求下,数量折扣适用于风险中性和风险偏好型的零售商。

4. 最小购买数量契约(minimum purchase contract)

在最小购买数量契约下,零售商在初期做出承诺,将在一段时期内至少向供应商购买一定数量的产品。通常,供应商根据这个数量给予一定的价格折扣,购买产品的单位价格将随着数量的增加而降低。零售商承诺在未来一个年度里的最少购买数量,供应商同意以折扣价格提供产品。这种契约在电子产品行业尤为普遍。

最小购买数量契约与数量折扣契约有些类似,不同的是前者需要做出购买数量承诺,这种承诺并非一次性的,也可以是一段时期或者一个年度内的购买数量总和。

5. 数量柔性契约(quantity flexibility contract)

交易双方拟定契约,规定每一期内零售商订货量的波动比率。使用这种契约时,零售商承诺一个最小的购买数量,然后可以根据市场实际情况,在最低和最高订货范围内选择实际的订货量。按照契约规定,供应商有义务提供低于最高采购上限的产品数量。这种方式能够有效地遏制零售商故意高估市场需求,而导致供应链库存增多的不利现象。

6. 带有期权的数量柔性契约(flexibility quantity contract with option)

在这种契约模式下,零售商承诺在未来各期购买一定数量的产品,同时它还向供应商购买了一个期权。这种期权允许零售商可以在未来以规定的价格购买一定数量的产品,从而获得了调整未来订单数量的权利。

7. 削价契约(markdown contract)

这是一种经过改进的回购契约,供应商为了避免零售商将未售出的产品返还给自己,会采取一定的价格补贴措施,激励零售商继续保留那些未售出的产品。价格补贴虽然对供应商来说实施起来比较方便,但可能会给予零售商套利的机会,因此必须建立在买卖双方充分信任的基础之上。目前,价格补贴已经被广泛应用于IT产品的销售中。

价格补贴实质上是一种价格保护策略,是分销商分担零售商过剩库存风险的另外一种方式。它通过对期末未售出商品进行价格补差来实现,并经常应用价格递减方式实现短生命周期产品的协调。研究表明,价格补贴与回购有很大的相似性,也可实现供应链系统的协调,但针对多零售商时,会出现不能确保各零售商均参与契约的情况,主要原因在于:价格补贴实现协调的条件与客户需求信息无关,仅与买卖双方的成本结构有关。

8. 备货契约（backup contract）

零售商和供应商经过谈判后，双方拟定契约为零售商提供一定的采购灵活性。备货契约的流程为：零售商承诺在销售旺季采购一定数量的产品，供应商按零售商承诺数量的某一比例为其保留产品存货，并在销售旺季到来之前发出所预存的产品。在备货契约中，零售商可以按原始的采购价格购买供应商为其保留的产品，并及时得到货物，但要为没有购买的部分支付罚金。

9. 质量担保契约（quality contract）

供应商知道自己产品质量的水平，拥有信息优势，而零售商却处于信息劣势。由于信息不对称，会产生两个问题：第一，供应商由于不具备提供某种质量水平的能力，可能会做出错误的质量承诺，零售商不能正确辨认供应商的能力，于是产生了错误选择的问题；第二，供应商可能存在恶意的欺骗行为，导致了严重的道德问题。为了保证零售商和供应商自身的利益不受侵犯，并保证供应链绩效最优，签订契约的谈判双方必须在一定程度上实现信息共享，运用合作激励机制，设计质量惩罚措施，当供应商提供不合格产品时对其进行惩罚。

8.4.3　供应契约的参数

随着对供应契约的研究日益重视，人们不断建立新的契约模型，深挖原有契约模型的潜在意义，并致力于将供应契约应用到实际管理中。

究其本质，对供应契约的研究离不开契约参数。通过设置不同的参数，可以构建出多种不同的供应契约模型。例如，在契约中研究超储库存的退货问题，就形成了回购契约；在契约中研究供应链利润的分配问题，即为利润共享契约。因此，以不同的契约参数为出发点，就能够以不同类型的供应契约为对象展开研究。

此外，契约参数的具体设定会影响到供应契约的作用。例如，数量折扣契约中折扣百分比的设计，最低购买数量契约中最低购买数量限度的确定，以及利润贡献契约中利润分享参数大小的设定等，都会影响供应契约的效果。在供应链合作中，缔结供应契约的目的是优化供应链绩效，提高供应链竞争力，并确保契约双方共同获利。为了实现上述目标，必须在供应链合作双方的谈判过程中设计合理的契约参数，从而影响双方的行为和动机。

因此，供应契约的参数设定必须对供应链节点企业起到激励和约束作用，以影响节点企业的行为，促进企业之间建立更紧密的合作，使节点企业通过致力于增大整个供应链的利润来增加自身的收益。契约参数是管理供应契约要解决的主要问题，参数的设计已经成为供应契约中最为重要的一个环节。

一般而言，供应契约的参数有以下几种。

1. 决策权的确定

在传统合作模式下，契约决策权的确定并不是一个非常重要的因素，几乎每个企业都有自己的一套契约模式，并且按照该模式进行日常的交易活动。但是在供应链管理环境下，供应契约决策权的确定却发挥着相当重要的作用，因为在供应契约模式下，合作双方要进行风险共担以及利润共享。

2. 价格

价格是契约双方最关心的内容之一，价格可以表现为线性的形式（按比例增长或者下降），或者非线性的形式。合理的价格使得双方都能获利。卖方在不同时期、不同阶段会有不同的价目表，一般都会随着订货量的增大和合作时间的延长而降低，以激励买方重复订货。

3. 订货承诺

买方一般根据卖方的生产能力和自身的需求量提出数量承诺。订货承诺大体有以下两种方式：一种是最小数量承诺，另外一种是分期承诺。对于单个产品，最小数量承诺意味着买方承诺其累积购买量必须超过某特定数量，即最低购买数量；对于多品种产品，进行最小数量承诺则要求购买金额超过某最低量，即最低购买价值承诺。使用分期承诺时，买方会在每一个周期开始之前提出该期的需求量。

两种数量承诺方式有着明显的区别。从一定意义上说，前者给出总需求量，有利于卖方做好整个契约周期内的生产计划，然而一旦市场发生变化，绝大部分市场风险便转移到卖方身上。后者则要求买方在各个期初给出当期的预计订货量承诺，进行了风险共担，使得卖方的风险有所降低，同时也迫使买方加强市场决策的有效性。

4. 订货柔性

任何时候买方提出数量承诺，卖方一般都会提供一些柔性，以调节供应数量。契约会细化调整幅度和频率。这种柔性包括价格、数量以及期权等量化指标。这样一方面，卖方在完成初始承诺后，提供（或不提供）柔性所决定的服务补偿；另一方面，买方也从中获得收益，当市场变动影响其销售时，就可以使用柔性机制来避免更大的损失。同时柔性也提供了强有力的约束，使合作双方在契约执行过程中，更多地考虑到自身利益，改善经营，从而使两者从长期角度都受益。

5. 利润分配原则

所有企业最根本的目的都是实现自身利润的最大化，因此，在设定契约参数的时候，利润分配原则通常是企业协商的重点。那么，在高度合作的情况下，如何能够维护合作双方自身的经济利益不受侵害，同时又可以尽可能扩大渠道利润，就成为利润分配所要考虑的问题。

供应契约往往以企业的利润作为建模的基础，在合作双方之间划分供应链的整体渠道收益就是利润的分配问题。供应契约包括按什么原则进行分配，分配的形式是怎样的，以及如何设计利润分配的模型等。

供应链利润的分配原则主要体现为利益共享和风险共担原则。在实际利润的分配过程中，供应链的核心企业起着决定性的影响，它在供应链成本、交易方式、利润激励等方面都有着举足轻重的作用。此外，主导企业对利润分配的态度还会影响其他企业对合作的积极性，以及对供应链利润增值的贡献。

6. 退货方式

从传统意义上讲，退货似乎对卖方很不利，因为它要承担滞销产品带来的风险和成本。但事实上，实施退货政策能有效激励买方增加订货，从而扩大销售额，增加双方收入。从某种意义上讲，如果提高产品销售量带来的收入远大于滞销产品所带来的固定成本，或者卖方有意扩大市场占有率,退货政策给卖方带来的好处就会远远大于其将要承担的风险。

7. 提前期

在质量、价格可比的情况下,提前期是买方关注的重要因素之一。同时,提前期导致需求信息放大,产生牛鞭效应,这对卖方而言也很不利。因此,有效地缩短提前期,不仅可以降低安全库存水平,节约库存投资,提高客户服务水平,很好地满足供应链时间竞争的要求,还可以减少牛鞭效应的影响。

在传统的库存模型中,提前期或被设置为固定值,或用随机变量来表示。其实,将提前期作为变量来调整供应契约时,能够为供应链带来利益。

8. 质量控制

在基于供应链的采购管理中,质量控制主要是由供应商进行的,企业只在必要时对质量进行抽查。因此,关于质量控制的条款应明确质量职责,还应激励供应商提高其质量控制水平,对供应商实行免检是对供应商质量控制水平的最高评价。契约中应指出实行免检的标准和免检供应商的额外奖励,以激励供应商提高其质量控制水平。

质量问题是买卖双方谈判的矛盾所在。对卖方而言,提高原材料或零部件的质量,则意味着成本的增加;而对买方而言,只有在价格不变的前提下,保障原材料或零部件的质量才能提高成品的合格率和增加收益。为此,买方需要在契约的设计中,针对质量条款采取某些激励措施,如进行质量方面的奖励或惩罚等,以达到双赢的目的。

9. 激励方式

对节点企业的激励是使节点企业参与供应链的一个重要条件。为节点企业提供只有参与此供应链才能得到的利益是激励条款所必须体现的。此外,激励条款应包含激励节点企业提高质量控制水平、供货准时水平和供货成本水平等内容,因为节点企业业务水平的提高意味着业务过程更加稳定可靠,同时费用也会随之降低。

一般而言,有以下几种激励模式可供参考:

(1)价格激励。高价格能增强企业的积极性,不合理的低价会挫伤企业的积极性。供应链利润的合理分配有利于供应链企业间合作的稳定和运行的顺畅。

(2)订单激励。供应链获得更多的订单是一种极大的激励,在供应链内的企业也需要更多的订单激励。一般来说,一个制造商拥有多个供应商。多个供应商竞争来自制造商的订单,获得较多订单对供应商是一种激励。

(3)商誉激励。商誉是一个企业的无形资产,对企业来说极其重要。商誉来自供应链内其他企业的评价和在公众中的声誉,反映了企业的社会地位(包括经济地位、政治地位和文化地位)。

(4)信息激励。信息对供应链的激励实质上属于一种间接的激励模式,如果能够很快捷地获得合作企业的需求信息,企业就能够主动采取措施提供优质服务,必然会使供应链合作各方的满意度大大提高。这对合作方之间建立起信任来说有着非常重要的作用。

(5)淘汰激励。为了使供应链的整体竞争力保持在一个较高的水平,供应链必须建立对成员企业的淘汰机制,同时供应链自身也面临着被淘汰的风险。

10. 信息共享机制

供应链企业之间任何有意隐瞒信息的行为都是有害的,充分的信息交流是供应链的

第 8 章　供应链协调管理　　193

采购管理良好运作的保证。因此,契约应对信息交流提出保障措施,例如规定双方互派通信员和每月举行信息交流会议等,防止信息交流出现问题。

综上所述,契约需要考虑的因素非常多。此外,在契约的签订过程中,还需要考虑众多复杂因素的一些动态的、不断重复的博弈过程。

8.4.4　供应契约的计算

在前面的例子中,零售商要承担当库存量超过销售量的所有风险,而制造商则不需要承担这种风险。实际上,由于制造商不承担风险,制造商宁愿零售商尽可能多订货,而零售商因为巨大的财务风险会控制订单数量。当然,因为零售商控制订单数量,所以缺货发生概率将会明显增加。如果制造商愿意并能够同零售商分担风险,对于零售商来说订购更多产品可能是有利可图的,因此减少了缺货概率并增加了制造商和零售商双方的利润。风险分担的各种供应契约增加了供应链实体双方的利润。

1. 回购契约

在回购契约中,卖方同意以高于残值的协议价买回买方卖不出去的商品。很明显,这给予买方订购更多产品的动机,因为卖不掉产品的风险降低了。另一方面,卖方的风险明显增加。因此,回购合同的设计要使买方订货量的增加以及由此产生的缺货概率的降低,足以补偿卖方增加的风险。

仍然考虑前面的例子,假定制造商同意以 55 元的价格从零售商处购买销售不掉的产品。在这种情况下,零售商的边际利润 45 元大于它的边际损失 35 元,因此鼓励零售商订购多于平均需求的产品。

若零售商的订货量用 Q 表示,市场需求量用 D 表示,那么对于一定的订货量(Q)和市场需求(D),零售商的期望利润为:$125 \times \min(D,Q) - 80 \times Q + 55 \times \max(Q-D,0)$;制造商的利润为:$(80-35) \times Q - 100\ 000 - (55-20) \times \max(Q-D,0)$。

图 8-4 为该回购契约下计算得出的零售商和制造商的平均利润。该图显示零售商愿意增加订货量到 14 000 件,并获得 513 800 元的平均利润,而制造商的平均利润增加到471 900 元。因此,双方的总平均利润即整体供应链利润从 910 700 元(470 700 ＋440 000)增加到使用回购契约的 985 700 元(513 800＋471 900)。

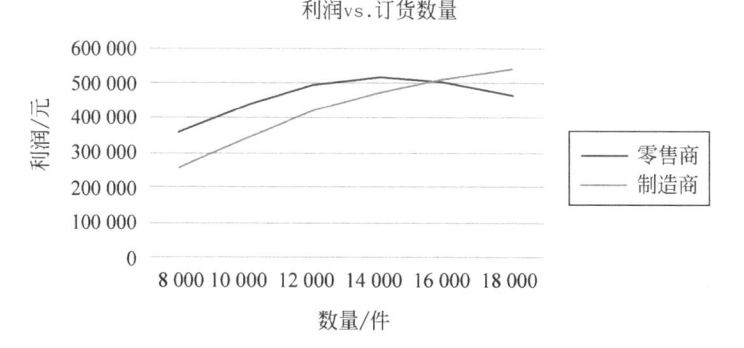

图 8-4　回购契约

2. 收入共享契约

在供应链中,零售商只订购有限数量产品的一个重要原因是批发价太高。如果零售商可以说服制造商降低批发价,则零售商会订购更多。当然,如果不能销售更多产品,批发价下降会减少制造商的利润。收入共享契约解决了这个问题。在收入共享契约里,买方将自己的一部分收入与卖方分享以换来批发价的折扣。也就是说,在这个契约中,买方把销售给最终客户的每个产品的部分收入转移了。请看以下的例子:

假定产品制造商和零售商有一个收入共享契约,其中制造商同意将批发价由 80 元降至 60 元,同时,零售商将产品销售收入的 15% 退还给制造商。

若零售商的订货量用 Q 表示,市场需求量用 D 表示,那么对于一定的订货量(Q)和市场需求(D),零售商的期望利润为

$$0.85 \times 125 \times \min(D, Q) - 60 \times Q + 20 \times \max(Q - D, 0)$$

制造商的利润为

$$(60 - 35) \times Q - 100\ 000 + 0.15 \times 125 \times \min(D, Q)$$

在这个契约下,图 8-5 代表零售商和制造商的平均利润。图中显示,本例中,零售商将会增加订货量到 14 000 件(与回购契约一样)并获得 504 325 元的利润,尽管批发价低,但增加的订货同时使制造商的利润增至 481 375 元。因此供应链总利润为 985 700 元(504 325 + 481 375)。也就是说,批发价的降低和收入分享的结合会增加双方的利润。

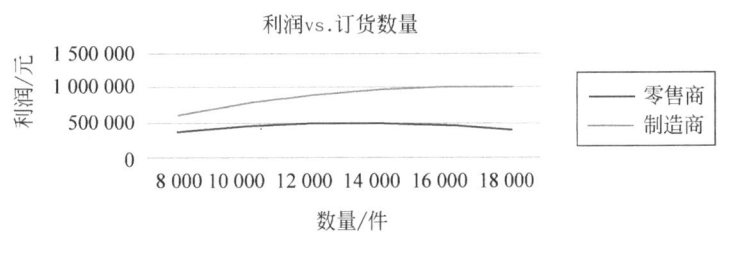

图 8-5　收入共享契约

3. 供应链整体利润优化

前面介绍的契约提出了一个重要的问题:供应商和卖方之间所期望的共同的最大利润是多少?为了回答这个问题,我们采用一个完全不同的途径。如果让一个没有偏见的决策制定者确定整个供应链的最优策略,结果会怎样?这个没有偏见的决策制定者会把供应链中制造商和零售商双方看成一个组织中的两个成员。也就意味着将会忽略在两者之间的资金转移,没有偏见的决策制定者所做的决策将会最大化供应链利润。

接着之前的例子,产品的相关数据是售价 125 元,残值 20 元,可变生产成本 35 元和固定生产成本。在本例中,零售商向制造商的支付已经没有意义了,因为我们只关注外部的成本和收入。很明显,这里供应链的边际利润为 90 元(125 - 35),明显高于边际损失 15 元(35 - 20),因此供应链产量将高于平均需求。整体可以用如下计算公式:

$$125 \times \min(D, Q) - 100\ 000 - 35 \times Q + 20 \times \max(Q - D, 0)$$

通过计算可以得出,整体优化策略最优产量为 16 000 件,这意味着整个供应链的期望利润为 1 014 500 元。当然,这种没有偏见的决策制定者通常并不存在。然而,有效的

供应合同激励着供应链合作伙伴取代传统的策略,传统的策略中每一方都以自己的利润最大化为目标,而在供应链整体优化中,整个供应链的利润是最大化的。但全局优化的困难在于,它需要公司将决策制定权交给一个无偏见的决策制定者。

这就是供应合同如此重要的原因。通过允许买方和供应方共享风险和潜在利益,供应合同可以帮助公司实现全局优化,而不需要借助无偏见的决策制定者。实际上,很容易看到,只要更仔细地设计这些合同,可以获得与整体优化同样的利润。

另外,从实施的观点看,整体优化的缺点在于它没有提供在供应链伙伴之间分配利润的机制。它只提供最好或最优的信息,供应链需要进行一系列改进活动以增加利润。供应合同则在供应链成员之间分配了利润。

更重要的是,有效供应合同为每个伙伴分配利润所采用的方式,使任何伙伴都不可能通过偏离最优行动而获得更大利润。也就是说,对于买卖双方中的任何一方,没有任何激励会使他们离开实现供应链整体最优的行动。

8.4.5 供应契约的作用

尽管不少契约的理论模型与实际情况存在一定的距离,但其仍然能够为管理者们提供审视供应链的决策依据,因而具有极大的管理意义。使用供应契约,既能克服牛鞭效应和双重边际效应等多种不利影响,有效地实现供应链协调运作,还可以保障供应链企业之间的合作关系。其作用主要表现在以下几个方面。

1. 降低牛鞭效应的影响

供应链的信息失真导致了牛鞭效应,这种放大的效应对于供应链企业具有非常大的危害。供应契约可以很好地降低牛鞭效应的影响,主要表现为:供应契约的签订降低了供应链中的库存。由于供应契约同时具有柔性和相对稳定的优点,因此,在供应链中,每个企业不必像以前那样维持较高的安全库存。

一般而言,企业通常致力于如何实现自身利益的最大化,因此,当需求信息在供应链中逐级放大时,便导致了牛鞭效应。供应链企业之间的合作将原来的局部优化行为转为整体利益最大化,而供应契约的特性可以使这种合作具体化,防止这种合作行为成为纸上谈兵。

供应链企业之间在确定合作关系之后签订契约,使各节点企业明确了各自的职责。一方面,下游企业对上游企业的需求数量趋向于固定,即使有变动也在供应契约的柔性范围内,对供应和需求的影响不大。这样上游企业不必对下游企业的需求进行预测,从而避免了信息在整条链上产生滞后,防止了牛鞭效应的产生。另一方面,供应契约可以使供应链上的信息共享程度得到提高,链上的每个节点企业基本上都可以共享所有的信息,这就避免了一些不必要的预测,避免了牛鞭效应的产生。

2. 实现供应链系统的协调,消除双重边际效应

供应链的双重边际效应是指当供应链各节点企业都试图最优化自己的利润时,不可避免地损害了供应链的整体利润。供应契约就是为了尽量减少这种损害而提出的一种解决办法。

供应契约通过调整供应链的成员关系来协调供应链,使分散决策下供应链的整体利润与集中系统下的利润尽可能相等。即使无法实现最好的协调(与集中系统下的利润完全相等),也可能存在帕累托最优解,使得每一方的利润至少不低于原来的利润值。因此,供应链各节点企业可以通过签订不同类型的供应契约,以克服由于双重边际效应所导致的供应链低效率以及渠道利润的减少,使供应链达到最佳协调。

3. 增强了供应链成员的合作关系

建立协调供应链的好处有目共睹,但这种协调的前提是相互信任。由于供应链是由多个企业组成的联合体,彼此之间没有任何产权上的联系,而仅仅是动态的合作关系。不过,供应契约可以以书面的形式保证合作企业的权利和义务,使这种权利和义务具有法律效应。这样即使信任机制不健全,也可以实现供应链合作企业的紧密合作,加强信息共享,相互进行技术交流和提供技术支持。

供应链合作关系产生了新的利润,新增利润如何在供应链中进行分配,是决定供应链能否继续保持合作关系的一个重要因素。供应契约模型研究了利润的分配模式,通过企业之间的协商,将利润在供应链的各个节点企业中进行了分配。契约的特性就是要体现利益共享和风险共担原则,从而使供应链成员企业达到帕累托最优。

随着契约利润参数的改变,供应链承担的风险在供应链的不同阶段之间发生了转移,从而影响了零售商和供应商的决策,稳固了它们之间的长期合作伙伴关系,同时提高了供应链的总体收益。

此外,还可以通过修改契约的激励模式,为合作企业创造更好的优惠条件,减少彼此之间的不信任感,实现双赢,进一步促进并增强供应链中节点企业的合作关系。

本 章 小 结

本章首先介绍供应链协调管理的概念,然后详细讲述了几种不协调现象,分析了产生这些现象的原因,然后引出协调运行对提高供应链整体效益的重要性。针对牛鞭效应及曲棍棒球效应等不协调现象提出了相应的改进方法,能够缓解这些不协调现象。针对牛鞭效应,我们找到了减少牛鞭效应最重要的一个方法便是信息共享,即集中需求信息。

针对双重边际效应的问题,本章从供应链运作激励的角度进行了分析,阐述了供应链协调机制,并较为详细介绍了回购契约和收益共享契约的协调与激励原理和计算方法,然后简要介绍了其他几种常见的供应契约。这些管理措施可以多管齐下,从而使供应链能够协调运行,使整体利益达到最大化。

思　考　题

1. 供应链协调管理的特点？
2. 什么是牛鞭效应？
3. 如何理解供应链企业合作中的双重边际效应？
4. 供应链波动加剧会对供应链的不同绩效指标产生怎样的影响？
5. 实现供应链协调的管理途径有哪些？
6. 一般而言，供应契约的参数有哪几种？
7. 常见的供应契约种类包括哪些？
8. 供应契约的作用体现在哪些方面？

案 例 分 析

戴尔的供应链模式

第 9 章

供应链构建与网络规划

【本章学习目标】

通过本章学习,学员应该能够:

1. 了解供应链设计应遵循的主要原则、采取的相关策略。
2. 了解供应链的结构模型以及供应链网络规划的内容与重要性。
3. 熟悉供应链网络设计与应用,掌握建立基本优化模型的能力。
4. 理解全球化发展驱动力的含义,了解全球化供应链网络运作。

 【导入案例】

京东物流搭建全球智能供应链基础网络

2016 年,京东集团推出"京东物流"全新品牌标识,并宣布京东物流将以品牌化运营方式面向社会开放。2018 年 4 月,京东集团宣布通过向全社会输出京东物流的专业能力,帮助产业链上下游的合作伙伴降低供应链成本。

京东物流 CEO 王振辉说,京东物流正全力搭建全球智能供应链基础网络(GSSC),并以此为愿景,在全球范围内进行采购、生产、设计、物流等全链条的优化,依靠技术和模式创新贯通商流、物流、资金流、信息流等,通过多方面合作提升整个社会的供应链效率,节约供应链成本,将社会物流成本降到 5% 以内。京东物流在云仓配、多式联运等领域整合社会资源,携手航空、铁路、海运、仓储、配送等各界企业共同推进全球智能供应链基础网络的建设,以"广覆盖、分布式布局"形式打造物流"短链",推出了针对不同产品的仓配、快递、快运、分钟级的即时物流等服务。

2017 年初,京东跨境物流正式向商家开放。沃尔玛投资的两大商店分别入驻京东跨境物流开放平台,它们目前在京东全球购平台上所售卖的商品均由京东跨境物流进行统一存储、调拨、分拣。数据显示,沃尔玛全球购旗舰店在 2018 年 1 月至 9 月的销售额同比增幅超过 300%。"我们的目标是在全球构建双 48 小时通路,实现中国 48 小时通达全球,并提升世界其他国家本地物流时效,实现当地 48 小时送达。"王振辉说,"目前京东物流已逐步在印尼、泰国、马来西亚、美国等落地,并在曼谷开通'211 限时达'服务。"

据悉,在跨境服务方面,京东物流开设了物流专线。基于出口专线,一些在国内使用京东物流服务的商家,可以不用再依靠传统的出海模式,在国内发货到集运仓再转运到海

第 9 章　供应链构建与网络规划　　**199**

外。京东物流的国内仓系统与海外仓打通,解决了清关、落地配送等令商家头疼的问题,实现了"一仓发全球"来帮助中国品牌一站式出海。

资料来源:张英贤. 京东物流搭建全球智能供应链基础网络[J/OL]. 中国交通报. 2018-10-25. https://www.sohu.com/a/271216973_100122961.

供应链全球化形势越来越明显,京东也在逐步搭建全球智能供应链。作为供应链管理的一项重要环节,无论是理论研究人员还是企业实际管理人员,都非常重视供应链的构建和网络规划问题。本章主要内容包括供应链构建基本问题、供应链设计策略、供应链网络规划与设计,以及全球供应网络等。

9.1　供应链构建概述

本节将详细介绍供应链构建原则、供应链构建系统观和供应链的结构模型。

9.1.1　供应链的构建原则

在供应链的构建过程中,我们需要遵循以下的基本原则,以保证供应链构建得以实施。

1. 自顶向下和自底向上相结合的原则

在系统建模设计方法中,存在两种设计方法,即自顶向下和自底向上的方法。自顶向下是从全局走向局部的方法,是系统分解的过程;自底向上是一种从局部走向全局的方法,是一种集成的过程。在设计一个供应链系统时,往往是先由主管高层做出战略规划与决策,规划与决策的依据来自市场需求和企业发展规划,然后由下层部门实施决策,因此供应链的设计是自顶向下和自底向上的综合。

2. 简洁性原则

简洁性原则是供应链的一个重要原则,为了能使供应链具有灵活、快速响应市场的能力,供应链的每个节点都应是精简的、具有活力的、能快速实现业务流程的。比如,供应商的选择就应以少而精为原则,有的企业甚至选择了单一供应商原则(即一种零件只由一个供应商供应)。通过和少数的供应商建立战略伙伴关系,有利于减少采购的成本,有利于实施 JIT 采购和准时生产,生产系统的设计更是应以精益思想(lean thinking)为指导。

3. 集优原则(互补性原则)

供应链的各个节点的选择应遵循"强—强"联合的原则,达到实现资源外用的目的,每个企业只集中精力致力于各自核心的业务过程,就像一个独立的制造单元,这些所谓单元化企业具有自我组织、自我优化、面向目标、动态运行和充满活力的特点,能够实现供应链业务的快速重组。

4. 协调性原则

供应链业绩的好坏取决于供应链合作伙伴关系是否和谐。和谐是描述系统是否能够充分发挥系统成员和子系统的能动性、创造性及系统与环境的总体协调性。只有和谐而且协调的系统才能发挥出最佳的效能。

5. 动态性(不确定性)原则

供应链身处动态的环境中,各种不确定性因素在供应链中随处可见。由于不确定性因素的出现,容易干扰供应链的稳健运营,稍有不慎,可能导致供应链运营中断,因此要及时预见各种不确定因素对供应链运作的影响,主动采取措施减少信息传递过程中的信息延迟和失真,增加透明性,减少不必要的中间缓冲环节,提高预测的精度和时效性,从而降低不确定性对供应链整体绩效水平的影响。

6. 创新性原则

创新设计是系统设计的重要原则,没有创新性思维,就不可能有创新的管理模式,因此在供应链的设计过程中,创新性是很重要的一个原则。要产生一个创新的系统,就要敢于打破各种陈旧的思维框架,用新的角度、新的视野审视原有的管理模式和体系,进行大胆的创新设计。

7. 战略性原则

供应链的建模应具有战略性,通过战略的视角减少不确定性的影响。从供应链的战略管理的角度考虑,供应链建模的战略性原则还体现在供应链发展的长远规划和预见性上,供应链的系统结构发展应和企业的战略规划保持一致,并在企业战略的指导下进行。

9.1.2 供应链构建的系统观

系统的概念来源于人类长期的社会实践。系统是由相互作用、相互影响、相互依赖的若干个组成部分按一定规律组成的具有特定功能的统一体。一般系统论的创始人贝塔朗菲把"系统"定义为"相互作用的诸要素的综合体"。系统的一般特征有:整体性、相关性、结构性、动态性、目的性、环境适应性。

供应链是一个复杂的系统。从供应链的概念上说,供应链是由一系列相互关联的企业由于某种原因结成的网络。这些企业为了实现快速响应满足市场需求的目的,形成一个虚拟企业联盟体系。供应链中的企业或相关部门之间相互作用、相互影响、相互制约,其组成和结构具有一定的规律,其运行也有一定规律。

在进行供应链的构建分析与设计时,必须认识到供应链具有系统的一般特征,从系统的角度进行设计和优化。

1. 供应链的整体性

系统的整体性可以表述为,系统整体不等于各组成元素之和,即非加和原则,$1+1\neq 2$。当整体小于各组成元素之和(即 $1+1<2$)时,虽然每个企业或部门的功能是良好的,但企业或部门步调不一、协同不好,作为供应链整体就不可能有良好的功能。当整体大于各组成元素之和(即 $1+1>2$)时,虽然每个企业或部门的功能并不很完善,但它们协同一致、结构合理,作为供应链整体具有良好的功能。

2. 供应链的相关性

各部分的特性和行为会相互制约、相互影响,相关性决定了系统的性质和形态。供应链内的企业或部门之间相互影响、相互依赖、相互制约,形成了特定的关系。从单个企业看,企业内部各组成部分之间的关系对供应链的性质和功能肯定起很大的作用,但是供应链的性质和功能更受供应链上各企业之间关系的影响。这种战略联盟关系的强弱决定了供应链的特性,其相关的优劣或性能在很大程度上受它影响。

3. 供应链的结构性和有序性

系统的层次结构和协调活动是现实世界中一些大系统所特有的结构性反映。供应链的组成是按供需关系构成的结构,核心企业与供应商之间、与供应商的供应商之间、与销售商的销售商之间组成层层分布的网络结构。系统的有序性揭示了系统与系统之间存在着包含、隶属、支配、权威、服从的关系,统称为传递关系。换句话说,系统并不孤立出现,而是按有序性原则存在于某一层次结构中。

4. 供应链的动态性

供应链内部有三种形式的流在流动:物料流、信息流、资金流。上游企业得到下游企业的信息需求,向下游企业传递供给信息和物料;同时,资金流由下游企业向上游企业流动。且不说组成供应链的各个企业都在演变(或壮大或缩小),组成供应链的企业或部门也在不断变化,有的自己主动离开,有的被动离开。

5. 供应链的目的性

人工系统和复合系统都具有一定的目的性,要达到既定的目的,系统必须具有一定的功能。供应链系统肯定有目的,供应链的产生是为了增强参与企业的竞争力,拥有更大的竞争优势而建立的动态联盟。一旦参与企业认为此联盟没有什么意义的时候,该供应链存在的目的性将变得很小或为零,此时,该供应链也就失去了存在的必要,它或者消失,或者重组。

6. 供应链的环境适应性

一个设计精良的供应链在实际运行中并不一定能按照预想的那样,甚至无法达到设想的要求,这是主观设想与实际效果的差距。原因并不一定是设计或构想的不完善,环境因素也是一部分原因。因此,构建和设计一个供应链,一方面要考虑供应链的运行环境(地区、政治、文化、经济等因素),另一方面还应考虑未来环境的变化对实施供应链的影响。

供应链系统处于全球市场范围内,是为了充分利用全球范围的优势资源(人才、知识、原材料、设备等)而建成的。供应链的适应性表现在能自我调整(如重组)以适应外部条件的变化。如果外部市场需要供应链生产出成本更低的产品才能适应竞争优选规则,则必须重新调整自己的组织。如更换某个成员企业,或者某个成员尝试开发新产品等。

9.1.3 供应链的结构模型

为了有效指导供应链网络的构建,了解和掌握供应链结构模型是十分必要的。供应链的结构模型主要包括静态链状模型、动态链状模型和网状模型三类。

1. 模型 I:静态链状模型

静态链状模型如图 9-1 所示,模型 I 中产品的最初来源是自然界,如矿山、油田、橡胶园等,最终去向是用户。产品因用户需求而生产,最终被用户所消费。产品从自然界到用户经历了供应商、制造商和分销商三级传递,并在传递过程中完成产品加工、产品装配形成等转换过程。被用户消费掉的最终产品仍回到自然界,完成物质循环(见图 9-1 中的虚线)。

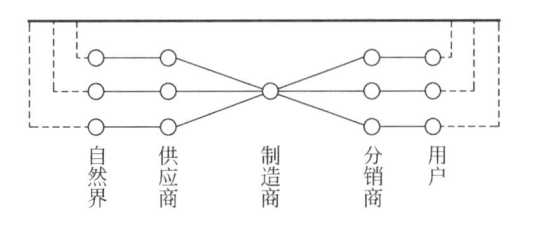

图 9-1 模型 I：静态链状模型

2. 模型 II：动态链状模型

模型 I 只是一个静态模型，表明供应链的基本组成和轮廓概貌。进一步地，可以提出供应链的模型 II（图 9-2）。模型 II 是对模型 I 的进一步抽象，它把商家都抽象成一个个的点，称为节点，并用字母或数字表示。节点以一定的方式和顺序联结成一串，构成一条高度抽象的供应链。在模型 II 中，若假定 C 为制造商，则 B 为供应商，D 为分销商；同样，若假定 B 为制造商，则 A 为供应商，C 为分销商。在模型 II 中，产品的最初来源（自然界）、最终去向（用户）以及产品的物质循环过程都被隐含抽象掉了。从供应链研究便利的角度来讲，把自然界和用户放在模型中没有太大的作用。模型 II 着力于供应链中间过程的动态研究，它是一个动态的链状模型。

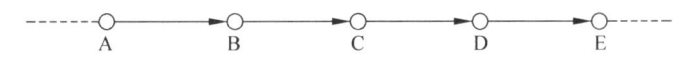

图 9-2 模型 II：动态链状模型

（1）供应链的方向。在供应链上除了流动着物流（产品流）和信息流外，还存在着资金流。物流的方向一般都是从供应商流向制造商，再流向分销商。在特殊情况下（如产品退货），产品在供应链上的流向与上述方向相反。但因为产品退货属非正常情况，所以此处暂不考虑。我们依照物流的方向来定义供应链的方向，以确定供应商、制造商和分销商之间的顺序关系。模型 II 中的箭头方向即表示供应链的物流方向。

（2）供应链的级。在模型 II 中，定义 C 为制造商时，可以相应地认为 B 为一级供应商，A 为二级供应商，而且还可递归地定义三级供应商、四级供应商等。同样，可以认为 D 为一级分销商，E 为二级分销商，并递归地定义三级分销商，四级分销商等。一般来说，一个企业应尽可能考虑多级供应商或分销商，这样有利于从整体上了解供应链的运行状态。

3. 模型 III：网状模型

事实上，在模型 II 中，供应商可能不止一家，而是有 $B_1, B_2, \cdots, B_n$ 等 n 家，分销商也可能有 $D_1, D_2, \cdots, D_m$ 等 m 家。动态地考虑，C 也可能有 $C_1, C_2, \cdots, C_k$ 等 k 家，这样模型 II 就转变为一个网状模型，即供应链的模型 III（如图 9-3 所示）。网状模型更能说明现实世界中产品的复杂供应关系。在理论上，网状模型可以涵盖世界上所有厂家，把所有厂家都看作其上面的一个节点，并认为这些节点存在着联系。当然，这些联系有强有弱，而且在不断地变化着。通常，一个厂家仅与有限个厂家相联系，但这不影响我们对供应链模型的理论设定。网状模型对供应关系的描述性很强，适合于对供应关系的宏观把握。

（1）入点和出点。在网状模型中，物流做有向流动，从一个节点流向另一个节点。这

第 9 章 供应链构建与网络规划 **203**

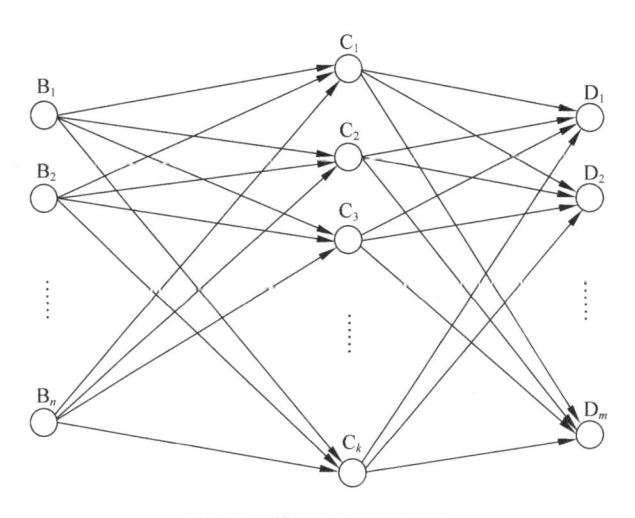

图 9-3 模型Ⅲ:网状模型

些物流从某些节点补充流入,从某些节点分流流出。我们把这些物流进入的节点称为入点,把物流流出的节点称为出点。入点相当于矿山、油田、橡胶园等原始材料提供商,出点相当于用户。图 9-4 中 A 节点为入点,F 节点为出点。对于有的厂家既为入点又为出点的情况,出于表达的简化,将代表这个厂家的节点一分为二,变成两个节点:一个为入点,一个为出点,并用实线将其框起来。如图 9-5 所示,A_1 为入点,A_2 为出点。同样,对于有的厂家对另一厂家既为供应商又为分销商的情况,也可将这个厂家一分为二,一分为三或更多,变成两个节点:一个节点表示供应商,一个节点表示分销商,也用实线将其框起来。如图 9-6 所示,B_1 是 C 的供应商,B_2 是 C 的分销商。

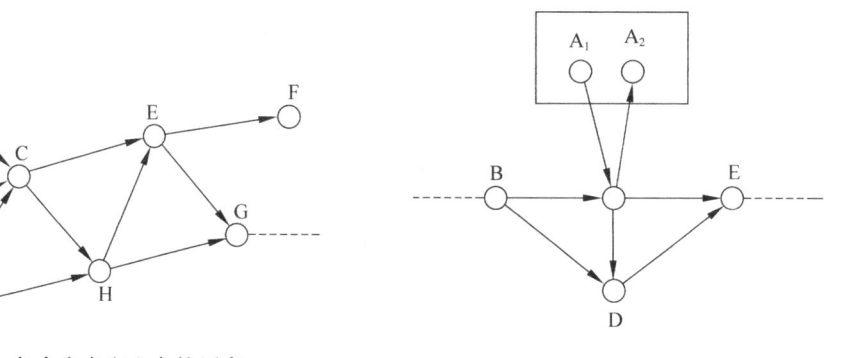

图 9-4 包含出点和入点的厂家   图 9-5 包含出点和入点的厂家

（2）子网。有些厂家规模非常大,内部结构也非常复杂,与其他厂家相联系的只是其中一个部门,而且内部也存在着产品供应关系,用一个节点来表示这些复杂关系显然不行,这就需要将表示这个厂家的节点分解成很多相互联系的小节点,这些小节点构成一个网,称为子网(如图 9-7 所示)。在引入子网概念后,研究图 9-7 中 C 与 D 的联系时,只需考虑 C_2 与 D 的联系,而不需要考虑 C_3 与 D 的联系,这就简化了研究。子网模型对企业集团是很好的描述。

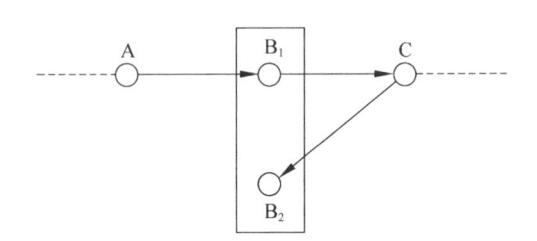

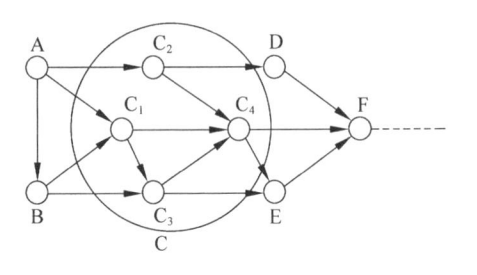

图 9-6　包含供应商和分销商的厂家　　　　　图 9-7　子网模型

（3）虚拟企业。借助以上对子网模型过程的描述，可以把供应链网上为完成共同目标、通力合作并实现各自利益的这样一些厂家形象地看成是一个厂家，这就是虚拟企业（如图 9-8 所示）。虚拟企业的节点用虚线框起来。虚拟企业是在经济交往中一些独立企业为了共同的利益和目标在一定时间内结成的相互协作的利益共同体。虚拟企业组建和存在的目的就是为了获取相互协作而产生的效益，一旦这个目的已完成或利益不存在，虚拟企业即不复存在。

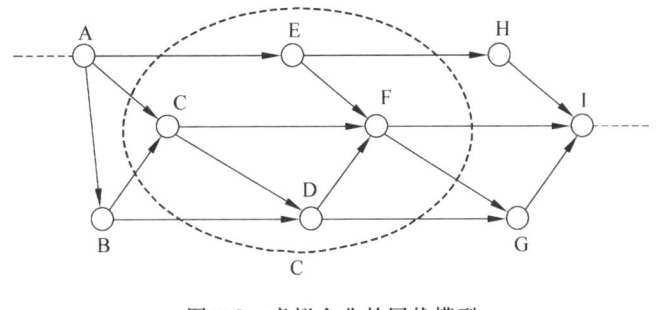

图 9-8　虚拟企业的网状模型

扩展阅读 9.1
宜家产品开发初期供应链设计案例

9.2　供应链设计策略

设计和运行一个有效的供应链对每一个企业来说都是至关重要的，因为它可以提高用户服务水平、达到成本和服务之间的有效平衡、提高企业竞争力、提高柔性、快速进入新的市场、通过降低库存提高工作效率。但是，供应链构建也可能因为设计不当而导致浪费和失败，正确的设计策略是必需的。

9.2.1　基于产品的供应链设计

如果从投资的角度考虑供应链的设计问题，美国的费舍尔（Fisher）教授提出了供应链的设计要以产品为中心的观点。供应链的设计首先要明白用户对企业产品的需求是什么，因为产品生命周期、需求预测、产品多样性、提前期和服务的市场标准等都是影响供应链设计的重要问题。供应链的构建必须与产品特性一致，这就是所谓的基于产品的供应链设计策略(product-based supply chain design，PBSCD)。

1. 产品类型

不同的产品类型对供应链的设计有着不同的要求。人们将产品分为边际利润低、需求稳定的功能型产品和边际利润高、需求不稳定的创新型产品。

功能型产品一般用于满足用户的基本需求，变化很少，具有稳定的、可预测的需求和较长的生命周期，但它们的边际利润较低。为了获得比较高的边际利润，许多企业在产品式样或技术上进行革新以刺激消费者购买，从而使产品成为创新型产品。这种创新型产品的需求一般不可预测，生命周期也较短。两种不同类型的产品需要有不同类型的供应链去满足各自不同的管理需要。

2. 基于产品的供应链设计步骤

基于产品的供应链设计步骤可以归纳为以下 7 步：

第一步，分析市场竞争环境。目的在于找到针对哪些产品市场开发供应链才有效，为此，必须知道现在的产品需求是什么，产品的类型和特征是什么。分析市场特征的过程要对卖主、用户和竞争者进行调查，提出诸如"用户想要什么""他们在市场中的分量有多大"之类的问题，以确认用户的需求和因卖主、用户、竞争者产生的压力。这一步骤能够得到每一产品按重要性排列的市场特征。同时，分析与评价市场的不确定性。

第二步，总结、分析企业现状。主要分析企业供需管理的现状(如果企业已经有供应链管理，则分析供应链的现状)。这一个步骤的目的不在于评价供应链设计策略的重要性和合适性，而是着重于研究供应链开发的方向，找到、分析与总结企业存在的问题及影响供应链设计的阻力等因素。

第三步，针对存在的问题提出基于产品的供应链设计，分析供应链设计目标。主要目标在于获得高用户服务水平和低库存投资、低单位成本两个目标之间的平衡(这两个目标往往有冲突)，同时还应包括进入新市场、开发新产品、开发新分销渠道、改善售后服务水平、提高用户满意程度、降低成本、通过降低库存提高工作效率等。

第四步，分析供应链的组成，提出供应链组成的基本框架。供应链中的成员组成分析主要包括制造工厂、设备、工艺和供应商、制造商、分销商、零售商及用户的选择及其定位，以及确定选择与评价的标准。

第五步，分析和评价供应链设计的可能性。这不仅仅是某种策略或改善技术，更是开发和实现供应链管理的第一步。它在可行性分析的基础上，结合本企业的实际情况为开发供应链提出技术选择建议和支持。这也是一个决策的过程，如果认为方案可行，就可进行下面的设计；如果不可行，就要进行重新设计。

第六步，设计和产生新的供应链，主要内容涉及供应链的成员组成(供应商、设备、工厂、分销中心的选择与定位)、原材料的来源问题(包括供应商、流量、价格、运输等问题)、生产过程设计(需求预测、生产什么产品、生产能力、供应给哪些分销中心、价格、生产计划、生产作业计划和跟踪控制、库存管理等问题)、分销任务与能力设计(产品服务于哪些市场、运输、价格等问题)、信息管理系统设计、物流管理系统设计等。在供应链设计中,要用到许多工具和技术,如归纳法、动态规划、流程图、模拟和设计软件等。

第七步,检验新供应链。供应链设计完成以后,应通过一定的方法、技术进行测试检验或试运行。如有不行,返回第四步进行重新设计;如果可行,可进入日常运行阶段。

9.2.2 基于多代理的集成供应链设计

随着信息技术的发展,供应链除了具有由人、组织简单组成的实体特征外,也逐渐演变为以信息处理为核心,以计算机网络为工具的"人—信息—组织的集成超智能体"。

1. 基于多代理的集成供应链模式

基于多代理的集成供应链模式(图9-9)是涵盖两个世界三维集成模式,即实体世界的人—人、组织—组织集成(实体世界的集成称为一个代理)和软环境世界的信息集成(横向集成),以及实体与软环境世界的人—机集成(纵向集成)。

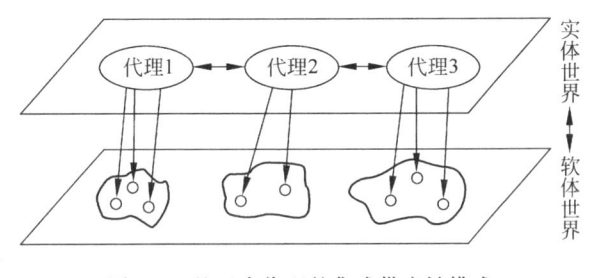

图 9-9 基于多代理的集成供应链模式

2. 动态建模基本思想

动态建模思想如图9-10所示,基于多代理的集成供应链设计可以采用多种理论方法指导动态建模。基本流程为多维系统分析→业务流程重构→建模→精细化/集成→协调/控制,在建模中并行工程思想贯穿于整个过程。

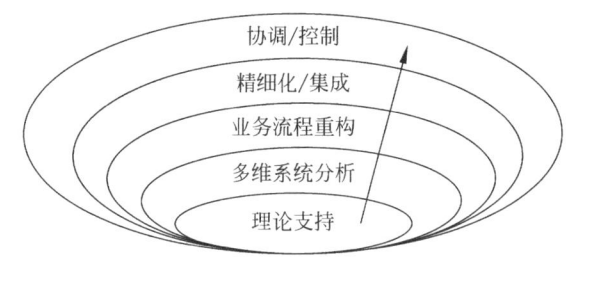

图 9-10 动态建模思想

3. 建模方法

基于多代理集成供应链的建模方法主要有基于信息流的建模方法、基于过程优化的建模方法、基于案例分析的建模方法以及基于商业规则的建模方法四种。集成化动态建模过程如图9-11所示。

基于过程优化的建模方式中的过程优化思想在业务流程重构(business process reengineering,BPR)建模中得到了广泛应用,并且BPR支持工具被称为BPR研究的一个

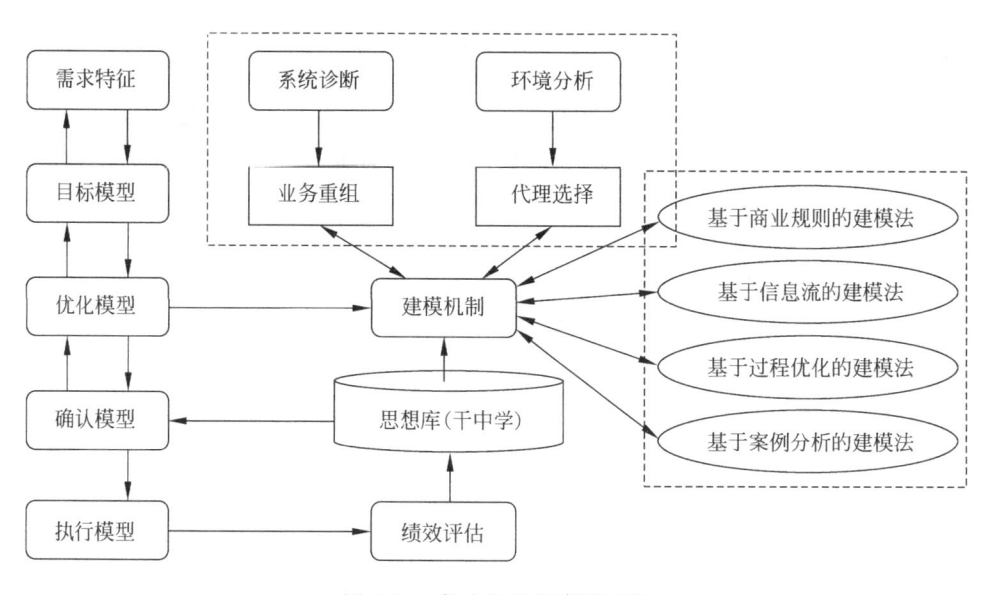

图 9-11 集成化动态建模过程

重要内容。过程优化最关键的是过程诊断,即识别过程存在问题。识别现有过程存在的问题可采用基于神经网络的企业过程诊断法、基于物元理论的系统诊断法以及变化矩阵法。

9.2.3 在产品开发的初期设计供应链

大量的实践经验告诉人们,供应链中生产和产品流通的总成本最终决定于产品的设计。因此,必须在产品开发设计的早期就开始考虑供应链的设计问题,以获得最大化的潜在利益。产品开发设计阶段需要考虑的设计问题主要包括三个方面,分别是包装和运输的经济性、并行和平行工艺以及标准化。

1. 包装和运输的经济性

在集中托运的情况下,收费按货物总毛重或总体积中较高的一个计算。当重量一定时,在某些情况下可以通过缩小体积,实现降低运费。在运输设施的运输载重能力允许,但装不下时,产品包装得越紧凑,运费越便宜。换句话,如果是空间原因而不是重量原因限制了运输设施的运输能力,那么产品装得越紧凑,运费越便宜。

2. 并行和平行工艺

供应链运营过程中面临的许多难题主要是由于生产提前期过长造成的。许多生产工艺由一些按顺序进行的生产步骤组成。要求安装时间短,产品生产周期更短,常常意味着一些生产步骤要在不同的地点进行,以充分利用现有的设备或专有技术。并行和平行工艺有益于缩短生产提前期,通过改善预测来降低库存成本,减少安全库存水平等。

3. 标准化

贾亚尚卡尔·斯瓦米纳坦(Jayashankar Swaminathan)教授提出了一套使用准确的运作策略从而建立有效标准化规则的框架体系。斯瓦米纳坦指出,设计产品和流程模块是实现降低库存成本、提高预测精确度的标准化策略的主要驱动因素。根据他的说法,可以定义以下几个概念：

（1）模块化产品：模块化产品是指由一系列具有一定功能的产品模块组装成的产品。模块化产品最典型的例子是个人计算机，它将显卡、硬盘、内存条等部件组装成一件个性化的产品。回想一下，事实上，标准化模块的概念对前面所提到的并行和平行工艺也是十分重要的。

（2）模块化流程：模块化流程是指由一系列离散的具体操作所组成的生产流程，这样库存就可以以在制品的形式在两个操作之间储存。产品的差异化通过在生产过程中完成不同的操作来实现。模块化产品不一定要由模块化流程来生产，因为流程不可能以在制品、未成品的形式储存。

斯瓦米纳坦还定义了四种进行标准化的方法：部件标准化、流程标准化、产品标准化与生产标准化。其中，部件标准化是指在许多产品中使用通用部件。使用通用部件能通过风险分担降低安全库存，并通过规模效益降低部件成本。当然，过分的部件标准化会降低产品差异程度，从而降低个性化功能所能获得的高额利润。流程标准化是指尽可能地将不同产品的生产流程进行标准化，这样产品的差异化就可以尽可能地后延。在这种情况下，产品和流程的设计原则是，产品差异化可以在生产过程开始以后再进行。生产流程由制造一个通用部件或族部件开始，并且在不同的终端可以生产出不同的产品，这种方法被称为产品延迟差异或推迟差异。通过延迟差异，可以在总体预测的基础上开始生产，这样，在预测精确性不能再提高的情况下，就能够有效地应对最终需求的波动。

通常而言，实现延迟策略都要对产品进行重新设计。例如，为了充分利用流程标准化的优势，对生产工艺进行重新安排。"重新安排"是指更改产品的生产步骤，使得产品差异化的操作尽可能后延。

9.3 供应链网络规划

供应链网络规划决定了供应链中各个实体的结构，对供应链长期发展具有重要意义。本节详细介绍了供应链网络规划的概念、重要性、主要解决的问题和需求分析。

扩展阅读 9.2
亚马逊网站的设施网络

9.3.1 供应链网络规划概述

1. 供应链网络规划的概念

供应链网络规划主要研究如何解决供应、生产、销售以及客户地理分布的问题，包括设计并优化工厂、仓库等基础设施的分布以及配套的运输能力。供应链网络规划不仅需要设计出构成供应链的各设施最理想的物理位置及其类型，还要对各设施点的容量或库存量进行最佳配置,以使商品和物料流动的效率最高。

2. 供应链网络规划的重要性

供应链系统的设施数目、各设施点的配置、产能分配及地理位置分布、设施点之间的关联方式等的不同,决定了供应链中物料流动的效率和供应链运营成本。因此,供应链网络规划对供应链的运营具有战略性的重要作用。

(1) 设施布局决策对供应链的绩效具有长期的影响。供应链网络设施的建设需要较大的固定投入。一个选址不当的设施要想使供应链有效地运作是非常困难的。如果某设施因地理位置不合理导致经营成本太高或企业缺乏竞争优势时,要关掉一个设施或转移到其他地方的成本是非常高的。因此,设施布局决策的失误将给供应链运营带来很大影响。合适的设施地理位置能使企业以较低的成本维持供应链的运营,一个好的选址决策能帮助供应链在保持低成本的同时具有较高的市场响应能力。

(2) 网络设施决定了供应链的构架。网络设施的地理位置会影响供应链系统的供应源选择和市场配置,对供应链中原料获取及产品分销中运输方式的选择、合作企业选择、库存策略等均有重要影响,因而会影响供应链的构架,影响总的生产、库存和运输成本。同样,市场配置决策对于满足客户需求的分销成本、市场的响应度等具有重要影响。当市场条件发生变化时,必须调整市场配置。另外,网络中各设施功能的规划也非常重要,合理的功能有利于增加供应链的灵活性,使之更好地适应不同的市场需求。

(3) 优化供应链网络有利于降低配送成本、提高配送效率。对于一些配送活动频繁的行业(如零售业)来说,供应链网络规划是一个极其重要的过程。因为在这些行业,商品配送成本在其总运营成本中占了相当大的比例。大型零售企业(如沃尔玛)通常拥有几千家商店,几百家配送中心或仓库,它们构成了一个错综复杂的网络结构。配送中心的数量及地理位置分布实际上决定了商品在整个供应链网络中可行的流动路径。很显然,最优的流动路径加上最佳的运输方案,可以提高配送效率,加快供应链对客户需求的响应;或者针对不同的客户需求,通过采取低成本的运输方式降低配送成本。对大型制造企业来说也是如此。大型制造企业一般也有很多的供应商、工厂以及产品仓库,也需要跨越不同地理位置的配送,优化供应链网络能降低采购成本和配送成本、提高配送效率。另外,供应链网络的产能分配决策对供应链的绩效也会有重要影响。某设施分配的产能过高会导致该设施的利用率低,固定投资回报率低,增加了企业成本;如果分配的产能过低,又不能满足市场需求,导致响应性水平低,客户服务水平下降。当然,产能分配与设施布局决策相比,更容易进行更改。

9.3.2 供应链网络规划主要解决的问题

供应链网络规划主要解决的问题包括以下几个方面:

(1) 为满足当前和未来的需求模式,同时还要维持预期的服务水平和成本水平,最佳的网络配置应该是怎样的? 供应链网络需要多少设施? 每个设施具有哪些功能以及有哪些流程或操作? 各设施应该位于何处? (即确定网络中的设施数量和各设施的地理位置。)

(2) 网络中各设施将分别为哪些客户提供服务? 例如工厂的仓库将为哪些配送中心供货? 各配送中心为哪些店面提供补货服务? 配送中心如何向供应商订货? 解决这个问

题就是要为各设施点分配合适的客户对象,使得网络服务的总成本最低。

（3）现有设施点或仓库是否有足够的能力满足现在及未来运营的需要？对于所有类型的产品,能否实现仓库内最优的产品流动？每个设施应该分配多大的产能？配送中心应该备有多少库存？

（4）使产品在网络中高效流动的最佳的运输模式是什么？即要确定产品在设施之间的运输方式和运输线路,哪种运输方式成本最小？哪种运输线路时间最短？网络中每条路径是否有足够的谈判能力？

（5）维持和运营现有网络的成本是多少？在设施关闭、扩大或缩小规模、新建设施等各种不同的情况下,对成本的影响怎样？对服务水平的影响怎样？

供应链网络规划属于供应战略层次的规划,其目标是提出一种最经济的方式运输产品或接收原料及零部件,同时又维持或提高客户满意度和要求。简单地说,就是制订一个使利润最大化和服务水平最佳化的计划方案。

9.3.3　供应链网络需求分析

供应链网络需求分析主要包括四个方面的内容,分别是制造商对供应链网络的需求、分销商对供应链网络的需求、零售商对供应链网络的需求、物流服务商对供应链网络的需求。

1. 制造商对供应链网络的需求

在供应链网络中,制造商关心的主要问题是销售网络部分:应该在什么时候生产什么产品;选择什么样的方式、什么样的渠道把生产好的商品按照客户的要求在适当的时间交付到客户手上。

制造企业供应链的节点包括供应商的仓库、制造商的工厂以及销售商的商店、仓库、零售商店等,在外包物流条件下,还包括第三方物流服务商的仓库、中转仓储、配送作业点等。企业在确定销售网络时,往往是根据产品销售市场的定位、各地的销售量确定业务点。制造商若将产品定位于高档产品优先选择大城市时,则销售网点以中心城市为网络节点;若定位于中低档产品,则销售网络以中小城市为销售网络节点。一些大型企业自办物流,中小企业则利用第三方物流服务商的公共物流设施为节点。由于供应链由消费者驱动,所以首先是销售网络节点的选择、布局与运作。为了形成较大且稳定的销售网络,有的制造厂家还在相关中心城市设置分公司管辖业务点。

2. 分销商对供应链网络的需求

供应链网络中分销商大致可以分成两类:一类是纯粹为某一个生产厂商做分销的企业,具有强烈的排他性,如欧莱雅化妆品就是和当地的分销商合作的,这类分销商只起中间分销产品的作用;另一类是为多个厂商做产品分销,销售网络具有兼容性,同时满足不同产品的需要。

对供应链分销渠道来讲,分销商主要关心以下问题。

（1）把商品分销业务做得越多越好、越大越好,其前提就是分销商必须了解下游零售商的要求,零售商到底要什么货,什么人、什么地区会要这个货,然后才可以组织做分销。

（2）分销商的商品存货量越少越好、销售周转越快越好。

第9章 供应链构建与网络规划

3. 零售商对供应链网络的需求

零售商是供应链网络中经营主体和客户交互的最末端环节,零售商所关心的是产品的销售和使用。其中主要包括以下问题。

(1)应该进什么样的商品,应该卖什么样的商品,选择的商品组合不仅能带来营业额,而且要带来效益。

(2)怎样使客户所需要的商品能够在商店里适时适量地得到,货进多了成本就高,可能卖不出去,货进早了、进晚了都不行,都无法满足客户的需求。

(3)零售商向什么样的厂商、什么样的分销商去采购更合适。

(4)实行连锁经营的企业通过大批量采购和销售来降低成本,需要了解每个分散的连锁店每天动态的销售情况和缺货情况,从而在其物流中心选择给不同的商场补货、配货,并保证成本最低。因为零售商出售多个厂家的商品,采购环节相对来说对其更重要,哪家的商品好卖,哪家的商品提供得及时,这是零售商最关心的。

4. 物流服务商对供应链网络的需求

第三方物流服务商是供应链物流专业化、网络化、高级化的服务提供者。由于第三方物流服务商本身没有货物、商品经营,必须依托于客户的供应链提供其所需要的系统的、个性化的物流服务,注重与客户建立长期合作关系才能获得生存与发展,因而关心以下问题。

(1)客户后勤保障的主要问题是什么?如何利用第三方物流服务的长处满足客户需要等?

(2)解决物流成本攀升的关键问题是什么?如高库存产生的费用、规模不经济原因、物流管理过程质量差造成的损失等。

(3)所服务客户的客户满意度下降的原因是什么?不能准时交付商品、库存缺货等问题以及如何去解决。

(4)客户销售停滞时,应用什么方式协助解决分销渠道不畅、供应链缺乏竞争力、对新的区域市场缺乏渗透力等问题。

9.4 供应链网络设计

一个好的供应链网络设计决策能够让整个供应链在保持较低成本的同时具有很好的响应性。本节将详细介绍供应链网络设计决策的具体内容、设计所需的数据、使用的技术。

9.4.1 供应链网络设计决策

供应链的目标是供应链整体价值最大化。供应链的价值是最终产品对顾客的价值与顾客需求满足所付出的供应链成本之间的差额。网络设计决定了供应链的总体配置并设置了约束条件,供应链的其他驱动因素只能在相应的约束条件内被用来降低成本或提高响应性。实现供应链的价值是在已有网络的基础上,考虑供应链的各种影响因素与供应链的整体性与协调性,让网络更好地服务于供应链的整体目标。

网络设计决策过程是一个逐层分析筛选、循环反馈、优化整合的过程。供应链网络设计决策也称供应链设施决策,包括生产、储存或运输相关设施的区位及每样设备的容量和作用。科学的设计决策需要进一步明确网络设计的具体内容。

1. 供应链的战略结构

供应链的战略结构决策是在供应链内外驱动因素分析和 SWOT 现状评价的基础上,清晰定义企业竞争战略与核心业务,区分供应链上创造利润大和利润小的功能模块,决定供应链的环节以及每一个功能是自己执行还是外包,在战略层面形成供应链整体框架结构。

2. 节点设施的功能

在供应链的战略结构明确以后,需要决策每个节点的设施功能。节点的设施功能决策是要解决"每一设施具有什么样的作用"和"在每一设施中将进行哪些流程"的问题。节点设施的功能不仅决定每一设施的具体功能与业务流程,也决定了供应链在满足客户需求中的灵活性大小,对供应链的反应能力与利润起着决定性的作用。

3. 节点设施的区位

设施区位决策是要解决"节点设施的选址"问题。设施区位决策对供应链的运营有着长期影响,废弃或迁移某设施代价是十分昂贵的。因此,作为企业必须对供应链上每一节点的区位进行长远考虑。具体选择设施的区位时要考虑诸如土地的成本、交通的便利性、劳动力因素、与市场的距离等。好的区位决策能帮助企业在较低成本下保证供应链的运营。相反,区位设施决策的失误将给供应链的运营带来很大困难。

4. 节点的容量配置

容量配置决策是解决"每一设施应配置的最大能力"的问题。尽管容量配置比区位容易改变,但容量配置决策在供应链运营中同样重要。在一个区位配置过高的容量,会导致设施利用率低下,成本过高。相反,在一个区位配置过低的容量,又会导致对需求的反应能力过低,承担失去市场的风险。或者需求得不到满足时,需要由远处的工厂来满足,从而增加成本,利润下降。

5. 节点的供给配置

节点供给配置决策是解决"每一设施应服务于哪些市场"和"每一设施由哪些供给源供货"的问题。设施的供应源及市场配置直接影响着整条供应链的成本与反应能力,该决策需要反复研究、合理论证,使配置随市场状况或工厂容量的变化而变化。当市场需求扩大、现有构架变得过于昂贵或反应能力低下时,企业不得不重新进行市场与供给配置调整;当两个公司合并时,网络设计决策同样显得非常重要。因为合并前后其市场格局发生变化,合并一些设施或将设施迁址,常常会降低供应链成本或提高其反应能力。

9.4.2 供应链网络设计所需数据

供应链网络规划需要大量的数据和信息来支撑,这些数据量是巨大的,且在对信息进行整合时需要遵循一定的原则。

1. 网络规划需要的数据

供应链网络规划需要 13 个方面的数据:

(1) 顾客、零售商、现有仓库、制造厂和供应商的位置;

(2) 所有产品的数量和特殊的运输方式;

(3) 每个区域的顾客对每种产品的需求量;

第9章 供应链构建与网络规划 213

（4）每种运输模式的运输费率和成本；

（5）仓库成本（包括劳动力、仓库保管费用和运营维护费）和费率；

（6）产品线上的所有产品清单；

（7）运输时间、订货周期、订单满足率；

（8）采购、制造成本；

（9）向顾客发货的频率和运量；

（10）网络中各个节点的存货水平及控制方法；

（11）订单处理成本与发生这些成本的物流环节；

（12）产品配送模式；

（13）顾客服务需求和目标。

2. 网络规划所需数据整合的原则

网络规划所需数据整合的原则主要有如下两个方面。

（1）企业的顾客通常散布在各地，但又相对集中在中心地带。在网络规划中，没有必要对每个顾客进行单独分析，可以采用网格或其他聚类技术将距离较近的客户集合起来。所有在一个单元格内的顾客被看成位于单元格中心的单一顾客，这些单元格称为顾客区。整个市场销售用这些聚集点来代表进行网络规划分析，在估算的准确性上不会有太大的偏差。

（2）应根据以下原则将产品整合为合理数量的产品组：

① 配送模式。所有在一个源头分拣并送往一个顾客的产品集合成一类。有时需要不仅按照配送模式，还要按照重量和体积等物流特征进行整合，也就是在具有同种配送模式的产品中，将单位库存的单位体积和重量相似的产品整合为一个产品组。

② 产品类型。不同的产品可能仅仅在产品型号、款式或包装形式上有所不同，这些产品可以汇集成一类。

③ 将需求点汇集为150～200个区域（许多研究表明，把数据汇集成150～200个时，总运输成本得到预测值误差通常不超过1％）。

④ 确保每个区有大致相同的总需求，这意味着每个区的面积可能不等。

⑤ 将产品汇集成合适的产品组，一般为20～50个产品组。

9.4.3 供应链网络设计使用的技术

在获取足够的数据和信息后，就要开始网络规划设计分析，以确定最优的设计方案。这个过程相当复杂，通常需要借助数学模型和计算机仿真模型。这些技术包括如下几类：

1. 数学分析技术

数学分析技术泛指各种借助简单数学分析技术的方法，包括统计图表、制图技术和表格对比几种方法。虽然这些方法不需要深奥的数学知识，但能够综合反映各种现实的约束条件。这类分析需要分析人员的洞察力、经验和对网络规划的良好理解。这类方法能够考虑主观因素、利润因素、成本和限制条件等许多最复杂的数学模型所不能包括的因素。这使得其分析内容更丰富，并且有可能得出能直接用于实施的设计方案。

2. 优化模型

优化模型是建立在精确的数学方法的基础之上的，它依据精确的数学过程评价各种方案,并且在给定的假设前提和足够的数据基础上,可以保证得到针对该问题的最优解,即从数学上证明所得到的解是最优的。优化模型主要包括线性规划模型、非线性规划模型、整数规划模型、动态规划模型、枚举和排序模型等。其中的许多复杂的模型可以借助计算机程序求解。它的缺点是一个数学模型往往无法包含现实问题中所有的约束条件与影响因素,使用者必须在运算能力限制与假设条件个数之间做权衡。

3. 计算机仿真模型

仿真模型考虑了具体设计和网络性能方面的动态情况。供应链网络的仿真包括模拟成本结构、约束条件和其他能够合理地代表网络的因素。其优点在于方便地处理随机性的变量要素,并能对现实问题进行比较全面的描述。因此,仿真程序是对系统的模型进行抽样试验的技术。由于模型关系非常复杂,所处理的信息量非常大,因此仿真通常都是通过计算机进行的。当设计的物流网络不需要翔实和优化的解决方案,或者不是特别关键时,仿真方法是最合理的选择。

4. 启发式模型

启发式方法是一个简化了的推理过程,目的是寻求得到满意答案,而不是最优解。启发式方法包含一种规则或计算机程序,可以限制问题的可行解个数,它模拟人的一些行为准则,对无法求得最优解的问题得出一个可以接受的解,从而缩短了问题的求解时间。启发式模型在建模上介于仿真模型和优化模型之间,它将仿真模型定义的真实性和优化模型寻求最优解的过程结合起来。它能对现实问题进行较为全面的描述,但是不能保证得到最优解。它一般用来解决一些较为困难的网络问题,这些问题往往需要做出大量的折中决策,以满足优化模型的要求,得到比较合理的网络规划解决方案。

 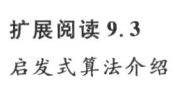

扩展阅读 9.3
启发式算法介绍

5. 专家系统模型

专家系统又称人工智能系统,是将人们以往在解决问题中积累的经验、方法与专长转化为计算机程序。如果曾对某一个规划问题进行过多次求解,规划人员就会对该问题的解决方法积累一定的经验,这些经验往往胜过最复杂的数学公式。这些专家还可以处理那些不完整的数据、模糊和局部的信息以及非结构化问题。如果能够把这些经验或知识以程序的方法传给计算机,融入现在的模型或专家系统中,就能够得到比单独使用仿真技术、启发式方法或优化方法更好的解决方案。

6. 决策支持系统

以计算机为基础的决策支持系统为规划过程提供了广泛的空间,它可以使用户直接与数据库交互作用,将数据直接导入决策模型,以简洁的描述分析来辅助决策过程。对于网络规划的决策支持系统,既要考虑灵活性也需要考虑系统的鲁棒性(robustness),以及系统运行时间的合理性。

第 9 章 供应链构建与网络规划 215

 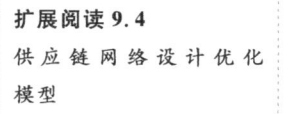

扩展阅读 9.4
供应链网络设计优化
模型

9.5 全球供应链网络

全球供应链的形式有很多种,小到一个拥有国际供应商但主要业务在国内的供应链,大到真正意义上全球一体化的供应链。如果全球化的供应链网络得到有效管理,将会比本土供应链产生更多的机会。当然,与这些机会共生的是一些需要警惕的问题。本部分主要介绍公司全球化的驱动力、全球化供应链的特点与全球化供应链网络设计。

9.5.1 全球化驱动力

导致公司全球化趋势的驱动力主要为全球市场驱动力、技术驱动力、全球成本驱动力和政治与经济驱动力四种。

 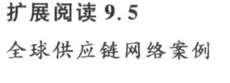

扩展阅读 9.5
全球供应链网络案例

1. 全球市场驱动力

全球市场驱动力包括国外竞争者造成的压力和国外消费者带来的机遇。即使是一家没有海外业务的公司,也会受到外国公司出现在本土市场上时所带来的影响。许多潜在的需求也来源于海外和新兴市场。

麦肯锡日本公司总经理 Kenichi Ohmae 指出,人们已经"变成地球村的一员,公司也变成了全球性的公司"。产品在全球范围有需求,很多公司也希望在全球范围销售产品。显然,这是一种产业自我扩张的趋势,因为当一些公司开始国际化以后,它们的竞争者也不得不向国际化转变以适应竞争的要求。因此,许多公司都变成了全球性的公司,提供全球化的产品,并雇用来自世界各地的高素质员工。

同时,特定的市场也成为带动技术进步的驱动力。为了在竞争较为激烈的市场中占有一席之地,一些公司不得不开发和推广更为先进的技术与产品,而这些产品可以帮助公司在竞争不太激烈的地区开辟和占据更多的市场份额。

2. 技术驱动力

技术力量是与产品本身息息相关的。世界各国与地区都能提供零部件和必要的技术,成功的公司所要做到的就是快速、高效地利用这些资源。为了实现这一目标,公司在机构设施进行选址时,就有必要选择靠近这些资源的地区。如果供应商参与这个规划过程,将会取得事半功倍的效果。同样,这一逻辑也适用于各种合作和内部研发项目,为了获得市场和技术,不同地区的公司经常会联合起来,并把合办工厂建在靠近某一个合作方的地区。

与此相适应的是,在世界各国或地区建立研发机构变得越来越普遍。主要有两个原因:首先,产品的生命周期缩短,时间变得非常重要,公司把研发机构设在制造工厂附近就十分方便,这样做不仅有利于技术从研发机构向制造工厂的转移,也有利于及时解决技术转移过程中出现的问题;其次,某些技术领域的专家往往分布在某些特定的区域,例如,早些年前,微软公司就在英国剑桥设立了一个研究实验室,以便能充分利用欧洲的专家资源。

3. 全球成本驱动力

成本问题往往决定着公司海外设厂的选址决策。过去,非技术劳动力的廉价成本常常是选址的决定性因素,而最近对许多案例的研究表明,这种廉价成本带来的竞争优势常会被其增加的运营成本所抵消。当然,在某些情况下,廉价劳动力仍然是在当地设厂的主要理由,但近年来其他的全球成本驱动力变得越来越重要。便宜的技术劳动力正在逐渐成为海外设厂选址的主要考虑因素。例如,为处理千年虫问题(即从 1999 年过渡到 2000 年时,计算机程序也许会出错的现象),美国咨询公司的许多分析软件与程序设计软件都在印度生产,因为那里的程序设计成本更为低廉。

将供应商与消费者的供应链紧密连接起来以提高效率的过程中,降低成本的有效办法往往是使供应链的参与方在地理位置上比较靠近,这使得在不同市场建立一体化的供应链十分必要。最后,建立新厂时资本成本方面的考虑往往更多,甚至超过劳动力成本的考虑。许多政府愿意提供减税或成本分摊的方法来降低设立新厂的成本。另外,供应商降低价格,建立合资公司实行成本分担,都会对厂址决策产生很大的影响。

4. 政治与经济驱动力

政治与经济驱动力将会极大地影响全球化趋势。在下面,我们将讨论汇率波动以及处理这些问题的运作方法。另外,其他政治与经济因素也会对全球化趋势有所影响。例如,地区贸易协议也许会促使某些公司选择进入该地区的某一个国家。在欧洲、环太平洋地区与北美自由贸易区内,无论是进口原材料还是直接在区域内生产,都会比在其他国家或地区方便。例如,公司将产成品运到某一贸易区,以逃避对"产成品"的征税。

同样,不同的贸易保护措施会对全球性的供应链决策产生影响。关税与配额会影响产品的进口,甚至导致公司考虑在出口国或地区投资设厂。另外,一些非官方的出口限制也会对供应链产生影响:在日本答应对出口到美国的日本汽车实行非官方出口限制后,日本的汽车制造商开始生产更昂贵的汽车,回想一下英菲尼迪(Infiniti)与雷克萨斯(Lexus)车出现的原因吧,这就是答案。在不同市场上,政府采购政策也会对跨国公司的成功与否产生影响。

9.5.2 全球化供应链的特点

相对于国内供应链而言,全球化供应链的特点使其在运作上更加复杂,主要体现在以下 5 个方面。

1. 运行周期长

运行周期的长短是国内与国际运作之间最大的不同之处,国际运作的运行周期是以几周或几个月来计算的。例如,出自环太平洋地区的供应商的汽车发动机部件,从美国汽车制造商下订单到最终收到订货,需要花费 60 天左右的时间。

造成国际运作的运行周期这么长的原因有:通讯的延误、资金的延误、包装要求特殊、海运安排紧张、运输运行时期缓慢和报关延迟等。通信的延误有可能是由于时区和语言的不同所致。国际交易经常需要的信用证也会导致资金的延误。因为集装箱通常暴露在高湿、高温和恶劣天气的环境里,为了保护货物在运输环节中不被损坏,经常要求对货物进行特殊的包装。产品一旦被装入集装箱,就必须在拥有一定装卸能力的港口之间安排行程。如果发货港和目的港不是位于有大量吞吐能力的交通干线上,或者驶向目的地的船只上缺乏必要的设备,那么行程安排所需要的时间将会有 30 天之多。一旦轮船上路,运输的时间通常需要 10~21 天,因为船只需要等待代理为其在港口报关,所以船只在港口经常会耽误一段时间。报关环节也可能会延长总的运行周期。现在,科学技术发展了,人们使用电子通信技术在轮船到达国际性港口之前,就能把船上的货物预先报关,但是国际运作的运行周期仍然很长。

上面各种因素交织在一起,加之国际运作本身就很复杂,导致了国际物流运作的周期比国内运作要长得多,并且缺乏持续性和灵活性。

2. 运输环节的限制性

运输坏节中有 3 个方面的限制不断影响着全球运作:联运的所有权和运作的权利、运输工具私有化、国外运输公司的沿海航行权和双边协议。

(1)在历史上,对于国际运输的所有权和运作权曾经有过很多规章约束。运输被限定在一种单一的运输方式中,很少出现联合定价和联合运作协议。传统上,商船公司不能开展陆地运输业务,比如不能开展汽车和铁路运输。没有联合的所有权、业务和定价协议,国际航运显得非常复杂。国际化的运输需要由多种交通运输工具来共同完成对货物的运送。具体来讲,是政府而不是市场,决定着外商可以拥有什么样的交通运输工具以及他们被允许在什么范围内运作。现在,虽然一些所有权和运作方面的限制仍然存在,但是国家与国家之间的营销和联盟组织已经产生,这大大地增强了运输的灵活性。

(2)对全球性运作的第二个影响来自于不断增长的运输工具的私有化。历史上,很多国际运输工具都由政府拥有和使用,以促进贸易和保证国家的安全。政府所拥有的交通工具总是对本国企业实行津贴资助而对国外的企业征收附加费。人为的高价和劣质的服务使得政府经营的运输工具变得成本很高而且服务很不可靠。强大的工会组织和工作条例也间接地造成了工作效率低下。高成本和低效率使得很多政府的运输工具都在亏本运行。目前,这种运输工具已经大量私有化。

(3)针对外国运输企业的沿海航行权和双边的服务协议的变化是影响国际贸易的第三个因素。沿海航行权要求在国内两个港口之间运行的旅客和货物只能使用国内的运输工具。沿海航行权的各种法律是为保护国内的运输企业而设计的,它们也降低了整个运输设备的利用率和运作效率。

3. 全球化运作的特殊性

在全球环境里,我们需要考虑大量运作方面的特殊性因素。具体如下:

(1)国际业务中对于产品和文件要求使用多种语言。科技产品,像电脑或计算器产品,必须具有当地的特色,如键盘的字符、产品本身以及相关的手册上所用的语言都需要本地化。从物流的观点看,语言的差异明显地增加了运作的复杂性,因为一旦产品根据客户的要求确定了所使用的语言,那么该产品就只能被限制在某个特定的国家中使用。除了产品上的语言要求,国际化的业务也需要给运输运作经过的每一个国家提供各种语言的文件。虽然英语是商业上的通用语言,但是在有些国家仍然要求在运输和海关文件中使用当地的语言。复杂的文件必须在运输运作之前就做好翻译,这也延长了国际运作的时间,增加了劳动量。这些交流和文件上的问题,在某种程度上,可以通过标准的电子方式来解决。

(2) 在国际商业上各个国家要求具有差异性。比如在操作方面、电源标准和安全要求方面都存在差异。这些小小的不同会大大地增加对存货单位(SKUs)的需求,导致库存的大幅上涨。

(3) 国际操作中要求的文件量较多。国内操作一般可以通过一种发票或提单来完成,而国际操作就需要关于订货内容、运输、资金和政府控制等方面的文件。

(4) 国际运作中互销贸易和退税的频率很高。虽然大多数公司都更喜欢进行现金交易,但是互销贸易也是很重要的。互销贸易实质上就是销售协议中的出口方在出口货物的同时,也同意购买进口方的产品。这种运作方式对物流和营销运作也有很大的影响。

4. 系统的整合性

很少有公司拥有全球系统的整合。由于公司一般都是通过吞并和合并的形式实施全球化运作,因此,系统的一体化整合就明显地滞后了。运作整合要求在全世界范围内拥有通过电子形式发送订单和处理库存需求的能力。技术整合的发展意味着更多的资金投入。Y2K(计算机千年虫)问题的有效解决大大地推动了整个系统整合的进程。然而,到目前为止,还只有极少数的企业对其全球系统实现了成功的整合。

5. 第三方联盟的介入

在国际性操作中,与国内运作最大的不同之处就是第三方联盟的介入。运输公司和专业的服务提供商联盟在国内运作中占有相当重要的地位,但在国际运作中它们具有更重要的作用。如果没有联盟的出现,国际性大公司就需要与分布在世界各地的零售商、批发商、制造商、供应商和售后服务商保持密切的联系。国际联盟的出现为国际化企业提供了市场入口和专业化的技术支持,并且帮助其降低了在全球经营中需要面对的风险。

全球化是一个正在不断发展的新领域,对实现供应链整合的要求越来越高。随着国际化运作的发展,供应是越来越长、不确定因素越来越多、需要准备的支持文件也在增加,因而对物流能力的要求也在不断地提高。虽然变革促使企业实施无国界运作,但是供应链管理仍然面临着许多来自营销、财务和分销渠道方面的障碍。这些障碍主要有运作距离更远、要求更为严格、产品更为多样和大量的文件有待处理等。目前企业所面临的挑战主要是如何定位、如何发展企业在世界范围内的物流能力和开展全球范围的营销和生产运作。

9.5.3 全球化供应链网络设计

当企业把其供应链向国际延伸时,就会面临如何设计全球化供应链网络的问题。全球化供应链网络是指由多个在国内外的供应链成员"节点"和它们之间的"连线"所构成的物理网络,以及与它们的业务相伴随的信息流网络和资金流网络组成的有机系统。这些物理节点可以是全球供应链上的企业、企业的工厂和物流设施(各种仓库、港口、配送中心、商店等),也可以是为这些企业提供信息和金融服务的服务商(银行、咨询机构、中介服务商等)。

网络节点的结构决定了整个全球供应链网络结构的复杂程度和业务运作的顺畅程度。节点间的连线代表着上述各种"流"的流通途径。如物流,其连线代表了实体货物的实际流向,连接了全球收发货节点间的运输,包括各种运输工具和运输线路等;商流是物流的一部分,即只有交易出现、商品的所有权发生转移时,商流才伴随着物流出现;资金流伴随着物流和商流的流入或流出某一节点而相应运动,节点之间的连线即代表资金的转移流向;信息流是物流、商流和资金流等一切业务处理过程中发生变化的表述和信息的流动,网络的节点就是各种物流信息汇集和处理之处,如国际订货单处理、货物的跨国发货处理、中央数据库对输出的存储和处理等。连线代表着信息的通路、发送和接收,其载体包括电话、传真、EDI、电子邮件以及互联网等。

建立和完善全球网络供应链时,需要重点考虑以下四个方面的问题:

(1)设施及容量。在规划供应链网络中设施数目、地点及规模时,必须根据市场和客户的需求、自己的资源和能力,以及可使用的供应商与合作伙伴的资源来进行总体规划,并合理确定设施的容量配置。同时,由于涉及国外运输业,还需要考虑到各个国家、地区的政策法规、人文状况、经济环境、当地的资源配置和基础设施等情况。

(2)结构及流量。要根据供应链下游市场和客户的需要逐层向上确定网络结构中每一层货物的进出总量,每一个节点的供应范围和数量,如生产数量、存储数量、加工数量和配送数量等,确定节点间的运输工具与方式、运输路线、数量和规模等;还需要注意各层间的资源调配、能力匹配和业务流程间的有机衔接。例如,为了保证供应链上的全球物流畅通,可以考虑分段联运制的运输方式,充分发挥每一区域的地理优势,节约成本;或为了节约基础建设的投资,尽量利用供应商、中间商、合作伙伴和服务商甚至客户的仓库资源,并使这些资源和能力配合协调;或避免在供应链上出现某一层仓库储存过多、过长,导致供应链不均衡的状态等。

(3)信息网络及集成。在构建和完善物理网络的同时,也要构建和完善信息网络,利用先进的信息技术实现信息的集成和共享,以及供应链上各项业务流程和服务的集成和整合。特别是要充分利用互联网和电子商务技术在国际业务中的作用,缩短时间和空间的距离,加强交流,减少成本,实现供应链上下游间的协同运作。

(4)供应链网络的发展性。网络规划要考虑现代信息技术、生产技术和物流技术的发展,使整个网络具有可伸缩性和可持续发展性,以备将来的扩张和扩建。

本 章 小 结

供应链构建是实施供应链管理的首要环节,也是首要问题。没有一个科学合理乃至优化的供应链体系结构,即使在运作时管理人员使出浑身解数,也无法达到预期的效果,因为先天不足的供应链构造已经决定了它的价值。因此,在这一章中,我们从构建供应链的角度出发,讨论了供应链构建原则,给出了一个供应链总体结构模型。然后,详细介绍了几种供应链的设计策略。

供应链网络规划决定了供应链的总体配置并设置了约束条件,供应链的其他驱动因素只能在相应的约束条件内被用来降低成本或提高响应性,从而实现供应链的价值。网络设计是在已有网络的基础上,考虑供应链的各种影响因素与供应链的整体性和协调性,让网络更好地服务于供应链的整体目标。网络设计决策过程是一个逐层分析筛选、循环反馈、优化整合的过程。网络设计决策需要全面分析供应链的各种影响因素,明确网络设计的具体内容,在网络设计的框架下,通过优化模型进行辅助决策。

最后,随着供应链战略进入国际商务舞台,它会遭遇到很多复杂的情况。这些复杂情况是由于运作距离长、需求的差异大、文化的多元性和复杂的文件管理所造成的。企业将会越来越多地面对发展全球性业务的要求。

思 考 题

1. 供应链的构建原则包括哪些?
2. 基于产品的供应链设计步骤是怎样的?
3. 供应链网络规划的重要性体现在哪些方面?
4. 供应链网络设计决策的内容包括哪些?
5. 供应链网络分析包括哪几方面?
6. 供应链全球化的驱动力包括哪些?
7. 供应链在国内和国际运作之间有哪些不同点?
8. 建立和完善全球网络供应链时,需要重点考虑哪四个方面的问题?

案 例 分 析

星巴克的供应链改革之路

第 10 章

供应链风险管理

【本章学习目标】

通过本章学习,学员应该能够:

1. 了解供应链风险的来源、类型和供应链风险管理的内容。
2. 了解供应链风险识别应注意的问题和方法。
3. 熟悉和掌握供应链风险管理思想和防范策略。
4. 理解供应链风险评估的角度和方法。

【导入案例】

华为应对供应链危机的六大经验

自从 2018 年贸易摩擦升级,华为等国内高科技企业就一直处于风口浪尖。面对极端的生存考验,华为连续出招化解危机。诚然,坚持硬科技创新(如自行研发芯片)是一个决定性的因素,华为在供应链管理方面采取的举措,也为化解危机争取了时间。

一是"体量为王":华为之所以让很多西方企业下不了"断供"的决心,很大原因在于它的采购量足够大,因此对方无法放弃这样一个重要客户。二是"内外有别":科学制定"Make or Buy"(自制或外包)决策,华为一方面将海思芯片设计等核心知识牢牢握在手中,另一方面也对非战略领域做了很多外包,其中包括代工工厂来生产零部件。三是"驾驭风险":在充满不确定性的时代,不仅需要规避重复发生的重大风险,也要为偶发性的高风险事件制定预案,并持续监控其他风险因素。华为早在 2018 年 4 月中兴危机之后,就已经意识到芯片供应链上潜藏的危机,提前储备了半年以上的芯片库存。四是"精准运作":从 2012 年起,华为内部建立了"诺亚方舟"实验室,旨在用数学和计算机知识来支持企业运作。在公司内部,许多核心的物流和供应链流程都建立了复杂的数学模型,为降本增效提供数字化依据。五是"借用外脑":华为与国内外知名大学积极合作,采取开放创新的态度,充分吸取先进知识。同时,华为也虚心地向知名咨询公司学习。六是"和合共生":华为充分意识到物流和供应链的重要性,和供应链合作伙伴一起成长,一直与上下游企业保持紧密的联系和合作。

2019 年 8 月,华为正式发布的操作系统鸿蒙 OS(Harmony OS),华为的鸿蒙操作系统宣告问世,在全球引起反响。这一操作系统正是华为在应对芯片和软件供应链中断风险而采取措施后取得的成果。供应链危机对于鸿蒙系统的问世起到了催生的作用,是时代的产物。

资料来源:冯维. 从华为看供应链管理——六大经验助其冲破危机[J/OL]. 物流沙龙. 2019-06-15. https://www.sohu.com/a/320843828_168370.

上述案例介绍了华为能够应对供应链危机的六大经验,使我们认识到供应链是一个复杂的系统,内部许多因素会造成供应链的中断。供应链风险管理无疑是供应链管理中非常重要的一个环节。本章将结合国内外学者在此领域的前沿研究成果,介绍供应链风险管理概念、供应链风险识别、供应链风险评估与供应链风险防范措施等内容。

10.1 供应链风险管理的概念

供应链管理作为一种新的管理模式与方法,在给企业带来价值与竞争力的同时,也因为各种不确定性因素的存在增加了供应链上企业的风险。随着供应链构成的复杂性不断增加,供应链也面临越来越多的风险事件,因此,积极进行供应链风险防范和管理,对于保证供应链的稳健性以及提升企业的敏捷性起到了极大的作用。

10.1.1 供应链风险定义

一般人对于风险的定义和观念到现在来说都比较模糊,风险是抽象而笼统的概念。《韦氏词典》对风险这样定义:损失的可能性或危害的后果。众多学者也尝试去定义风险,目前比较公认的对风险的定义主要是 V. M. Mitchell(1995)的观点,他认为风险是组织或者个人发生损失的概率以及损失的严重性两者的组合;任一事件的风险为事件的发生概率与事件发生的后果的乘积。由此可知,风险包含两项基本组成:一是损失,二是不确定性。中华人民共和国国家标准《供应链风险管理指南》(GB/T 24420—2009)对风险的定义为:风险是不确定性对目标实现的影响。目前对于风险的研究主要有两个视角:一是不确定性视角,二是损失性视角。

对于供应链来说,供应链所面临的市场竞争环境也存在着大量的不确定性。而且供应链系统是一个复杂的系统,其庞大性和复杂性使供应链上对于风险的界定变得相当困难。马士华认为供应链风险包括所有影响和破坏供应链安全运行,使其不能达到供应链管理预期目标,造成供应链效率下降、成本增加,导致供应链合作失败或解体的各项不确定性因素和意外事件,既包括自然灾害带来的风险事件,也包括人为因素产生的风险事件。

总结以上,供应链风险来源是各种不确定性因素的存在。由于供应链网络上的企业之间是相互依赖的,任何一个企业出现问题都有可能波及和影响其他企业,影响整个供应链的正常运作,甚至导致供应链的破裂和失败。

供应链风险具有如下特征:

(1)动态性。这是由供应链系统所处的环境及供应链的特点所决定的。现在的市场环境处于高速变化时期,顾客的需求多元化,使各种不确定性因素更加普遍,一旦供应链上的某个节点企业做出变化,其他企业必然也要随之变化。

第 10 章 供应链风险管理 223

（2）系统性。这也是由供应链风险的定义所决定的。供应链本身是一个复杂的系统，供应链风险相应的具有系统性，一个节点所产生的风险可以波及整个供应链。

（3）必然性。供应链风险同其他很多风险一样，都是不可避免的。运作环境的政治、经济、市场等条件复杂多变，又涉及不同的经济利益主体和多个业务流程的操作，这些都决定了供应链风险发生的必然性。

（4）复杂性。供应链系统涉及多个层次、多个节点企业，包含了生产、运输、仓储等很多具体的业务操作流程，这样的系统所产生的风险必然也是复杂多样的。

（5）可传递性。供应链风险比以往的风险更有关联性，节点企业间的密切合作使供应链风险的传递更自然，上游企业的风险会传递给下游企业，并且风险在供应链里传递的时候会逐步放大，最典型的就是需求风险所产生的牛鞭效应，供应链末端产生的需求变化，会沿着供应链逐步放大。

（6）损失及灾害严重性。该特点由供应链风险的系统性决定，大多数的供应链风险都会波及所有供应链成员，比如，生产企业的原材料短缺会引起下游的运输商、供应商以及零售商产生各种损失，其损失会呈现出不同的表现形式。

（7）较低的可控性。在决策的时候，供应链节点企业考虑的是单个企业的收益最大化，而不是整个供应链的收益最大化。对于供应链风险的管理也是如此，一个企业的风险往往会涉及供应链其他成员企业，但是现有的供应链合作能使信息完全共享，大大削弱了企业对供应链风险的控制。

10.1.2 影响供应链脆弱的因素

供应链脆弱性是风险源和风险驱动因素的作用大于风险缓解战略的作用，从而造成供应链产生不良后果倾向的性质。供应链脆弱性导致的供应链风险总是存在于供应链各环节，在过去几年中出现了许多被认为可能会增加风险水平的新的影响因素。下面我们具体讨论这些影响供应链脆弱性的因素。

（1）更注重效率而非效力。为了满足愈发激烈的商业竞争需要，企业往往更注重效率，而非效力。但是现在供应链的弹性越来越小，只要是出了一点点小的问题，都很可能会导致整个链条受到影响甚至是瘫痪。

（2）业务外包的趋势增加。业务外包常常能给一个企业带来很多好处，但业务外包使得供应链上的企业数量以及彼此的连接更加繁多，供应链的关系变得复杂，因而，潜在的干扰（外部对供应链的破坏性冲击）也就比以往更可能发生。

（3）全球化的影响。全球化扩大了供应链的范围和规模。为了追求低廉的生产成本，很多企业的采购活动从国内扩展至全球。这个趋势使得物流业的业务量大增，同时也对供应链管理有了更高的要求。值得注意的是，当供应链的长度从国内延展至全球，供货周期便会延长，从而供货期内的不确定性也会随之增加。

（4）集中生产和销售。为了达到生产的规模经济，企业往往不愿意采取靠近销售地生产的策略，而是把大量的某种产品的生产放在一个工厂生产，然后再长途运输到各个销售地。这样就给供应链带来了更多的考验和压力。

（5）减少供应商数量。近年来，很多企业都尝试减少它们的原材料以及零部件等的供应商的数量,从过去在一个供应商那里采购一种原材料或者零部件,转变成向一个供应商采购多种原材料或零部件。毫无疑问,这样做可以得到许多好处,但是,一旦该供应商发生了问题,生产企业受到的影响将会比原来大许多。所以,这种趋势也会导致供应链风险增大。

(6)需求的反复无常。市场变化很快,科技的发展使得产品周期不断缩短,激烈的竞争使得促销手段层出不穷,这些趋势都使得供应链难以很好地提前做好计划。市场活动的紊乱降低了市场需求的可预测性,从而成为供应链中一个很大的不确定性。

(7)缺乏可视性和信心。缺乏可视性和信心会导致供应链的脆弱,无论是对于订货周期、订货状态、需求的预测、供应商的运输能力还是生产能力以及产品质量等问题,信心的缺乏都会对整个供应链的绩效造成影响。当对市场需求的预测缺乏信心时,人们倾向于建立比适当水平更多的存货以应付可能突然增加的需求。于是,供应链的流量便会变得非常"臃肿"。

以上这些因素在目前大多数的供应链中都或多或少地存在着。因此,很显然企业必须意识到其供应链的薄弱环节在哪儿,风险的源头是什么,尽可能地管理并减低这些风险。

10.1.3 供应链风险的类型

从不同的角度出发,供应链风险具体分为以下几个类别。

1. 按供应链管理的层次划分

整个供应链网络的运作管理分为3个层次:战略层、战术层和操作层。相应地,供应链中的风险可分为3个层次:战略层风险、战术层风险及操作层风险。

(1)战略层风险。战略层是供应链管理中的最高层,因此战略层风险是供应链风险中最高层次的风险,也是最具危害性的风险,对全局产生重大影响。战略层风险主要是指供应链管理人员在制定全局战略规划,如采购战略、营销战略、物流战略时由于决策失误而导致的风险,如对产品定位、市场预测不准或错误,产品设计不完善,采购计划不当等。

(2)战术层风险。战术层风险是指供应链管理人员因战术选择不当而造成的风险,如文化差异风险、利润分配差异风险、合作信任风险。

(3)操作层风险。操作层风险指在供应链运作过程中一些实际作业,如运输、配送、包装、装卸、搬运等作业发生的局部风险,与战略层风险和战术层风险相比,操作层风险影响面最小,一般只涉及相关的环节,且能及时挽救,对供应链运作的影响不大。

2. 按供应链管理的目标划分

供应链管理的主要目标包括成本目标、时间目标和质量目标,相应的供应链风险有以下几个方面。

(1)成本风险。供应链成本风险是指供应链中各环节、各主体在成本控制上处理不好,导致成本过高,从而使供应链运作困难或受损。此处的成本是广泛意义上的成本,不仅包括原材料供应成本、制造成本、销售成本和物流成本,还包括供应链的运作成本,如合作伙伴的进入成本和退出成本、企业间的协调管理成本、信息传递成本等。

(2)时间风险。供应链管理要实现在恰当的时间,将恰当数量的恰当商品送达恰当的地点,交给恰当的客户。可以理解为时间目标包含了数量和地点等,涉及此方面的风险即为时间风险。时间风险一般来说是由于获取信息的不及时、不完整或得到错误信息引起的。供应链时间风险主要是指链上各环节或各主体在时间上把握不准而导致整个供应链受损的可能性,如发现机遇的时间较晚、研发时间紧迫、原料供应和配送延迟、生产不及时等导致最终产品上市时间延迟或销售时机错失等。

(3)质量风险。质量风险是指供应链网络中各主体、各环节在质量上没有严格把关而使供应链的运作受到影响的风险。此处的质量包括实物质量和服务质量两个方面。实物质量指供应链供应环节的原材料、零部件质量,制造环节生产的半成品、产成品质量,分校环节产品的完好状况,产品的实物质量是供应链生存之本。服务质量则包括中间各环节的供货服务质量,相关的指标有供货的及时性、准确性、完好性以及售货服务质量。

3. 按供应链系统的构成划分

按供应链系统的构成划分,供应链中的风险可分为系统环境风险、系统结构风险、行为主体风险以及主体间的协作风险。

(1)系统环境风险。系统环境风险是指由环境因素导致的风险,具体包括自然灾害风险、政治风险、经济风险、技术风险、社会文化风险等。

(2)系统结构风险。系统结构风险是指供应链的结构设计不合理可能导致的供应链风险。如因供应链网络配送设计得不合理而导致部分地区商品缺货、商品积压等。

(3)行为主体风险。行为主体风险指供应链的参与行为主体造成的风险。供应链上的原材料供应商、生产商、批发商、零售商以及物流服务商等主体由于利益与目标的差异,对任务的理解和选择的行为方式也会不同,另外各主体的管理水平、人员素质、企业信誉也会有差异,这些都可能造成供应链行为主体风险。

(4)协作风险。协作风险指由于供应链不同参与主体间的协作关系而造成的风险。供应链作为由多个参与主体组成的复杂系统,其参与主体间若不能进行良好的沟通则必然会产生风险,具体表现形式有:合作伙伴的流动性改变、伙伴的投入、承担的风险与所得收益不一致、伙伴间信息共享机制的不健全等,可能造成信息传递失真、信用风险违约等问题。

4. 按供应链的过程划分

供应链全过程可以分为采购、生产、配送、退货(包括原材料退货和产品退货)四个阶段,相应的供应链风险可以划分为采购风险、生产风险、配送风险、退货风险。

(1)采购风险。采购风险是指企业在采购过程中出现的采购员"暗箱操作"、弄虚作假、以次充好、收受回扣等腐败现象,或者出现采购物品积压浪费、质量不达标、交付不及时等各种意外情况,导致采购的实际结果与企业预期目标相偏离的程度和此偏离程度给企业带来损失的可能性。

(2)生产风险。生产风险是指企业在原材料、设备、技术人员、生产工艺及生产组织等方面难以预料的障碍存在。生产风险引起企业生产无法按预定成本完成生产计划。

(3)配送风险。货物灭损带来的赔偿风险,可能发生的环节主要有运输、仓储、装卸搬运和配送环节。延时配送带来责任风险,在 JIT 原则的要求下,物流企业延时配送往往导致客户索赔。错发错运也会带来责任风险,物流企业因种种原因导致分拨路径发生错误,致使货物错发错运,由此给客户带来损失。

（4）退货风险。退货风险是指在退货过程中产生的风险,包括资金风险等。

5. 按供应链的风险来源划分

形成风险的因素有人、管理、设备、产品本身及环境的原因,相应地可把供应链风险划分为人为原因的风险、管理不当的风险、设备造成的风险、产品本身原因的风险、外部环境形成的风险。

（1）人为原因的风险。由于参与供应链相关活动的人员素质不高、经验不足、能力不够、行为不当或协调不好造成的供应链风险。这里的人可以是企业内部的,也可以是供应商、批发商或零售商。人的因素是供应链风险管理中最关键、最活跃、最主动的因素。

（2）管理不当的风险。由于供应链管理方法不当、措施不力、决策失误以及规划错误造成的供应链风险。管理是供应链风险控制的精髓,是实现供应链高效率和高效益的根本手段。

（3）设备造成的风险。由于设备的低效率或故障造成的供应链风险。供应链相关的设备包括:供应链支持系统的设备(如供应链信息管理系统),运输、仓储、搬运有关设备及生产设备。设备的性能和运行表现直接影响供应链管理目标的实现。

（4）产品的风险。由于产品本身的特殊性可能造成的供应链风险。供应链中不同类型的产品对供应链性能的要求是不同的,如冷冻制品必须通过冷藏运输并使用冷库保存,除质量风险较大外,供应链成本也较高。

（5）外部环境造成的风险。即由于外部环境不正常变化造成的风险。这里的外部环境指的是企业的物流环境。物流环境包括交通运输基础设施、通信系统、物流信息平台、物流中心等综合物流设施、物流产业和专业物流企业、物流管理水平、物流政策法规和社会环境等方面。物流环境好的地区,总体物流费用比较低,物流服务水平比较高,供应链物流风险就比较低。

6. 其他划分方式

（1）按照风险造成的后果,可以将风险划分为纯粹风险和投机风险。纯粹风险是没有利益可能的供应链风险,如地震造成的设备毁坏、台风造成的运输货物灭失等。投机风险是利益与损失并存的供应链风险,如趁原材料价格较低时大量采购,如果原材料价格回涨,企业就会节约成本,但如果价格继续下降,企业不仅蒙受损失,还会增加库存费用。

（2）按照风险是否可管理,可以将风险划分为可管理风险和不可管理风险。可管理风险是指可以预测并采取相应措施加以控制的风险。不可管理风险在一定条件下可以转化为可管理风险。风险能否管理,取决于风险的不确定性是否可以消除,以及供应链管理团队的管理水平。通过信息系统和其他渠道掌握供应链相关的信息,可以在一定程度上减少不确定性。

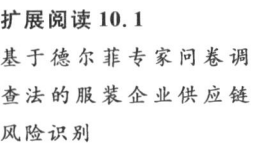

扩展阅读 10.1
基于德尔菲专家问卷调查法的服装企业供应链风险识别

（3）按风险的影响范围，可以将风险划分为局部风险和总体风险。局部风险只影响供应链的某一环节，而总体风险则影响整个供应链，甚至可能形成多米诺效应。局部风险和总体风险是相对的，是可以相互转化的。总体风险的风险事件一旦形成，如果采取得当的紧急应对措施，则可以转化为局部风险。

供应链风险的来源与分类如图 10-1 所示。

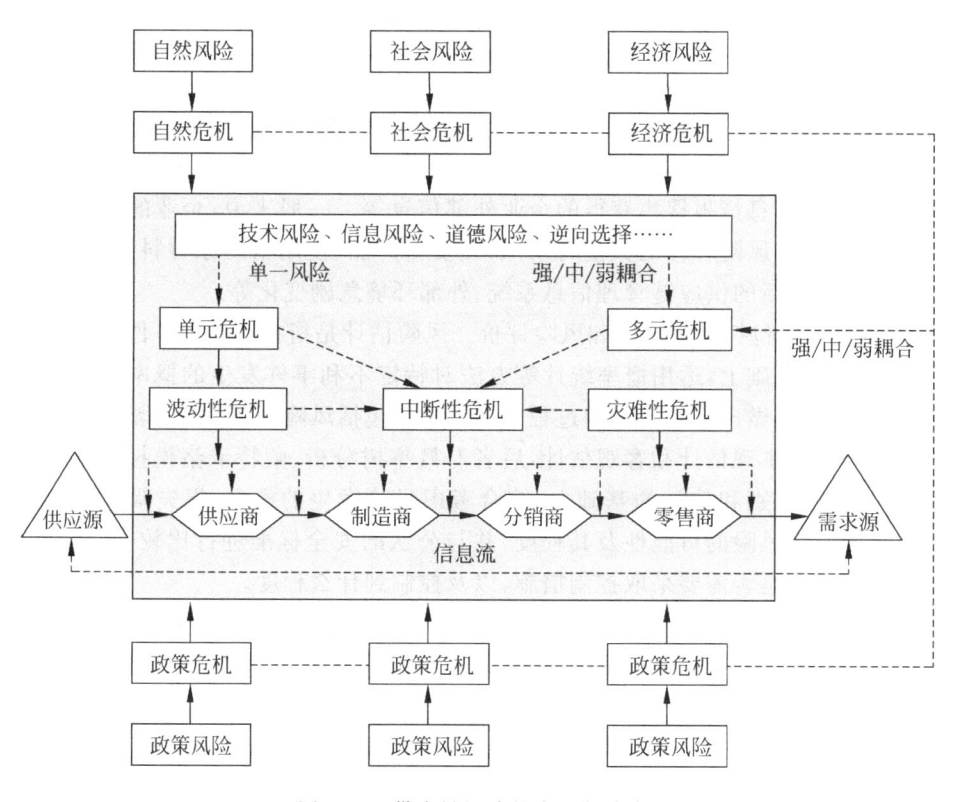

图 10-1　供应链风险的来源与分类

10.1.4　供应链风险管理过程

风险管理是指如何在一个肯定有风险的环境里把风险可能造成的不良影响减至最低的管理过程。而供应链风险管理是指通过识别、度量供应链风险，并在此基础上有效控制供应链风险，用最经济合理的方法来综合处理供应链风险，并对供应链风险的处理建立监控与反馈机制的一整套系统而科学的管理方法。供应链风险管理的目标包括损失前的管理目标和损失后的管理目标，损失前的管理目标是避免或减少损失的发生；损失后的管理目标则是尽快恢复到损失前的状态，两者结合在一起，就构成了供应链风险管理的完整目标。

供应链风险管理，从理论上看是一般风险管理理论与供应链管理理论的交叉，紧密结合供应链系统和供应链风险的特点。供应链风险管理的全过程也叫广义的供应链风险管理，如图 10-2 所示，供应链风险管理的过程可以划分为风险识别、风险评估、风险防范和风险监控 4 个阶段。

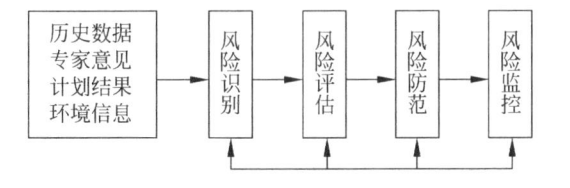

图 10-2　供应链风险管理过程

（1）风险识别就是要分析供应链的各个过程环节、每一个参与主体及其所处的环境，找出可能影响供应链的风险因素，掌握每个风险事件的特征，确定风险源及其相互关联。供应链风险识别需要足够的信息和经验。需要的信息包括企业供应链管理的历史数据、通过调查研究和信息情报搜集获得的企业外部信息等。一般来说，企业的供应链发生突变的时期是供应链风险管理的关键时期，如开发新产品、使用新的原材料、引入新的供应链合作伙伴、采用新的供应链管理信息系统、外部环境急剧变化等。

（2）风险评估包括风险估计和风险评价。风险估计是指在对不利事件所导致损失的历史资料分析的基础上，运用概率统计等方法对特定不利事件发生的概率以及风险事件发生所造成的损失做出定量估计的过程。主要方法包括风险概率估计方法和风险影响估计方法，前者分为主观估计和客观估计，后者有概率树分析、蒙特卡洛模拟等方法。风险评价是指在风险识别和估计的基础上，综合考虑风险发生的概率、损失幅度以及其他因素，得出系统发生风险的可能性及其程度，并与公认的安全标准进行比较，确定企业的风险等级，由此决定是否需要采取控制措施，以及控制到什么程度。

（3）风险防范是根据风险评估结果以及风险监视提供的信息，实施风险控制策略。风险防范是要采取果断措施，恢复供应链的正常状态。风险防范阶段有时还会修改风险管理计划甚至供应链管理计划，因为即使是最全面、最充分的风险分析和风险规划，也不可能完全正确地识别出所有的风险和可能的后果，仍需要在风险事件发生时进行处理。

（4）风险监控是风险控制的事中控制环节，实时监控供应链运行状态，捕捉对供应链有影响的突发事件，及时发现和预测供应链运作状况偏离预定计划目标的程度。其目的是核对这些策略和措施的实际效果是否与预见的相同；寻找机会改善和细化风险规避计划，获取反馈信息，以便将来的对策更符合实际；对新出现及预先制定的策略或措施不见效或性质随着时间推移而发生变化的风险进行控制。

风险管理过程不是一成不变的既成顺序，其各组成部分也不是各自独立的。风险管理是一个循环往复的过程，其最明显的特征是要时刻准备处理预料之外的事件发生。供应链风险管理就是管理人员通过风险分析、风险评估，合理地使用多种管理方法、技术和手段，对可能影响供应链的各种风险因素实行有效控制，妥善处理风险事件造成的不利后果，保障供应链管理目标实现的过程。

10.2　供应链风险识别

供应链风险识别是供应链风险管理的第一步，也是供应链风险管理的基础。只有在正确识别出自身所面临的风险的基础上，人们才能够主动选择适当有效的方法进行处理。

扩展阅读 10.2
突发公共卫生事件对 JT 动物药品公司供应链的影响

10.2.1 供应链风险识别定义

供应链风险识别是指供应链风险管理者通过对大量的供应链信息、资料、数据现象等进行系统了解分析,认清供应链中存在的各种风险因素,进而确定供应链所面临的风险及其性质。

供应链风险既有表现明显的风险,也有潜在的风险,明显的风险管理者易于识别,潜在的风险则需要付出一定的努力才能识别。隐藏的潜在风险带来的损失更大,所以识别供应链风险要剖析风险的结构性质,然后对症下药。同时,供应链是相互依存的合作链,每个企业参与合作的程度各不相同。供应链风险对各个企业的影响程度也是存在差异的。因此还需分析风险的归属,即风险的所有者。明确所有权有利于资源的有效配置。明确了风险的所有者,再分析风险是某个企业内部面对的风险,还是供应链上所有成员都必须面对的风险,有利于及时解决风险、分担风险以及公平的风险补偿。

10.2.2 供应链风险识别程序

Walter(2007)指出供应链风险识别主要有五个步骤:
(1)定义整体供应链的流程。
(2)将整体流程细化为一系列彼此独立又相关的运作活动。
(3)系统地审视每一项运作活动的细节。
(4)识别存在于每一项运作活动中的风险及其特点。
(5)描述出最具影响的风险。

识别风险绝非易事,尤其是在第四个步骤中,许多正式的工具得以开发利用来识别显示所发生的风险。其中有些工具具有普遍使用意义,可以用来识别任何一种风险,比如历史数据分析法、头脑风暴、因果分析、事故树、流程图、可能性冲击矩阵、情景规划。另外一些工具方法则是专门用来识别供应链风险,例如供应链视图法和审计、关键路径识别、与上游供应商和客户的相关重要性分析等。

以上这些识别风险的工具,有的需要通过分析过往事件,有的需要集思广益,有的则需要直接分析运作活动,才能得以充分发挥作用。

10.2.3 供应链风险识别应注意的问题

供应链风险识别应该注意以下两个问题:一是风险意识,二是系统性。

1. 风险意识
风险意识作为一项科学的管理活动,本身要有组织性和制度性,特别对供应链这种特殊的企业群而言,风险识别的制度性更为重要。但是在很多企业,对风险的认识还处在非常初级的阶段。比如,企业的管理人员已经意识到某类风险,但是他们认为向高级管理人员汇报风险情况,等于承认他们自身能力不足,如果他们并不是特别熟悉企业的各项运作活动,不足以帮助消除风险,或者面对这样的风险,他们自身并没有掌握足够的相关知识和技能,也就意味着他们无法解决问题。那么,这些管理人员会隐藏即将发生的风险,假装它们并不存在。另外一个原因在于,最先发现风险问题的人,通常会被赋予解决这一问题的责任——即使并不是他们职责所在,他们没有足够的知识和技能来处理,这些问题远远超出其控制范围。因此,在风险识别时一定要强调规范,要求每一个节点企业按要求运作,配合风险管理主体定期进行风险识别工作。

2. 系统性

上面类似的情况同样会出现在组织层面。在供应链上的每一个节点企业都希望其他成员尽可能地降低它们的风险,这使得每个企业都不愿意承认自身存在风险,因为它们如果承认自身的风险,很有可能会因此失去很多商机,获利的则是那些显得不那么开诚布公的竞争对手。因此,供应链风险识别不能局限于某一个企业、某一个环节或某一个方面,而要研究识别整个供应链系统的全部风险,包括识别供应商、供应商的供应商、制造商、用户及用户的用户所有的风险,包括识别原材料和零部件采购供应环节、制造环节、分销环节以及整个运作过程中的物流运输环节的所有风险。总之,要从系统全局、全方位识别和分析整个供应链的风险。

10.2.4 供应链风险识别方法

在风险事件发生之前,风险管理主体需要运用各种方法去系统地、不间断地识别供应链的各种风险。风险识别与分析的工作就是通过调查了解识别供应链面临的风险及其来源,并对其进行归类,掌握风险产生的原因和条件及其表现形式。对于风险管理主体来说,凭借其经验和一般知识便可识别和分析供应链面临的常见风险。但对于新的、潜在的风险,其识别和分析难度较大,需要按照一定的方法,在必要时还要借助外部力量,来进行识别与分析。主要的识别方法有情景分析法、历史事件分析法、流程分析法、风险问卷法和财务报表法等。

1. 情景分析法

情景分析法常常以头脑风暴会议的形式,来发现一系列主要与经济、政治、技术、文化等相关的影响供应链表现的风险因素。这种方式可以识别世界将来发展的一个趋势。一旦某种趋势被识别出来后,接着就要分析这种趋势对企业、对供应链将会产生怎样的影响,然后发现一系列存在的或潜在的风险因素。从战略层次看,情景分析法对于识别由于新技术的出现、产业结构的动态以及经济状况的变化等宏观环境所导致的风险特别有效。情景分析法也能被用在偏策略的层次来发现一些现存的风险因素,以及这些因素产生的影响。

2. 历史事件分析法

历史事件分析法通过分析历史风险事件来总结经验,进而识别将来可能发生的潜在风险。一般情况下,先收集一些产生不良后果的历史事件案例,然后分析总结导致这些事件发生的风险因素。而且这个分析过程也包括对那些在实际中没导致损失但却暗示着潜在危机事件的分析。例如,零部件出现短缺、客户需求突然发生变化、生产和产品质量发现问题等。历史事件分析法的缺点是重大风险事件是很少发生的,本供应链中可能并不存在足够的风险事例用来分析。面对这样的情况,对历史风险事例的收集就要扩大到其他有着相同行业特点的供应链中去,甚至其他行业的供应链中去。历史事件分析法的另一个问题是它只能识别那些已经发生过的事件风险因素,容易忽视一些新的还没有出现过的重要风险因素,特别是那些与技术更新、行业实践及产业动态相关但从没出现过的风险因素。

3. 流程分析法

供应链风险因素可以通过分析供应链流程而识别出来。首先绘制出展现不同作业功能的供应链流程图,包括从起点到终点的整个可供分析的供应链流程。流程图里的每一步都代表一个独立的作业流程,要弄清楚关于这个流程的细节,包括它的目的、进行方式、由谁来操作以及所有可能导致的失误。供应链流程图完成后,就可以被用来分析并发现控制缺陷、潜在失效环节以及其他的薄弱环节。流程分析法对于识别那些与不良执行相关的风险因素特别有效。与历史事件分析法不同,流程分析法可以在损失实际发生之前就识别出那些潜在的风险,帮助弄清这些潜在风险对整个供应链运行将会产生的影响大小。

不同的风险识别方法适合于识别不同层次的风险。流程分析法和历史事件分析法可以用来识别操作层风险和与供应链整合相关的潜在风险。市场风险几乎都是通过历史事件分析法识别的。另外,虽然历史事件分析可能难用来识别像名誉风险这样的无形风险,但它却可以估计出风险事件的频度和量度。最后,情景分析法可以被灵活地用来识别战略层次的各种主要风险。

4. 风险问卷法

风险问卷又称为风险因素分析调查表。风险问卷法是以系统论的观点和方法来设计问卷,并送给供应链各组成企业内部各类员工去填写,由他们回答本单位所面临的风险和风险因素。一般说来,供应链各企业基层员工亲自参与到供应链运作的各环节,他们熟悉业务运作的细节情况,了解供应链的影响因素和薄弱环节,可以为风险管理者提供许多有价值的信息,帮助风险管理者来系统地识别风险,准确地分析各类风险。

5. 财务报表法

财务报表法就是根据企业的财务资料来识别和分析企业每项财产和经营活动可能遭遇到的风险。财务报表法是企业使用最普遍,也是最为有效的风险识别与分析方法,因为企业的各种业务流程、经营的好坏最终表现在企业资金流上,风险发生的损失以及企业实行风险管理的各种费用都会作为负面结果在财务报表上表现出来。因此企业的资产负债表、损益表、财务状况变动表和各种详细附录就可以成为识别和分析各种风险的工具。可借助财务报表法来识别和分析各企业中存在的风险。并通过归纳总结得到供应链的整体风险。

如上所述,由于以上5种风险识别方法的局限性以及供应链的广泛性和错综复杂性,使得供应链风险的识别与分析是一个综合运用各种方法、连续不断且工作量繁重的过程。

10.3　供应链风险评估

通过风险识别,风险管理者发现了供应链中存在的风险因素,并对风险发生的原因和表现形式进行了深刻分析。在此基础上,风险管理者应寻找和确定各种可能的技术和方法评估这些风险因素对整个供应链稳定性的影响程度,并选择适当的风险管理策略来应对这些风险。

扩展阅读 10.3
诺基亚与爱立信的不同抉择

10.3.1　供应链风险评估类型

风险评估根据风险管理人员掌握的知识和信息不同以及风险事件本身的特征可分为确定型、不确定型和随机型风险评估。确定型风险是指一定会发生的风险,在评估时只要计算比较各种方案在不同状态下的后果,依次挑选出不利后果最小的方案即可。供应链管理中,在选择供应商、运输方式、配送路线、库存水平时管理人员可以根据产品价格、运输费率、路途远近、保管费用来计算供应链的成本,选择总成本最小的方案。不确定型风险是指不知道其发生的概率,或者不知道事件发生的后果、强度和形成机理的风险,此时风险评估旨在减少不可知性。随机型风险是指发生的状态和概率都未知的风险,所以随机型风险评估的主要内容包括选定风险的计量标度、确定风险时间发生的概率、计算风险事件各种后果的数值、确定估计数值的变化范围和限定条件。

衡量风险的大小要从风险事件发生的概率和后果两方面来考虑。风险事件的概率和后果的乘积可以定义为风险事件状态,用风险事件状态来计量风险的大小。从分析风险发生和造成损失的实际情况可以看出,人们对经常发生的风险积累了比较多的经验,会比较准确地预见风险的发生并采取相应的对策;而对不经常发生且难以预见的风险,不能有效控制风险造成的损失。

10.3.2　供应链风险偏好

不一样的企业,具有不同的风险偏好。相同的风险对风险偏好不同的企业来说,它的风险等级是不一样的。企业对于风险的偏好程度一般分为以下 3 类。

(1) 风险爱好(risk-love)型:对于这种供应链企业来说,它不顾可能发生的危险,仍实施某项行为和进行某项决策活动。期望效用必然小于概率事件的期望效用。风险爱好型企业获取随机收益比获取确定收益承担的风险要大,而机会则小。

(2) 风险厌恶(risk-averse,或风险规避)型:这种供应链企业较保守,回避可能发生的风险。期望效用必然大于概率事件的期望效用。风险厌恶型企业宁愿获取确定收益而不愿获取随机收益或不确定收益,即尽可能回避风险。

(3)风险中性(risk-neutral)型:这种企业既不冒险也不保守,而是介于风险爱好与风险厌恶之间。

同样的风险,在风险爱好型供应链中可能被认为是可以接受的风险,而在风险厌恶型供应链中则可能被认为是非常严重的风险。因为风险偏好的存在,所以在进行供应链风险评价的时候,不同供应链对于同样的风险评价指标可能会有不同的判别结果。

10.3.3 供应链风险评估角度

供应链风险评估可以从以下几个角度进行:

1. 根据经济波动和产业政策来评估

经济环境对企业供应链管理有不可忽视的影响,例如利率调整、汇率波动、通货膨胀、经济周期都可能会对企业供应链产生影响,造成供应链风险。例如,2008 年的华尔街金融风暴对全球跨国供应链都造成了不同程度的冲击。国家的产业政策调整也同样会对供应链造成影响,例如国家扶持农业发展,补助农民,必然会造成农产品价格升高,使得食品行业和服装行业等供应链成本提高。如果经济波动大,产业政策转型对供应链的影响就大,因为企业可能由于原材料短缺或产品成本上升,使某些供应链发生中断。所以在供应链风险评估中一定要考虑经济波动和产业政策带来的冲击和影响,尽量使供应链在经济波动中保持稳定发展,并顺应国家产业政策而动。

2. 根据以往数据对不可预见的因素进行预测评估

供应链管理的历史数据是风险识别与管理的数量化基础,对于供应链当期的管理极其重要,其中包含大量关于风险事件及其后续影响、处理结果的资料。根据以往的历史数据不仅可以对当前可能出现的风险因素进行预测和估计,还能发现许多潜在的风险。比如,企业在正常情况下,由于交通事故导致的供应链问题的概率是一个比较稳定的数据,可以根据这些数据评估交通事故导致的供应链风险。

3. 对供应商进行综合考察

根据供应商财务状况、主营业务变化、技术创新能力以及企业在行业中的竞争力进行综合考察。供应商的变化对供应链影响最大,对供应商尤其是与供应材料有关的任何变化都应充分重视,因此要建立一套充分评估机制。考核供应商的全面状况,可以使用四个指标:响应/灵活性、法律法规与环境保护(可持续性)、财务管理及经营、服务。其中,服务可以认为涵盖在其他几个指标中,也可作为独立的项目进行考虑。各指标在不同企业供应链中的意义和所占的权重不同,所以一般要考虑为各个企业量身订制适合自身的供应商考核评估体系。该体系不仅要考虑本企业的产品要求,最重要的是,采购部门制定的供应商评估指标要符合公司的整体战略。而公司战略的制定来自企业的外部环境,即组织内部存在的产业环境中的政治、经济、技术和社会因素。

4. 对供应链运作流程进行评估

从供应链管理中信息手段、信息反馈机制、信息处理能力等多方面对供应链运作流程进行评估。利用现代化的通信和信息手段管理并优化整个供应链体系,通过电子数据交换系统(electronic data interchange,EDI)对供应链企业进行互联,实现信息共享,使供应链企业之间实现无缝连接,所有供应链企业分享业务计划、预测信息、销售点终端(point of sale,POS)数据、库存信息、进货情况以及有关协调货流的信息。从而使供应链上的客户、零售商、分销商、生产厂家、各级原材料供应商、物流运输公司和各个相关业务合作伙伴在信息共享的基础上能够进行协同工作。一般来说,若企业上下游之间有先进的通信方式、及时的反馈机制、规范的处理流程,供应链风险就小,反之就大。信息共享的数据会使得风险的评估更加准确,风险发生的概率大大降低。

10.3.4　供应链风险评估方法

根据风险估计人员掌握的知识和信息的不同以及风险事件本身的特征,风险评估可以分为确定型、不确定型和随机型。确定型风险评估假定各状态出现的概率为1,只计算和比较各种方案在不同状态下的后果,依次挑选不利后果最小的方案。不确定型风险评估是指对因不知道事件发生概率、事件后果或者强度而形成的风险进行的评估。相对于确定型风险的评估,不确定型风险评估更加复杂。本部分主要介绍两种不确定型风险的评估方法。

1. 基于模糊数学的评估方法

模糊数学自1965年诞生以来,在众多的学科领域里得到广泛应用。针对不确定型风险,把专家的主观估计与模糊变换结合,可以把模糊数学分析方法应用于供应链风险的静态估计以及单个特殊事件的风险状态估计之中。得到供应风险的模糊估计需要两次模糊变换,第一次变换是通过风险因素模糊隶属度矩阵实现从模糊因素评判集到风险因素可能发生水平的变换,第二次变换是通过风险因素与目标风险之间的模糊关系矩阵实现从风险因素到风险水平估计的变换。

模糊综合评价法是一种运用模糊数学原理分析和评价具有"模糊性"的事物的系统分析方法。它是一种以模糊推理为主的定性与定量相结合、精确与非精确相统一的分析评价方法。本次介绍的多级模糊综合评价法,是将模糊综合评价法与层次分析法相结合的一种评判方法。对定量分析指标的处理引入模糊数学的方法,对定性分析指标则采用专家调查和问卷调查相结合的方法,从而实现定量指标和定性指标的结合。模糊综合评价步骤如下:

(1) 建立企业供应链风险评价指标体系。对供应链的风险识别以及对企业供应链风险成因进行分析,可以构建企业供应链风险评价指标体系,如图10-3所示。此处建立的供应链风险评价指标体系并不完全具有普适性,应根据企业具体情况进行指标体系的构建。

(2) 确定模糊评价指标(评价因素)集。设定供应链风险评价指标体系为评价指标集合,由两个层次的因素构成:第一层因素是依据供应链风险的分类形式划分的五个互不相交的因素子集,即:$R = (R_1, R_2, R_3, R_4, R_5)$,其中,$R_1$代表外部环境风险,$R_2$代表合作风险,$R_3$代表计划与生产风险,$R_4$代表物流风险,$R_5$代表采购与销售风险。第二层因素就是具体的指标(图10-3),分别构成相应的第一层因素。

(3) 确定各个评价指标的权重集。采用层次分析法来确定各个评价指标的权重。层次分析法步骤如下:

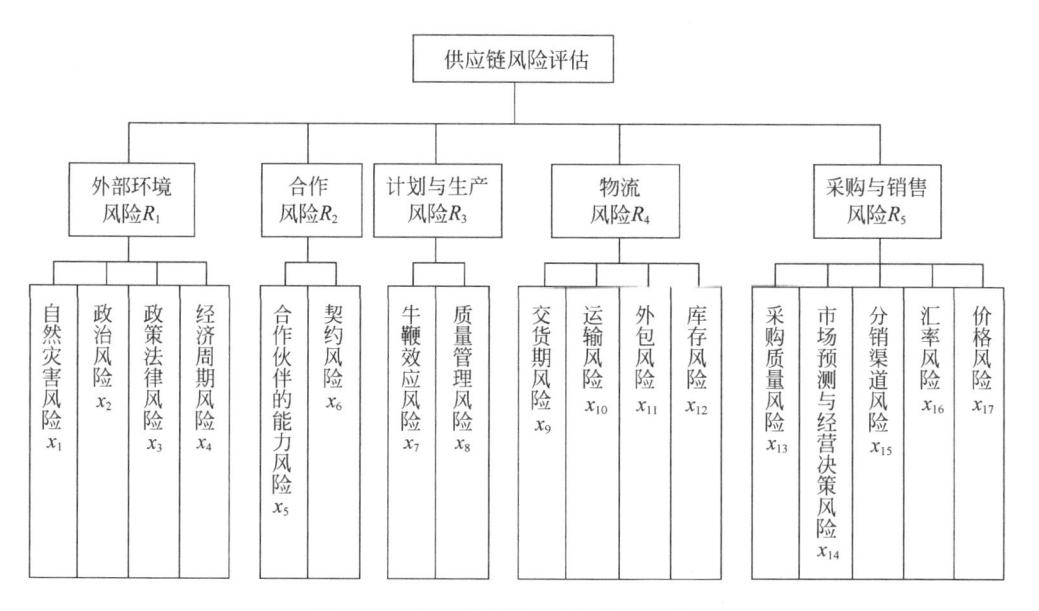

图 10-3　企业供应链风险评估指标体系

① 构造判断矩阵。为了便于计算,在没有显著性差异的情况下,采用层次分析法近似求解的方法求得指标权重。如表 10-1 所示,层次分析法利用 1—9 标度法确定测评指标两两之间的相对重要性,使复杂、无序的定性问题能够进行量化处理。该表反映了两个测评指标相对重要程度,通过指标 x_i 与 x_j 做相互比较判断,获得判断值 l_{ij},从而构成判断矩阵 $\boldsymbol{L}\left(\text{其中},l_{ij}=\dfrac{1}{l_{ji}}\right)$:

$$
\boldsymbol{L} = \begin{bmatrix}
\dfrac{x_1}{x_1} & \dfrac{x_1}{x_2} & \cdots & \dfrac{x_1}{x_n} \\[2mm]
\dfrac{x_2}{x_1} & \dfrac{x_2}{x_2} & \cdots & \dfrac{x_2}{x_n} \\[2mm]
\vdots & \vdots & \ddots & \vdots \\[2mm]
\dfrac{x_n}{x_1} & \dfrac{x_n}{x_2} & \cdots & \dfrac{x_n}{x_n}
\end{bmatrix}
=
\begin{bmatrix}
l_{11} & l_{12} & \cdots & l_{1n} \\
l_{21} & l_{22} & \cdots & l_{2n} \\
\vdots & \vdots & \ddots & \vdots \\
l_{n1} & l_{n2} & \cdots & l_{nn}
\end{bmatrix}
$$

表 10-1　1—9 标度法

尺　　度	含　　义
1	两个指标相比,具有同样重要性
3	两个指标相比,一个比另外一个稍微重要
5	两个指标相比,一个比另外一个比较重要
7	两个指标相比,一个比另外一个明显重要
9	两个指标相比,一个比另外一个非常重要
2,4,6,8	介入上述两相邻判断尺度中间
倒数	两指标相比,指标 x_i 与 x_j 比较得判断 l_{ij},指标 x_j 与 x_i 比较得判断 l_{ji}

如外部环境风险测评中测评指标"自然灾害风险""政治风险""政策法律风险"和"经济周期风险"四个指标,将其进行两两比较:"政治风险"与"自然灾害风险"相比,"政治风险"相对重要程度"略为重要",则取值 $l_{12} = 3$,而"自然灾害风险"与"政治风险"相比,"政治风险"相对重要程度取值 $l_{21} = \dfrac{1}{3}$。

② 计算判断矩阵的最大特征根及对应的特征向量。

n 是矩阵 L 的特征值,而权数向量 W 就是对应的特征向量。

$$L \overline{W} = n \overline{W}$$

可以证明,一个 n 阶倒数对称矩阵的最大特征值 $\lambda_{\max} \geqslant n$。因此,采用几何平均法来求出重要度矢量,具体步骤如下:

a) 计算判断矩阵 L 各行的各个元素乘积: $m_i = \prod\limits_{i=1}^{n} l_{ij} (i = 1, 2, \cdots, n)$

b) 计算 n 次方根: $\overline{W_i} = \sqrt[n]{m_i}$

c) 对向量 $\overline{W} = (\overline{W_1}, \overline{W_2}, \cdots, \overline{W_n})$ 进行规范化计算: $W_i = \dfrac{\overline{W_i}}{\sum\limits_{k=1}^{n} \overline{W_k}}$,其中,矢量 $W = (w_1, w_2, \cdots, w_n)'$ 为所求特征向量。

d) 一致性检验。由于主观指标,因此必须进行评分者信度检验,以确定各评分之间是否一致。

计算判断矩阵 L 的最大特征值 $\lambda_{\max}$。

判断矩阵一致性指标 CI 的计算。

$$\mathrm{CI} = \frac{\lambda_{\max} - n}{n - 1}$$

平均一致性指标 RI。

当 $n = 1, 2, 3, \cdots, 11$ 时,RI 的值如表 10-2 所示。

表 10-2 一致性指标

n	1	2	3	4	5	6	7	8	9	10	11
RI	0.00	0.00	0.58	0.90	1.12	1.24	1.32	1.41	1.45	1.49	1.51

判断矩阵的一致性比率 CR=CI/RI,当 CR<0.1,那么认为判断矩阵的一致性满足要求,否则的话,继续进行重要性比较,重新进行检验,直到满足。

(4) 确定单因素隶属度矩阵。在模糊集合中,其中的元素与模糊集合存在一定的隶属程度,即隶属度。在供应链风险评价中,指标体系中的各指标与风险之间的关系就用隶属度来表示。隶属度的取值区间为[0,1],隶属度越接近于 1,表示指标属于模糊集合的程度越高;隶属度越接近于 0,表示指标属于模糊集合的程度越低。

① 定性指标的单因素评价。对于定性指标的单因素评价,采用的是模糊统计法。企业管理部门可以聘请专家(这里的专家包括企业具有长期从事此工作经验的一线员工、领导,以及从事本方向研究的高校科研专家等),根据经验和相关知识,结合时势及企业具体

情况,按预先划定的评价等级,就各项指标对企业供应链活动中的影响程度进行投票,从而得到模糊评价矩阵 Y。

$$Y = \begin{bmatrix} y_{11} & y_{12} & \cdots & y_{1n} \\ y_{21} & y_{22} & \cdots & y_{2n} \\ \vdots & \vdots & \ddots & \vdots \\ y_{m1} & y_{m2} & \cdots & y_{mn} \end{bmatrix}$$

其中,y_{mn} 表示对指标 x_i 做出的第 j 级评语的隶属度,即对指标 x_i 给出等级 j 的测评人数占全部测评人数的百分比。

② 定量指标的单因素评价。定量指标可以直接计算其实际值,但若把指标的实际值看成是其中某个区间上的普通点,则会造成落在两区间边缘附近的点其数值相差不大,而却相差一个等级的不合理现象。为此,引入模糊概念。具体做法是:该区间中点的隶属度为 1,而该区间两个相邻区间中点的隶属度为 0,连接 1 和 0,则得到某个指标在该区间的隶属度函数。根据指标的特征,拟定其隶属度函数为线性函数,且满足:若 $Y_{vj}(y_j) = 1$,则 $Y_{vj-1}(y_j) = 0$,$Y_{vj+1}(y_j) = 0$,其中 $j = 1,2,\cdots,n$,n 为等级的个数,v 为等级。

定量指标还需确定其值域,即对应风险等级的划分。可采取以下几种方法:①直接取值法,即按行业规定的最低(或最高)限度为基本依据,结合企业的实际情况确定;②调查法,对调查结果进行分析,得出不同的值域范围。值得注意的是,不同行业、不同类型的企业在不同的时期,各个评价指标的值域范围存在差异,即使在同一企业,由于前后时期管理水平的提高,外部环境因素的变化,其指标值域也会不一致。因此,企业应及时根据实际情况,准确地做出判断。

(5)评价集。评价集 u 是评价者对评价对象可能做出的各种评价结果所组成的集合。

(6)计算模糊综合隶属度值集。设某类指标体系 W_k 中 N 个指标的单因素评价矩阵 Y_k,由单因素评价矩阵 Y_k 及评价集 u,可得各具体指标评价值:

$$D_k = Y_k u' = \begin{bmatrix} D_{k1} \\ D_{k2} \\ \vdots \\ D_{kn} \end{bmatrix}$$

扩展阅读 10.4
基于模糊数学的评估方法算例

(7)模糊综合评价。由 D_k 及指标权重 W_k,可得出该类的评价结果 H_k,$H_k = D_k W_k$。重复上述计算步骤,得到各因素子集的评价结果。即将 R 中的因素子集 $R_k(k = 1,2,\cdots,5)$ 看成是 R 上的单个因素,根据各 R_k 在 R 中所起作用的大小分配权重 W_k,得 R 的评价结果 $H_k(1,2,\cdots,5)$。

令 $B = (H_1, H_2, H_3, H_4, H_5)$，因此，$R$ 的综合评价 H 即评价对象 R 的最终评价总分：

$$H = W \cdot B' = (W_1, W_2, W_3, W_4, W_5) \cdot \begin{bmatrix} H_1 \\ H_2 \\ H_3 \\ H_4 \\ H_5 \end{bmatrix}$$

评价总分的高低反映了企业供应链总风险的大小程度。

2. 基于案例推理的风险估计方法

严重的偶发风险事件，常会给供应链的正常运行造成严重影响，如严重自然灾害、重大设备故障或事故、市场环境急剧变化、关键合作伙伴违约等。统计偶发事件导致的供应链风险，概率统计方法不再适用，可以使用案例推理方法，从过去发生过的类似事件中吸取经验教训，比较案例之间的相同处，分析差异，估计可能的风险后果，并寻找合适的对策。

基于案例的推理（case-based reasoning，CBR）方法最早是在 1982 年由美国耶鲁大学 Roger Schank 教授在他的论著 Dynam Memory 中提出的，是人工智能领域一项重要的推理方法。国外自 20 世纪 80 年代后期对 CBR 的理论和方法进行了系统研究，在通用问题求解、法律案例分析、设备故障诊断、辅助工程设计、辅助计划制订等领域取得实用性成果。国内在 20 世纪 90 年代后期开始出现关于 CBR 方法在经济管理领域方面的应用研究报道，如金融危机预警系统、智能化预测支持系统、电力系统短期负荷预测。

CBR 方法基于人类的认知过程，是认知相似性推理的一种模拟，其基本假设是相似的情况（原因）引发相似的结果，同时也有相似的解决方法。CBR 方法通过访问案例库中过往的同类案例而获得当前问题的解决方案。其核心思想是，当求解问题时，在以前类似的成功范例的基础上进行推理，充分利用暗中隐含的隐性知识和信息。CBR 方法和人们正常的思维工作方式一致，律师参考过去相似的案例来处理当前的案例，医生参照过去的病例来诊断病人病情、制订处置方案等。

案例推理方法解决问题的一般步骤如下。

（1）对新问题进行规范化描述，把当前问题的特征变量，以案例的形式系统进行表述。

（2）以新问题的若干特征为检索查询条件，从案例库中查找以前解决问题的案例。

（3）将所选出的最接近案例作为样本形成新问题的解。

（4）分析新旧案例的差异，识别新问题的新情况，修正调整得到的解。

（5）对新案例进行整理，添加到案例库中。

需要注意的是，评估供应链风险时不仅要考虑风险对某个供应链企业的影响，还要考虑供应链风险的发生对供应链整体造成的后果；不仅要考虑供应链风险带来的经济损失，还要考虑所带来的非经济损失，比如，信任危机、企业声誉下降等无形的非经济损失，这些非经济损失有时很难用金钱进行估价。

10.4　供应链风险防范措施

对供应链风险进行识别和评估之后,如何制定风险防范措施来响应供应链风险同样至关重要。本节主要介绍供应链风险防范策略与供应链风险监视两个方面的内容。

10.4.1　供应链风险防范策略

分析和评估供应链的风险是为了更好地防范风险的发生。建立和控制一个包括广泛供销渠道在内的供应链是不容易的,而长期地维护整个供应链的安全运行更难。在具体操作中,为了保证供应链的安全运行,避免供应链风险,可在以下几个方面采取相应的措施,防范风险的发生。

1. 建立战略合作联盟

供应链企业要实现预期的战略目标,客观上要求供应链企业进行合作,形成共享利润,共同担当的双赢局面。因此,与供应链中的其他成员企业建立紧密的合作伙伴关系,成为供应链成功运作、风险防范的一个非常重要的先决条件。节点企业要建立和保持长期的战略合作伙伴关系,应该注意以下几点。

(1) 要求供应链的节点企业之间加强信任。

(2) 加强节点企业之间信息的交流与共享。

(3) 必须建立正式的合作机制,在供应链节点企业间实现利益共享和风险分担。

(4) 要选择正确的具有核心竞争能力的合作伙伴加盟供应链,并在恰当的范围内展开合作。

(5) 合作过程中,各节点企业要特别重视保护和发展自身的核心竞争力,这是维系持续合作的基石。

2. 提高供应链弹性

所谓供应链的"弹性"是指整个供应链作为一个整体对客户需求变化的适应程度,与"刚性"相对立。一般说来,增加供应链的"弹性"与供应链的低成本运营存在一定的矛盾,关键的问题是如何在这两者之间取得一种平衡。通常情况下低成本运营所带来的利益是直接的、明显的,如库存费用的降低将直接增加企业的利润,而由此造成的顾客服务水准降低(比如出现缺货)所带的负面影响,如市场份额丢失、商誉降低等对企业利益的损失是潜在的、长远的。这便增加了这种平衡的难度。但无论如何,顾客的需求总是变化的,富有"弹性"的供应链仍旧是降低供应链风险的有效手段。供应链的"弹性"一般包括以下几个方面。

(1) 维持合理的库存水平。供应链上各个节点维持合理的库存水平是防止短缺风险最简单和有效的办法。尽管供应链上的每个企业在成本的压力下都在追求"零"库存,但如因个别节点的短缺而造成整个供应链的中断,每个企业都将因此蒙受损失。因此建立合理的库存必不可少。

(2) 保持一定的生产能力冗余。供应链上的企业保持协调一致的生产能力冗余(注:这里的生产能力是广义的,包括运输能力等),一方面减少了由于"满负荷"运转带来的设施可靠性方面的风险,另一方面提高了对客户变化的适应性。因此,作为供应链"盟主"的核心企业,应不断重新评价合作伙伴,审视供应链的薄弱环节,即能力瓶颈,通过施加压力,改进或直接取消其成员资格。

(3) 提高供应链上企业的柔性。整个供应链应能够为客户提供多种产品选择,而且能随客户需求的变化不断地进行快速调整。因此要求供应链上的企业,尤其是供应链上的核心企业,要尽可能地提高自身的柔性,能对产品变形、工程更改等做出快速反应,以及缩短新产品投放市场的时间等,避免因不断重新选择供应商而带来的风险和低效率,以提高供应链的整体竞争力。传统的企业供应链往往是单一的供应商机制,整个供应链缺乏柔性。为确保产品供应稳定,重要产品应该由两个以上的供应商提供,不能单单依靠某一个供应商,否则一旦该供应商出现问题,势必影响整个供应链的正常进行,使整条供应链变成一个危机链。

3. 建立信息共享平台

供应链上各企业之间的信息共享一方面提高了供应链运作的协同性和运作效率,另一方面有利于及时发现供应链上的潜在风险,为规避风险,及早采取补救措施赢得宝贵的时间。这些共享的信息至少应该包括以下几类。

(1) 库存信息。供应链上的成员各自的库存信息对供应链成员应该是透明的,供应商、制造商、分销商应能共享库存信息,以对需求做出一致、有效和必要反应,防止反应迟钝或反应过激(牛鞭效应)。

(2) 可供销售量信息。可供销售量指除分配给特定订单以外的货物存量,指随时可以承诺给客户的部分。由于组成供应链的企业都是独立的经营主体,因此,他们之间实际上是一层层的买卖关系,各个环节的可供销售量是缓解突发需求的有效资源,因此供应链各个环节的可供销售信息的共享,对各企业面对突发需求做出正确的应对具有重要的意义。

(3) 订单信息。如允许合作伙伴查询订单的执行状态,便于对延期的订单及早采取措施,保证供应链的服务水平。

(4) 计划信息。任何需要协调一致的行动离开了正确的计划是不可想象的,供应链成员之间的需求关系决定了它们的生产、发货计划必须协调一致。

(5) 最终客户的需求信息和历史信息。最终客户的需求信息是供应链反应源,供应链的每个成员都需要将最终客户的需求转化为自己计划的依据,这是与其他成员协调,共同做出预测并分担风险的基础。

(6) 货物运输状态信息。运输是供应链物流中一个重要环节,也是容易受不确定因素影响的环节。随着现代物流系统的发展,特别是第三方物流的兴起,对运输环节的控制有了更先进高效的平台和方法,例如地理信息系统(geographic information system,GLS)和全球定位系统(global positioning system,GPS)能够对运输物流进行动态的监控。

4. 注重供应商选择

注重供应商选择是预防供应链风险的重要手段。如何选择供应商是目前供应链管理研究的热点,也是每一家进行供应链管理的企业必须面对的问题。供应链节点企业如果

第 10 章　供应链风险管理　　241

欲与供应商建立信任、合作、开放性交流的供应链长期合作关系,必须首先分析市场竞争环境,目的在于找到针对哪些产品市场开发供应链合作关系才有效,必须知道现在的产品需求是什么,产品的类型特征是什么,以确认客户的需求,确认是否有建立供应链合作关系的必要。如果已建立供应链合作关系,则应根据需求的变化确认供应链合作关系的必要性,同时分析现有供应商的现状和存在的问题,对供应商的业绩、设备管理、人力资源开发、质量控制、成本控制、技术开发、客户满意度、交货协议等方面也要做充分的调查,它很有可能成为影响供应链安全的一个因素。一旦发现某个供应商出现问题,应及时调整供应链战略。

5. 建立供应链风险预警机制

在供应链风险管理中,竞争中的企业时刻面临着风险,因此对于风险的管理必须持之以恒,建立有效的风险防范体系。比如建立一整套预警评价指标体系,当其中一项以上的指标偏离正常水平并超过某一"临界值"时,发出预警信号。其中"临界值"的确定是一个难点。临界值偏离正常值太大,会使预警系统在许多危机来临之前发出预警信号;而临界值偏离正常值太小,则会使预警系统发出太多的错误信号。必须根据各种指标的具体分布情况选择能使指标错误信号比率最小的临界值。

6. 制定供应链危机应急预案

首先,通过各种风险控制工具,在风险发生之前,尽量消除各种风险隐患,减少风险发生。但供应链是多环节、多通道的一种复杂系统,难以避免发生一些风险事件;其次,供应链企业要对风险事件的发生有充分的准备,提早预测各种风险的损失程度,制定应变措施和应对风险事件的工作流程,建立应对风险的领导小组,以便在风险难以避免和转嫁的情况下,企业有能力承担最坏结果,有效地将损失控制在企业自身可接受的范围内。在风险事件出现后,运用各种风险控制工具,对损失及时进行补偿,促使其尽快恢复,使企业损失降到最低。

7. 打造敏捷供应链

敏捷供应链是指以核心企业为中心,在竞争、合作和动态的市场环境中,通过对知识流、物流、资金流的有效集成与控制,将供应商、制造商、批发商、零售商直至最终客户整合到一个具有柔性与快速反应能力的动态供需网络,以形成一个极具竞争力的动态联盟,进行快速重构和调整,快速响应市场需求的变化。针对供应链进行组织流程重组,对各企业采购、制造、营销和物流等过程采取跨职能部门的平行管理,将多余的交接工作、垂直管理的弊病、不确定性和延误降到最少;对产品的生产、包装和运输进行全面质量管理;对生产设备和运输工具进行管理和维护,降低故障率,增强可用性;对分销网络和运输路线进行优化,采用专用运输工具和路线;采用第三方物流,将包装和运输服务外包给专业物流公司,安排充足的提前期和时间裕度,加强运输过程实时跟踪控制和及时信息反馈,通过这些方式保证供应链的安全和高效运行。

由于供应链风险管理仅仅是针对有限的风险类型提出的风险防范策略,而实际上企业面对的供应链管理形式各不相同,不断出现新情况和新问题,所以必须在实践中找出适合自己企业特点和风险特征的风险防范策略。

10.4.2　供应链风险监视

本小节主要介绍供应链风险监视的目的、内容及方式。

1. 供应链风险监视的目的

供应链风险监视的目的主要有两个,一是监视供应链的运行,及时发现风险因素和风险事件,预测其对供应链的影响,通知受到影响的各方启动紧急风险防范策略;二是监视评价风险应对措施的执行效果是否达到预期目的,获得反馈信息,以便未来的风险规划更符合实际、更有成效,改进供应链管理。

随着时间的推移和供应链管理计划的实施,在风险分析阶段用可能性描述的风险逐渐变为确定的现实,一些曾估计到的风险如约而至,一些没有想到的严重风险也出乎意料地到来,而一些精心预防的风险可能销声匿迹。通过监视,如果发现对风险的认识和设计的对策是错误的,应当及时纠正。

2. 供应链风险监视的内容

供应链风险监视的内容主要有两方面:

一是对环境的监视,包括一般环境信息的政策法律信息、经济社会信息、技术信息、自然灾害与环境保护信息等,尤其重要的是物流环境信息、采购市场和销售市场行情信息等。监视阶段收集的环境信息和风险识别阶段收集的信息基本相同,不同的是风险识别阶段更倾向于综合的、趋势性的、概括性的信息;风险监视阶段需要的是实时的、具体的特定的信息,目的是要捕捉环境中的具体变化对供应链造成的现实影响,对环境信息适度地敏感、合理地筛选、准确地把握、正确地处理反映了供应链管理部门的管理能力。环境信息的收集渠道主要是公开发行的公众媒体和合作伙伴提供的相关资料。

二是对质量、时间、成本目标的监视和对工作状态异常的监视。根据供应链的系统特征,把供应链分为采购、制造、配送3个阶段。根据供应链计划,对于每个供应商提供的每一种原材料和零部件、每一生产厂制造的每一种产品、配送渠道发送的每一种最终产品和备件,监视质量缺陷统计、到货时间延误和货物短缺、成本指标。质量、时间、成本目标的不正常恶化即视为风险事件,应采取措施。风险监视不仅从结果上监视预定指标是否达到,还要深入到过程中,监视供应链的工作状态,真正做到早发现、早准备、早行动。供应链的工作状态异常,包括企业自身的和合作伙伴的设备故障、操作事故、新技术和新工艺的引入、人员变动等。工作状态异常是值得警惕的风险因素。

3. 供应链风险监视的方式

供应链风险监视的方式是计算机管理信息系统、传统管理手段与管理人员的指挥相结合。风险监视需要的信息来源广泛,有新闻媒体、企业的商业情报部门等。风险监视与企业管理信息需要的大多数子系统相关,使用供应链计划子系统监视计划目标的偏差,使用合同管理子系统监视合作伙伴是否诚信履约,通过财务管理子系统查询应收、应付是否正常执行等。完善的计算机信息管理系统无异于强有力的风险监视工具,尤其是对质量、时间、成本目标的监视和工作状态异常的监视。

本 章 小 结

本章以华为应对供应链危机风险的六大经验为例出发,介绍了供应链风险管理的基本概念,然后介绍了供应链风险管理的全过程。接着给出了供应链风险识别的程序与方法,供应链风险评估的概念与方法,最后给出供应链风险防范措施。

即测即练　　　扫码答题

思 考 题

1. 什么是供应链风险管理?
2. 什么是供应链风险识别? 供应链风险评估是什么?
3. 解释供应链脆弱性是什么?
4. 弹性供应链是什么?
5. 概括供应链风险管理过程。
6. 阐述供应链风险识别程序。
7. 供应链风险监视的目的是什么?

案 例 分 析

 供应链风险管理史诗级案例——拯救福特汽车

第11章

供应链绩效评价

【本章学习目标】

通过本章学习,学员应该能够:

1. 了解供应链绩效评价的作用。
2. 了解供应链绩效评价指标体系。
3. 了解供应链激励机制。

【导入案例】

平衡中的难题:华润河南医药的供应链实践

华润河南医药有限公司是通过国家 GSP 认证、ISO 9000 质量认证的大型一级医药批发企业,同时也是河南省卫生厅、河南省食品药品监督管理局指定的解毒药、医疗性毒性药等药品的供应单位。2013 年实现营业收入 50 亿元,同比增长 53%。

然而,华润河南医药有限公司当前存在供应链资金占用高的问题。财务部李总监认为,要解决供应链资金占用和由此带来的财务成本问题,从供应链角度进行总体成本核算尤为重要。对产品进行成本核算,从会计角度来看不是大问题,但拉到供应链当中则必须考虑一笔业务或一个产品的成本问题。也就是从采购到库存到销售,具体的一笔业务或一个产品,到底创造了多少利润,产生了多少财务费用,这在传统的会计核算中几乎没有办法完成,因为财务成本核算是总体性的、历史性的、无法区分承担的对象和具体业务,更无法在业务前做出最终成本的预测。

例如,一个销售业务员谈了一笔业务,从进销到毛利可能非常可观,但对方付款周期较长,到期后可能以汇票形式进行支付,除非进行贴现,否则实际收款周期可能长达一年。这样下来,企业可能需要银行授信来维持经营活动。算上利息,这样的业务可能导致亏损。所以企业需要联合人事部门对绩效考核做出一定的改变,和实际利润形成互动。

从公司内部优化供应链绩效评价体系,不仅可以更加精确地评价供应链运营现状,也可以对库存、运输等方面产生积极影响。因此,对供应链绩效评价的升级优化,是华润河南医药有限公司当前的重要工作方向。

资料来源:赵先德,王良,阮丽旸.高效协同:供应链与商业模式创新[M].上海:复旦大学出版社,2019.

第 11 章 供应链绩效评价 245

通过上述案例可以看出,在供应链管理中执行绩效评价是为了对供应链活动所产生的效果进行科学度量和全面的评价,进而得出在供应链中各环节的绩效以及其自身的价值。本章在供应链管理的相关理论基础上,结合供应链绩效评价的内涵、供应链绩效的影响因素以及绩效评价原则、绩效评价指标体系构建等基础知识,分析供应链绩效体系构建方法。

11.1 供应链绩效评价概述

绩效评价(performance evaluation)是指运用选定的评价方法、量化指标及评价标准,并遵循既定的程序,通过定量、定性的方法进行对比分析,对产生的业绩和效益做出客观、全面的综合性评价。

供应链绩效评价是对供应链整体及各活动环节所进行的事前、事中和事后的分析评价。供应链的绩效评价,是对供应链的整体运行绩效以及各节点企业之间现存的合作关系做出评价。供应链绩效评价能够为供应链的运作决策提供客观依据,对于实现供应链的整体目标有巨大的推动作用。

扩展阅读 11.1
伟创力供应链绩效管理

11.1.1 供应链绩效评价目的及特点

供应链绩效评价主要目的有以下四点:

(1) 综合评价供应链整体运行效率。供应链绩效评价能够从中观层面了解供应链运作效率,从微观层面找出导致供应链绩效损失的问题所在并采取相应措施给予改善,为供应链决策提供现实决策依据。

(2) 全面评价供应链内部企业。通过绩效评价,企业可以梳理供应链对内部企业成员的影响,对于效率高的企业保留激励,对于低效企业则予以退出。

(3) 综合评估供应链企业之间的合作关系。考察供应链企业之间的合作关系,主要是正向供应链中上游企业向下游企业提供产品的质量,以及持续供应能力,例如制造商向分销商提供可出售的产品,这一过程可从消费者对产品质量的满意度进行衡量。

(4) 对企业起到一定程度的激励作用。评价供应链的绩效水平不仅要全面了解供应链的运作状况,更要充分发挥供应链对企业的激励作用,这些激励可以来自供应链核心企业,也可以由供应商、制造、分销商相互激励。

基于职能的绩效评价指标侧重于对单个企业进行评估,评价的对象是具体企业的内部职能部门或者职工个人,如图 11-1 所示,其评价指标特点如下:

① 局部测评。基于职能的企业绩效评价的对象主要是企业职能部门工作完成情况,

它不能对企业业务流程进行评价,更不能科学、客观地评价整个供应链运营情况。例如,供应链的价格,制造商的成本、效率、质量,分销商的库存水平、库存周转期、仓储面积等。

② 反应滞后。基于职能的企业绩效评价的指标数据主要来自财务成果,不能够体现供应链动态运营的实时情况,反应时间滞后。

③ 事后分析。基于职能的企业绩效评价侧重于事后分析,不能对供应链业务流程进行实时监控,因此,当绩效指标数值发生偏差时,偏差已经成为事实,损失已经造成。例如,牛鞭效应的影响在基于职能的企业绩效管理模式中是难以克服的。

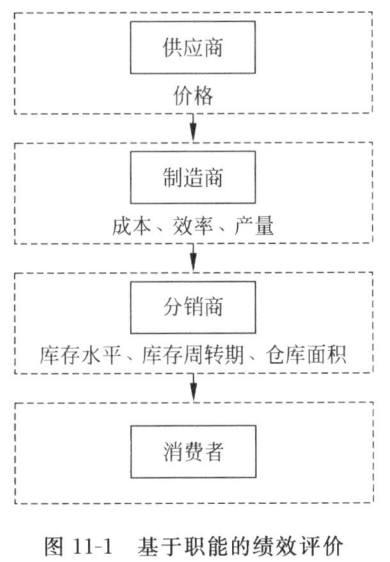

图 11-1　基于职能的绩效评价

供应链绩效评价是通过信息流、物料流等将供应商、制造商、分销商直到最终用户联系起来的整体的管理模式,它与现行企业管理模式,以及企业运行绩效评价有许多不同。

根据供应链管理运行机制的基本特征和目标,供应链绩效评价指标应该能够恰当地反映供应链整体运营状况以及上下节点企业之间的运营关系,而不是孤立地评价某一供应商的运营情况。从图 11-1 可以看出,对于供应链上的供应商来说,该供应商所提供的某种原材料的价格很低,如果孤立地对这一供应商进行评价,就会认为该供应商的运行绩效很好。若其下游节点企业仅仅考虑原材料价格这一指标,而不考虑原材料的加工性能,就会选择该供应商所提供的原材料。该供应商提供的这种价格比较低的原材料,如果加工性能不能满足该节点企业的生产工艺要求,势必增加生产成本,使这种低价格原材料所节约的成本被增加的生产成本抵销。所以,评价供应链运行绩效的指标,不仅要评价该节点企业(或供应商)的运营绩效,还要考虑该节点企业(或供应商)的运营绩效对其他节点企业或整个供应链的影响。

11.1.2　供应链绩效评价内容

供应链的绩效评价一般从供应链内部绩效衡量、外部绩效衡量两个角度对供应链绩效进行刻画。

1. 供应链内部绩效衡量

供应链内部绩效衡量主要对供应链上企业的内部绩效进行评价,着重从企业自身角度对其供应链活动参与情况进行评价。常见的内部绩效评价指标有如下三种:

(1) 成本。绩效评价的最直接的指标是完成特定运营任务所产生的真实成本。供应链企业往往承担着特定的运作任务,完成任务的成本越低,企业自身的收益会相应提高,同时也可以间接说明企业的运作能力有所提升。因此成本是内部绩效衡量十分重要的一部分。

第 11 章　供应链绩效评价　　247

（2）用户满意程度。用户满意程度的评价可以从用户角度衡量企业物流服务水平。用户满意程度越高，则证明企业的整体服务水平越适应市场需求。用户满意程度主要用来对比供应链企业与竞争者的绩效，例如服务可靠性、订发货周期、供应链信息可用性、问题的解决方案和产品支撑等。

（3）最佳实施基准。最佳的实施基准强调企业在同行业中与其他组织在运作上的对比，比较该企业是否具有相应的优势。越来越多的供应链企业应用最佳实施基准，与相关行业或非相关行业的竞争对手或最佳企业在业务开展上进行比较，特别是一些核心企业常在重要的战略领域将基准作为检验供应链绩效的标准。该方法对于企业明确自身定位、提升业务竞争力具有重要作用。

2. 供应链外部绩效衡量

供应链之间竞争日益激烈引起了企业对供应链整体绩效的重视，要求提供能够覆盖总体的衡量方法。这种衡量方法必须是可以比较的，并且既能适用于企业承包的功能部门，又能适用于分销渠道。如果缺乏总体的绩效衡量，可能出现制造商对用户服务的看法和决策与零售商的想法完全背道而驰的现象。供应链外部绩效的衡量主要从顾客服务、时间、成本、资产等方面展开。

（1）顾客服务。顾客服务的衡量包括订货对需求的满足程度、用户满意程度和产品质量。它衡量供应链企业所能提供的总体客户满意程度。

（2）时间。时间衡量主要测量企业对用户要求的反应能力，即从顾客订货开始到顾客最终使用产品所需要的时间。包括装运时间、送达客户的运输时间和顾客接受时间等。

（3）成本。供应链总体成本包括订货完成成本、原材料取得成本、总体库存运输成本、与物流有关的财务和管理信息系统成本、制造劳动力和库存的间接成本等。

（4）资产。资产绩效管理是对包括库存、设施及设备等大资产进行绩效管理。资产评价基本上集中在特定资产水平支持下的销售量水平。主要测定资金周转时间、库存周转天数、销售额与总资产的比率等资产绩效。

11.1.3　供应链绩效影响因素

供应链运作环境是不断变化的，为了应对外部环境对供应链管理产生的影响，需要强化供应链整体适应能力与系统竞争力。图 11-2 为供应链绩效影响因素分析框架，反映了环境因素和供应链自身因素的影响，指出需要通过优化成本、提高服务水平、加快对市场需求和机遇的响应速度及提高技术创新能力以支持供应链所拥有的竞争优势。图中两个方框代表了影响供应链绩效的驱动来自供应链内外部，在这些因素的综合作用下形成了供应链的最终产出。

1. 外部影响因素

（1）行业性质。不同行业中的供应链管理所涉及的行业性质差异使得供应链绩效管理考虑的角度有很大区别。不同行业的供应链管理内容和管理方法侧重点均不同。例如，目前供应链的实践和理论研究多集中于制造行业和仓储、零售行业方面。对制造业企业而言，其供应链管理侧重于采购过程及物料管理，管理的范围由传统的企业内部扩展至企业外部，达到和战略合作伙伴共同发展的目的；而在仓储零售业，其供应链管理则偏重

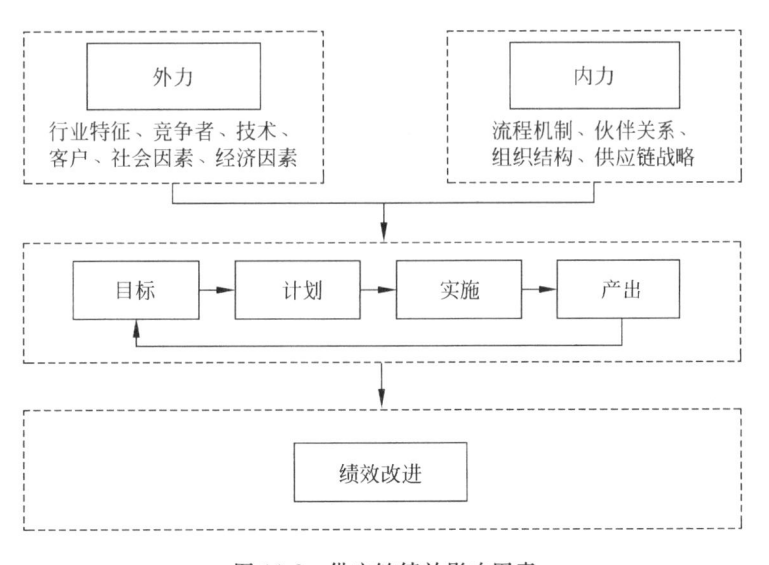

图 11-2　供应链绩效影响因素

于运输和物流管理,将过去物流部门扩展为从供应商到客户的物流价值链。

(2)竞争者。供应链的核心竞争力使供应链在竞争过程中保持独有的竞争优势。竞争者的技术优势、产品以及流程的革新、人力资源的整合都会成为影响供应链绩效的长期驱动力。企业一般很难准确掌握竞争者的优势所在,但是作为供应链的运作驱动力,企业可以从客户角度进行分析,利用标杆法,对供应链中的活动进行分析,找出竞争者在可能的领域对供应链的潜在威胁和机遇,从而提出改进的目标和方向。

(3)技术。技术的作用主要是在产品、服务以及信息流上对供应链的绩效产生影响。不断涌现的先进开发技术对于产品的设计与开发的影响自不必说,先进管理技术的推进也使得供应链管理能适应环境变化从而提高管理绩效,供应链伙伴之间的信息集成也将减少信息的滞后和扭曲问题。此外,各项技术不断推进也使得以往实践中难以实施的绩效测评变得容易和可行。

(4)客户。客户作为供应链市场导向和利润来源,是供应链绩效评价的主要驱动因素。客户不断变化的个性化要求、不断降价的要求和消费偏好,增加了供应链在运作成本和生产周期上的压力,同时产品的质量、计划的柔性不能有丝毫的下降。当今的客户愈发注重产品为自身带来的价值增值与成本节约,使得供应链要在每个环节提高管理水平,以追求更好的运作绩效,否则会失去供应链的竞争优势。

(5)社会因素与经济因素。社会环境包括政治环境和全球范围内的经济前景,社会与经济环境变化对于形成与供应商的伙伴关系有深远的影响。

2. 内部影响因素

(1)运作流程。制造型供应链根据产品、服务和客户的分布特性,运作流程一般可分为分散采购集中制造和集中采购分散制造两种。不同的供应链结构在产品制造和业务流程上的差异,直接决定着供应链绩效目标以及供应链策略。

(2)合作伙伴。过去的供应链伙伴关系管理中,由于供应链内部各个企业缺乏战略性合作意识,它们之间的关系往往被认为是"敌对的",或者是"互不相干"的。任何特定的供应链关系都被视为临时的而不是永久的关系,注重短期的个体利益而忽视了长远的战略利益和整体利益。降低价格往往成为合作的唯一筹码。供应链管理就是要将这种缺乏战略性合作意识的情况转变为所有参与者都赢的"多赢"战略,从而使得供应链整体利益优化。

(3)组织结构。不同企业在供应链中处于不同层次,对各种绩效的评价要求也是不一样的。例如,在供应链伙伴中,供应商可能更注重交货质量和交货的可靠性,地区经销商更注重所提供的产品种类和价格,当地分销商注重产品送货速度和服务水平等。只有准确地挑选符合企业所处结构的绩效评价指标,才能对企业运行作出最准确的评价。

(4)供应链战略。供应链绩效是战略执行的结果,绩效评价要求与战略目标相一致,以反映出供应链战略的执行效果。供应链战略因为供应链发展集成的层次阶段以及供应链经营方式不同而对绩效提出了不同的要求。供应链战略可以集成归结为四个阶段:基础建设阶段、功能形成阶段、内部集成阶段、外部集成阶段,将供应链战略从单一组织向多组织协调集成,从市场反应型发展为市场导向型进行运作。供应链绩效也从内部单一评测扩展到了多方共同决定,供应链运作方式的不同将导致战略管理重心的不同,以计算机制造业为例,IBM 注重整个设计、制造、分销和市场的全过程;Dell 则在装配和市场、服务上下大力气;Compaq 注重装配和市场。这种不同的选择和它们在外部的供应链战略是相关的,绩效指标的要求也必然有所差异。

11.1.4　供应链绩效评价原则

供应链绩效评价不同于现有的企业绩效评价,从评价内容、评价体系角度来说供应链绩效评价更为广泛,因此对于供应链绩效评价环节,我们需要提出合适的原则来全面指导整个供应链的绩效评价。在实际操作过程中,供应链绩效评价应遵循如下原则:

(1)整体性原则。评价指标体系应能够反映供应链节点企业运行绩效和该企业绩效对整体供应链的影响,以及反映整个供应链的运营情况。

(2)关键性原则。评价指标应突出重点,对关键的绩效指标进行重点分析与评价。

(3)衔接性原则。评价指标要能反映供应链各节点、部门之间的关系,注重相互间的利益相关性,反映供应链上、下游企业流程上的衔接关系。例如,供应商与制造商之间的准时交货,制造商与分销商之间的交货可靠性,分销商与用户之间的订单完成情况等。

(4)实时性原则。评价指标应重视对供应链业务流程的动态评价,要能够随时跟踪供应链流程运作,及时做出调整和动态优化。

(5)结合性原则。要重视绩效评价指标的定性衡量和定量衡量相结合,企业内部评价和外部评价相结合。

(6)协同性原则。对某个特定绩效指标的维持和改进不应以牺牲其他指标为代价,而是能与其他绩效指标共同进步。

(7)长期性原则。供应链绩效评价要求重视对企业长期利益和长远发展潜力的评价。

11.2 供应链绩效评价体系

供应链绩效评价体系是对供应链上各节点企业绩效进行系统评价的指标体系,对衡量整个供应链的服务水平,实现协同优化具有指导作用。

扩展阅读 11.2

克莱斯勒的供应链关系改造

11.2.1 供应链绩效评价指标

1. 业务流程评价指标

在这里,整个供应链是指从最初供应商开始直至最终用户为止的整条供应链。综合考虑指标评价的客观性和实际可操作性,主要有如下反映整个供应链运营绩效的评价指标:

(1)产销率指标:产销率是指在一定时间内已销售出去的产品与已生产的产品数量的比值,即:

$$产销率 = \frac{一定时间内已销售出去的产品数量(s)}{一定时间内生产的产品数量(p)}$$

产销率指标可分为如下三个具体的指标:

① 供应链节点企业的产销率

$$供应链节点企业的产销率 = \frac{一定时间内节点企业已销售出去的产品数量}{一定时间内节点企业已生产的产品数量}$$

该指标反映供应链节点企业在一定时间内的经营状况。

② 供应链核心企业的产销率

$$供应链核心企业的产销率 = \frac{一定时间内核心企业已销售出去的产品数量}{一定时间内核心企业已生产的产品数量}$$

该指标反映供应链核心企业在一定时间内的产销经营状况。

③ 供应链产销率

$$供应链产销率 = \frac{一定时间内节点企业已销售出去的产品数量}{一定时间内节点企业已生产的产品数量}$$

该指标反映供应链在一定时间内的产销经营状况。随着供应链管理水平的提高,其评价的时间单位可以取得越来越小。产销率指标也能反映供应链资源的有效利用程度,产销率越接近于 1 则说明资源利用程度越高,成品库存量越小。

(2)平均产销绝对偏差指标

$$平均产销绝对偏差 = \sum |p_i - s_i| \, n$$

上式中，n 表示供应链节点企业的个数，p_i 表示第 i 个节点企业在一定时间内生产产品的数量，s_i 表示第 i 个节点企业在一定时间内已生产的产品中销售出去的数量。

该指标反映在一定时间内供应链总体库存水平，其值越大，说明供应链成品库存越大，库存费用越高。反之，说明供应链成品库存量越小，库存费用越低。

（3）产需率指标：产需率是指在一定时间内，节点企业已生产的产品数量与其上层节点企业（或用户）对该产品的需求量的比值。具体分为如下两个指标：

① 供应链节点企业产需率

$$供应链节点企业产需率 = \frac{一定时间内节点企业已生产的产品数量}{一定时间内上层节点企业对该产品的需求量}$$

供应链节点企业产需率反映上下层节点企业之间的供需关系。产需率越接近 1 说明上下层节点企业之间的供需关系越协调，准时交货率高；反之，则说明下层节点企业准时交货率低或者企业的综合管理水平较低。

② 供应链核心企业产需率

$$供应链核心企业产需率 = \frac{一定时间内核心企业已生产的产品数量}{一定时间内用户对该产品的需求量}$$

供应链核心企业产需率反映供应链整体生产能力和快速反应市场能力。若该指标数值大于或等于 1，说明供应链整体生产能力较强，能快速反应市场需求，具有较强的市场竞争能力；若该指标数值小于 1，则说明供应链生产能力不足，不能快速反映市场需求。

③ 新产品开发率

$$新产品开发率 = \frac{在研究新产品数 + 储备新产品数 + 已投产新产品数}{现有产品总数}$$

新产品开发率反映供应链的产品创新能力。指标数值越大，说明供应链整体产品创新能力和快速反应市场能力越强，具有旺盛和持久的生命力。

④ 专利技术拥有比例

$$专利技术拥有比例 = \frac{供应链企业群体专利技术拥有数量}{全行业专利技术拥有数量}$$

专利技术反映供应链的核心竞争能力。专利技术拥有比例越高，说明供应链整体技术水准高，核心竞争能力强，不易被竞争对手模仿。

（4）供应链总运营成本：供应链总运营成本包括供应链通信成本、供应链库存费用及各节点企业外部运输总费用，它反映供应链运营的效率。其中通信成本为供应链各节点企业之间的通信费用、通信渠道建设和使用费用以及供应链信息系统的开发和维护等。

（5）供应链核心企业产品成本指标：供应链核心企业的产品成本是供应链管理水平的综合体现。根据核心企业产品场上的价格确定出该产品的目标成本，再向上游追溯到各供应商，确定出相应的原材料及配套件的目标成本。只有当目标成本小于市场价格时，各个企业才能获得利润，供应链才能得到发展。

（6）供应链产品质量指标：供应链产品质量是指供应链各节点企业（包括核心企业）生产的产品或零部件的质量。主要包括合格率、废品率、退货率、破损率、破损物价值等。

2. 企业间绩效评价指标

本章所提出的反映供应链上下节点企业之关系的绩效评价指标是以供应链层次结构模型为基础的。复杂的供应链结构经简化后的供应链层次结构模型如图 11-3 所示。根据供应链层次结构模型,对每一层供应商逐个进行评价,从而发现并解决问题,以优化整个供应链的管理。在该结构模型中,供应链可看成是由不同层次供应商组成的递阶层次结构,上层供应商可看成是其下层供应商的用户。

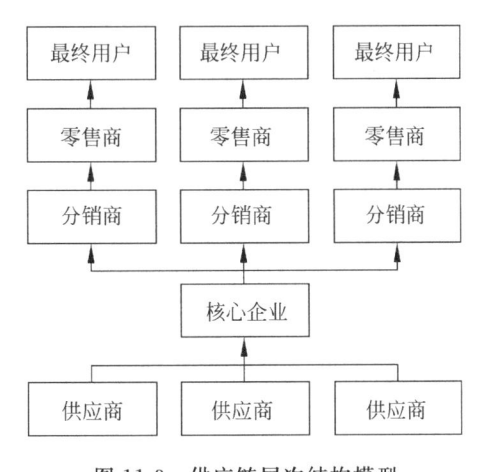

图 11-3 供应链层次结构模型

供应链是由若干个节点企业所组成的一种网络结构,如何选择供应商,如何评价供应商的绩效,以及由谁来评价等是必须明确的问题。根据供应链层次结构模型,这里提出了相邻层供应商评价法,可以较好地解决这些问题。相邻层供应商评价法的基本原则是上层供应商来评价下层供应商。

由于上层供应商可以看成是下层供应商的用户,因此通过上层供应商来评价和选择与其业务相关的下层供应商更直接、更客观。如此递推,即可对整个供应链的绩效进行有效的评价。为了能综合反映供应链上下层节点企业之间的关系,在此提出满意度指标,其内容介绍如下。

满意度指标衡量因素包括准时交货率、成本利润率、产品质量合格率等,具体如下:

① 准时交货率。准时交货率是指下层供应商在一定时间内准时交货的次数占其总交货次数的百分比。供应商准时交货率低,说明其协作配套的生产能力达不到要求,或者对生产过程的组织管理跟不上供应链运行;供应商准时交货率高,说明其生产能力强,生产管理水平高。

② 成本利润率。成本利润率是指单位产品净利润占单位产品总成本的百分比。在市场经济条件下,产品价格是由市场决定的,因此,在市场供需关系基本平衡的情况下,供应商生产的产品价格可以看成是一个不变的量。按成本加成定价的基本思想,产品价格等于成本加利润,因此产品成本利润率越高,说明供应商的盈利能力越强,企业的综合管理水平越高。

③ 产品质量合格率。产品质量合格率是指质量合格的产品数量占产品总产量的百分比,它反映了供应商提供的产品的质量水平。质量不合格的产品数量越多,则产品质量

合格率就越低,说明供应商提供的产品的质量不稳定或质量差,供应商必须对不合格的产品进行返修或报废处理,这就增加了供应商的总成本,降低了其成本利润率。因此,产品质量合格率指标与产品成本利润率指标密切相关。同样,产品质量合格率指标也与准时交货率密切相关,因为质量合格率越低,就会使得产品的返修工作量加大,必然会延长产品的交货期,使得准时交货率降低。

满意度指标是反映供应链上下节点企业之间关系的绩效评价指标,即在一定时间内上层供应商 i 对其相邻下层供应商 j 的综合满意程度 C_{ij}。其表达式如下:

$$满意度\ C_{ij} = \alpha_j \times 供应商\ j\ 准时交货率 + \beta_i \times 供应商\ j\ 成本利润率 +$$

$$\lambda_j \times 供应商\ j\ 产品质量合格率$$

$$（公式中\ \alpha_j, \beta_i, \lambda_j\ 为权数,总和为\ 1）$$

在满意度指标中,权数的取值可随着上层供应商的不同而不同。但是对于同一个上层供应商,在计算与其相邻的所有下层供应商的满意度指标时,其权数均取相同值,这样,通过满意度指标就能评价不同供应商的运营绩效以及这些运营绩效对其上层供应商的影响。满意度指标值低,说明该供应商运营绩效差,生产能力和管理水平低,可能影响整个供应链的正常运营,因此在后续工作中应重点管理此供应商。在整个供应链中,若每层供应商满意度指标的权数都取相同值,则得出的满意度指标可以反映整个上层供应商对其相邻的整个下层供应商的满意程度。同样地,对于满意度指标值低的供应商,相关合作企业应进行重点关注,如无法及时整改就应当进行更换。

供应链最后一层为最终用户层,最终用户对供应链产品的满意度指标是供应链绩效评价的一个最终标准。可按如下公式进行计算,即:

$$满意度 = \alpha \times 零售商准时交货率 + \beta \times 产品质量合格率 + \lambda \times \frac{实际的产品价格}{用户期望的产品价格}$$

3. 分销渠道评价指标

供应链分销渠道绩效评价一般有定性和定量两种方法。定性评价方法主要用于评价分销渠道成员协作的程度、分销渠道成员矛盾冲突的程度、所需信息的可获得程度等;定量评价方法用于分析分销成本状态、履行订单的出错率以及商品的破损率等。

一般情况下,供应链企业可采用目标市场顾客满意程度来评价分销渠道绩效,包括评价产品的可获得性、顾客服务、企业品牌形象等。另外,评价分销渠道结构的有效性可以包括:评价供应链渠道的营业额、渠道中的竞争力量和相关问题。

评价分销渠道绩效没有通用标准,企业可以根据自身的战略目标、运营环境、顾客的特殊需求等设计适合自己的标准,表 11-1 包括了分销渠道绩效评价的主要标准。

表 11-1　分销渠道绩效评价的主要标准

顾 客 服 务	宏观生产率	微观生产率
库存补充速度	物流成本占销售额的百分比	每单位的仓库成本
订单完成百分率	运输成本占销售额的百分比	库存破损
运送提前期	累计库存成本	运输成本/吨公里
订单、运货单、票据出错率	定期补充的库存量	回程空载率

11.2.2　供应链绩效评价体系构建方法

在供应链绩效评价指标体系的基础上,如何将指标应用于供应链流程的评价中,使得评价体系发挥作用,是需要进一步解决的问题。绩效评价体系本身就是一个收集、整合、交流资料的过程和准则。它整合供应链关键的绩效分析结果,并将这种分析结果用于指导实际的运作。如图 11-4 所示,供应链绩效评价体系构建路径有 7 个步骤。

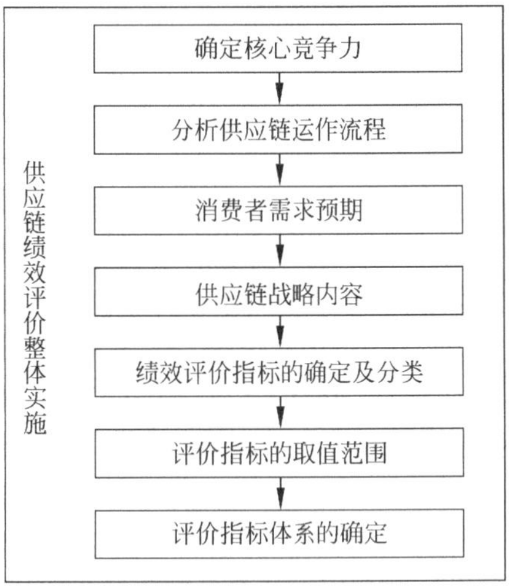

构建供应链评价体系,首先应当确认企业在供应链中的核心竞争力,明确核心绩效指标。每一个供应链的核心竞争力是不同的,在确定竞争力的过程中,就可以确定供应链的属性、运作方式和内部资源的配置;其次应当从流程出发,分析核心竞争力在供应链运作流程中的作用;接着应当从消费者角度构建需求预期,根据消费者需求将评价目标进行分解,使之对应相应流程,以保证目标和绩效的同步;基于流程分析和消费者需求,企业可以设计供应链战略,并确定供应链绩效评价指标,这一步最重要的就是和供应链成员共同协商确定合适的指标;最后,结合企业实际运作情况,制定评价指标取值范围,最终确定评价指标体系,这涉及各个企业的实际利益和责任大小以及如何协调和处理的问题。

图 11-4　绩效评价体系构建路径

11.2.3　供应链绩效评价方法

针对传统财务评价供应链管理中的问题和缺陷,出现了不同的评价供应链绩效的评价方法,包括平衡计分卡,供应链运作参考模型(supply chain operations reference,SCOR)法,资源、产出、柔性(resources,output,flexibility,ROF)法,基准法等。

1. 平衡计分卡

平衡计分卡的概念自 Robert S. Kaplan 在 1992 年提出以来引起了广泛的关注。其在《平衡计分卡——良好的绩效评价》中提出"平衡计分卡"不仅是一种评价体系,而且是一种管理思想的体现。其核心思想是通过将短期目标和长期目标、财务指标和非财务指标、滞后型指标和领先型指标、内部绩效和外部绩效结合,使管理者的注意力从短期的目标实现转移到兼顾长远战略目标。它的最大特点是集评价、管理、沟通于一体。

平衡计分卡分别从财务角度、客户角度、内部业务角度、学习与创新角度建立评价体系,同时将整个组织的目标分解成组织每一层次的目标。

(1)财务角度。平衡计分卡将财务方面作为所有目标评价的焦点。供应链的财务方面概括了整个供应链已经采取的行动的经济结果,该指标反映了供应链的资本效益状况、资本运营状况、偿债能力状况、发展能力状况。财务指标包括销售额、利润额、资产利用率等。

（2）客户角度。向客户提供所需的产品和服务、满足客户需求以提高供应链竞争力是供应链可持续性发展的关键。客户角度是从质量、性能、服务等方面考验企业的表现。客户方面的指标包括客户的满意度、对客户的挽留度、招揽新的顾客量、获利能力和在市场中所占的份额。

（3）内部业务角度。企业要想通过内部流程改善经营绩效，提升顾客满意度，实现股东价值，就要从内部业务流程中获得支持。平衡计分卡从满足投资者和客户需要的角度出发，创造出对顾客有价值的产品或服务。内部业务指标主要有生产率、产品合格率、生产周期、成本、新产品研发速度等。

（4）学习与创新角度。平衡计分卡实施的目的和特点之一就是避免短期行为凸显未来投资的重要性。它注重员工系统和业务流程的投资，注重分析满足需求的能力和现有能力的差距。将注意力集中在内部技能和能力上，通过员工培训、技术改造、产品服务来弥补差距。供应链的学习和发展水平主要有三个来源：员工状况、信息系统和企业文化。员工状况评价指标包括员工满意度、员工忠诚度、员工能力；信息系统评价指标包括系统软硬件优势、信息处理速度优势、信息失真度；企业文化评价指标包括战略理念先进性、管理兼容性、企业文化兼容性。

平衡计分卡方法打破了传统的只注重财务指标的业绩管理方法。传统的财务会计模式只能衡量过去发生的事情，但无法评估组织前瞻性的投资。在信息社会里，组织必须通过在客户、供应商、员工、组织流程、技术和革新等方面的投资，获得持续的发展动力。平衡计分卡指标包括短期指标，如成本、利润，及长期指标，如客户满意度、员工满意度等。它既能够起到评估供应链历史绩效、控制行为的作用，也能够与企业战略相结合，衔接个人、组织及部门间的计划，以实现共同目标。

2. 供应链运作参考模型（SCOR）法

供应链运作参考模型（SCOR）是国际公认的成熟的供应链建模体系。SCOR 模型提供了一个体系框架和标准化的术语，帮助企业将业务流程重组及标杆管理与最佳实践分析整合在一起。SCOR 模型主要由四个部分组成：供应链管理流程的一般定义、对应于这些流程的性能指标基准、供应链"最佳实施"的描述，以及选择供应链软件产品的信息。

SCOR 模型将供应链的运作划分为五个过程：计划、采购、制造、分发和退货。具体解释如下：

（1）计划。分销计划，生产、物料以及所有产品和渠道的能力规划。

（2）采购。在了解企业生产经营物资需求的基础上，寻找和选择供应商并就价格和服务等相关条件进行谈判和实施，以确保满足需求。它包括供应商认可和反馈，供应源质量、运费，供应商合同和支付方式等。

（3）制造。这是将原料和部件转变为符合计划或实际需要的最终产品的过程，是整个供应链运作工程中最能够用量化指标来衡量绩效的部分。有关指标包括生产率、产品合格率及员工生产力等。这一过程的活动包括：提供最终产品和服务，以满足规划的或实际的需求。

（4）分发。这是将原料部件运送至制造商或将最终产品送至终端消费者的过程，这一过程的活动包括：选择承运商与运输方式，将产品按客户需求配送到客户手中，并建立相应的收款渠道。

（5）退货。把原材料退还给供应商以及接受客户对最终产品的退货。它处理关于缺陷产品、过剩产品和维修产品的逆向物流和信息流。

结合 SCOR 模型提出的对供应链性能进行衡量的一些指标，采用定量指标与定性指标、实时性与动态性相结合的方法进行分析，从供应链运营成本、响应能力、柔性、可靠性、运营绩效五个方面来衡量供应链绩效。

（1）供应链运营成本。供应链运营成本是指供应链各级所花费的成本，也是指供应链流程中相关活动的执行、管理和计划的成本。供应链成本削减的绩效产生活动包括规模经济效应可以尽快实现最大经济规模；通过知识共享和学习曲线加快新产品的开发周期；通过物流外包活动可以减少废旧回收品的处理和运送所花费的精力。

（2）供应链响应能力。是指供应链中产品交付给最终顾客的速度，在供应链管理环境中，企业竞争必须建立基于时间的竞争观念。在成熟行业中，谁能够实现将其产品和服务以最快的速度交付到顾客手中，谁就能在竞争中确立优势地位。因此，供应链响应的一个最直接的衡量是最终顾客订单满足的提前期。因此，缩短供应链各个阶段的循环周期是企业实现供应链快速响应的一个重要的手段。

（3）供应链柔性。供应链柔性反映供应链灵活有效地应对顾客变化的敏捷能力，主要包含 4 个方面：产品柔性、产量柔性、新产品柔性、销售柔性。产品柔性是指能够满足特殊订单和顾客的要求，可以实现定制化的能力。产量柔性是指能够按顾客需要调整生产产量，新产品柔性是指能够快速引入新产品的能力以及实现产品多样化的能力。销售柔性指能够根据目标市场的需求有效扩展和压缩销售渠道的能力。

（4）供应链可靠性。供应链可靠性是指供应链中交付的绩效，具体的含义是：以正确的产品、正确的地点、正确的时间、正确的质量要求，以及正确包装和使用说明来交付给正确的顾客。供应链可靠性可以用订单完好率、准时交货率、订单满足率来衡量。

（5）供应链运营绩效。具有竞争力的供应链是企业共同努力的结果，因此对供应链运营绩效的正确评价也是关系到供应链整体绩效的重要因素。

3. 资源、产出、柔性法（ROF）

ROF 法由 Beamon 于 1999 年提出，为避免传统绩效评价的问题，他提出了三个方面的绩效评价指标，该指标可以反映出供应链的战略目标：资源（resources），产出（output）以及柔性（flexibility）。资源评价和产出评价在供应链绩效评价中已经得到了广泛的应用，而柔性指标则在应用中比较少见。这三种指标都具有各自不同的目标。资源评价（成本评价）是高效生产的关键，产出评价（客户响应）必须达到很高的水平以保持供应链的增值性，柔性评价则要达到在多样化的环境中快速响应。它们之间是相互作用、彼此平衡的。

ROF 方法下供应链评价系统须从以下三个方面进行：

（1）资源评价。包括对库存水平、人力资源、设备利用率、能源使用和成本等方面进行评价。

第 11 章 供应链绩效评价 257

（2）产出评价。产出评价的对象主要包括客户响应、质量以及最终产出产品的数量。

（3）柔性评价。供应链柔性评价的主要对象包括范围柔性和响应柔性两种。

4. 基准法

基准法(benchmarking)也称标杆法,是美国施乐公司确立的经营分析方法,定量分析本公司与其他公司的现状,并加以比较。基准法是供应链绩效管理的基本方法,它融合了目标管理和供应链管理的基本思想,并强调了供应链成员企业间的协调与合作。实施基准法就是要以那些出类拔萃的企业绩效标准作为本企业测定的基准,以那些企业作为学习对象,并努力赶上并超过它们。利用基准法的要点就是确定企业学习和追赶的基准,除了要研究和测量最好的企业的绩效以外,还要发现优秀企业是如何取得这些成就的,将这些信息作为制订企业的绩效目标、战略和行动计划的基准。

（1）基准法的种类。根据基准法在企业的应用层次和地位一般可以将基准法分为三类:

① 战略性基准,即在供应链企业战略层上确立基准,通常针对竞争者,包括竞争者关注的市场面、市场战略、竞争优势,以及支持竞争者的战略资源。

② 操作性基准,即在供应链企业职能层上确立基准。通常以职能性活动为重点,找出有效方法,以便在各职能方面都能取得好成绩。选择基准要放在解决主要矛盾上,针对有关键性影响的职能和活动确定改进基准,争取获得最大效益。

③ 支持活动性基准,即在供应链支持活动方面建立基准。要使企业内价值链竞争对手取得更好的成本效益,应当通过支持性活动控制内部间接费用。

（2）基准法的实施。基准法的实施一般可以划分为五个阶段。

① 计划阶段:企业提出在哪些产品、职能或过程实施基准法,选择企业作为基准目标,识别所需数据和信息,并通过基准计划解决基准法在实施过程中存在的方法问题。

② 分析阶段:整理、分析收集的数据资料,分析出基准企业在优秀方面的关键内容,找出本企业与基准企业的差距,最为关键的一步是通过以上分析得出怎样运用基准企业的成功经验改进供应链管理。

③ 整合阶段:将基准法实施过程中的新发现在组织内进行沟通交流,使有关人员了解并接受这些新发现。然后,基于新发现建立企业的运作目标和操作目标。

④ 行动阶段:确定项目、子项目负责人,具体落实绩效基准计划和目标,建立一套报告系统,能够对计划和目标进行修改和更新。

⑤ 运作阶段:当企业的基准能够成为制订绩效计划、绩效目标的方法时,基准法的实施就进入了正常运作阶段。根据基准法实施阶段的工作任务和基准法实施程序,可以构成一个相对完整的基准实施方法。

11.3 供应链激励机制

供应链企业之间的关系是一种基于利益考量的关联关系,每家企业都希望能够在运作中获得自身最大利益。然而因为分工与规模的不同,供应链企业往往会产生目标的差异。通过考察绩效,供应链企业常常会进一步通过契约设计的形式制定激励政策,确保实施特定运作路径能够使供应链整体和企业自身都能获得最大收益。

11.3.1 供应链激励机制概述

1. 激励机制的主体与客体

扩展阅读 11.3
供应链企业员工激励

激励主体是指激励者,激励客体是指被激励者,即激励对象。供应链管理中的激励客体主要指其成员企业,如上游的供应商企业、下游的分销商企业等,也包括每个企业内部的管理人员和员工。激励的客体从最初针对蓝领的工人阶层转换到白领的职员阶层,以及今天的代理人。从实施激励的角度看,各企业成员之间存在着激励与被激励的关系,从类型上看可以归结为五类:

(1) 核心企业对成员企业的激励。

(2) 下游企业对上游企业的激励。

(3) 上游企业对下游企业的激励。

(4) 供应链对企业成员的激励。

(5) 企业成员对供应链的激励。

2. 激励机制的特征

供应链企业作为一个整体,其激励机制既具有一般企业激励机制的特点,又有其自身的特点。供应链是一个整体的功能网络结构,是一个更广的企业结构模式,包含了所有加盟的节点企业,每个节点既是后一节点的供应商,又是前一节点的顾客。从供应链的功能结构和供应链企业的构成来看,供应链分为管理层、企业层和作业层三个层面。供应链企业的激励机制主要研究如何在供应链管理环境下对其成员企业进行激励,这正是供应链企业激励机制区别于传统企业激励机制的一大特点。

3. 激励机制的目标

供应链的激励目标是通过某些激励手段,调动委托人和代理人的积极性,兼顾合作双方的共同利益,消除由于信息不对称和道德行为带来的风险,使供应链的运作更加顺畅,实现供应链企业的总体目标。

4. 激励机制的手段

供应链管理模式下激励机制的手段从激励理论的角度分为正激励和负激励两大类。正激励和负激励是一种广义范围内的划分。正激励是指一般意义上的正向强化、正向激励,鼓励人们采取某种行为,在激励客体和激励目标之间形成一股激励力,以激励客体向激励目标进发。负激励是指一般意义上的负强化,是一种约束、某种惩罚,阻止人们采取某种行为,从而达到使其向激励目标进发的目的。对于激励的手段,在现实管理中主要采取三种激励模式:物质激励模式、精神激励模式和感情激励模式。

第 11 章 供应链绩效评价 259

11.3.2 供应链激励机制实施方法

构建供应链企业激励机制就是为了使代理人从自身利益最大化出发,获得最大的效用,同时又使得供应链整体绩效最优,实现委托人和代理人的"双赢"模式。具体有以下几种方法:

1. 价格激励

供应链管理环境下各企业在战略上是相互合作关系,但是各个企业的利益不能被忽视。供应链各个企业间的利益分配主要体现在价格上。价格包含供应链利润在所有企业间的分配,供应链优化而产生的额外收益或损失在所有企业间的均衡。

价格激励本身也隐含着一定风险,这就是逆向选择问题。挑选供应商时企业往往因为注重价格而选中报价较低的企业,而将一些整体水平较好的企业排除在外。其结果是影响产品的质量、交货期等。当然,看重眼前利益是导致这一现象的一个不可忽视的原因,但出现这种差供应商排挤好供应商现象的最为根本的原因是:在签约前对供应商不了解,没有意识到报价越低,违约的风险越高。因此,使用价格激励机制时要谨慎从事,不可一味强调低价策略。

2. 契约激励

所谓供应链契约(supply chain contract)是指通过提供合适的信息和激励措施,保证买卖双方协调,优化销售渠道绩效的有关条款。Pasternack(1985)最早提出了供应链契约的概念,给出了易腐败商品的最优批发价格和退货政策。供应链契约设计主要是解决影响供应链整体效率的两个问题:供应链成员追求自身利益最大化所导致的双边际效应(double marginalization);信息不对称造成的牛鞭效应(bullwhip effect)。常见的供应链契约包括退货契约、数量折扣契约、数量弹性契约、利润共享契约、收益共享契约和价格补贴契约等。

3. 商誉激励

商誉是一个企业的无形资产,对企业极其重要。商誉来自供应链内其他企业的评价和在公众中的声誉,反映企业的社会地位(包括经济地位、政治地位和文化地位)。委托—代理理论认为:在激烈的竞争市场上,代理人的代理量(决定其收入)取决于其过去的代理质量与合作水平。从长期来看,代理人必须对自己的行为负完全的责任。因此,即使没有显性激励合同,代理人也要积极工作,因为这样做可以改进自己在代理人市场上的声誉,从而提高未来收入。

4. 订单激励

在供应链管理环境下,制造商可以面临多个同质产品的供应商,由此形成供应链内部的竞争机制。供应方如果在产品质量、交货期和提供的各种服务上表现优秀,需求方除了可以通过其他不同的方式对其进行激励外,还可以通过增加订单的方式进行激励。作为供应方,若能获得需求方的更多订单,就意味着有更多的利润,也体现了本企业在需求方的地位的提升。根据 AMR Research 的一项研究,具有 80% 完美订单率的企业的盈利能力是具有 60% 的完美订单率企业的 3 倍。完美订单是用于衡量完整、按时、无损和有无精准发货单的客户订单。因此,获得更多的完美订单对供应方而言能够取得立竿见影的激励作用。

5. 信息激励

在信息时代,企业拥有更多的信息资源,就可以获得更多的发展机遇,信息对供应链的激励实际上是一种间接激励模式,但其作用不可低估。供应链企业利用信息技术建立起信息共享机制,其主要目的之一就是为企业获得信息提供便利。供应链企业始终保持着对掌握信息的欲望,因此信息对供应链企业能够起到很大的激励作用。

6. 淘汰激励

优胜劣汰是世间事物生存的自然法则,供应链管理也不例外。为了使供应链的整体竞争力保持一个较高的水平,供应链必须建立对成员企业的淘汰机制,同时供应链自身也面临被淘汰的可能。淘汰弱者是市场规律之一,这对企业或供应链都是一种激励。对于优秀企业或供应链来讲,淘汰弱者能获得更优秀的业绩;对于业绩较差者而言,为避免被淘汰就必须上进。

淘汰激励是在供应链系统内形成一种危机激励机制,让所有合作企业都有一种危机感。这样一来,企业为了在供应链管理体系获得群体优势的同时自己也获得发展,就必须承担一定的责任和义务,对自己承担的供货任务,从成本、质量、交货期等方面担负起全方位的责任。这点对防止短期行为和"一锤子买卖"给供应链群体带来的风险也能起到一定的作用。

7. 共同研发激励

供应链管理实施得好的企业,都将供应商经销商甚至用户结合到新产品、新技术的共同研发工作中来,按照团队的工作方式展开全面合作。在这种环境下,合作企业也成为整个产品开发的一部分,其成败不仅影响制造商,也影响供应商和经销商。因此,每个人都会关心产品的开发工作,这就形成了一种激励机制,构成对供应链上企业的激励作用。

8. 组织激励

供应链是以核心企业为中心,由多个企业构成的一个横向一体化的团队,如何发挥成员企业的团队作用,核心企业负有义不容辞的责任。根据赫兹伯格的双因素激励理论,成就、尊重与承认、工作本身、责任、成长等因素可起到激励作用。在供应链管理中,核心企业可通过持续不断地尊重与承认成员企业的作用,让成员企业参与核心企业的供应链战略制定过程及新产品和新技术的开发过程,满足成员企业获得成就和自身成长的需要,最大限度地激发成员企业的积极性。

本 章 小 结

供应链绩效评价体系是一个综合性的分析体系,能有效地衡量供应链的竞争优势。由于供应链经营环境的变化,供应链管理绩效评价体系也要不断调整。本章在分析评价指标体系应具有的基本特点和指标体系构建原则的基础上,构建了供应链绩效评价的指标体系,以求为开展供应链绩效评价提供理论基础。在今后的研究中,要加强评价方法和模型的研究,适应管理环境的变化,以提高评价指标的应用性和操作性。

思 考 题

1. 供应链内部绩效考核的作用是什么？
2. SCOR 模型的概念及应用是什么？
3. ROF 法的定义及应用方法是什么？
4. 基准法的含义是什么？
5. 供应链绩效评价的目的有哪些？
6. 供应链绩效评价的流程有哪些？
7. SCOR 模型的管理流程是什么？
8. 结合企业实际案例，谈谈供应链激励机制实施方法的应用有哪些。

案 例 分 析

老板电器的供应商关系管理

第 12 章

供应链管理发展趋势

【本章学习目标】

通过本章学习,学员应该能够:

1. 了解绿色供应链的定义及内容。

2. 了解大数据在供应链管理中的应用。

3. 理解智慧供应链的含义。

【导入案例】

思贝克:工业＋互联网＋金融的转型

"从产业中来,到金融中去",思贝克集团顺势而行,以互联网技术为基础实现产业资本和金融资本的跨界组合。思贝克集团的创始人钟天然,过去的工作经历使他认识到中小企业融资难、采购贵的困境。解决中小企业融资、采购的痛点,成为他坚定的人生信念。钟天然计划利用互联网平台整合上下游资源,进而助力中小企业健康发展。种种念头下,他毅然投资创立思贝克工业发展有限公司。

钟天然计划从金融角度出发,为中小企业提供灵活、高效、低成本的融资体验,通过"工业品＋互联网＋金融服务"的创新供应链金融模式整合工业品产业链上下游资源,进一步拓展市场蓝海。为实现供应链金融转型,思贝克着力打造工业品商城、万企汇云仓及普提金服三大平台相辅相成的"一体两翼"新体系。

2013 年,思贝克工业品商城正式运营,以 O2O 模式向全国销售工业消耗品。通过思贝克工业品商城,生产商和终端客户可以实现直接交易,实现巨大的成本优势。工业品商城在思贝克业务板块中处于主体地位,肩负着提供交易数据和货物买卖的重要责任,是普提金服和云仓平台正常运转的重要保证。

2015 年,思贝克开始设立普提金服业务板块,以工业品平台的客户交易数据为基础建立征信系统与风控体系,向银行提供详尽的企业征信报告、数据画像,为有融资需求的中小企业提供采购垫资、动产质押融资等多项金融服务,成功搭建银企合作的稳固桥梁。

2016 年,为进一步完善两大平台体系,作为业务补充,思贝克正式推出万企汇云仓平台,为其他两大平台提供仓储物流、动产监管服务,打造以工业品商城为主体、普提金服和万企汇云仓并行的供应链金融模式。

资料来源:王洪生,等.工业＋互联网＋金融:思贝克转型供应链金融[Z].中国工商管理案例中心,2018.

第 12 章　供应链管理发展趋势　　**263**

通过上述案例可以看出,各行业供应链正面临前所未有的机遇:高新技术迅速发展,海量数据不断涌现,供应链企业可以在科技发展的浪潮中发现变革的机遇;同时,供应链行业也正面临持续的挑战:用户对供应链可视性的要求不断提高,供应链整体成本日益增长,进一步开拓市场的需求持续存在,对环境保护的重视。本章主要介绍绿色供应链、大数据供应链与智慧供应链等供应链发展前沿内容。

12.1　绿色供应链

实现供应链绿色运作,是社会对供应链企业的要求,对企业自身效益也有积极影响。绿色供应链对供应链企业实现社会责任、降低成本、实现可持续运作具有重要意义。

 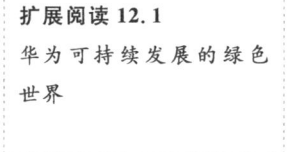

扩展阅读 12.1
华为可持续发展的绿色世界

12.1.1　绿色供应链的定义

绿色供应链管理是 1996 年由密歇根州立大学的制造研究协会(Manufacture Research Committee,MRC)在进行"环境负责制造"(environmental responsible manufacture,ERM)研究时提出的一个崭新概念。他们认为绿色供应链是环境意识、资源能源的有效利用和供应链各个环节的交叉融合,其目的是资源利用效率最高、对环境影响最小和系统效益最优。

学者普遍认为绿色供应链管理是在传统供应链管理的基础上进一步体现绿色制造的基本理念而形成的一种新的管理思想、方法和技术,它要求供应链中的所有供应商、制造商、批发商、零售商、消费者和回收商等各个环节都应当注重环境保护和资源利用,以促进经济和环境的协调发展,最终实现经济效益和社会效益的"双赢"。绿色供应链管理的概念模型如图 12-1 所示。

绿色供应链是这样一个链条:产品从原材料购买、生产、消费,直到废物回收再利用的整个过程中,供应商、制造商、分销商、顾客、运输商、回收商都应该考虑环境保护和节约资源的因素,最终实现经济、社会、环境三重目标的统一。简言之,绿色供应链就是在供应链的基础上考虑了环保和节能的因素,使供应链在实现传统功能的同时兼顾环境保护的企业责任。

绿色供应链管理具有深刻内涵:首先,经济发展的同时也带来了环境污染、资源枯竭、生态失衡等全球瞩目的问题,绿色供应链管理成为解决这些问题的有效模式;其次,人类社会正在实施全球化的可持续发展战略,绿色供应链管理实质上是人类社会可持续发展战略在现代企业的体现。

264 供应链管理

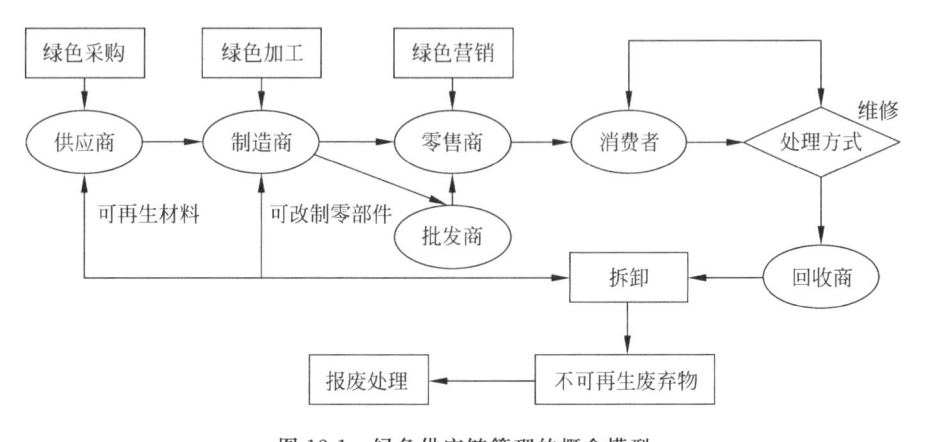

图 12-1　绿色供应链管理的概念模型

12.1.2　绿色供应链的特点

绿色供应链管理虽然目前尚没有一个统一的定义,但是绿色供应链管理的本质特征是可以基本确定的,可概括如下:

1. 以可持续发展为最终目标

一般的供应链管理主要是为了实现企业的盈利、满足顾客要求、扩大市场占有率等,这些目标最终都是为了实现某一主体的经济利益。而绿色供应链管理的目标是在实现以上经济利益的目标之外还追求节约能源、保护环境这一既具有经济属性又具有社会属性的目标。尽管从宏观角度和长远利益来看,节约能源、保护环境与经济利益的目标是一致的,但对某一特定时期、某一特定经济主体却是矛盾的。按照绿色供应链管理的最终目标,企业无论是在战略管理还是在战术管理中,都必须从促进经济可持续发展这个基本原则出发,在创造商品的时间效益和空间效益以满足消费者需求的同时,注重按生态环境的要求,保持自然生态平衡和保护自然资源,为子孙后代留下生存和发展的空间。

2. 理论基础包括可持续发展理论、生态经济学理论和循环经济学理论

首先,供应链管理过程不可避免地要消耗资源和能源,产生环境污染。要实现长期持续的发展就必须采取各种措施,形成供应链管理与环境之间共生的可持续发展模式。

其次,供应链管理系统既是经济系统的一个子系统,又通过资源、能源流动建立了与生态系统之间的联系和相互作用,绿色供应链管理正是通过经济目标和环境目标之间的平衡以实现生态与经济的协调发展。

最后,以物质闭环流动、资源循环利用为特征的循环经济是按照自然生态系统及物资循环和能量流动规律构建的经济系统,其宗旨就是提高环境资源的配置效率,降低最终废物排放量。而绿色供应链管理也必须以物料循环利用、循环流动为手段,提高资源利用效率,减少污染排放。

3. 行为主体包括公众、政府及供应链上的全体成员

在产品从原材料供应、物流、设计、制造、销售以及最后的回收再利用,产品的生命周期的每一个阶段,都存在着环境问题。供应链上的全体成员对每个流程的绿色运作都负有责任和义务。处于供应链上游企业要和下游企业协同起来,从节约资源、保护环境的目标出发,制订绿色供应链管理战略规划,使企业获得持续的竞争优势。另外,各级政府在推进和实施绿色供应链管理战略中具有不可替代的作用。由于绿色供应链管理的跨地区和跨行业的特性,它需要政府的法规约束和政策支持。

公众是环境污染的最终受害者,公众的环保意识能促进绿色供应链管理战略的实施并起到监督作用。因而,也是绿色供应链管理的不可或缺的行为主体。

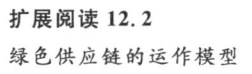

扩展阅读 12.2
绿色供应链的运作模型

12.1.3 绿色供应链管理范围

绿色供应链管理涉及供应链的各个环节,主要包括绿色采购、绿色设计、绿色生产、绿色营销、绿色回收以及绿色供应链上企业之间的战略合作伙伴关系等,具体内容如下:

1. 绿色设计

研究表明,产品性能的 70%～80% 是由设计阶段决定的,而设计本身的成本仅为产品总成本的 10% 左右。因此,在设计阶段要充分考虑产品对生态和环境的影响,使设计结果在整个生命周期内资源利用、能量消耗和环境污染最小。绿色设计主要从零件设计的标准化、模块化、可拆卸和回收设计上进行研究。

(1)标准化设计使零件的结构形式相对固定,减少加工难度和能量的消耗,减少工艺装备和拆卸的种类和复杂性;

(2)模块化设计满足绿色产品的快速开发要求,按模块化设计开发的产品结构便于装配,易于拆卸、维护,有利于回收及再利用等;

(3)可拆卸设计就是零件结构设计布局合理,便于减少损伤的同时拆下目标零件和回收再利用及处理,减少环境污染;

(4)可回收设计是指回收设计的产品在其寿命周期内达到最大的零部件重复利用率、尽可能大的材料回收量,减少最终处理量。

2. 绿色材料

原材料供应是整条绿色供应链的源头,必须严格控制源头的污染。从大自然提取的原材料,经过各种手段加工形成零件,同时产生废脚料和各种污染物,这些副产品一部分被回收处理,另一部分回到大自然中。零件装配后成为产品,进入流通领域,被销售给消费者。消费者在使用的过程中,要经过多次维修再使用,直至其生命周期终止而将其报废。产品报废后经过拆卸,一部分零件被回收直接用于产品的装配,一部分零件经过加工形成新的零件,剩下部分废物经过处理,再次形成原材料或返回到大自然,经过降解、再生,形成新的资源,通过后期开采再次形成原材料。从绿色材料的循环生命周期可以看出,整个循环过程需要大量的能量,同时产生许多环境污染物,这就要求生产者在原材料的开采、生产、产品制造、使用、回收再利用以及废料处理等环节中,充分利用能源和节约资源,减少环境污染。

3. 绿色供应过程

供应过程就是制造商在产品生产时,向原材料供应商进行原材料的采购,确保整个供应业务的成功进行的活动,为了保证供应活动的绿色性,主要对供货方、物流进行分析。

(1) 绿色供应商。选择供应商需要考虑的主要因素是:产品质量、价格、交货期、批量柔性、品种多样性和环境友好性等。积极的供货方把目光聚焦于环境过程的提高,对供货的产品有绿色性的要求。目的就是降低材料使用,减少废物产生。因此供货方应该对生产过程的环境问题、有毒废物污染、是否通过 ISO 14000、产品包装中的材料、危险气体排放等进行管理。

(2) 绿色物流。物流主要是在运输、保管、搬运、包装、流通加工等作业过程中对环境产生负面影响。绿色物流的评价指标如下:①运输作业对环境是否有负面影响,主要表现为交通运输工具的燃料能耗、有害气体的排放、噪声污染等。②保管过程中是否对周边环境造成污染和破坏。③搬运过程中是否有噪声污染,因搬运不当破坏商品实体,造成资源浪费和环境污染等。④在包装作业中,是否使用了不易降解、不可再生资源、有毒的材料,造成环境污染。

4. 绿色生产

生产过程是为了获得所要求的零件形状而施加于原材料上的机械、物理、化学等作用的过程。这一过程通常包括毛坯制造、表面成型加工、检验等环节。绿色生产需综合考虑零件制造过程的输入、输出和资源消耗以及对环境的影响,即由原材料到合格零件的转化过程和转化过程中物料流动、物能资源的消耗、废弃物的产生、对环境的影响等状况。

在工艺方案选择的过程中要对环境影响比较大的因素加以分析,如加工方法、机床、刀具和切削液的选择,尽量根据车间资源信息,生成具有可选择的多工艺路线,提高工艺选择简捷化程度,达到节约能源、减少消耗、降低工艺成本和污染处理费用等目标;在生产资源的优化上,随着加工水平的提高,尽量减少加工余量,便于减少材料的浪费和下脚料的处理。应考虑切削下脚料的回收、分类、处理和再利用;在生产设备的使用上,应综合考核设备在实际运行过程中的能源、资源消耗及环境污染情况。使零部件具有较好的通用性维修或保养时间合理,费用适宜维修人员劳动强度不太大等。

同时,企业应当提高绿色产品制造中的宜人性,通过改善生产环境,调整工作时间及减轻劳动强度等措施,可提高员工的劳动积极性和创造性,提高生产效率;整体上重视环境保护。在产品整个生产过程中的各个环节上都不产生或很少产生对环境有害的污染物。

5. 绿色销售、包装、运输和使用

(1) 绿色销售是指企业对销售环节进行生态管理,它包含分销渠道、中间商的选择、网上交易和促销方式的评价等。企业根据产品和自身特点,尽量缩短分销渠道,减少分销过程中的污染和社会资源的损失。选用中间商时,应注意考察其绿色形象。选取符合环保原则的电子商务作为未来发展方向。

第12章　供应链管理发展趋势　267

（2）消费者购买产品后，其包装一般来说是没有用的，如果任意丢弃，既对环境产生污染，又浪费包装材料。绿色包装主要从以下几个方面进行考虑：实施绿色包装设计，优化包装结构，减少包装材料，考虑包装材料的回收、处理和循环使用。

（3）物流量的急剧增加带来车流量的增加，大气环境因此受到严重污染。绿色运输主要评价集中配送、资源消耗和合理的运输路径的规划。集中配送指在更宽的范围内考虑物流合理化问题，减少运输次数；资源消耗指在货物运输中控制运输工具的能量消耗；合理规划运输路径就是以最短的路径完成运输过程。

（4）在产品的使用阶段主要是评价产品的使用寿命和再循环利用，使用寿命方面的绿色供应链是延长产品寿命，增强产品的可维护性，减少产品报废后的处置工作。再循环利用是根据"生态效率"的思想，通过少制造和再制造的方式，使得废弃产品得到再循环，节约原材料和能源。

12.2　大数据供应链

近些年，随着电子商务与物流的蓬勃发展，供应链结构日渐复杂，数据量不断膨胀，供应链企业开始思考如何利用大数据更好地助力供应链运作，最大程度发挥数据价值。随着供应链与不同行业的结合越来越紧密，数据协同对市场升级的驱动作用也将体现得更加明显。

扩展阅读 12.3
福特大数据供应链业务优化

12.2.1　大数据概要

"大数据"这一术语特指大量数据集，这些数据集的规模巨大，以至于无法存入电脑用来处理信息的常规存储器中。这种数据可以被获取、存储、传达、整合、分析。目前，对于大数据的规模并没有特别的定义，例如，多少太字节（terabytes）或多少千兆字节（gigabytes）可以称为大数据。这是由于大数据并不是一成不变的，科技在不断发展，人们称之为大数据的数据集规模也在不断增大。大数据的特点表述如下：

（1）大容量。当今世界的数据量与日俱增，据预计，全球射频识别标签销售量将从2011年的1 200万个增长到2021年的2 090亿个。在供应链数据上，生产商与零售商从供应链获取数据，包括销售点数据、全球定位系统与射频识别数据、设备传感器发出的数据以及社交媒体源数据。几乎所有公司都在后台安装信息技术系统。

（2）高速率。数据量在飞速增长。消费者每天发短信、与人交流、浏览网页、检索信息、购买商品都会产生数据痕迹，企业则能够获取、监视和分析这些数据。社交媒体、智能手机、个人电脑与台式电脑使世界上许多人可以不断增加可用的大数据。企业在不同环境中不断地收集着消费者的行为信息,然后将这些数据整合或者拆分成无限种组合,从而系统地做出最优市场战略决策、为消费者量身定制购物体验计划、设计灵活的目标市场产品、优化交货系统。

(3) 多样性。大数据的形式多样,而且这种多样性在不断增加。它可能是结构化的数据,并以我们熟知的形式呈现出来;也可能以传感器读数、手机全球卫星定位系统信号、售货点以及射频识别数据的形式呈现;大数据还可能是非结构化的,例如,手机短信、语音信息、社交网络源和消费者在博客中的交流信息等。

12.2.2 数据驱动的供应链

大数据分析法改变了许多商业领域,但是没有哪个领域的变化能够与供应链管理发生的变化相匹敌,除非有突发状况。例如,在网上订购的商品没有如期到货,或者是想购买的宣传商品已售罄,否则,多渠道销售的零售商必须在当天交货,这一点早已经成为众多消费者的期许。没有大数据推动,点对点的运营模式、获得全球供应链管理的竞争优势就无从谈起。

若企业能够从其他资源中整合数据,则能够获取更多的价值。这些数据可能来自零售商,但又不局限于销售数据,可能是促销数据,例如,商品名、价格与折扣;可能是商品投入市场数据,例如,某些特定的商品以及增加或减少其产量的计划;也可能是库存数据,例如,每个仓库的存货量、每个商店的销售量。这些数据对于在供应链内将需求商品成功运送起着至关重要的作用。

企业通过供应链协同管理与规划,可以减小供应链的牛鞭效应,从而促进供应链的各个环节流畅运行。目前,虽然许多企业将消费者数据据为己有,然而,也有许多成功的企业数据分享案例。例如,沃尔玛允许其所有的供应商利用零售链(RetailLink)平台,使得数据在不同企业之间实现交换与分享,提高了数据透明度,从而在不同企业之间实现了合作。大数据分析法不仅改变了游戏规则,也催生了智能供应链。

12.2.3 大数据供应链应用

大数据在供应链管理中有着广泛的应用,具体体现在以下几个方面:

(1) 预测:精确的需求预测。需求预测是整个供应链的源头,整个市场需求波动的晴雨表,销售预测的灵敏与否直接关系到库存策略,生产安排以及对终端客户的订单交付率,产品的缺货和脱销将给企业带来巨大损失。企业需要通过有效的定性和定量的预测分析手段和模型并结合历史需求数据和安全库存水平综合制订精确的需求预测计划。

如汽车行业,在应用 SAS 分析平台进行精准预测后,可以及时收集何时售出、何时故障及何时保修等一系列信息,由此从设计研发、生产制造、需求预测、售后市场及物流管理等环节进行优化,实现效率的提升,并给客户带来更佳的用户体验。

(2) 资源获取:敏捷、透明的寻源与采购。为新产品、优化成本而寻找新的合格供应商满足生产需求;同时,通过供应商绩效评估和合同管理,使采购过程规范化、标准化、可视化、成本最优化。

(3) 提升信息交互效率:大数据所带来的良好的供应商关系是消灭供应商与制造商

间不信任成本的关键。双方库存与需求信息交互、VMI运作机制的建立,将降低由于缺货造成的生产损失。采购订单与生产订单通过各种渠道快速、准确的反应能力在当前集团化、全球化、多组织运作的环境下尤为重要。订单处理的速度在某种程度上能反映出供应链的运作效率。

(4)供应链高效计划:与物料、订单同步的生产计划与排程,有效的供应链计划系统集成企业所有的计划和决策业务,包括需求预测、库存计划、资源配置、设备管理、渠道优化、生产作业计划、物料需求与采购计划等。企业根据多工厂的产能情况编制生产计划与排程,保证生产过程的有序与匀速,其中包括物料供应的分解和生产订单的拆分。在这个环节中企业需要综合平衡订单、产能、调度、库存和成本间的关系,需要大量的数学模型、优化和模拟技术,为复杂的生产和供应问题找到优化解决方案。

(5)供应链库存优化:库存优化做得好,能最大限度减少库存积压和保证配货速度。其实库存管理在整体上对其起较大作用的,是对前期整个季节的货品预算。大数据分析能够最大程度帮助商家做好近期的货品预算。通过收集各地区各类商品的销售数据,并对其进行分析,能知道某个地区用户的购买习惯是怎样的,他们的采购周期是多久,对哪些商品需求量较大等数据。分析出这些数据后,商家便可以根据用户需求对各地区库存进行差异化配置,以预防商品缺货、库存积压问题,减少调货、配货所产生的时间成本和配送成本。

(6)拣货环节优化:拣货环节的优化主要体现在以下方面:一是库位优化,利用大数据分析,能帮助商家知道哪些是畅销商品,哪些商品销售量较低。掌握这些销售规律,便可以对商品库位的设置进行优化,把最畅销的东西放在最容易拣的地方,这样可减少拣货过程中的时间成本。二是订单聚类,即把相似的订单聚在一起,以减少拣货次数。在这方面的应用其实很好理解,简单来说,就相当于沃尔玛啤酒与尿布的关系,将啤酒与可能会同时购买的尿布放在一起,用户下单后,便可以很快速地将两个订单配齐,减少时间输出。

(7)配送环节优化:对于配送环节的优化,主要是对仓库的选址和配送人员及运输工具等资源的配置。以往,对于这些资源的配置,多是根据管理人员的经验进行的,但淡季时多会出现人员闲置或"双11"等促销季时忙不过来的现象。在这种情况下,通过大数据预测用户购买行为便变得尤为重要。一方面,大数据分析出某地区在一段时间内的需求,商家可提前在就近仓库进行备货,减少用户下单后的反应时间并保证货源充足。另一方面,既能根据预测出的订单量对车辆、人员等资源进行配置,以保证高峰期的资源充足,也能减少淡季时的资源浪费。

(8)网络设计与优化:对于投资和扩建,企业从供应链角度分析的成本、产能和变化更直观、更丰富也更合理。企业需要应用足够多的情景分析和动态的成本优化模型,帮助企业完成配送整合和生产线设定决策。

(9)风险预警:在大数据与预测性分析中,有大量的供应链机会。如问题预测可以在问题出现之前就准备好解决方案,避免措手不及造成经营灾难。还可以应用到质量风险控制,如上海宝钢,其生产线全部实现流水化作业,生产线上的传感器可获得大量实时数据,利用这些可以有效控制产品质量。通过采集生产线上的大量数据,来判断设备运营状况与健康状况,对设备发生故障的时间和概率进行预测。这样企业可提前安排设备维护,保证生产安全。

大数据将用于供应链从需求产生,产品设计到采购、制造、订单、物流以及协同的各个环节,通过大数据的使用对其供应链进行翔实的掌控,更清晰地把握库存量、订单完成率、物料及产品配送情况等;通过预先进行数据分析来调节供求;利用新的策划来优化供应链战略和网络,推动供应链成为企业发展的核心竞争力。

12.3　智慧供应链

智慧供应链是结合物联网技术和现代供应链管理的理论、方法和技术,在企业中和企业间构建的,实现供应链的智能化、网络化和自动化的技术与管理综合集成系统。随着传统制造业供应链结构中的设施、库存、运输、信息等要素进一步智能化,各要素协同驱动智慧供应链的发展成为智能制造—智慧供应链生态的重要引擎,供应链开始支撑企业建立核心竞争力。在这个过程中,智慧供应链的发展态势展现出层次分明的阶段性迭代特征。未来的供应链管理发展过程将会更加智慧化,企业的供应链管理也将由传统意义上的静态供应链,逐渐经过职能部门整合、内部流程整合、外部协同整合后达到智慧的供应链。在智慧型的供应链中,集成处理与自动处理将发挥到极致,使管理变得标准、简单;需求更加精准、实时;操作越来越便捷、智能;信息采集更加迅速和透明;流程更加稳定且富有弹性。

扩展阅读 12.4
苏宁打造智慧供应链

12.3.1　智慧供应链特点

智慧供应链的核心着眼于使供应链中的成员在信息流、物流、资金流等方面实现无缝对接,尽量消除不对称信息因子的影响,最终从根本上解决供应链效率问题。由于嵌入了智能信息网络技术,"智慧供应链"与传统供应链相比,具备以下特点:

(1)技术的渗透性更强。在智慧供应链的大环境下,供应链管理者和运营者会采取主动方式,系统地吸收包括物联网、互联网、人工智能等在内的各种现代技术,实现管理在技术变革中的革新。

(2)可视化、移动化特征更加明显。智慧供应链更倾向于使用图片、视频等可视化的形式来表现数据,采用智能化和移动化的手段来访问数据。

(3)信息整合性更强。借助于智能化信息网络,智慧供应链能有效打破供应链内部成员的信息系统的异构性问题,更好地实现无缝对接,整合和共享供应链内部的信息。

(4)协作性更强。在高度整合的信息机制下,供应链内部企业能够更好地了解其他成员的信息,并及时掌握来自供应链内部和外部的信息,并针对变化,随时与上下游企业联系，做出适当调整，更好地协作，从而提高供应链的绩效。

（5）可延展性更强。在基于智慧信息网络的智慧供应链下，借助先进信息集成，信息共享变得可以实现，企业可以随时沟通，供应链的绩效也不会因供应链层级的递增而明显下降，延展性大大增强。

12.3.2　智慧供应链技术

智慧供应链技术是通过科技手段增强供应链智能化、网络化和自动化的技术。本小节主要介绍的智慧供应链技术包括感知技术、可视化技术、导航定位技术、物联网技术、移动互联技术以及云计算技术。通过这些技术的应用，可以增加供应链的集成化、可视化，推动供应链适应复杂多变的商业环境。

1. 感知技术

感知技术主要包括硬件技术和识别技术，其中硬件技术主要是指提供外部功能的电子机械设备和提供计算能力的电子设备；识别技术以射频识别技术（radio frequency identification，RFID）为代表，主要实现对物联网中物体标识和位置信息的获取。感知技术的使用，使得智慧供应链能更加有效地运行。

2. 可视化技术

可视化一词源于英文 visualization，词义是：将不可见的、不能表达的或抽象的一些东西，转变为可以看到的或者大脑可以想象的图形图像。早在 20 世纪初，人们已经将表格和统计图等原始的可视化技术应用到了科学数据分析中。1986 年 10 月，在美国国家科学基金会的图形、图像处理和工作站讨论会上，提出了科学计算可视化概念，从此可视化技术被正式提出。现代可视化技术的概念更为宽泛，指的是以计算机图形技术为基础，通过计算机生成对人体视觉刺激的图像，以便于人们接受、理解原始数据、信息的技术方法。它作为一门交叉学科涵盖了许多研究领域，包括：计算机图形学、计算机视觉、计算机辅助设计、几何学、感知心理学和人机交互等技术。

3. 导航定位技术

导航定位技术是 20 世纪出现的最有价值的电子信息技术之一。以 GPS 技术、GIS技术为代表的导航定位技术不仅在军事领域具有非常重要的应用价值，而且它所提供的精确、廉价的导航定位与授时能力在大地测量、气象与地震预报、飞机/船舶/车辆导航、城市交通管理、公共安全、搜索救援、精细农业、精确授时等领域展现出广泛的应用前景。值得指出的是，随着移动通信技术、互联网技术的普及以及物流"智慧供应链"的发展，导航定位系统必将成为物流"智慧供应链"中的重要组成部分。

4. 物联网技术

物联网的定义是在互联网技术的基础上，利用感知手段将物的属性转化为信息，在相关标准规范的约束下通过传输介质进行物与物之间的控制与管理的一种网络。在这个网络中，物品能够彼此进行"交流"，而无须人为干预，其实质是利用包括射频识别技术、传感器技术、纳米技术、智能嵌入技术等，通过信息传感设备，按约定的协议，把任何物品与Internet 相连接，在 Internet 基础上延伸的一种网络，其用户端扩展到了任何物品之间进行信息交换和通信，以实现智能化识别、定位、跟踪、监控和管理。

5. 移动互联技术

移动通信技术(指移动终端设备通过移动通信网络进行通信)与互联网技术的有机结合产生了移动互联技术。与固定的有线互联网相比,移动互联网的特点主要体现在终端设备和接入网络,以及由于终端和移动通信网络的特有功能所带来的独特应用上。

6. 云计算与智慧供应链

云计算(cloud computing)是基于互联网的相关服务的增加、使用和交付模式,通常涉及通过互联网来提供动态易扩展且经常是虚拟化的资源。云是网络、互联网的一种比喻说法。过去在图中往往用云来表示电信网,后来也用来表示互联网和底层基础设施。云计算甚至可以让你体验每秒10万亿次的运算能力,拥有这么强大的计算能力可以模拟核爆炸、预测气候变化和市场发展趋势。用户通过电脑、笔记本、手机等方式接入数据中心,按自己的需求进行运算。

12.3.3 构建智慧供应链的途径

对智慧供应链特点的分析以及相应技术的引入,为企业构建智慧供应链提供了指导方向。企业将传统业务与智慧供应链的新方法相结合,广泛应用于供应链上下游企业,可以有效提升供应链效率,打造供应链的"智慧"。

1. 持续改进

企业获得利润所依靠的载体源于产品的持续改进。然而,在智慧供应链的大环境下,企业要实现产品持续改进,必须借助产品生命周期管理(product life-cycle management, PLM)方面的信息化技术,来增强产品的数据集成性和协同性。建立集成的产品研发、生产计划及执行的业务流程,实现产品研发管理集中化,并控制生产工艺,制定合理的生产标准,并在不同生产基地实施,增强供应链成员在集成技术下的一致性和协同性。

2. 完善生产计划系统

作为供应链的成员,企业需要从整体出发,努力构建完整的生产计划管理系统,使不同产品能够与相适应的计划模式、物料需求及配送模式进行匹配,从而拉动物料需求计划。实现 ERP 系统与 SCM 系统完美对接,增强销售过程的可视化和规范化,构建涵盖客户交易执行流程与监控的平台,动态控制过程,及时掌握相关重要信息,以便对可能出现的问题进行预测。

3. 实现财务管理体系标准化和一体化

在现代企业管理制度中,标准化管理是提升企业核心竞争力的重要手段之一。财务管理工作历来是企业管理的核心,更需要标准化。处于供应链中的成员,迫切需要建立标准化的财务管理。在日常工作中,供应链中的企业可以通过查看财务数据来及时了解企业的运营信息。在具体实现过程中,企业需要利用 ERP 系统来实现财务业务的一体化,从传统记账财务分析转向价值创造财务分析。在成功实施 ERP 后,可以构建基于数据仓库平台的数据分析及商业智能应用。通过财务管理的标准化和统一化,增强供应链的可视性和共享性。

4. 定制化的供应链可靠性设计

供应链管理也被称为需求管理,其中的一大难题是不断扩大的客户需求。在智慧供应链管理下,企业能与客户保持紧密关系,形成良好的互动机制。在智慧供应链中,客户将被视为供应链系统难以分割的一部分。作为供应链管理人员,一方面,设身处地地站在客户角度来思考问题,以客户需求为根本,融入供应链管理;另一方面,激励客户参与供应链系统设计、运行和管理。智慧供应链着眼于整个产品生命周期都与客户紧密联系。通过大量的信息交互,智慧供应链对客户进行细分,为客户提供定制化服务。从供应链可靠性角度来看,客户需求是一种需要关注与整合的资源,合理利用客户需求将有助于平衡供求关系,从而确保供应链系统的供应可靠性;从客户角度来看,可以通过参与供应链的设计、运行和管理,改善自己的购买方式,购买切合自身需求的产品。但是对于客户的服务标准是不一样的,智慧型供应链管理需依据不同标准合理区分顾客,提供可靠的个性化服务解决方案。

5. 可以借助标尺竞争,提升供应链可靠性

标尺竞争理论的中心思想是引入相同类型的企业,并以此作为参照对象,需要监管企业成本和资金投入分别由类型相同企业的成本和资金投入决定。在标尺竞争监管情况下,由于价格取决于同类企业的成本,监管企业要获得较多利润,就必须努力做到使自身成本低于同类企业的平均水平,这样就达到激励待监管企业提高效率、降低成本、改善服务的目的。最终,待监管企业选择同类企业的平均效率水平,从而达到纳什均衡状态。智慧供应链通过正确地运用标尺竞争理论,使供应链管理者可以不需要全面了解各成员企业的成本与投入等相关信息。

本 章 小 结

本章主要介绍了在商业环境不断变化的当下,供应链的发展方向与具体应用,包括绿色供应链、大数据供应链以及智慧供应链。绿色供应链方面,本章分析了其特点与运作模型,并详细阐述了绿色供应链的内容。对于大数据供应链的认识则首先从大数据的定义着手,分析大数据的特点,以进一步分析如何让数据驱动供应链的发展。智慧供应链听起来是一个宏观的概念,实际上是由许多技术和理念共同构建而成的。我们认识到供应链需要怎样的智慧,并通过技术的应用来实现这些智慧。

即测即练　　扫码答题

思 考 题

1. 循环经济的含义是什么?循环经济对经济发展整体影响是什么?
2. 绿色生产的含义是什么?
3. 绿色供应链的实践方法有哪些?

4. 大数据供应链优化的应用有哪些？

5. 智慧供应链的特点有哪些？

6. 绿色供应链的特点有哪些？

7. 如何将大数据技术应用于供应链管理？

8. 结合企业相关案例，简述如何打造智慧供应链。

案 例 分 析

宋小菜：打造数字化的生鲜蔬菜产业互联网服务平台

参 考 文 献

[1] Aydin G, Hausman W H. The Role of Slotting Fees in The Coordination of Assortment Decisions [J]. Production and Operations Management, 2009, 18(6): 635-652.

[2] Autry C, Sanders N. Supply Chain Risk: A Handbook of Assessment, Management, and Performance [M]. Springer US, 2009.

[3] AP Barbosa-Póvoa, Silva C D, Carvalho A. Opportunities and Challenges in Sustainable Supply Chain: An Operations Research Perspective[J]. European Journal of Operational Research, 2018, 268(2).

[4] Buurman J. Supply Chain Logistics Management[M]. McGraw-Hill, 2002.

[5] Bernardo P, Gutierrez G. Supply Management: From Purchasing to External Factory Management [J]. Production & Inventory Management Journal, Fourth Quarter, 1996.

[6] Beamon, Benita M. Measuring Supply Chain Performance[J]. International Journal of Operation and Production Management, 1999, 19(3): 275-292.

[7] Barnes-Schuster D, Bassok Y, Anupindi R. Coordination and Flexibility in Supply Contracts with Options[J]. Manufacturing & Service Operations Management, 2002, 4 (3): 171-207.

[8] Bahar Y K, Ihsan S, Bopaya B. Global Logistics Management[M]. CRC Press, 2014.

[9] Balram A, Debabrata G. Excellence in Supply Chain Management[M]. Taylor and Francis, 2020.

[10] Baganha M P, Cohen M A. The Stabilizing Effect of Inventory in Supply Chain[J]. Operation Research, 1998, 46(3): 72-83.

[11] Balsmeier P W, Voisin W J. Supply Chain Management: A Time-Based Strategy [J]. Industrial management, 1996, 38(5).

[12] Cooper M C, Lambert D M, Pagh J D. Supply Chain Management: More Than a New Name for Logistics[J]. The International Journal of Logistics Management, 1997, 8(1): 1-14.

[13] Chikan A. Integration of Production and Logistics in Principle, in Practice and in Education[J]. Production Economics, 2001, 69(2): 129-140.

[14] Christine, Harland. Supply Chain Operational Performance Roles[J]. Integrated Manufacturing System, 1997, 8(2): 70-78.

[15] Christian B, Thomas K, Dirk S. Logistics Management[M]. Springer, Cham: 2019.

[16] Cees B, John M. Global Logistic Management for Overseas Production Using a Bulk Purchase 4PL Model[M]. IOS Press: 2013.

[17] Cachon G P, Lariviere M A. Contracting to Assure Supply: How to Share Demand Forecast in a Supply Chain[J]. Management Science, 2001, 47(5): 629-646.

[18] Cachon, G. Supply Chain Coordination with Contracts[J]. Handbooks in Operations Research and Management Science, 2003, 11(11).

[19] C K Prahalad, Gary H. The Core Competence of the Corporation [J]. Harvard Business Review, 1990.

[20] Dirk M, Thomas S, Jan B, Martin G. Logistics Management[M]. Springer, Cham, 2016.

[21] Dale S R, Thomas Y C, Rudolf L. Supply Chain Financing: Funding the Supply Chain and the Organization[M]. World Scientific Publishing Company: 2020.

[22] Douglas M L. Supply Chain Management-Processes, Partnerships, Performance, Supply Chain Management Institute[M]. FL, 2006.

[23] Donald B, et al. Supply Chain Logistics Management[M]. 3rd Editon. McGraw Hill, 2007.

[24] Erik H, Urs M S, Nicola B. Supply Chain Finance and Blockchain Technology[M]. Springer, Cham: 2018.

[25] Erik H, Oliver B. Supply Chain Finance Solutions[M]. Springer, Berlin, Heidelberg: 2011.

[26] Erlenkotter D. Ford Whitman Harris and the Economic Order Quantity Model[J]. Operations Research, 1990, 38(6): 937-946.

[27] Exon-Taylor, Mac. Enterprise Management the Logical Integration of Supply Chain[J]. Logistics Information Management, 1996, 9(2): 16-21.

[28] Francis R L, McGinnis L F, White J A. Facility Layout and Location: An Analytical Approach[M]. Pearson College Division, 1992.

[29] Fisher M L. What Is the Right Supply Chain for Your Product? [J]. Harvard Business Review, 1997, 75: 105-117.

[30] Grossman S J, Hart O D. An Analysis of the Principal-agent Problem[M]. Foundations of Insurance Economics. Springer, Dordrecht, 1992: 302-340.

[31] Gordon, Myron J. The Investment, Financing, and Valuation of the Corporation[J]. Homewood, IL: R. D. Irwin, 1962.

[32] Gérard P. Cachon, Lariviere M A. Supply Chain Coordination with Revenue-Sharing Contracts: Strengths and Limitations[J]. Management Science, 2005, 51(1): 30-44.

[33] Gattorna J. Strategic Supply Chain Alignment: Best Practice in Supply Chain Management[M]. Taylor and Francis, 2017.

[34] George A. Z, Bob R. Supply Chain Risk[M]. Springer, Boston, MA: j, 2009.

[35] Gregory L. Schlegel, Robert J. Trent. Supply Chain Risk Management: An Emerging Discipline [M]. CRC Press, 2014.

[36] George A. Z, Michael H. Revisiting Supply Chain Risk[M]. Springer, Cham, 2019.

[37] Gentry J J. Carrier Involvement in Buyer-supplier Strategic Partnerships[J]. Journal of Physical Distribution & Logistics Management, 1996, 26(3): 14-25.

[38] Greger L. Supply Chain Management and Logistics in Construction[M]. 2015.

[39] Houlihan J B. International Supply Chains: A New Approach[J]. Management Decision, 1988, 26 (3): 13-19.

[40] Hammond, Janice H, Kelly, Maura G. Quick Response in the Apparel Industry[J]. Harvard Business School Note Harvard Business School, 1991.

[41] Harland C. Supply Chain Operation Performance Roles[J]. Integrated Manufacturing System, 1997, 8 (2): 70-78.

[42] Hausman W H. Supply Chain Performance Metrics. In: The Practice of Supply Chain Management: Where Theory and Application Converge[J]. International Series in Operations Research & Management Science, 2004, 62.

[43] Hamido F, Roberto R, et al. Planning of Supply Chain Risks in A Make-to-stock Context through A

System Dynamics Approach[M]. IOS Press,2012.

[44] Hofmann E, Belin O, Hofmann E, Belin O. Supply Chain Finance Solutions: Relevance - Propositions - Market Value[M]. Springer Berlin Heidelberg,2011.

[45] https://zhuanlan.zhihu.com/p/125779424.

[46] Ira H,Gyöngyi K,Karen S. Supply Chain Management for Humanitarians: Tools for Practice[M]. Kogan Page,2016.

[47] Inger R, et al. Creating a Manufacturing Environment That Is in Harmony with the Market-the "How" of Supply Chain Management[J]. Production Planning & Control,1995,6(3).

[48] Jay H,Barry R. Production and Operations Management[M]. Prentice Hall,Inc,1996.

[49] Jon H, Mark R, Bill M. Transform Your Supply Chain-Releasing Value in Business [M]. International Thomson Business Press,1998.

[50] Jerry B. Understanding Supply Chain Optimization[J]. APICS-The Performance Advantage,1998, 1.

[51] Lewis J G,Naim M N. Benchmarking of Aftermarket Supply Chain[J]. Production Planning and Control,1995,6(3):258-269.

[52] Josef P. Lean Supply Chain Planning: The New Supply Chain Management Paradigm for Process Industries to Master Today's VUCA World[M]. CRC Press,2013.

[53] Joseph S, Yijie D. Green Supply Chain Management: A Concise Introduction[M]. Taylor and Francis,2017.

[54] John M B. Supply Chain Risk Management: Understanding Emerging Threats to Global Supply Chains[M]. Kogan Page,2016.

[55] Jaak S. The Importance of Information Flow within the Supply Chain[J]. Logistics Information Management,1996,9(4):28-30.

[56] Kumar N. The Power of Trust in Manufacturer-Retailer Relationships[J]. Harvard Business Review,1996,74(6):15-19.

[57] Lambert D M,Stock J R. Strategic Logistics Management[M]. Homewood,IL:Irwin,1993.

[58] Londe B L,Masters J M. Emerging Logistics Strategies[J]. International Journal of Physical Distribution & Logistics Management,1994,24(7):35-47.

[59] Li L. Supply Chain Management: Concepts, Techniques and Practices: Enhancing the Value through Collaboration[M]. World Scientific Publishing Company,2007.

[60] Lewis J C,Naim M M. Benchmarking of Aftermarket Supply Chains[J]. Production Planning & Control,1995,6(3):258-269.

[61] Lee H L,Padmanabhan P,et al. The Bullwhip Effect in Supply Chains[J]. Sloan Management Review,1997,38(3):93-102.

[62] Latamore, Benton G. Customers, Suppliers Drawing Closer through VMI [J]. APICS-The Performance Advantage,1999:22-25.

[63] M Therese Flaherty. Global Operations Management[M]. McGraw-Hill Company,Inc,1996.

[64] Monczka R, Trent R, Handfield R. Purchasing and Supply Chain Management[M]. Cincinnati, OH,1998.

[65] Mentzer J T,DeWitt W,Keebler J S,et al. Defining Supply Chain Management[J]. Journal of Business Logistics,2001,22(2):1-25.

[66] Mitrovic,Danijela. Collaborative Planning,Forecasting & Replenishment:CPFR[J]. An Overview

Voluntary Interindustry Commerce Standards Association,2004.

[67] Michael B, Sönke B, José H, Genevieve G, Johan W. Urban Logistics: Management, Policy and Innovation in a Rapidly Changing Environment[M]. Kogan Page,2018.

[68] Nicholas C P, et al. The Newsvendor Model with Consumer Search Cost[J]. Production and Operations Management,2009,18(6).

[69] New, Stephen J. A Framework for Analyzing Supply Chain Improvement[J]. International Journal of Operations & Production Management,1996,16 (2): 19-34.

[70] Pearce D G, Stacchetti E. The Interaction of Implicit and Explicit Contracts in Repeated Agency[J]. Games and Economic Behavior,1998,23(1): 75-96.

[71] Prahalad C K, Hamel G. The Core Competence of the Corporation [J]. Organization of Transnational Corporations,1993,11: 359.

[72] Pasternack B A. Optimal Pricing and Returns Policy for Perishable Commodity[J]. Marketing Science,1985,4(2): 166-176.

[73] Paul H Z. Foundation of Inventory Management[M]. McGraw-Hall Higher Education,2000.

[74] Hamrock B J, Schmid S R, Bo O J. Integral Logistics Management: Operations and Supply Chain Management Within and Across Companies, Fourth Edition[M]. CRC Press,2011.

[75] Handfield R, Mccormack K P. Supply Chain Risk Management: Minimizing Disruptions in Global Sourcing[M]. CRC Press,2007.

[76] P Schönsleben. Integral Logistics Management[M]. Taylor and Francis,2016.

[77] Pasternack B A. Optimal Pricing and Return Policies for Perishable Commodities[J]. Marketing Science,2008,27(1): 133 - 140.

[78] Pieter E V, Virginia D, Wout H. Supply Chain Risk Analysis with Linked Open Data[M]. IOS Press,2011.

[79] Rupert B. The Role of Supply-chain Re-engineering in the Pharmaceutical Industry[J]. Logistics Information Management,1996,9(3): 4-10.

[80] Rosalyn Wilson. 24th Annual State of Logistics Report[R]. National Press Club, Washington, DC, June 19,2013.

[81] Ravindran A R, Warsing D. Supply Chain Engineering: Models Ad Applications [M]. CRC Press,2013.

[82] Rahman N, Majid Z A, Mohammad F N, et al. Halal Logistics and Supply Chain Management in Southeast Asia[M]. Taylor and Francis,2020.

[83] Kaplan R S, Norton D P. The Balanced Scorecard-Measures that Drive Performance[J]. Harvard Business Review,1992,70(1): 71-79.

[84] Rolf G. Poluha: Application of the SCOR Model in Supply Chain Management[M]. Youngstown, New York,2007.

[85] Stevens G C. Integrating the Supply Chain[J]. International Journal of Physical Distribution & Logistics Management,1989,19(8): 3-8.

[86] Sadeghi J, Mousavi S M, Niaki S. Optimizing an Inventory Model with Fuzzy Demand, Backordering, and Discount Using a Hybrid Imperialist Competitive Algorithm [J]. Applied Mathematical Modelling,2016,40(15-16): 7318-7335.

[87] Sila C, Chung-Yee L. Stock Replenishment and Shipment Scheduling for Vendor-Managed Inventory Systems[J]. Management Science,2000,46(2): 217-232.

[88] Simchi L D, Chen X, Bramel J, Simchi L D. The Logic of Logistics：Theory, Algorithms, and Applications for Logistics Management[M]. Springer New York,2013.

[89] Schönsleben P. Integral Logistics Management：Planning and Control of Comprehensive Supply Chains,Second Edition[M]. Taylor and Francis,2003.

[90] Supply Chain Finance：Integrating Operations and Finance in Global Supply Chains[M]. Springer International Publishing,2018.

[91] Stevens G C. Integrating the Supply Chain[J]. International Journal of Physical Distribution & Materials Management,1989,19(8)：3-8.

[92] Sime C,Thomas S,Bret W. Managing Supply Chain Risk：Integrating with Risk Management[M]. CRC Press,2015.

[93] Spengler J J. Vertical Integration and Antitrust Policy[J]. Journal of Political Economy,1950.

[94] Sunil C,Peter M. Supply Chain Management-Strategy,Planning,and Operation[M]. Prentice Hall Press,2001.

[95] Shapiro B P,Rangan V K,Sviokla J J. Staple Yourself to an Order[J]. Harvard Business Review,1992,4：113-122.

[96] T C E Cheng,S Podolsky. Just-in-time Manufacturing—An Introduction[M]. London：Champan & Hall,1998.

[97] Templar S,Hofmann E,Findlay C. Financing the End-to-End Supply Chain：A Reference Guide to Supply Chain Finance[M]. Kogan Page,2020.

[98] Templar S. Supply Chain Management Accounting：Managing Profitability,Working Capital and Asset Utilization[M]. Kogan Page,2019.

[99] Thomas D J,Griffin P M. Coordinated Supply Chain Management[J]. European Journal of Operational Research,1996,94(1)：1-15.

[100] Towill,Denis R. Industrial Dynamics Modelling of Supply Chains[J]. Logistics Information Management,1996,9(4)：43-56.

[101] Tsay A A, Loverjoy W S. Quantity Flexibility Contracts and Supply Chain Performance[J] Manufacturing & Service Operations Management,1999,1(2)：89-111.

[102] Turan P,Cigdem G K,Sadia S A. Logistics 4. 0：Digital Transformation of Supply Chain Management[M]. CRC Press,2020.

[103] Wendy T,Lydia B,Lisa E. Supply Chain Finance：Risk Management,Resilience and Supplier Management[M]. Kogan Page,2018.

[104] Wallace J H. Supply Chain Science[M]. McGraw Hin,2008.

[105] Yi W. Fashion Supply Chain and Logistics Management[M]. Taylor and Francis,2018.

[106] 巴卢,晓东,瑞娟,等. 企业物流管理:供应链的规划,组织和控制[M]. 北京:机械工业出版社,2002.

[107] 鲍尔索克斯,克劳斯,库珀,著. 供应链物流管理[M]. 马士华,黄爽,赵婷婷,译. 北京:机械工业出版社,2007,3.

[108] 彼得·贝利,等. 采购原理与管理[M]. 王增东,等译. 北京:电子工业出版社,2009.

[109] 保罗·齐普金. 库存管理基础[M]. 马常松,译. 北京:人民邮电出版社,2015.

[110] 彼得·波尔斯特夫,罗伯特·罗森鲍姆. 卓越供应链[M]. 第3版. 何仁杰,虞毅峰,译. 北京:中信出版社,2015.

[111] 宾厚,王欢芳,邹筱主编. 现代物流管理[M]. 北京:北京理工大学出版社,2019.

[112] 宝象金融研究院,零壹研究院编著. 互联网＋供应链金融创新[M]. 北京：电子工业出版社,2016.

[113] 陈微笑,卢志平. 我国汽车制造业供应链整合对策研究——以丰田为例[J]. 物流科技,2020,43(10)：130-131.

[114] 丛明煜,王丽萍. 现代启发式算法理论研究[J]. 高技术通讯,2003,13(5)：105-110.

[115] 陈禹. 信息经济学[M]. 北京：清华大学出版社,1998.

[116] 陈兵兵. SCM 供应链管理：策略,技术与实务[M]. 北京：电子工业出版社,2004.

[117] 陈志祥. 供应链管理模式下的生产计划与控制研究[D]. 武汉：华中理工大学,2000.

[118] 崔介何. 物流学[M]. 北京大学出版社,2003.

[119] 陈荣秋,马士华. 生产运作管理[M]. 第 4 版. 北京：机械工业出版社,2013.

[120] 陈杰,黄悦. 同步化产品与供应链设计[J]. 工业工程与管理,2013(2)：17-23.

[121] 常杰. 物流管理基础研究[M]. 天津：天津科学技术出版社,2019.

[122] 陈荣. 物流供应链管理[M]. 沈阳：东北财经大学出版社,2001.

[123] 陈一鸣,高阳,单泪源. 动态联盟企业的组织建立过程研究[J]. 制造业自动化,2001(10)：4-7.

[124] 陈继祥,霍沛军,王忠民. 超竞争下的企业战略协同[J]. 上海交通大学学报：哲学社会科学版,2000,8(4)：86-89.

[125] 崔石榴. 亚马逊飞轮及物流供应链体系(下)[N]. 中国邮政报,2020-10-22(004).

[126] 大卫·辛奇-利维. 供应链设计与管理[M]. 第 3 版. 北京：中国人民大学出版社,2016.

[127] 戴维·伯特,等. 供应管理[M]. 何明珂,等译. 北京：中国人民大学出版社,2012.

[128] 戴维·格兰特. 物流管理[M]. 霍艳芳,刘亮,译. 北京：中国人民大学出版社,2016.

[129] 道格拉斯·兰伯特. 供应链管理——流程、伙伴、业绩[M]. 王平,译. 北京：北京大学出版社,2007.

[130] 大卫·辛奇利维,等. 供应链设计与管理-概念、战略与案例研究[M]. 季建华,等译. 北京：中国财政经济出版社,2005.

[131] 杜玲玲. 混合超启发式法求解大规模 VRP 的优化研究[J]. 华东交通大学学报,2011,28(1)：62-67.

[132] 但斌,刘飞. 绿色供应链及其体系结构研究[J]. 中国机械工程,2000(11)：40-42＋4.

[133] 段圣贤. 供应链风险评价体系研究[D]. 湖南大学,2009.

[134] 戴君,谢琍,王强. 第三方物流整合对物流服务质量、伙伴关系及企业运营绩效的影响研究[J]. 管理评论,2015,27(05)：188-197.

[135] 丁伟东,刘凯,贺国先. 供应链风险研究[J]. 中国安全科学学报,2003,13(4)：64-66.

[136] 方世兴. 从 ERP 到 SCM——联想信息化侧记[J]. 电子商务世界,2002,(10)：40-41.

[137] 冯国经,冯国纶,耶尔曼,等. 在平的世界中竞争[J]. 商界,2009 (11)：56-58.

[138] 冯耕中,刘伟华编著. 物流与供应链管理[M]. 北京：中国人民大学出版社,2014.

[139] 冯珍,王程. 智慧旅游服务供应链中竞争企业的进化博弈[J]. 贵州社会科学,2014(03)：94-97.

[140] 国资委：迅速安排部署医疗物资转产扩产全力推进药物疫苗科研攻关[J]. 市场观察,2020,(2)：17-18.

[141] 郭清马. 供应链金融模式及其风险管理研究[J]. 金融教学与研究,2010,(2)：2-5＋9.

[142] 供应链金融[M]. 北京：中国商业出版社,2020.

[143] 金瑞. 伊利集团供应链管理案例分析及启示[J]. 北方经济,2013,(20)：64-66＋71.

[144] John Mangan 著《国际物流与供应链管理》. 刘志学,左晓露,译. 电子工业出版社,2011. 7.

[145] 吉峰,张婷,巫凡. 大数据能力对传统企业互联网化转型的影响——基于供应链柔性视角[J]. 学

术界,2016(02):68-78+326.

[146] 黄荔佳. 基于JIT视角下的制造企业成本管理研究[D]. 江西师范大学,2019.

[147] (加)唐纳德·沃特斯(DonaldWaters)著. 供应链风险管理:物流的脆弱性和弹性[M]. 北京:中国物资出版社,2010.

[148] 何涛,翟丽. 基于供应链的中小企业融资模式分析[J]. 物流科技,2007,(5):87-92.

[149] 韩东东,施国洪,马汉武. 供应链管理中的风险防范[J]. 工业工程,2002,(3):37-41.

[150] 黄成成,叶春森,王雪轩,时章漫. 智慧供应链体系构建研究[J]. 价值工程,2018,37(23):121-123.

[151] 胡继灵. 供应链的合作与冲突管理[M]. 上海:上海财经大学出版社,2007.

[152] 何明珂. 供应链管理的兴起:新动能、新特征与新学科[J]. 北京工商大学学报(社会科学版),2020,35(3):1-12.

[153] (美)唐纳德 J. 鲍尔索克斯(Donald J.Bowersox),(美)戴维 J. 克劳斯(David J.Closs)著. 物流管理:供应链过程的一体化[M]. 林国龙,等译. 北京:机械工业出版社,1999.

[154] 麦肯纳,周华公. 时间角逐[M]. 北京:经济日报出版社,1998.

[155] 龙永图. "入世"不等于全面开放市场[J]. 计算机世界,1999. 11. 22.

[156] 罗伯特.蒙茨卡等. 采购与供应链管理[M]. 王晓东,等译. 北京:电子工业出版社,2008.

[157] 李朝新. 浅谈石油公司传统采购模式存在的问题及应对措施[J]. 中国外资,2009,(11):141-143.

[158] 李必强. 现代生产管理的理论与方法[M]. 武汉:华中理工大学出版社,1991.

[159] 李艳芳. 宜家:全价值链循环业务模式打造可持续未来[J]. 可持续发展经济导刊,2020(10):54-56.

[160] 廖夏,石贵成,徐光磊. 智慧零售视域下实体零售业的转型演进与阶段性路径[J]. 商业经济研究,2019(05):28-30.

[161] 刘永胜. 供应链风险预警机制[M]. 北京:中国物资出版社,2007.

[162] 吕晶晶,王楠. 大数据能力、供应链柔性与零售企业绩效[J]. 商业经济研究,2020(24):103-106.

[163] 柳键,马士华. 供应链库存协调与优化模型研究[J]. 管理科学学报,2004(04):1-8.

[164] 梁红波. 云物流和大数据对物流模式的变革[J]. 中国流通经济,2014,28(05):41-45.

[165] 李佳. 基于大数据云计算的智慧物流模式重构[J]. 中国流通经济,2019,33(02):20-29.

[166] 罗齐,朱道立,陈伯铭. 第三方物流服务创新:融通仓及其运作模式初探[J]. 复印报刊资料(商贸经济),2002,16(6):59-63.

[167] 刘志学. 现代物流手册[M]. 北京:中国物资出版社,2001.

[168] 李志君. 供应链管理实务[M]. 北京:人民邮电出版社,2014.

[169] 刘迅. 互联网供应链金融模式及风险管理研究[M]. 北京:中国财政经济出版社,2019.

[170] 李小米. 自有物流体系—京东O2O的王牌[J]. 中国储运,2014(05):64-65.

[171] 马士华,林勇. 供应链管理[M]. 北京:高等教育出版社,2003.

[172] 马士华. 供应链管理[M]. 北京:电子工业出版社,2008.

[173] 马士华. 新编供应链管理[M]. 北京:中国人民大学出版社,2008.

[174] 马士华. 供应链管理[M]. 武汉:华中科技大学出版社,2010.

[175] 马士华,林勇. 供应链管理[M]. 北京:机械工业出版社,2010.

[176] 马士华,林勇. 供应链管理[M]. 北京:高等教育出版社,2011.

[177] 马士华,林勇. 供应链管理[M]. 北京:机械工业出版社,2014.

[178] 马士华,林勇. 供应链管理[M]. 第5版. 北京:机械工业出版社,2016.

[179] 马士华,李华焰,林勇. 平衡记分法在供应链绩效评价中的应用研究[J]. 工业工程与管理,2002

（04）：5-10.

[180] 马新安,张列平,田澎. 供应链管理中的契约设计[J]. 工业工程与管理,2001(3)：22-25.

[181] 毛敏,王坤. 供应链管理理论与案例解析[M]. 成都：西南交通大学出版社,2017.

[182] 任守榘. 现代制造系统分析与设计[M]. 北京：科学出版社,1999.

[183] 任浩. 互联网＋供应链金融[M]. 北京：电子工业出版社,2017.

[184] 段伟常. 区块链供应链金融[M]. 北京：电子工业出版社,2018.

[185] 邱俊荧. 基于带 Path-Relinking 的 GRASP 的超启发式方法[D]. 大连理工大学,2011.

[186] 乔华国,江志斌等. 基于产品服务系统的供应链共享舍同设计[J]. 工业工程与管理,2013(2)：
25-30.

[187] Robert A Davis. 需求驱动的库存优化与补货[M]. 柯晓燕,等译. 北京：人民邮电出版社,2015.

[188] （日）菊池康也. 物流管理[M]. 丁立言,译. 北京：清华大学出版社,1999.

[189] 苏尼尔·乔普拉,彼得·迈因德尔. 供应链管理战略、计划和运作[M]. 刘曙光,吴秀云,等译. 北
京：清华大学出版社,2014.

[190] 宋晨,余汶笈. 联想 ERP 项目探究[J]. 大众商务(投资版),2009,(7)：43-43.

[191] 沙琳.亚黛尔,希莱. 适时管理与人[M]. 郭镜明,等译. 上海：上海人民出版社,1995.

[192] 宋华,胡左浩. 现代物流与供应链管理[M]. 北京：经济管理出版社,2000.

[193] 宋华. 供应链金融,第 2 版[M]. 北京：中国人民大学出版社,2016.

[194] 宋华. 互联网供应链金融[M]. 北京：中国人民大学出版社,2017.

[195] 宋炳方. 供应链融资[M]. 北京：经济管理出版社,2014.

[196] 宋华. 现代物流与供应链管理案例[M]. 北京：经济管理出版社,2001.

[197] 汤世强,周敏.供应链战略合作伙伴关系治理的研究[M]. 北京：中国物资出版社,2010.

[198] 舒辉. 物流与供应链管理[M]. 上海：复旦大学出版社,2014.

[199] 王梦曦,刘通. ZARA 极速供应链运作模式研究及启示[J]. 商场现代化,2015,(31)：25-26.

[200] 王倩,张娟. 海尔零库存管理应用的启示[J]. 国际商务财会,2019(06)：47-49＋52.

[201] 王加林,张蕾丽. 物流系统工程[M]. 北京：中国物资出版社,1987.

[202] 王康. 西门子通信的全球化采购. 21 世纪经济报道,2002(1).

[203] 王骏,姚静怡,张玲主编. 国际物流管理[M]. 天津：天津科学技术出版社,2018.

[204] 王巍. 供应链金融探析[J]. 经贸实践,2015,(7)：80＋82.

[205] 王东波,黄世政,庞凌主编. 供应链管理实务[M]. 北京：北京工业大学出版社,2018.

[206] 王利,代杨子. 供应链激励机制影响因素实证研究[J]. 工业工程与管理,2013 (2)：13-24.

[207] 王蔷. 战略联盟内部的相互信任及其建立机制[J]. 南开管理评论,2000(3).

[208] 武斌. 遗传算法求解 TSP 问题的研究[J]. 中国石油大学胜利学院学报,2014,28(03)：23-25.

[209] 温文波,杜维. 蚁群算法概述[J]. 石油化工自动化,2002(1)：19-22.

[210] 吴江. 采购与供应链管理[J]. 营销界(化妆品观察),2013,(8).

[211] 王献美. 基于大数据的智慧云物流理论、方法及其应用研究[D]. 浙江理工大学,2015.

[212] 王刊良,苏秦. 利用作业成本法进行供应商的选择与评价[J]. 计算机集成制造系统——CIMS,
2001(07)：53-57.

[213] 王迎军. 客户需求驱动的供应链契约问题综述[J]. 管理科学学报,2005,8(2)：68-76.

[214] 王丽杰,王雪平,潘子胥. 基于信息系统策略的供应链管理策略与绩效关系研究[J].商业经济研
究,2013(1)：28.

[215] 王帅,林坦. 智慧物流发展的动因、架构和建议[J]. 中国流通经济,2019,33(01)：35-42.

[216] 吴萍."互联网＋"背景下智慧物流发展的新动能、态势与路径[J]. 商业经济研究,2018(07)：

81-83.

[217] 汪应洛,王能民,孙林岩. 绿色供应链管理的基本原理[J]. 中国工程科学,2003(11):82-87.

[218] 武春友,朱庆华,耿勇. 绿色供应链管理与企业可持续发展[J]. 中国软科学,2001(03):67-70.

[219] 王惠敏. 大数据背景下电子商务的价值创造与模式创新[J]. 商业经济研究,2015(07):76-77.

[220] 许可,李儒晶. 企业供应链管理模式兴起的必然性浅析[J]. 科技信息,2012,(16):419-420.

[221] 谢磊,马士华,桂华明,黄培. 供应物流协同影响机制实证分析[J]. 科研管理,2014,35(03):147-154.

[222] 徐俊杰. 元启发式优化算法理论与应用研究[D]. 北京邮电大学,2007.

[223] 徐贤浩,马士华,陈荣秋. 供应链绩效评价特点及其指标体系研究[J]. 华中理工大学学报(社会科学版),2000(02):69-72.

[224] 杨滢滋. 论企业的横向一体化战略[J]. 中国电子商务,2014,(5):204.

[225] 颜浩龙,王晋,黄成菊. 物流与供应链金融研究[M]. 北京:国家行政学院出版社,2016.

[226] 余硕秋. 宜家公司供应链管理模式[J]. 中外企业家,2013(18):88-89.

[227] 英国皇家采购与工程学会(CIPS). 供应链风险管理[M]. 北京:机械工业出版社,2014.

[228] 杨绍辉. 从商业银行的业务模式看供应链融资服务[J]. 物流技术,2005,24(10):179-183.

[229] 杨传明,于溪东. 新编供应链管理[M]. 镇江:江苏大学出版社,2017.

[230] 杨家本. 系统工程概论[M]. 武汉:武汉理工大学出版社,2002.

[231] 闫秀霞,孙林岩,王侃昌. 物流服务供应链模式特性及其绩效评价研究[J]. 中国机械工程,2005(11):969-974.

[232] 叶飞,李怡娜,张红,雷宣云. 供应链信息共享影响因素、信息共享程度与企业运营绩效关系研究[J]. 管理学报,2009,6(06):743-750.

[233] 张申生等. 敏捷供应链管理技术及其在企业中的应用[D]. 1998年863/CIMS信息网研讨会报告集,北京,1998.

[234] 詹姆士R,斯托克,道格拉斯M,等. 战略物流管理[M]. 中国财政经济出版社,2003.

[235] 中国物流与采购联合会——2015物流案例分析:通用和丰田供应链对比 http://www.chinawuliu. com.cn/xsyj/201506/04/302071.shtml

[236] 周文勇,田蕾. 基于供应链的虚拟企业[J]. 物流技术与应用,1999,4(4):14-17.

[237] 张维迎. 博弈论与信息经济学[M]. 上海:上海人民出版社,2004.

[238] 周英,贾甫,王飞,姜燕. 引导供应商早期参与新产品开发的平台型采购组织——基于海尔采购组织的单案例研究[J]. 管理学报,2019,16(09):1290-1300.

[239] 张艳,彭煦,孙萌. 电子商务与物流管理[M]. 北京:中国纺织出版社,2018.

[240] 朱道立,等. 物流和供应链管理[M]. 上海:复旦大学出版社,2001.

[241] 张学东,周启清. 供应链金融[M]. 北京:中国财政经济出版社,2020.

[242] 张洪铭. 农业供应链金融创新研究[M]. 北京:中国金融出版社,2017.

[243] 周启清. 现代物流与供应链金融创新研究[M]. 北京:新华出版社,2015.

[244] 赵林度. 供应链与物流管理理论与实务[M]. 北京:机械工业出版社,2003.

[245] 张凯,高远洋,孙霆. 供应链柔性量订货契约研究[J]. 管理学报,2006,3(1):81-84.

[246] 庄宇,胡启,赵燕. 供应链上下游企业间弹性数量契约优化模型[J]. 西安工业学院学报,2004,24(4):391-394.

[247] 周文勇,田蕾. 基于供应链的虚拟企业[J]. 物流论坛,1999(4).

[248] 中国物流网. 物流案例:利丰的全球供应链管理模式. 2019.5.16.

[249] 张佩玉. 亚马逊玩转智慧物流[J]. 国企管理,2017(01):94-97.

[250] 张晓旭. 宜家家居的供应商管理优化策略[J]. 现代商贸工业,2021,42(02)：57-58.

[251] 张乐音. 以宜家公司为例的信息系统评价[J]. 中国市场,2017(20)：216-217.

[252] 周艳菊,邱莞华,王宗润. 供应链风险管理研究进展的综述与分析[J]. 系统工程,2006,24(3)：1-8.

[253] 张存禄,黄培清. 供应链风险管理[M]. 北京：清华大学出版社,2007.

[254] 张以彬,龙静. 供应链中断风险控制与应急管理[M]. 上海：上海财经大学出版社,2015.

[255] 赵然,安刚,周永圣. 浅谈智慧供应链的发展与构建[J]. 中国市场,2015(10)：93-94＋112.

[256] 张翠华,周红,赵淼,常广庶. 供应链协同绩效评价及其应用[J]. 东北大学学报,2006(06)：706-708.

教师服务

感谢您选用清华大学出版社的教材！为了更好地服务教学，我们为授课教师提供本书的教学辅助资源，以及本学科重点教材信息。请您扫码获取。

≫ 教辅获取

本书教辅资源，授课教师扫码获取

≫ 样书赠送

物流与供应链管理类重点教材，教师扫码获取样书

 清华大学出版社

E-mail: tupfuwu@163.com
电话：010-83470332 / 83470142
地址：北京市海淀区双清路学研大厦 B 座 509

网址：http://www.tup.com.cn/
传真：8610-83470107
邮编：100084